KB021901

한국사 교과서,
무엇이 문제인가

– 고등학교 한국사 교과서
근현대사 서술 분석 –

한국사 교과서,
무엇이 문제인가

– 고등학교 한국사 교과서
근현대사 서술 분석 –

정경희 지음

비봉출판사

/ 목 차 /

I
머리말

역사를 배우고 가르치는 목적은 인간과 사회에 대한 이해의 폭을 넓힘으로써 개인 및 집단 간의 소통과 결속의 가능성을 높이려는 데 있다. 그러나 우리의 역사교육, 특히 국사교육은 사회집단 간에 소통과 결속을 가져오는 대신에 오히려 갈등과 반목을 조장하는 그릇된 방향으로 가고 있다.

지난 2002년에 제7차 교육과정에 따라 새로이 도입된 교과인『한국 근·현대사』교과서 6종이 출간되면서 이러한 갈등과 반목을 부추기는 교과서의 존재가 널리 알려지게 되었는데, 그 중에서도 금성출판사의『한국 근·현대사』교과서는 가장 편향된 이념 성향을 보여 국사교과서 편향 논란의 중심에 섰다. 금성교과서의 편향성이 문제로 떠오르면서 2004년부터는『한국 근·현대사』교과서를 둘러싼 이른바 '교과서파동'이 본격화되었다.

일부 지식인들은『한국 근·현대사』교과서가 우리 역사를 '기회주의가 득세한 실패의 역사'로 규정하고 있다고 반발하면서 편향된 교과서를 비판하는 지식인 모임인 '교과서포럼'을 결성하고,『한국 근·현대사』교과서를 대체할 대안 교과서를 출간하는 등, 활발한 활동을 벌였다.

그러자 국사학계 일부에서는 이에 대해 역(逆)비판을 시작함으로써 '과거사 내전'이라고까지 불리는 상황이 벌어졌다.[1]

수년을 끌며 계속되던 '교과서 파동'은 교과부가 2008년에 국사편찬위원회가 제시한 근현대사 교과서 수정 가이드라인을 토대로 금성교과서 등 좌편향 논란이 제기된 교과서에 대해 대한민국의 정통성, 6·25전쟁 발발 원인, 이승만 정부 폄하 등과 관련한 서술 55개 항목의 수정을 권고하고, 그해 12월에 해당 교과서의 수정·보완이 이루어지면서 마무리되었다.

2009년에는 문제가 된『한국 근·현대사』교과서의 편향성을 바로잡는 차원에서 새 교육과정이 도입되었다. 이「2009개정 교육과정」에서 기존의『국사』는『한국사』로 과목명이 변경되었고, 새 교육과정에 따라서 정부의 검정 작업을 거쳐 선정된 6종의『한국사』교과서가 2011년부터 고등학교에서 교재로 사용되었다.

하지만 이 2010검정 교과서 6종 가운데 일부는『한국 근·현대사』교과서보다 편향성이 더 심해졌다는 평가를 받았다. 그 결과 2013년에 또 다시 검정을 거쳐 새로운『한국사』교과서 8종이 선정되었고, 2014년부터 고등학교에서 교재로 사용되고 있다.

하지만 이 8종의 교과서가 검정을 통과하자마자 교과서를 둘러싼 이념논쟁에 다시금 불이 붙었다.[2] 그러므로 '교과서 파동'은 진정한 의

---

1 이명희·강규형,「한국근·현대사 교과서의 문제점과 개선 방향」,『사회과교육』, 48(1), 2009, p.94.

2 2013년 8월, 교육부의 검정 결과 발표 직후부터 한국사교과서를 둘러싼 논란은 매우 극렬한 대립 양상을 보였고, 이 때문에 주요 언론은 모두 이를 '전쟁'으로 치부했다.「기억하려는 역사만 썼다 … 좌·우, 교과 전쟁 60년」,『중앙일보』, 2013. 10. 21. 1면.;「누구를 위한 역사전쟁인가」,『주간동아』 906호, 2013. 10. 08, pp.16-18.; 류근일은 한국사교과서를 둘러싼 분열을 비롯한 우리나라의 전반적 상황을 '내전(內戰)'적 상황이라 보았다. 류근일,「대한민국은 어떤 나라로 탄생했나」,『조선일

미에서 아직 끝난 것이 아니다. 집필진의 이념적 편차에 따른 교과서
내용의 편향성 시비가 아직 해소되지 않고 있기 때문이다.

그러므로 7차 『한국 근·현대사』 교과서의 출간 이후 계속해서 파
행의 길을 걷고 있는 우리의 국사교육을 뒤늦게나마 바로잡을 방안을
강구하기 위해서는 무엇보다도 국사교과서 편향의 실상을 파악하는
작업이 선행되어야 한다. 본 연구에서 진행하려는 것이 바로 이 작업이
다. 국사교과서 편향의 실상을 파악하기 위해 본 연구에서 제기하는 질
문은 두 가지다.

첫째, 오늘날의 국사교과서는 어떠한 편향된 서술을 하고 있으며,
그러한 편향은 언제부터 시작되었는가?

둘째, 국사교과서의 서술은 과연 얼마나 편향되어 있는가?

본 연구에서는 먼저 오늘날의 국사교과서가 구체적으로 언제부터,
그리고 어떻게 편향된 서술을 하고 있는가를 알아보기 위하여 한국근
현대사의 주요 주제 18개를 선정하여, 건국 이후 역대 고등학교 국사
교과서가 각각의 주제에 대해 어떻게 서술하고 있는가를 분석하였다.
교과서를 둘러싼 편향성 시비는 한국사 가운데 근현대사에 집중되어
있기 때문이다.

한국근현대사의 주요 주제로는 근대사의 주요 주제 4개('동학농민운
동' 외 3개)와 현대사의 주요 주제 14개('8·15 광복의 배경' 외 13개), 총 18
개를 선정했다. 본 연구에서는 이들 주요 주제별로 역대 국사교과서 뿐
아니라, 경우에 따라서는, 국사교과서 서술지침(교육과정, 「국사교육 내용
전개의 준거안」 등)까지 분석하여, 교육과정 시기별로 어떠한 서술이 이

보』, 2013. 09. 24. A30면.

루어지고 있는가를 비교하였다. 이를 통해서 언제, 즉 어느 교육과정 시기(1차~7차 교육과정 및 2009개정 교육과정)에 교과서의 편향된 서술이 시작되었는가를 밝혀보려고 했다. 또한 동일한 교육과정 시기에 복수의 교과서가 존재하는 경우, 이들 교과서의 서술을 상호 비교하였다. 이러한 수직적 비교와 수평적 비교를 통해서 국사교과서가 언제부터, 그리고 어떠한 편향적 서술을 해왔는가를 상세히 밝혀보려는 것이다.

하지만 이러한 분석도 국사교과서의 편향된 서술이 과연 얼마나 편향된 서술인가라는 두 번째 질문에 대한 대답은 되지 못한다.

국사교과서의 서술이 편향된 정도를 밝히기 위해서 본 연구에서는 한국근현대사의 주요 주제별로 국사교과서의 서술을 우리나라 국사개설서 및 북한 역사서의 서술과 비교하였다. 사실 본 연구의 초기단계에서는 국사교과서를 우리나라 국사개설서와만 비교하여 편향의 정도를 밝혀낼 예정이었다. 그러나 첫 번째 주제인 동학농민운동에 대한 연구를 진행하면서, 최근의 교과서로 올수록 교과서의 서술이 북한의 역사 해석 및 서술과 점점 유사해지고 있다는 사실이 밝혀짐에 따라 북한 역사서도 국사교과서의 편향성을 가늠하는 준거로 삼기로 한 것이다.

우리나라 국사개설서로는 현재 통용되는 대표적 국사 개설서인 이기백의 『한국사신론』을 사용하였다. 1967년 『국사신론』으로 처음 출간되어 1976년 『한국사신론』으로 개정된 이 책은 식민사관을 철저하게 비판하고, 나아가 국사 연구의 새로운 방향을 제시했다는 평가를 받아 우리나라의 가장 대표적인 국사 개설서로 자리매김되었다. 본 연구에서는 2012년에 발행된 한글판 22쇄를 사용하였다.[3]

---

3 저자 이 기백은 『한국사신론』을 계속 개정하여 1990년에 신수판, 1992년에 신수 중판을 펴냈고, 1999년에 펴낸 한글판은 2012년까지 22쇄가 발행되었다. 또한 『한국사신론』은 영어, 중국어, 러시아어 등 6개 국어로 번역 출판되어 외국인들도 한국사를 이해할 수 있도록 길잡이 역할을 하고

북한 역사서로는 북한의 가장 대표적인 역사서인 1958년 판『조선통사(하)』와 1983년 판『현대조선력사』를 사용하였다.[4]

【분석 대상 교과서】
우리나라 고등학교 국사교과서는 1945년 광복 이후에 교수요목기, 1차~7차 교육과정, 2009 개정 교육과정의 총 9개 교육과정 아래서 편찬되었다. 이 중 교수요목기는 미군정 시기인 1946년에 제정된 교수요목을 통해 교육이 이루어진 시기여서 대한민국 건국 이후의 국사 교육에 초점을 맞추는 본 연구에서는 이 시기의 교과서를 제외하고 1차 교육과정부터 2009 개정 교육과정의 고등학교 국사교과서를 분석 대상으로 삼았다.

1차 교육과정은 1954년부터 1963년까지 시행되었으며, 이 기간 중 발행된 고등학교 국사교과서는 총 8종이다. 이 중 5종을 수집하여 아래와 같이 교과서별 일련번호를 부여하였다.

[표 1] 1차 교육과정 검인정 국사교과서 목록

교과서 번호	집필자	교과서명	출판사	검정연도	발행연도
1-①	이병도	국사	일조각	1956	1960
1-②	홍이섭	우리나라문화사	정음사	1956	1959
1-③	유홍렬	한국사	탐구당	1956	1959
1-④	김상기	고등국사	장왕사	1957	1960
1-⑤	역사교육연구회	고등국사	교우사	1957	1964

있다. 본 연구에서 사용한 것은 이기백,『한국사신론』, 일조각, 2012.이다.

4 (북한)과학원 력사연구소,『조선통사(하)』(1958년 판), 오월, 1988; (북한)사회과학원 력사연구소 박사 김한길,『현대조선력사』(1983년 판), 일송정, 1988.

2차 교육과정은 1963년부터 1973년까지 시행되었으며, 이 기간 중 발행된 고등학교 국사교과서는 총 11종이다. 이 11종 중 6종을 수집하여 아래와 같이 교과서별 일련번호를 부여하였다.

[표 2] 2차 교육과정 검인정 국사교과서 목록

교과서 번호	집필자	교과서명	출판사	검정연도	발행연도
2-①	변태섭	국사	법문사	1968	1968
2-②	이상옥 · 차문섭	국사	문호사	1968	1969
2-③	이홍직	국사	동아출판사	1968	1970
2-④	한우근	국사	을유문화사	1968	1970
2-⑤	이병도	국사	일조각	1968	1971
2-⑥	이원순	국사	교학사	1968	1971

3차 교육과정부터 국사교과서 국정제가 시작되어 6차 교육과정까지는 모두 국정교과서가 사용되었다.

3차 국사교과서의 경우, 1974년에 초판이 발행되었는데 1979년에 개정 · 보완되면서 분량이 대폭 늘어나고 내용에 상당한 변화가 있어 74년 발행본과 79년 발행본을 둘 다 분석하였다. 4차부터 6차까지의 국사교과서는 상 · 하 두 권으로 되어있는데, 그 중 근현대사를 다루고 있는 하권만을 분석하였다.

3차부터 6차까지의 교과서 목록은 다음과 같다.

[표 3] 3차~6차 교육과정 국정 국사교과서 목록

교육과정	교과서명	발행연도	분석본
3차	국사	1974	1974
	국사	1979	1979

4차	국사(하)	1982	1982
5차	국사(하)	1990	1995
6차	국사(하)	1996	2001

　　7차 교육과정에서는 한국 근현대사 영역이『국사』교과에서 분리되어『한국 근 · 현대사』라는 선택과목으로 신설되면서 필수 교과인『국사』와 동시에 교육되었다.

　　본 연구는 한국 근현대사의 서술에 초점을 두고 있기에 근현대사를 거의 다루지 않고 있는 국정『국사』교과서를 제외하고『한국 근 · 현대사』교과서만을 분석 대상으로 삼았다. 2002년에 검정을 통과한『한국 근 · 현대사』교과서는 모두 6종인데, 여기서는 2006년 발행본을 분석하였다. 단 교과서 파동의 발단이 된 금성출판사『한국 근 · 현대사』의 경우, 2002년 발행본에서 금성 특유의 서술양태가 보다 확연하기에 2002년과 2006년 발행본을 둘 다 사용하였다.

　　본문에서 인용한 것은 별도로 연도를 표시하지 않은 경우 2006년본에서 인용된 것이다.

[표 4] 7차 교육과정『한국 근 · 현대사』교과서 목록

교과서		집필자	교과서명	출판사	검정연도	발행연도
7차 금성	02	김한종, 홍순권, 김태웅, 이인석, 남궁원, 남정란	한국 근 · 현대사	금성출판사	2002	2002
	06					2006
7차 대한		한철호, 강석민, 김기승, 김인기, 조왕호, 채헌철	한국 근 · 현대사	대한교과서	2002	2006
7차 두산		김광남, 김동운, 유영렬, 최병도, 신재홍	한국 근 · 현대사	두산	2002	2006
7차 법문사		김종수, 허홍구, 김우경, 김태진	한국 근 · 현대사	법문사	2002	2006

| 7차 중앙 | 주진오, 민병관, 조동근, 신영범, 김진규 | 한국 근 · 현대사 | 중앙교육 진흥연구소 | 2002 | 2006 |
| 7차 천재 | 김흥수, 박태균, 최창희, 김시억, 한시준, 이진기 | 한국 근 · 현대사 | 천재교육 | 2002 | 2006 |

　　금성교과서를 비롯한『한국 근 · 현대사』교과서의 편향성 문제가
불거지면서 2004년부터는 교과서파동이 본격화되었다.『한국 근 · 현
대사』교과서의 편향성을 바로잡는 차원에서 2009년에 새 교육과정이
만들어지고, 그에 따라 2010년에 검정을 통과한 6종의『한국사』교과
서가 2011년부터 고등학교에서 교재로 사용되었다.

　　이 교과서 6종은 총론에서 2009개정 교육과정을 따르고 있어 '2009
개정『한국사』교과서'라 불러도 무리가 없지만 2013년에 검정을 통과
해 2014년부터 사용되고 있는『한국사』교과서 8종과 구분하기 위해
이 교과서 6종을 '2010검정『한국사』'로 부르기로 한다.[5]

　　여기서는 2010검정『한국사』교과서 6종 모두 2011년 발행본을 분
석하였다.

[표 5] 2010검정『한국사』교과서 목록

교과서	집필자	교과서명	출판사	검정연도	발행연도
2010 검정 미래	한철호, 김기승, 김인기, 조왕호, 권나리, 박지숙	한국사	미래엔컬처 (구 대한교과서)	2010	2011
2010 검정 법문사	최준채, 서각수, 윤영호, 안정희, 남궁원	한국사	법문사	2010	2011

---

5 2010년에 검정을 통과한『한국사』교과서 6종은 총론은 2009개정 교육과정을 따르고 집필기준은
　2007개정 교육과정을 따르고 있다. 한편 2013년에 검정을 통과한『한국사』교과서 8종은 총론과
　집필기준 모두 2009개정 교육과정을 따르고 있는 명실상부한 '2009개정『한국사』교과서'이다.

2010 검정 비상	도면회, 이건홍, 김향미, 김동린, 조한준, 최태성, 이회명	한국사	비상교육	2010	2011
2010 검정 삼화	이인석, 정행렬, 박중현, 박범희, 김쌍규, 임행만	한국사	삼화출판사	2010	2011
2010 검정 지학사	정재정, 장종근, 오창훈, 박 찬석, 김태진	한국사	지학사	2010	2011
2010 검정 천재	주진오, 이신철, 임성모, 송옥란, 박찬승, 나인호, 경규칠, 오정현	한국사	천재교육	2010	2011

　종합하면, 본 연구에서는 1차 교육과정부터 2009개정 교육과정까지의 고등학교 국사교과서 총 29종을 분석하였다.

　참고로, 본 연구가 집중적으로 진행된 시기는 2012년부터 2013년 전반기로, 현재 고등학교에서 사용되고 있는 한국사교과서 8종이 검정을 통과하기 이전이었다. 그러므로 본 연구에서는 현행 한국사교과서에 대한 분석은 이루어지지 못했다. 현행 한국사교과서, 즉 2013검정 한국사교과서 8종의 서술에 대한 분석은 최근에 완성되었기에 이 책의 제4장에 별도로 수록하였다.

II
역대 국사교과서의
한국 근대사 서술 실태

근현대사의 시대적 범위는, 처음으로 한국 근·현대사가 독립 교과로 분리된 제7차 사회과 교육과정의 시대구분에 따르면, 개항 이후부터 현재까지이다. 그 가운데서도 근대는 1876년 개항부터 1945년 광복 전까지, 현대는 광복 이후부터 현재까지이다.

그러므로 여기서는 동학농민운동부터 광복 직전까지의 한국 근대사에 대한 교과서의 서술 내용을 다루기로 한다.

1. 동학농민운동

동학농민운동은 국사교과서의 근대사 부분에서 가장 큰 논란이 되고 있는 주제 가운데 하나이다. 동학농민운동의 용어와 성격, 그리고 그 영향을 둘러싼 교과서의 서술이 1970년대 후반 이래 역사적 사실을 과대 해석한 결과, 실제 일어난 역사적 사실을 벗어난 급진적인 내용을 담고 있기 때문이다.

가. 동학농민운동의 용어 및 성격

국사교과서에서 동학농민운동의 용어와 성격이 어떻게 서술되어
왔는가를 보기에 앞서, 우리나라의 가장 대표적인 국사 개설서인『한
국사신론』에서는 동학농민운동의 성격에 대해 어떻게 서술하고 있는
가를 먼저 보기로 한다.

동학농민군의 봉기

1894년 고부(古阜) 군수 조병갑(趙秉甲)이 갖은 수단으로 농민들을 괴롭히자
이에 분격한 고부 농민들은 동학교인 전봉준(全琫準)의 지휘 아래 봉기하였다.
(생략)

동학농민군의 봉기는 양반사회의 부정부패에 항거하여 일어난 농민들의 반항
운동이었다. 한편 동학농민군의 봉기는 일본 상인의 경제적 침략에 대한 항쟁이
기도 하였다. 안으로는 양반 중심의 부정부패에 항거하고, 밖으로는 외국의 자
본주의 침략에 대항하여 싸운 동학농민군은 결국 양자(저자 주-정부군과 일본군)
의 연합세력에 의하여 실패하고 말았던 것이다. (『한국사신론』, pp.308, 311-312)

『한국사신론』에서는 동학농민운동을 '동학농민군의 봉기'라고 부르
고 있는 데서 알 수 있듯이, 그 성격을 농민봉기로 보고 있다. 그렇다
면 동학농민운동을 지칭하는 용어가 교과서에서는 어떻게 변화해왔는
가. 이를 살펴보면 다음과 같다.

[표 1] 동학농민운동의 용어

교육과정	교과서 (검정/발행)[6]	기술내용 (동학농민운동의 용어)
1차	① 이병도(56)	동학란

	② 홍이섭 (56)	–
	③ 유홍렬 (56)	동학란
	④ 김상기 (57)	동학란
	⑤ 역사교육연구회 (57)	동학란
2차	① 변태섭 (68)	동학혁명
	② 이상옥 · 차문섭 (68)	동학혁명
	③ 이홍직 (68)	동학혁명
	④ 한우근 (68)	동학혁명
	⑤ 이병도 (68)	동학혁명
	⑥ 이원순 (68)	동학혁명운동
3차	국정 (74)	동학혁명운동
	국정 (79)	동학농민혁명운동
4차	국정 (82)	동학운동
5차	국정 (90)	동학농민운동
6차	국정 (96)	동학농민운동
7차 근현대사 (02)	금성	동학농민운동
	대한	동학농민운동
	두산	동학농민운동
	법문사	동학농민운동
	중앙	동학농민운동
	천재	동학농민운동
2010검정 한국사 (10)	미래엔	동학농민운동
	법문사	동학농민운동
	비상	동학농민운동
	삼화	동학농민운동
	지학사	동학농민운동
	천재	동학농민운동

---

6 검정교과서인 1차, 2차, 7차 『한국 근·현대사』, 2010검정 『한국사』는 검정연도를 표기했으며, 국
  정교과서인 3차~6차 교과서는 발행연도를 표기했다.

국사 개설서	용어
『한국사신론』	동학농민군의 항쟁(절 제목) / 동학농민군의 봉기

북한 역사서	용어
『조선통사(하)』(1958)	갑오농민전쟁

- 1차 교과서에서는 동학란으로 불렸다.

- 5 · 16 이후에 기술된 2차 교과서에서부터 동학농민운동은 '동학혁명'으로 불렸다. 단, 2-⑥ (이원순)에서는 '동학혁명운동'으로 불렸는데, 3차 국정 교과서(74)는 이를 계승하여, '동학혁명운동'으로 불렀다. 결국 2차 및 3차 교과서에서의 용어에는 모두 "혁명"이라는 단어가 들어 있음을 알 수 있다. 이는 동학교단에서 1960년대 이래 동학농민운동을 '혁명'이라 불렀고, 일반 역사학자들도 민족주의적 역사 해석에 영향을 받아 '혁명'이라 불렀으며, 또 5 · 16으로 집권한 박정희 정부의 혁명성 강조도 상당한 영향을 미친 것으로 보인다.

- 유신체제가 붕괴된 이후에 기술된 4차 교과서에서 동학농민운동은 "혁명"이라는 단어가 빠지고 "동학운동"으로 불렸다.

- 5차 이후 현재까지 계속 "동학농민운동"으로 불린다. 그러나 이는 교육과정 및 교과서 집필기준 등에 "동학농민운동"으로 명기되어 있기 때문에 항(項) 제목 등에서만 그렇게 표기한 것에 불과하다. 교과서 본문의 실제 기술내용은, 1970년대 후반 이래 반제 · 반미운동의 영향으로, 동학농민운동의 '항쟁', '투쟁', '전쟁'으로서의 성격을 강조하

는 기술로 바뀌었다.

그렇다면 동학농민운동의 성격에 대한 교과서의 서술은 실제로 어떻게 바뀌었는가? 교과서의 관련 내용을 정리하여 간략한 표로 만들면 다음과 같다.

[표 2] 동학농민운동의 성격

교과서 (검정/발행)		기술내용 (동학농민운동의 성격)
1차	① 이병도 (56)	동학교도를 중심으로 한 민중의 폭동 · 난 · 궐기
	② 홍이섭 (56)	
	③ 유홍렬 (56)	
	④ 김상기 (57)	
	⑤ 역사교육 연구회 (59)	
2차	① 변태섭 (68)	동학교도가 앞장서고 농민이 중심이 되어 일으킨 난 · 봉기 · 반항운동 - 예외(④ 한우근, ⑥ 이원순은 '농민전쟁'으로 파악)
	② 이상옥 · 차문섭 (68)	
	③ 이홍직 (68)	
	④ 한우근 (68)	
	⑤ 이병도 (68)	
	⑥ 이원순 (68)	
3차	국정 (74)	- 2차 ④ 한우근을 그대로 인용, "역사상 최대의 농민 전쟁"으로 기술 - 대내적으로는 개혁운동, 대외적으로는 외침을 몰아내려는 민족운동
	국정 (79)	"역사상 최대의 농민 전쟁"
4차	국정 (82)	- "농민 전쟁"이라는 용어를 쓰지 않음 - 대내적으로는 개혁운동, 대외적으로는 외침을 몰아내려는 민족운동

5차	국정 (90)	- 동학농민운동에 대한 내용이 대폭 보강되어, 단계적 서술(동학을 제1기~제4기로 나누어 서술) 및 상세한 서술이 이루어짐 - 동학농민운동이 초기의 민란에서 점차 "농민 전쟁"의 성격을 띠어갔다고 기술함으로써, 4차에서 쓰이지 않던 "농민 전쟁"이라는 용어를 다시 사용 - 대내적으로는 개혁운동, 대외적으로는 반침략적 *민족*운동
6차	국정 (96)	- 동학농민운동의 성격을 5차와 동일하게 규정하고 있으나, "농민 전쟁"이라는 용어를 쓰지 않음 - 대내적으로는 개혁운동, 대외적으로는 반침략적 *민족*운동 - 동학농민운동의 *한계성*(=근대사회 건설을 위한 구체적인 방안을 제시하지 못했다)을 지적
7차 근현대사	금성	이제까지의 "반외세", "반침략"이라는 용어 대신에 "일본의 주권 침략에 반대하는 전쟁"으로 기술하여, 항일전쟁으로서의 성격 강조
	대한	*반봉건·반외세* 운동
	두산	- 대내적으로는 개혁운동, 대외적으로는 반침략적 민족운동 - 동학농민운동의 한계성(=근대사회 건설을 위한 구체적인 방안을 제시하지 못했다)을 지적
	법문사	반봉건·반외세 운동
	중앙	- 반봉건·*반침략적 민족* 운동 - 금성판과 마찬가지로, *항일전쟁*으로서의 성격을 강조 - 또한 동학농민운동이 '근대 지향적'인, '아래로부터의 혁명'임을 부각시키고 있다 - 양반 대 농민의 계급 구도
	천재	- 반봉건·*반침략적 민족* 운동 - 동학농민운동의 *한계성*(=근대사회 건설을 위한 구체적인 방안을 제시하지 못했다)을 지적
'10 검정 한국사		-안으로는 개혁 요구, 밖으로는 *반외세* 또는 *반침략* 운동/항쟁/투쟁

북한 역사서	기술내용 (동학농민운동의 성격)
『조선통사(하)』 (1958)	- "반봉건 반침략적인 성격을 띤 조선농민운동사상에서 가장 거대한 투쟁" (p.76) -엥겔스 『독일에서의 농민전쟁』(노문판, p.33)을 인용하여 "갑오농민전쟁"이 "빛나는 *계급투쟁*"이었다고 주장함(p.77). 즉 "갑오농민전쟁"의 성격을 반봉건 반침략적 계급투쟁으로 규정하고 있음. 나아가 "갑오농민전쟁"이 "일본군의 침입과 친일정권의 수립을 반대"한 *항일전쟁*임을 강조함(pp.76-77).

• 1차 교과서에서는 동학농민운동을 동학교도를 중심으로 한 민중의 폭동 · 난 · 궐기로 파악한다.

• 2차 교과서에서는 동학농민운동을 동학교도가 앞장서고 농민이 중심이 되어 일으킨 난 · 봉기 · 반항운동 등으로 파악한다.

또한 2차 교과서부터 동학농민운동을 일본 · 서양의 외세를 구축하기 위한 민족운동으로 파악하기 시작한다.

• 3차 국정교과서부터 2-④ 한우근의 동학농민운동 해석을 그대로 인용, 기술하기 시작한다.

즉 동학 혁명 운동을 대내적으로는 개혁운동, 대외적으로는 외세를 몰아내려는 민족운동으로 기술하기 시작한다.

• 3차 국정 교과서에서 시작된 이러한 기술은 4차, 5차, 6차의 국정 국사교과서에 이르기까지 커다란 차이 없이 계속된다.

7차 『한국 근 · 현대사』 교과서 6종 중 4종(금성, 중앙 제외) 및 2010검정 『한국사』 교과서 6종도 마찬가지이다. 기술 상 약간의 차이는 있으나, 이들 교과서는 모두 동학농민운동을 반외세 또는 반침략 운동으로 규정하고 있다. 즉, 3차에서 시작된 동학농민운동 해석의 큰 틀 – 대내적으로는 개혁운동, 대외적으로는 외세를 몰아내려는 민족운동 – 을 벗어나지 않고 있다.

• 그러나 7차 『한국 근 · 현대사』 교과서 중 금성교과서는 동학농민운동의 성격에 대해 기술하면서, 동학농민운동이 "기존 사회 질서를 부정하고 근대 사회로 나아가려는 움직임을 보였다."고 기술하고 있다.

동학농민운동의 근대적 성격에 대해 학계의 학설이 합의된 바가 없음에도 불구, 금성교과서는 동학농민운동의 근대성을 강조하고 있는 것이다. 금성교과서의 이러한 기술은, 동학농민운동의 한계성('근대사회 건설을 위한 구체적인 방안을 제시하지 못했다')을 지적하면서, 동학의 근대성을 부인하고 있는 타 교과서(6차 국정, 7차 두산 근현대사, 7차 천재 근현대사, 2010검정 법문사『한국사』)의 기술과 대비된다.

• 또한 금성교과서는 이제까지 여타 교과서에서 사용해 온 "반외세", "반침략"이라는 용어 대신에 "일본의 주권 침략에 반대하는 전쟁"으로 특정하여 기술함으로써 동학농민운동의 항일운동으로서의 성격 및 전쟁으로서의 성격을 강조한다.

동학농민운동을 "농민전쟁"으로 파악하는 시각은 동학 연구자인 한우근이 기술한 교과서인 2차 교과서에서 비롯되었다(2-④한우근). 이 교과서에서 한우근은 동학농민운동을 "역사상 최대의 농민 전쟁"으로 기술했고, 이 해석이 3차 국정 교과서에서 그대로 채택되었다. 동학농민운동을 농민전쟁으로 보는 이 해석은 4차에서는 채택되지 않았으나 5차에서 다시 채택되었다. 동학농민운동의 한계성을 지적하는 6차 교과서에서는 이 해석을 채택하지 않았으나 7차『한국 근·현대사』교과서의 일부(금성, 중앙)에서 "항일전쟁"의 형태로 다시 채택된 것이다.

• 특히 동학농민운동의 전쟁으로서의 성격을 강조하기 위해 금성판은 "농민군과 정부군의 전투"를 "전쟁", "점령지역", "일본군과 관군의 연합군", "화력의 열세", "남북접 연합군", "친위 부대"와 같은 전쟁용어를 사용하여 지나치리만치 구체적으로 묘사하고 있다.

이 성향은 2010검정『한국사』교과서 일부로 그대로 이어진다.(미래엔, 비상)

• 2010검정 미래엔은 동학농민운동을 묘사하면서 '진압', '전쟁', '살육전', '대규모학살' 등의 과격하고 부적절한 표현을 사용한다 (p.161).

• 2010검정 비상은 2차 봉기에 대한 묘사가 지나치게 구체적이며, 마치 전쟁을 묘사하는 듯하다. ('북접군', '남접군', '공방전', '최후 방어선', '40-50회에 걸친 돌격전')

[요 약]

동학농민운동에 대한 기술은 3차에서 마련된 해석의 큰 틀 - 대내적으로는 개혁운동, 대외적으로는 외세를 몰아내려는 민족운동 - 을 국정인 6차 국사교과서까지는 크게 벗어나지 않았다. 그러나 7차 『한국 근·현대사』 교과서(금성)에 이르면 동학농민운동이 대내적으로 한계가 있는 개혁운동이라는 종래의 해석 대신, "기존 사회 질서를 부정하고 근대 사회로 나아가려는 움직임을 보였다."고 기술하여, 동학농민운동의 근대성을 부각시키려고 한다. 또한 동학농민운동이 대외적으로 "반외세", "반침략" 민족운동이라는 종래의 해석 대신, '일본의 주권 침략에 반대하는 전쟁'으로 특정하여 기술함으로써 동학농민운동의 항일전쟁으로서의 성격을 강조한다(이는 7차 중앙도 마찬가지임).

이러한 국사교과서 서술의 변화는 1980년대 이후 민중주의 역사학, 즉 '민중사학'의 발전과 깊은 관계가 있다고 볼 수 있다. 이른바 진보좌파 사가들은 한국근대사의 전개과정을 반봉건반제운동과 민족해방운동으로 규정하고 있다. 80년대 이후 진보적인 소장학자들은 이 시기 민족운동의 가장 큰 성과인 동학농민운동과 의병운동에 대한 민중

사적 시각에서의 접근이 필요하다고 일관되게 주장해 왔다. 이들 민중
사학자들의 입장은 이러한 연구 성과가 국사교과서에 충분히 반영되
어 있지 않다는 것이다. 1982년에 발행된 4차 국정교과서에 대해, "한
국의 근대화 과정을 논의하는 데 있어 개화파를 중심으로 한 개량주의
를 기층 민중이 주도한 변혁운동보다 우위에 두었다"고 민중사학자들
은 비판한다. 즉, 교과서가 동학의 성장과 교조신원 운동을 서술함으로
써 농민전쟁에서 동학의 역할을 강조한 반면, 갑오농민전쟁의 반봉건,
반제국주의적 성격을 제대로 기술하지 않고 있다는 것이다. 그러므로
교과서에서 갑오농민전쟁의 반봉건, 반제국주의적 성격을 강조해야
한다는 것이 그들의 기본 입장이다.[7] 여기에서 주목할 것은 민중사학
자들이 동학농민운동을 아예 북한의 용어인 '갑오농민전쟁'으로 부르
고 있다는 사실이다.

　또한 동학농민운동의 투쟁 및 전쟁으로서의 성격을 강조하는 최근
몇몇 교과서의 기술도 한국사를 '지배/저항'이라는 이분법적 틀로써
해석하는 이른바 '민중사학'의 역사 해석에서 비롯된 것으로 보인다.
하지만 대표적인 동학농민운동 연구자인 유영익은 1894년의 동학농민
봉기가 복고주의적, 보수적 성격의 민중운동이었다고 주장한다.[8] 이처
럼 그 성격에 대해 학계에서 아직 합의가 이루어지지 않은 동학농민운
동을 한사코 "농민전쟁"으로 파악하려고 애쓰는 것은, 엥겔스의 『독일
농민전쟁』과 마찬가지로, 역사를 계급투쟁의 관점에서 해석하려는 의
도에서 비롯된 것으로 추정할 수밖에 없다.

---

7 이영호, 「한국근대 민중운동연구의 동향과 『국사』 교과서의 서술」, 『역사교육』 47, 1990, pp.65-
125.

8 유영익, 「갑오농민봉기의 보수성」, 『동학농민봉기와 갑오경장』, 일조각, 1998.

한편 북한의 역사서는 동학농민운동을 어떻게 해석하고 있는가를
살펴보자. 북한의 대표적 역사서인 『조선통사(하)』(1987년 판)는 기본적
으로 개항 이후 제국주의적 침략에 대한 투쟁사를 무엇보다 앞세우고
있다. 그리하여 병인양요, 신미양요와 같은 서구 열강과의 항쟁사를
매우 강조한다. 특히 미국에 대한 적대적 표현이 매우 시사적이다. 청
일전쟁 이후 일본의 침략이 본격화되자 이에 대한 항쟁의 역사를 강조
하기 위해서 1890년대 말에서 1910년 한일병합 이전까지의 역사는 모
두 의병 투쟁의 역사로 채우고 있다. 동학농민운동에 대해서는 매우
적극적으로 그 의의를 부여하고 있다. 특히 고부에서 일어난 농민봉기
를 '농민전쟁의 시작'이라고 하여, 그 의의를 부각시키려 노력한다.[9]

나. 동학농민운동의 영향

동학농민운동의 영향을 교과서에서 어떻게 기술하고 있는지 살펴
보자.

[표 3] 동학농민운동의 영향

교과서(검정/발행)		기술내용 (동학농민운동의 영향)
1차	① 이병도(56)	대내적으로 갑오경장/대외적으로 청·일 전쟁 초래
	② 홍이섭(56)	
	③ 유홍렬(56)	
	④ 김상기(57)	
	⑤ 역사교육 연구회(59)	
2차	① 변태섭(68)	대내적으로 갑오경장/대외적으로 청·일 전쟁 초래

---

9 정두희, 『하나의 역사, 두 개의 역사학』, 소나무, 2001, pp.148-150.

	② 이상옥 · 차문섭(68)	
	③ 이홍직(68)	
	④ 한우근(68)	
	⑤ 이병도(68)	
	⑥ 이원순(68)	
3차	국정 (74)	대내적으로 *갑오경장*/대외적으로 청 · 일 전쟁 초래
	국정 (79)	
4차	국정 (82)	안으로는 *갑오경장*/밖으로는 청 · 일 전쟁 발발
5차	국정 (90)	*갑오개혁*에도 일정한 영향을 끼쳐 전통 질서의 붕괴를 촉진/동학농민군의 잔여 세력이 의병운동에 가담, 구국 *의병 투쟁* 활성화
6차	국정 (96)	*갑오개혁*에도 일정한 영향을 끼쳐 전통 질서의 붕괴를 촉진/동학농민군의 잔여 세력이 의병운동에 가담, 구국 *무장 투쟁* 활성화
7차 근현대사	금성	*반침략 항일투쟁의 역사적 기반*
	대한	동학 농민군 잔여세력은 *을미의병*에 가담하여 투쟁, 영학당 등 결성하여 *반봉건, 반침략 민족 운동* 계속
	두산	동학 농민군의 반침략적 투쟁 정신은 *의병* 운동에 투영되어, 구국 *무장 투쟁*으로 이어짐
	법문사	동학 농민군 잔여 세력 중 일부는 *의병 투쟁*에 참가, 반외세 민족운동을 전개
	중앙	동학 농민군 잔여세력은 항일 *의병* 투쟁에 적극적으로 가담, 구국 항쟁을 전개
	천재	동학 농민군 잔여 세력이 *의병운동*에 가담, 구국 *무장 투쟁*을 활성화
'10 검정 한국사	미래엔	동학 농민군 잔여 세력이 *을미의병*에 가담, *반침략 항일 투쟁의 토대 마련*
	법문사	동학 농민군 잔여 세력 일부는 *의병 투쟁*에 참가, *반외세 민족 운동*을 전개. 1900년 전후에는 영학당, 활빈당에 가담, *반봉건 · 반외세 운동을 계속*
	비상	동학 농민군 잔여 세력 일부는 활빈당 등 민중 운동이나 항일 *의병 투쟁*에 참여, *반봉건 · 반침략 운동 지속*
	삼화	근대적 개혁인 *갑오개혁*에 영향을 미쳤고, 반외세적 성격은 항일 *의병 운동*으로 계승

지학사	농민의 사회 개혁 운동에 영향을 끼침. 농민군 잔여 세력이 *의병 운동에 가담*하여 항일 투쟁을 이어감
천재	그들의 개혁 요구는 갑오개혁에 반영됨. *반침략 투쟁의지는 항일 의병 운동으로 계승*

북한 역사서	기술내용 (동학농민운동의 영향)
『조선통사(하)』 (1958)	이 운동은 당시 와해과정을 밟고있던 조선봉건체제의 지반을 더욱 뒤흔들어 그 붕괴를 촉진시키고, 새로운 방향에서 민족적 및 계급적 각성을 일층 북돋아줌으로써 조선사회 발전에 강력한 추동을 주었으며 특히 그후 조선인민의 반일의병투쟁 발전에 거대한 영향을 주었다.(p.76)

• 1차~4차 교과서의 동학농민운동의 영향에 대한 해석은, 어구 상 약간의 차이는 있으나, 대내적으로는 갑오개혁을, 대외적으로는 청 · 일 전쟁을 초래했다는 것이 보편적이다.

• 동학의 영향에 대해 5차부터는 4차까지와 다른 기술을 하고 있다. 대내적으로 갑오개혁을 초래했다는 종래의 기술 대신 "갑오개혁에 일정한 영향을 끼쳤다"고 기술하고 있다. 또한 대외적으로 청일전쟁을 초래했다는 종래의 기술을 없애고 대신에 "구국 의병 투쟁을 활성화 시켰다"는 새로운 구절을 집어넣었다. 결과적으로 동학운동이 대외적으로 청일전쟁을 유발했다는 부정적 이미지를 없애는 한편, 동학농민운동을 의병투쟁과 연계시켰다.

• 6차는 5차의 기술과 동일하다. 단 "구국 의병 투쟁을 활성화시켰다"는 구절이 "구국 무장 투쟁을 활성화시켰다"는 구절로 바뀌었을 뿐이다. 즉 의병 투쟁을 가리키는 용어가 '구국 의병 투쟁'에서 '구국 무장 투쟁'으로 바뀐 것이다.

• 7차 『한국 근·현대사』 교과서 6종 전체, 그리고 2010검정 『한국
사』 6종 중 4종(삼화, 천재 제외)은 5차 국정 및 6차 국정의 기술보다
한 걸음 더 나아가, 동학농민운동이 갑오개혁에도 일정한 영향을 끼쳤
다는 구절마저 없앴다. 즉, 동학농민운동이 대내적으로 갑오경장을 초
래했다는 종래의 기술을 완전히 없앤 것이다.

[요 약]

7차 『한국 근·현대사』 교과서에서는 동학농민운동이 대내적으로
갑오개혁/대외적으로 청·일 전쟁을 초래했다는 종래의 기술(1차~4
차)이 완전히 사라지고, 대신에 동학농민운동이 의병 운동 또는 의병
투쟁으로 이어졌음을 강조하는 해석만이 그 자리를 채우고 있다. 이러
한 결과는 어떻게 해서 나타나게 되었는가?

앞에서 설명했듯이, 학계 일각에서는 4차까지의 국사교과서가 동
학농민운동의 영향으로 청일전쟁이 발발했다는 식으로 기술하고 있는
데 대해 반발했다. 동학농민운동이 일어나자 이를 진압하기 위해서 청
나라에 원병을 청한 것은 민씨 척족 세력인데, 그 혐의를 모두 동학농
민운동으로 돌려 사실을 왜곡하고 있다는 것이다.[10] 아래로부터의 변
혁을 강조하는 당시 국사학계의 경향에 따라 동학농민운동의 영향에
대한 종래의 기술, 즉 대내적으로 갑오개혁/대외적으로 청·일 전쟁을
초래했다는 기술을 부정적으로 보는 시각이 우세해지면서 5차 교과서
부터는 동학농민운동이 청·일 전쟁을 초래했다는 내용을 삭제했고,
이러한 경향은 6차 교과서로 고스란히 이어졌다.

또한 4차 국정교과서는 의병전쟁을 유생계급이 중심이 되고 여기

10 이영호, 앞의 논문, pp.122-123.

에 농민이 호응해 일어난 것으로 기술하고 있으나, 이른바 진보사가들은 이것도 마땅치 않아 했다. 동학농민운동의 성격을 기본적으로 농민전쟁이라고 보는 그들은 농민전쟁 이후 지속돼 온 민중운동의 연장선상에서 의병전쟁이 가능했다고 보는 입장이다. 이것이 바로 근래의 교과서에서 동학농민운동이 청 · 일 전쟁을 초래했다는 종래의 내용을 없애고 대신에 의병전쟁을 강조하는 까닭이다. 구체적으로는 5차 교과서부터 종래의 해석은 일절 기술하지 않는 동시에, 동학농민운동이 항일 의병 운동으로 계승되었음을 강조함으로써 동학농민운동의 투쟁적 성격만을 강조하고 있다.

다음으로 동학농민운동에 관한 교과서의 기술 가운데 문제가 있는 사례를 보자.

[탐구] 폐정 개혁 12조

|자료|

1. 동학도는 정부와의 원한을 씻고 서정에 협력한다.
2. 탐관 오리는 그 죄상을 조사하여 엄징한다.
3. 횡포한 부호를 엄징한다.
4. 불량한 유림과 양반의 무리를 징벌한다.
5. 노비 문서를 소각한다.
6. 7종이 천인 차별을 개선하고 백정이 쓰는 평량갓은 없앤다.
7. 청상 과부의 개가를 허용한다.
8. 무명의 잡세는 일체 폐지한다.
9. 관리 채용에는 지벌을 타파하고 인재를 등용한다.
10. 왜와 통하는 자는 엄징한다.

> 11. 공사채를 물론하고 기왕의 것을 무효로 한다.
> 12. *토지는 균등하게 나누어 경작한다.*
>
> 　　　　　　　　　　　　　　　　　　 - 오지영, 「동학사」 -
>
> 　1. 동학 농민 운동이 반봉건적 · 반외세적 성격을 가졌음을 보여 주는 조항을 찾아보고 그 의미를 설명해 보자.
> 　2. 동학 농민 운동에 참여한 민중들이 추구한 사회의 모습을 추론해 보자.
> 　　　　　　　　　　　　　　　　　　(법문사, 『한국 근 · 현대사』, p.69)

　위의 예에서 보듯이, 7차 『한국 근 · 현대사』 교과서 6종은 모두 '폐정 개혁 12조'가 동학농민운동의 혁명성, 근대적 성격, 민주주의적 성격을 드러낸다고 하면서 이를 교과서에 수록하고 있다. 하지만 '폐정 개혁 12조'의 출처로 제시된 오지영의 『동학사』는 사료로서 많은 문제점을 가지고 있다는 것이 학계의 주된 평가이다.

　우선 '폐정 개혁 12조'로 대표되는 '폐정개혁안'의 내용은 일부 역사학자들에 의해 전면적으로 부정되고 있다. '폐정개혁안'과 '집강소의 정강' 내용이 다른 문헌에서는 명시되어 나타나고 있지 않은 반면에 오직 오지영이 쓴 『동학사』 간행본과 초고본에서만 보이기 때문이다. 이 문제를 천착한 역사가 노용필에 따르면, 山邊健太郎은 폐정개혁안을 오지영이 조작한 것으로 파악하고 있으며, 유영익은 폐정개혁안이 1930년대 사회주의의 영향을 받아 오지영이 창작한 '역사소설'이라고 주장한다.[11]

---

11 노용필, 「오지영의 인물과 저작물」, 『동아연구』 19, 1989, pp.54-104. 이 논문에서 노용필이 제시하고 있는 山邊健太郎과 유영익의 저작은 다음과 같다. 山邊健太郎, 「甲申政變과 東學

'폐정개혁안'의 내용 중 특히 문제가 된 '토지는 균등하게 나눠 경작하게 할 것'이라는 조항은 동학농민운동에 관한 다른 어떤 사료에도 나오지 않는 주장이다. 그렇기에 이 조항에 관해서는 오지영 자신이 만주에서 집단농장을 경영하면서 실현해보고 싶었던 토지개혁 방안으로 이해하거나(노용필), 또는 1930년대 사회주의 운동의 영향으로 오지영 자신이 창작해 낸 것으로 이해한다.(유영익)[12]

이에 반해, 김태웅은 오지영의『동학사』가 농민전쟁의 역사성을 복원하고 전봉준을 새롭게 인식하는 계기를 마련해 주고 있다고 강조한다. 하지만, 김태웅조차도 오지영의『동학사』가 사료로서 많은 문제점을 가지고 있음을 부인하지는 못한다. 그 문제점은 첫째, 사실 기술에서 오류나 과장이 많다는 것. 둘째, 동학운동 당대의 기록이 아니고 1920 · 30년대 오지영과 천도교연합회의 입장이 반영되어 있다는 것이다.[13]

참고로 북한의 역사서는 '폐정개혁안'에 대해 어떻게 기술하고 있는지 살펴보자. 북한의 대표적 역사서인『조선통사(하)』(1958)는, 우리나라『한국 근 · 현대사』교과서 6종과 마찬가지로, 폐정 개혁 12개조를 수록하되 출처를 "오지영, 동학사"로 표기하고 있다. 뿐만이 아니

의 亂」『動搖하는 中華帝國』, 筑摩書房刊,『세계의 역사』11, 1961; Young Ick Lew(유영익), "The Conservative Character of 1894 Tonghak Peasant Uprising: A Reappraisal with Emphasis on Chon Pong-jun's Background and Motivation," Journal of Korean Studies 7, 1992.

12 노용필, 같은 논문.

13 김태웅, 「1920 · 30년대 吳知泳의 활동과『東學史』간행」『역사연구』제2집, 1993. 11, pp.83-115.

다.『조선통사(하)』는 "갑오농민전쟁", 즉 동학농민운동에 대해 기술하면서 오지영의『동학사』를 가장 핵심적인 사료로 사용하고 있다.[14]

　반면에 우리나라의 대표적 국사 개설서인『한국사신론』은 오지영의 책에 수록된 것이 아닌 다른 폐정개혁안을 싣고 있다. 동학농민운동당시에 폐정개혁안은 여러 차례 제시되었는데『한국사신론』은, 그 내용이 비교적 포괄적인, 장성에서 전라감사에게 제시된 것을 인용하고있다. 이 폐정개혁안은 총 13개조로 되어 있는데, 여기에는 문제가 된 '토지를 나누어 경작한다'는 내용은 들어있지 않다.[15] 사실 1999년에 한글판이 출간되기 전까지는『한국사신론』에도 오지영의『동학사』에 나온 폐정개혁안 12개조가 수록되었었다. 그러나 1990년대 말까지의 연구 성과를 반영한 한글판을 내면서는 사료로서 문제가 많은 오지영의 책에 나온 폐정개혁안을 빼버리고 대신에 다른 폐정개혁안을 집어넣은 것이다.[16]

　이상과 같은 이유에서 오지영의 '폐정 개혁 12조'를 교과서에까지수록한 것은 논란의 대상이 되었다. '폐정개혁안'을 무조건 강조하는역사 해석이 민중사관과 계급투쟁 사관의 오용(誤用)을 보여주는 대표적인 예로서 반(反)학문성을 띠고 있다는 비판이 대두한 것이다. 그 결과 2010검정『한국사』교과서에서는 '폐정 개혁 12조' 대신에 전봉준

---

14 (북한)과학원 력사연구소,『조선통사(하)』(1958년판), 오월, 1988, pp.58-69.

15 이기백,『한국사신론』, pp.309-311.

16 저자인 이기백은『한국사신론』의 개정판을 낼 때마다 끊임없이 학계의 연구 성과를 반영하였다. 1997년에 신수(新修) 중판을 내면서는 그 때까지의 연구 성과를 종합하여 기존에 농민들의 '혁명운동'으로 파악하던 동학농민군의 봉기를 농민들의 '반항운동'으로 파악하였다.

판결문에 나타난 폐정개혁안을 수록하고 있거나(2010검정『한국사』천재),
'폐정 개혁 12조'를 수록하더라도 출처를 오지영의 '역사소설 동학사'
로 표기하고 있다(2010검정『한국사』미래엔, 법문사, 비상, 삼화, 지학사).

  지금까지 살펴보았듯이, 국사교과서는 최근의 교과서로 올수록 동
학농민운동의 항일전쟁으로서의 성격을 강조한다. 학계 일각에서는 일
찍부터 동학농민운동을 북한이 부르는 명칭 그대로 '갑오농민전쟁'이
라고 부르고 있으며, 동학농민운동의 성격에 대해 학계에서 아직 합의
가 이루어지지 않았음에도 불구하고 이를 한사코 "농민전쟁"으로 파악
하려고 애쓰고 있다. 구체적으로는 1990년에 발행된 5차 국사교과서
부터 동학농민운동이 청·일 전쟁을 초래했다는 종래의 해석은 일체
기술하지 않고 동학농민운동이 항일 의병 운동으로 계승되었다고 강
조함으로써 동학농민운동의 투쟁적 성격만을 강조하고 있는 것이다.

  왜 동학농민운동에 대한 우리의 역사해석은 시간이 갈수록 북한의
역사해석과 가까워져 가고 있는가? 이는 한 마디로 북한의 동학농민
운동 연구 성과가 우리나라 학계에 유입되었기 때문이다. 북한의 연구
성과가 우리나라 학계에 유입된 경로를 분석한 연구에 따르면 그 내용
은 다음과 같다. 우선 1940년대 후반에 나온 북한 유물사가들의 연구
성과는 1950년대 전반에 박경식, 강재언 등 일본의 조총련계 역사가들
에게 직접적 영향을 미쳤다. 이들 조총련계 역사가들은 북한의 유물사
관에 입각한 동학농민운동 연구 성과를 본격적으로 일본학계에 소개
하였다. 북한학계의 연구 성과를 충실히 소개한 그들의 동학농민운동
연구를 1970년대 중반부터 우리나라 소장학자들이 전폭 수용하고, 나
아가 북한학계의 연구 성과를 직접 접하여 이를 전폭 인용하면서 유물

사관에 입각한 북한의 동학농민운동 해석은 이후 우리나라 학계의 지
배적인 해석이 되었다.[17]

그런데 북한 역사학의 연구 성과가 남한 학계에 유입·정착된 것은
비단 동학농민운동이라는 한 사건의 해석에만 국한된 것이 아니다.
1987년 10월에 북한 원전(原典) 등의 도서에 대한 해금 조치가 이루어
지기 전부터 이미 국사학계 일각에서는 여러 경로를 통해서 북한 역사
서 및 역사 해석을 접하면서 북한 학자들의 유물론적 역사 해석을 상
당 부분 수용해왔다. 주제에 따라 차이가 있기는 하지만, 주로 근현대
사 연구자들인 이들 역사학자들 가운데 일부는 일본을 비롯한 제3국
을 통해서 접하게 된 북한의 역사 해석을 수용하고, 이를 자신들의 책
이나 논문을 통해서 확대 재생산했다. 그 결과 북한 학계의 역사해석
이 어느덧 우리나라 국사학계에서 큰 영향력을 행사하게 된 것이다.

2. 일제의 침략과 국권의 상실

역대 국사교과서는 일제의 침략에 의해 우리나라가 국권을 상실한
것에 대해 어떻게 기술하고 있는가? 이를 알아보기 위해서 교과서별
로 이 내용을 기술하고 있는 장/절/항 제목과 그 기술내용을 하나의 표
로 만들었다. 그 내용은 다음과 같다.

---

17 오영섭, 「1940년대 후반 유물사가들의 동학농민운동 인식의 특징」, 『동학학보』제9권 2호(통권
   10호), 2005, pp.229-287.

[표 4] 국권의 상실 (교과서)

교과서		장/절/항 제목	기술내용 (국권의 상실)
1 차	①	한 · 일 합병	- 한국의 독립은 사실상 이 때(노 · 일 전쟁)부터 상실당하게 된 셈이다. - 1910년 8월 (일제는) 한국을 합병하고 말았다.
	②	-	1910년 한국을 병합하였으니
	③	1. 국제무대에의 진출과 대한제국의 종말	사대당의 매국노들은 나라를 일본에게 빼앗기고 말았다(1910).
	④	대한제국의 종국	한 · 일 합병/병탄
	⑤	대한제국의 말로	한일 합병 조약
2 차	①	한일 합방	합방
	②	한일 합방	한국을 강탈하려는 일본의 야심은 더욱 높아갔다.
	③	국권의 상실	합방조약
	④	제4장 제국주의 침략과 주권의 상실 2.일본 제국주의의 한국 강점 일본의 주권침탈 대한제국의 멸망	한일 합방 조약
	⑤	III. 대한제국의 말로 한.일 합방	합방조약이 조인
	⑥	4장. 민족의 수난 2. 민족의 항거와 국치 민족의 의거와 경술국치	합방 / 경술국치
3 차	국정 (74)	대한제국의 붕괴	한일합방조약
	국정 (79)	일제의 침략	한 · 일 합방조약/ 대한제국은 완전히 무너져 일본의 식민지로 떨어졌다.
4 차	4차	국권의 침탈	(일제는) 마침내는 한국의 국권을 강탈하였다(1910).
5 차	국정	(1)민족의 수난 국권의 피탈	(대한제국은) 국권마저도 강탈당하였다(1910).

6
차
	국정	(1)국권의 피탈과 민족의
		  수난
		  국권의 피탈
			마침내 (일제는) 국권마저 강탈하였다(1910).

7차 근현대사	금성 (02)	1.일제의 침략과 민족의 수난 2.일제의 침략과 국권의 피탈 대한 제국의 종말	(이완용과 데라우치가) 한국 병합에 관한 조약을 체결. 공포함으로써 대한제국의 국가 주권은 공식적으로 소멸되었다.
	금성 (06)	1.일제의 침략과 민족의 수난 2.일제의 침략과 국권의 피탈 근정전에 일장기가 내걸리고	(일제는) 1910년 8월 29일에 한.일 병합조약을 공포하였다.
	대한	1.일제의 침략과 민족의 수난 2.일제의 침략과 국권의 피탈 도움글 9│ 국권을 빼앗기다	병합조약이 체결되었다(1910).
	두산	1.일제의 침략과 민족의 수난 2.일제의 침략과 국권의 피탈 국권 피탈	1910년 일제는 병합 실행 방법 세목을 확정하고 이완용 매국 내각과 이른바 합병 조약을 체결하였다.
	법문사	1.일제의 침략과 민족의 수난 2.일제의 침략과 국권의 피탈 국권의 피탈	(일제는)1910년 8월 29일에 대한제국의 국권을 강탈하였다.
	중앙	1.일제의 침략과 민족의 수난 2.일제의 침략과 국권의 피탈 대한 제국의 종말	총리대신 이완용과 통감 데라우치가 한국병합에 관한 조약을 체결·공포함으로써 대한제국의 국가주권은 공식적으로 소멸되었다.
	천재	1.일제의 침략과 민족의 수난 2.일제의 침략과 국권의 피탈 일제의 주권 침탈	일제는........1910년 8월 대한제국을 완전식민지로 만들었다.
2010 검정 한국사	미래엔	4.국권 수호 운동을 전개하다 4-1.근대 국가 수립을 가로막은 일제의 침략 한국, 일제에 강점당하다	이 조약(병합 조약)의 서문에는 두 나라의 행복과 동양 평화를 위하여 일본이 한국을 '병합'한다고 씌어 있었지만, 사실은 무력을 앞세워 이루어진 강점일 뿐이었다.
	법문사	4.국권 피탈과 국권 수호 운동 1.국권 피탈 을사조약에 대한 저항과 한·일 병합	한국의 사법권과 경찰권마저 빼앗은 일제는 1910년 8월 29일 한·일 병합 조약을 맺어 대한 제국의 국권을 강탈하였다.
	비상	4.일제의 국권 침탈과 국권 수호 운동 2. 일본의 한국 강제 병합	신임 통감 데라우치 마사다케는 고종 황제를 '이태왕', 순종 황제를 '태왕'으로 부르는 등 황실 호칭을 격하시킨 후 8월 29일에 조약의 형태를 빌어 한국을 병합하였다.
	삼화	7.국권을 빼앗기다 주권을 빼앗기다	1910년 8월 총리대신 이완용과 통감 데라우치가 한·일 병합 조약을 공포하였다. 이로써 대한 제국은 주권을 빼앗기고 일제의 식민지로 전락하고 말았다.

| 지학사 | 3.국권 수호 운동의 전개
2.일제의 침략과 국권 *피탈*
　고종의 퇴위와 국권 피탈 | 1910년 8월 29일 일제는 삼엄한 경계 상태에서 한·일 병합 조약을 발표하였다. 이로써 우리 민족은 국권을 완전히 상실하고 일제의 식민지로 전락하고 말았다. |
| 천재 | 3.국권 *피탈*과 국권 회복 운동
1.국권을 빼앗기다
　을사조약과 병합 조약
　(사료로 보는 역사) 일본의 국권 *침탈* 과정 | 이(일진회의 합방 청원서 제출 및 러시아, 영국의 한국 병합 승인)로써 병합에 필요한 여건을 조성한 일본은 한국에 한·일 병합 조약 체결을 강제하고 공포하였다(1910.8.29.). |

• 1차 교과서에서는 일제가 우리나라를 병합한 것을 가리켜, '한일 합병', '병합', '합방', '병탄' 등 다양한 용어를 사용하고 있다.

• 2차 교과서에서는 본문에서 주로 '합방'을 사용하는데(예외 2-②), 이러한 기술은 3차 국정 교과서에까지 그대로 이어졌다.

　2차 교과서 가운데 장의 제목으로 '국권의 상실'(2-③), '주권의 상실'(2-④ 한우근)을 사용하는 것이 눈에 띤다.

• 4차 교과서에서는 3차까지의 기술과는 전혀 달리, 한국의 "국권을 강탈하였다"고 기술하고 있고, 장의 제목으로는 '국권의 침탈'을 사용하고 있다.

• 5차 교과서에서는 4차 교과서보다 한 걸음 더 나아가, "국권마저도 강탈당하였다"고 기술하고 있고, 장의 제목으로는 '국권의 피탈'을 사용하고 있다. 이는 4차 교과서의 기술을 한글 표현에서는 잘 쓰지 않는 수동태로 바꾼 것이다.

　　"국권을 강탈하였다"(4차) → "국권마저도 강탈당하였다" (5차)
　　'국권의 침탈' (4차) → '국권의 피탈' (5차)

　　이른바 진보사학에 의해서 일제에 의한 수탈과 그에 대한 항쟁이
강조되던 시점에 기술된 5차 국정 교과서(90/95)에서 이러한 기술의
변화가 나타났다는 것은 유의미하다. 일제시기 전체를 오로지 수탈과
항쟁이라는 이분법에 의해 설명하려고 했던 1980년대 말 이후 국사학
계 일부 학자들의 성향이 이와 같은 수동태 표현을 통해서 5차 국사교
과서에 고스란히 반영된 것으로 보이기 때문이다.

　　• 5차 교과서의 "국권마저도 강탈당하였다"는 기술은 6차 국정에
서 "국권마저 강탈하였다"는 기술로 바뀌면서, 4차 교과서의 기술과
다시 비슷해졌다. 수동태 표현에서 능동태 표현으로 복귀하면서 어조
가 약간 완화된 것이다. 6차의 이 기술은 7차『한국 근·현대사』교과
서 및 2010검정『한국사』교과서의 일부에서 쓰이고 있다. (7차 법문사,
2010검정법문사)

　　• 5차 교과서에서 시작된 '국권의 피탈'이라는 장 제목은 6차 국정
을 거쳐 7차『한국 근·현대사』교과서 6종 전체에서 사용되고 있다.
또한 2010검정『한국사』교과서에서도 '국권 침탈'과 더불어 장 제목으
로 사용되고 있다.

　　지금까지 살펴 본 국사교과서에서의 장 제목의 변화를 정리하면
다음과 같다.

국권의 상실 → 국권의 침탈 → 국권의 피탈

그렇다면 국권의 상실을 교육과정 및 서술지침에서에서는 어떻게
기술하도록 하고 있는가? 국권의 상실에 관한 교육과정 및 서술지침
의 내용은 다음과 같다.

[표 5] 국권의 상실 (교육과정 및 서술지침)

교육과정 및 서술지침	용어	기술내용 (국권의 상실)
1차 교육과정 (1954-1963)	–	–
2차 교육과정 (1963-1973)	–	–
3차 교육과정 (1973-1981)	국권 상실	급변하는 외세와의 접촉 속에서 일찍이 경험하지 못했던 사상적 혼란을 겪어가며 근대화를 서둘렀던 사정과 이와 같은 가운데에서 국권을 상실하게 된 과정을 세계사적 배경과 견주어가며 파악하게하고 민족사적교훈을 성찰하게 한다.
4차 교육과정 (1981-1987)	–	–
5차 교육과정 (1987-1992)	국권 상실	국권 상실 이후 전개된 무장 독립 전쟁과 외교적 노력, 사회·경제적 저항, 민족 문화 수호 운동 등의 실상을 파악하게 하고, 당시의 독립 운동을 세계 정세의 흐름과 관련하여 인식하게 한다.
국사교육 내용 전개의 준거안-5차 (1987)	–	–
6차 교육과정 (1992-1997)	국권 침탈	국권 침탈 이후의 민족 수난사를 통해 독립의 중요성을 이해하게 하고 국내에서 전개된 민족 운동의 실상과 그 의미를 인식하도록 한다.
국사교육 내용 전개의 준거안-6차 (1994)	국권침탈 국권피탈	1) 일제의 국권침탈 (생략) ③ 통감부 설치 후, 일제가 한국의 내정까지 관장하고, 침략을 더욱 확대시켜 간 과정을 국권피탈까지 단계별로 간단히 서술한다.

7차 교육과정 (1997-2007)	국권피탈	(ㄴ) 일제의 침략과 국권의 피탈 (생략) ② 러·일 전쟁부터 국권피탈까지의 일제침략과정을 분석, 정리할 수 있다.
국사교육 내용 전개의 준거안-7차 (2000)	국권 피탈	국권 피탈 시기 안중근 등 애국 지사들의 항일의거활동에 대해 알게 한다. (1) 일제의 침략과 민족의 수난 ①을사조약에서 국권피탈에 이르기까지의 일제침략과정을 정리할 수 있게 한다. (생략)
2007 개정 교육과정 (2007)	국권 침탈 국권 피탈	(4) 근대국가 수립 운동과 일본 제국주의의 침략 동학농민운동과 청일전쟁으로부터 일제에 의한 국권 침탈에 이르는 시기를 다룬다. 동학농민운동, 갑오개혁, 광무개혁 등 근대국가를 수립하기 위한 노력을 살펴본다. 일본의 국권 침탈 과정과 이에 맞서 전개된 다양한 국권 수호 운동을 파악한다. (생략) ⑤ 국권 피탈 과정과 일제의 침략에 맞선 국권 수호 운동의 흐름을 파악한다.
2007 개정 교육과정에 따른 『역사』교과서 집필기준 (2009)	국권 강탈	11. 일제의 국권 강탈 러·일 전쟁 이후 일제의 국권 강탈이 본격화되었음을 이해하고, 일제의 침략과정과 일제에 협력한 반민족 세력의 동향에 대해서도 기술한다. (생략)
2009 개정 교육과정 (2009-)	국권 피탈 국권 침탈	(5) 근대 국가 수립 운동과 일본제국주의의침략 - 국권 피탈 과정 동학 농민 운동과 청·일 전쟁으로부터 일제에 의한 국권 침탈에 이르는 시기를 다룬다. 동학 농민 운동, 갑오개혁, 광무개혁 등 근대 국가를 수립하기 위한 노력을 살펴본다. 일본의 국권침탈과정과 이에 맞서 전개된 다양한 국권수호 운동을 파악한다.
2009 개정 교육과정에 따른 『한국사』교과서 집필기준 (2011)	국권 침탈 국권 강탈	(생략)한 동아시아 국제 정세 변화를 바탕으로 일본의 국권침탈과정과 이에 맞서 전개된 다양한 국권수호운동을 파악한다. 시기는 흥선 대원군 집권부터 일제에 의한 국권 상실까지를 대상으로 한다. (생략) ⑤ 일제의 국권침탈에 맞서 일어난 애국계몽운동과 의병운

	동 등 국권수호운동의 흐름과 사상적 배경을 이해한다. (생략) 일제의 국권 강탈이 불법적이었음을 강조하고, 한반도를 둘러싼 열강들의 세력구도, 즉 미·영·일 삼국 공조를 기 반으로 하는 러·일 대립이라는 측면에 유의한다. (생략)

국사교과서에서의 장 제목의 변화(국권의 상실 → 국권의 침탈 → 국권의 피탈)는 교육과정 및 서술지침에서는 더욱 두드러지게 나타난다(국권의 상실 → 국권의 침탈 → 국권의 피탈 → 국권의 강탈). 4차 교과서부터 본문에서 쓰이던 국권의 '강탈'이라는 표현이 2007 개정 교육과정에 따른 『역사』 교과서 집필기준에서는 장절의 제목에서 쓰이고 있고, 2009 개정 교육과정에 따른 『한국사』 교과서 집필기준에도 등장하는 것이다. 결국 서술지침이나 교과서 모두 현재로 오면서 국권의 상실을 가리키는 용어의 어조가 점점 더 강해짐을 알 수 있다.

그런데 주목할 것은 교육과정 시기별로 보면, 교과서에서 사용된 용어와 교육과정의 용어가 일치하지 않는다는 것이다. 보다 명확한 이해를 위해 위의 두 표를 종합해서, 교육과정 시기별로 교과서의 용어와 교육과정 및 서술지침의 용어를 정리하면 다음과 같다.

[표 6] 국권의 상실 (교과서/교육과정 등)

교과서		장/절/항 제목	교육과정 및 서술지침 기재사항
1차	①	한.일 합병	–
	②	–	
	③	1. 국제무대에의 진출과 대한제국의 종말	
	④	대한제국의 종국	
	⑤	대한제국의 말로	

2차	①	한일 합방	–
	②	한일 합방	
	③	*국권의 상실*	
	④	제4장 제국주의의 침략과 주권의 상실 2. 일본 제국주의의 한국 강점 *일본의 주권침탈* 대한제국의 멸망	
	⑤	III. 대한제국의 말로 　한.일 합방	
	⑥	4장. 민족의 수난 2. 민족의 항거와 국치 민족의 의거와 경술국치	
3차	(74)	대한제국의 붕괴	*국권 상실* (3차 교육과정)
	(79)	일제의 침략	
4차	4차	*국권의 침탈*	–
5차	국정	(1) 민족의 수난 　　*국권의 피탈*	*국권 상실* (5차 교육과정)
6차	국정	(1) *국권의 피탈*과 민족의 수난 　　국권의 피탈	*국권 침탈* (6차 교육과정) 일제의 *국권침탈/국권 피탈*(6차 준거안)
7차	6종	1. 일제의 침략과 민족의 수난 2. 일제의 침략과 *국권의 피탈*	*국권 피탈* (7차 교육과정) *국권 피탈* (7차 준거안)
2010 검정 한국사	미래엔	4. 국권 수호 운동을 전개하다 　4-1. 근대 국가 수립을 가로막은 　　　일제의 침략 　　　한국, 일제에 *강점당하다*	*국권 강탈* (2007개정 집필기준) *국권 피탈/국권 침탈* (2009개정 교육과정)
	법문사	4. *국권 피탈*과 국권 수호 운동 1. 국권 피탈 　을사조약에 대한 저항과 한.일 병합	
	비상	4. 일제의 *국권* 침탈과 국권 수호 운동 2. 일본의 한국 강제 병합	
	삼화	7. *국권을 빼앗기다* 주권을 빼앗기다	

지학사	3. 국권 수호 운동의 전개 2. 일제의 침략과 국권 *피탈* 고종의 퇴위와 국권 피탈	
천재	3. 국권 피탈과 국권 회복 운동 1. 국권을 빼앗기다 을사조약과 병합 조약 (사료로 보는 역사) 일본의 국권 침탈 과정	

위의 표를 보면, 교과서에서 사용된 용어와 교육과정의 용어가 전체적인 변화의 흐름에서는 일치하지만 교육과정 시기별로는 일치하지 않는다는 것을 알 수 있다. 바꾸어 말하면 교과서가 교육과정 및 서술지침에 따라서 서술되고 있지 않다는 것이다. 이처럼 교과서가 교육과정 및 서술지침을 준수하지 않는다는 사실, 즉 교과서가 교육과정 등과 별개로 작동하고 있다는 사실은 국사교과서의 문제점일 뿐만 아니라 국사 교육 전반의 문제점이기도 하다.

[요 약]

이 절에서는 일제의 침략에 의해 우리나라가 국권을 상실한 것에 대해 국사교과서 및 교육과정 등의 서술지침에서 어떻게 기술하고 있는가를 살펴보았다. 요약하자면 국사교과서에서의 장 제목의 변화(국권의 상실 → 국권의 침탈 → 국권의 피탈)는 교육과정 등의 서술지침에서, 비록 시기별로는 일치하지 않지만, 더욱 두드러지게 나타났음을 알 수 있다. 서술지침이나 교과서 모두 현재로 가까이 올수록 국권의 상실을 가리키는 용어의 어조가 점점 더 강해지고 있는 것이다. 물론 이것이 국사교과서의 좌편향 문제와 밀접한 연관이 있는 것은 아니다. 하지만 이는 국사교과서가 현재와 가까워질수록 일본 제국주의의 침략성을 보다 더 구체적으로 제시하고 있으며, 더불어 국사교과서의 민족주의적 경향도 점점 더 강화되어 가고 있음을 보여주는 사례이다.

3. '일제강점기'라는 용어

1910년의 한일병합부터 1945년 8월 15일 일제로부터 해방될 때까지의 시기를 가리키는 용어는 특정하게 통일된 용어 없이 '일제(식민지)시대', '일제(식민지)시기', '일제 통치기' 등 다양한 용어가 최근까지도 사용되었다.[18] 이는 국사교과서에서도 마찬가지이다. 이 시기를 가리키는 용어가 무엇인지를 교육과정 및 서술지침에서 먼저 살펴보면 다음과 같다.

[표 7] 일제시기 용어 (교육과정 등)

교육과정 및 서술 지침	용어	기술내용 (일제시기 용어)
1차 교육과정	일제	*일제*의 침략과 민족 독립 운동의 전개를 이해시킨다.
2차 교육과정	-	-
중·고등학교 국사교육 개선을 위한 기본방향 (1969)	-	-

---

18 정재정은 1990년에 이 시기를 '일제 통치기'로 부르고 있다. 1990년에 개최된 제33회 전국역사학대회에서 정재정이 발표한 글의 제목은 「일제 통치기 사회경제연구의 동향과 국사교과서의 서술」이다. 정재정, 「일제 통치기 사회경제연구의 동향과 국사교과서의 서술」, 제33회 전국 역사학대회 발표문, 1990. 국사 개설서인 이기백의 『한국사신론』에서도 이 시기에 대한 별다른 호칭은 없다. 『한국사신론』에 버금가는 대표적인 국사 개설서인 한영우의 『다시찾는 우리역사』도 본문에서는 별다른 호칭이 없으나, '참고도서' 목록에서 이 시기를 "국권침탈시기(일제시대)"로 부르고 있다. 한영우, 『다시찾는 우리역사』, 경세원, 2006, 전면개정판 9쇄.

학교교육을 중심으로 한 국사의 중심개념 (1973)	일제 식민지 통치 식민지	V. 일제의 침략과 독립 투쟁 1. 국권을 회복하기 위한 항일 운동은 국내외에서 의병을 비롯한 무력 투쟁과 문화 투쟁 등 온갖 방법으로 계속 전개되었다. 2. 열강의 묵인 하에 일본은 한국을 지배하에 넣고 헌병, 경찰을 앞세운 *식민지* 통치/체제를 확립하였다. 그리고, 한국인의 행정 능력과 민족 의식을 말살하려는 모든 수단이 취해졌다. 3. 일본은 기만적인 방법으로 토지뿐만 아니라 자원을 독점하고 한편 한국인의 경제적 활동과 민족 자본의 성장을 저지하였다. 4. 인간의 기본 인권과 함께 생활 기반을 잃은 한국인의 해외 이주가 시작되었다. 7. 일본의 *식민지*체제에는 약간 변동이 있었으나 그 본질에는 변함이 없었다. 그리고 농업 및 공업 정책의 방향은 일본 군국주의의 필요로 결정된 것이었다.
3차 교육과정	–	–
4차 교육과정	–	–
5차 교육과정	–	–
국사교육 내용 전개의 준거안-5차 (1987)	일제강점기	한국의 근·현대사를 3기로 구분하여 한말까지를 제1기, *일제강점기*를제2기, 광복 이후를 제3기로 서술하되 제2기를 '독립운동의 전개와 발전'으로 파악한다.
6차 교육과정	–	–
국사교육 내용 전개의 준거안-6차 (1994)	일제 일제 식민지 일제 식민통치 일제 (말기)	1) 일제의 무력통치와 수탈체제 ① 일제 *식민지*정책의 기본 골격을 설명하고, 일제의 식민정책이 한국의 근대화를 저해하였음을 이해하게 한다. ② 조선총독부의 설치 의미를 설명하되, 특히 총독이 전제 군주와 같은 권한을 행사하였음을 언급하고, 일제 *식민통치*의 본질이 헌병경찰제도를 통한 무단통치라는 것을 알게 한다.(생략) 3) 일제의 민족말살 정책과 전시수탈 (생략) ③ 일제의 병참기지화 정책의 내용을 설명하고, 일제 말기의 전시물자의 수탈, 징병과 징용 및 정신대 강제 징발 등도 서술한다.

7차 교육과정	일제 식민통치 시기 일제 시대	*일제 식민 통치 시기*가 민족사의 일대 수난기임을 인식하고, 일제의 식민 정책이 한국의 근대화를 저해하였음을 파악한다. (생략) *일제 시대*의 민족 교육 기관으로 사립 학교, 종교 계통의 학교, 개량 서당, 야학 등의 민족 의식 고취에 기여하였음을 이해한다. *일제 시대*에는 민족 의식을 고취하고 일제에 항거하는 저항 의식의 문학 작품이 많이 발표되었음을 이해한다.
국사교육 내용 전개의 준거안-7차 (2000)	일제	(1) *일제*의 침략과 민족의 수난 ① 을사조약에서 국권 피탈에 이르기까지의 일제 침략 과정을 정리할 수 있게 한다. ② 일제가 조선총독부를 설치하여 헌병 경찰에 의한 무단통치를 강행하였음을 설명한다.
2007 개정 교육과정 (2007)	일제의 식민지	(5) *일제의 식민지* 지배와 민족운동의 전개 국권피탈 이후 1930년대 초까지 *일제의 식민지* 배정책과 민족운동의 전개 과정을 다룬다. 제국주의 국가들의 식민 지배와 이에 맞선 아시아의 민족운동을 우리역사와 관련지어 파악한다. 일제에 의한 식민지 지배의 내용과 특성을 파악하고, 3·1운동과 그 이후 전개된 민족운동의 흐름을 파악한다. (생략) ② 일제의 식민지 지배 정책을 시기별로 그 특징을 파악한다. (생략)
2007 개정 교육과정에 따른 『역사』 교과서 집필기준 (2009)	일제 강점기	Ⅶ. 민족의 수난과 독립 운동 1. 식민지 근대화 문제 (생략) *일제강점기* 동안 근대화나 '자본주의화'가 일부 이루어졌다 하더라도 왜곡된 식민지 공업화 형태로 나타나, 오히려 광복이후 한국사에 부정적 영향을 끼쳤음을 강조하여 서술한다. *일제강점기*에 다양한 삶의 모습을 서술할 때도 이러한 점을 염두에 두는 것이 필요하다. (생략)

		4. 국내 민족 운동의 전개 *일제 강점기* 민족 운동을 서술함에 있어, 자의적으로 특정 계열을 정통 노선으로 설정하고 다른 노선은 민족 운동 범주에서 제외하거나 부정적인 면만 부각시켜 서술하는 태도는 지양하고 균형있게 서술한다. (생략)
2009 개정 교육과정	일제의 식민지	(6) *일제의 식민지* 지배와 민족 운동의 전개 - *일제의 식민지* 지배 정책 국권 피탈 이후 1930년대 초까지 일제의 식민 지배 정책과 민족 운동의 전개 과정을 다룬다. 제국주의 국가들의 식민 지배와 이에 맞선 아시아의 민족 운동을 우리 역사와 관련지어 파악한다. 일제에 의한 식민지 지배의 내용과 특성을 파악하고, 3 · 1 운동과 그 이후 전개된 민족 운동의 흐름을 파악한다.
2009 개정 교육과정에 따른 한국사교과서 집필기준 (2011)	일제 강점기	(5) 일제의 강점과 민족운동의 전개 *일제 강점기*의 통치 방식을 살펴보고, 이 시기 우리 민족이 국내외에서 전개한 저항운동에 대하여 파악한다. ··· (생략) ··· ⑤ *일제 강점기*에 나라 밖의 여러 지역에서 전개된 민족 운동을 파악한다. ⑥ *일제 강점기*의 사회 · 경제적 변동에 따른 사회 모습의 변화를 파악한다.

• 5차 준거안 이전까지는 특정한 용어 없이 이 시기를 일제(시대), 식민지(시대), 식민지 통치(시기) 등으로 부르고 있음을 알 수 있다.

• 5차 준거안(1987)에 "한국의 근 · 현대사를 3기로 구분하여 한말까지를 제1기, 일제강점기를 제2기, 광복 이후를 제3기로 서술하되 제2기를 '독립운동의 전개와 발전'으로 파악한다."는 내용이 있으나 실제로 5차 교과서에서는 '일제강점기'라는 용어가 전혀 사용되지 않는다. 6차 준거안 및 6차 교과서도 마찬가지다.

• 7차 교육과정에서는 이 시기를 명확하게 '일제 식민 통치 시기' 또는 '일제 시대'로 부르고 있다. 그러나 같은 7차 교육과정임에도 불구하고 7차 준거안에는 이 시기를 가리키는 특정한 용어가 없다.

• 그러다가 7차 교육과정의『한국 근·현대사』교과서에 이르러서 급작스럽게 6종 전체가 '일제 강점기'라는 용어를 사용한다. 우리나라 국사교과서에서 '일제 강점기'라는 용어가 사용된 것은 이때가 처음이다. 그 내용은 다음과 같다.

[표 8] '일제강점기' 용례

『한국 근·현대사』 (2002)	기술내용 ('일제강점기' 용례)
금성	1 일제 식민 통치와 민족의 수난 |이 장에서는| (생략) • *일제 강점기* 인적　물적 자원의 수탈 내용을 파악한다. (p.142)
대한	그러나 *일제 강점기*에 이루어진 경제 개발은 식민지 경제 체제를 확립하기 위한 것에 불과하였다. (p.146)
두산	한편 *일제 강점기*에는 사립 학교, 야학, 개량 서당 등이 민족 교육 기관으로서 중요한 구실을 하였다. (p.233)
법문사	자/료/읽/기 *일제 강점기*의 노동자들의 생활 (p.207)
중앙	다음은 *일제 강점기* 한국인 및 국내 인구 및 국외 이주 인구표이다. 이를 보고 주어진 물음에 답해 보자. (p.177)
천재	Ⅲ-5 민족 문화 수호 운동 *일제 강점기*의 언론과 문학 잡지 (p.241)

• 2007개정 교육과정에서는 '일제 강점기'라는 용어를 사용하지 않으나 2007 개정 교육과정에 따른『역사』교과서 집필기준은 다시 이 시기를 '일제 강점기'라고 통칭하고 있고, 이 집필기준에 따라 쓰인

2010검정 『한국사』 교과서 6종 전체도 '일제 강점기'라는 용어를 사용하고 있다.

• 여기서 주목할 것은 '일제 강점기'라는 용어가 북한의 한국 근현대사 인식을 대변해주는 북한의 조어(造語)라는 사실이다. 북한의 공식역사서나 다름없는 『조선통사(하)』의 이 시기에 대한 명칭은 '일제 강점기'이다. 더욱이 북한이 만든 '일제 강점기'라는 용어는 해방 이후의시기를 가리키는 '미제 강점기'라는 용어와 짝을 이루는 용어이다. 북한은 1945년 8월 15일의 해방을 기준으로 그 이전의 일제시기를 '일제 강점기'라 부르고, 그 이후를 '미제강점기'라 부른다. '미제강점'은 '미국 제국주의자들에 의한 강제 점령'의 준말로, 38도선 이남에 미군이진주하면서 남한이 미국에 의해 점령당한 '미제강점기'가 시작되어 지금까지도 계속되고 있다는 것이 북한의 역사 해석이다.[19] 이를 간략하게 그림으로 나타내면 다음과 같다.

[그림] 일제강점기/미제강점기

19 북한역사서 『조선통사(하)』는 기본적으로 한일병합 이후 오늘날까지의 우리나라 역사를 '일제강점기'와 '미제강점기'로 구분하고 있다. 이 책에서 일제강점과 관련된 용어는 수없이 사용되는데, 대표적인 것은 〈일제의 조선강점〉이라는 항 제목이다.(p.117) 미제강점과 관련된 대표적인 내용은 다음과 같다. "미제의 남조선강점으로 인하여 전후에도 우리나라는 통일되지 못하고 국토와 민족은 양분되어 있었고 남반부는 더욱더 미제의 식민지로 전락되어 갔다." (p.464)

• 5차 준거안에 '일제강점기'에 대한 언급이 있지만 국정인 6차 교과서까지는 '일제강점기'라는 용어가 전혀 사용되지 않다가, 검정 교과서인 7차『한국 근·현대사』교과서에서 일제히 '일제강점기'라는 용어를 사용하기 시작했다는 것은 국정 교과서와 검정 교과서의 차이를 보여주는 단적인 사례이기도 하다.

참고로 우리나라의 대표적 개설서『한국사신론』은 '일제강점기'라는 용어를 일절 사용하지 않는다. 그런데 7차『한국 근·현대사』교과서 6종 및 2010검정『한국사』교과서 6종 전체가『한국사신론』에서는 전혀 사용하지 않는, 북한에서 만든 이 용어를 일제히 사용하고 있다는 사실은 오늘날의 교과서가 그만큼 좌편향 되어 있다는 사실을 보여주는 예다. 물론 '일제강점기'라는 용어를 사용한 것만을 가지고 최근의 교과서가 좌편향 되었다고 해석하는 것은 무리라고 반박할지도 모른다. '일제시기'를 '일제강점기'로 부른 것은 그것이 북한의 조어(造語), 즉 북한의 역사해석에 따라 만들어진 용어라는 것을 뚜렷하게 의식하고 이를 받아들인 것이 아니라 그 시기를 지칭할만한 용어가 딱히 마땅치 않아서였다는 주장도 있기 때문이다. 물론 우리나라의 학자들 가운데 상당수는 북한의 역사 용어를 그대로 받아들였을 뿐, 별다른 의도를 지니지는 않았을 지도 모른다. 하지만 교과서의 경우, 문제는 그리 간단치 않다. 7차『한국 근·현대사』교과서 6종을 보면, 집필진이 7차 교육과정에 명시된 '일제 식민 통치 시기' 또는 '일제 시대'라는 용어를 마다하고 자신들의 편향된 역사 인식에 따라서 의도적으로 '일제강점기'라는 용어를 사용한 것으로 추정되기 때문이다. 여기서 편향된 인식이라 함은 남한이 여전히 미국의 식민지라는 인식을 포함하는 것이다.

4. 민족독립운동

가. 수탈/저항의 이분법적 서술

대한제국에서 일제시기에 이르는 시기는 우리 역사의 수난기이다. 이 시기는 국사교과서에서 대개 제국주의 일본의 억압과 수탈, 그리고 그에 맞선 우리의 독립운동으로 설명된다. 이런 이분법에 대한 학계의 우려는 일찌감치 시작되었다. 정재정은 1990년의 전국 역사학대회에서 국사교과서의 이러한 이분법적 서술을 비판했다. 그에 따르면, 해방 이후 45년 동안 일제 통치기의 사회경제 연구는 일제 식민지배의 악랄성을 폭로, 규명하고 조선 후기 이래의 내재적 발전과 근대적 개혁 운동이 일제의 침략과 지배에 의해 어떻게 유린됐는가를 해명하는 데 주력해 왔다. 80년대 중반까지의 국사교과서를 분석한 결과, 이 시기의 사회경제 운영의 주체를 지나치게 일본 제국주의자들로 국한하고 있고 한민족은 철저히 수탈만 당하는 객체로 묘사하고 있어 당시를 주체적으로 살아갔던 한국인들의 다양한 삶의 현실과 사회관계가 거의 반영돼 있지 않다는 것이다. 결국 이러한 역사기술이 식민지적 사회경제구조의 청산과 자주독립국가의 건설이 일본 제국주의만을 구축하면 저절로 달성될 것이라는 환상을 학생들에게 심어주어 해방 이후 전개된 역사 발전 과정을 해명할 수 없게 만들었다는 것이다.[20]

정재정의 이러한 비판적 의견은 비단 80년대 중반까지의 국사교과서에만 해당되는 것이 아니다. 이후의 교과서로 올수록 그 경향은 더

---

[20] 정재정, 「일제 통치기 사회경제연구의 동향과 국사교과서의 서술」, 제33회 전국 역사학대회 발표문, 1990.

욱 심해져서 1910년~1945년의 역사는 5차 국사교과서 이후 오로지 '수탈'과 그에 대한 '저항', 즉 '무장 항일 투쟁'의 역사가 되어버렸다. 따라서 '식민지근대화론'도 언급해서는 안 되는 이론이 되었던 것이다. '식민지근대화론'은 민족주의에 매몰되어 있는 역사학계가 일제의 한국 지배가 '수탈'이라는 점을 규명하는 데 치우친 나머지, 일제시기에 진행된 공업화나 토지소유 성격 변화 등 자본주의 근대화 과정이 실제 통계수치 등을 통해 입증됨에도 불구하고 이를 외면하고 있는 현실을 비판하고 있기 때문이다.

　실제로 교육과정 및 서술 지침에서 일제의 '수탈'에 관해 서술하도록 하고 있는 내용, 그리고 '식민지근대화론'에 반박하도록 하고 있는 내용을 간추리면 다음과 같다.

[표 9] 일제의 수탈/'식민지근대화론' 반박

교육과정 및 서술 지침	기술내용 (일제의 수탈/'식민지근대화론' 반박)
국사교육 내용 전개의 준거안-6차 (1994)	1. 민족의 수난과 시련 1) 일제의 무력통치와 수탈체제 ① 일제 식민지정책의 기본 골격을 설명하고, 일제의 식민정책이 한국의 근대화를 저해하였음을 이해하게 한다. (생략) ③ 일제가 실시한 토지조사사업으로 토지의 침탈, 농민의 몰락, 소작농과 농업 노동자의 증가, 국외 이주민의 대량 발생 등이 일어났음을 이해하게 한다. 2) 일제의 민족 분열정책과 경제적 수탈의 가중 ① 1920년대에 실시한 일제식민통치의 본질을 이른바 문화통치의 허구성, 민족의식의 약화와 민족 분열의 획책, 식민지 착취의 극대화 시도 등의 내용으로 설명한다. (생략) ③ 1920년대 일제 식민지 경제 정책의 기조가 한국에서 식량 수탈을 강화하고, 자본과 상품 수출을 적극화하는 것이었음을 설명한다. 또, 이 시기에 일제의 경제적 수탈이 가중되었음을 이해하게 한다. 3) 일제의 민족말살정책과 전시수탈

	(생략) ③ 일제의 병참기지화정책의 내용을 설명하고, 일제 말기의 *전시 물자의 수탈*, 징병과 징용 및 정신대 강제 징발 등도 서술한다.
7차 교육과정 (1997-2007)	일제 식민 통치 시기가 민족사의 일대 수난기임을 인식하고, 일제의 식민 정책이 한국의 *근대화를 저해하였음을 파악한다.* (생략) (ㄷ) 민족의 수난 ① *일제의 식민통치정책을 단계별로 파악하고, 그러한 식민 정책이 한국의 근대화를 저해하였음을 이해한다.* (생략) (ㄹ) 경제 수탈의 심화 ① 1910년대에 일제가 실시한 토지 조사 사업의 실상을 파악하고, 그 결과로 나타난 사실을 요약, 정리할 수 있다. ② 1920년대 일제 식민지 경제 정책은 *식량 수탈의 강화*, 자본과 상품 수출의 확대에 중점을 두었음을 이해한다. ③ 1930년대 이후 일제는 병참 기지화 정책과 민족 말살 정책을 추진하여 *전시 물자의 수탈과 징병*, 징용, 정신대 징발 등을 자행하였음을 설명할 수 있다.
국사교육 내용 전개의 준거안-7차 (2000)	(1) 일제의 침략과 민족의 수난 (생략) ⑤ 조선총독부가 토지조사사업을 통해 조선지배를 위한 세원(稅源)을 확보함과 동시에 많은 *토지*를 수탈하였고, 그 결과 한국 농민의 생활이 더욱 어려워졌음을 알게 한다. ⑥ 일제는 허가제를 골자로 한 회사령을 제정하여 한국인의 민족기업 창업을 사실상 불가능하게 함으로써 민족자본의 성장이 불가능하였음을 이해하게 한다. ⑦ 이른바 '산미증식계획'은 일본의 식량부족 문제 해결을 위한 *미곡수탈* 정책이었음을 밝힌다.
2007 개정 교육과정 (2007)	(6) 전체주의의 대두와 민족운동의 발전 (생략) ② 1930년대 이후 달라진 일제의 지배정책을 파악하고 이에 따른 사회 경제적 변화를 추론한다. ③ 일제의 *인적, 물적 자원* 수탈과 민족말살정책을 파악하고, 이 시대를 살아간 다양한 삶의 모습을 비교해 본다.
2007 개정 교육과정에 따른 『역사』 교과서 집필기준 (2009)	Ⅶ. 민족의 수난과 독립 운동 1. *식민지 근대화 문제* 일제가 한국에 철도와 교량을 가설하고, 학교를 설립하고 공업화를 추진했다는 점과 '근대 경제 성장'이 일어났다는 점 등을 근거로, 이른바 '식민지 근대화'를 주장하는 견해가 있다. 일제 강점기 동안 '근대화'나 '자본주의화'가 일부 이루어졌다 하더라도 왜곡된 식민지 공업화 형태로 나

	타나, 오히려 광복 이후 한국사에 부정적 영향을 끼쳤음을 강조하여 서술한다. 일제 강점기에 다양한 삶의 모습을 서술할 때도 이러한 점을 염두에 두는 것이 필요하다. 2. 토지조사사업 토지조사사업에 의하여 조선총독부의 토지 수탈도 이루어졌지만, 동양척식 주식회사나 일본 민간 자본의 토지 매입과 고리대를 구실로 한 기만적인 토지 약탈도 함께 이루어졌다는 사실을 서술한다.(생략)
2009 개정 교육과정	-
2009 개정 교육과정에 따른 한국사교과서 집필기준 (2011)	(5) 일제의 강점과 민족운동의 전개 (생략) ② 국내의 정세 변화와 관련하여 나타난 일제의 식민통치방식과 경제 수탈 정책의 내용을 파악한다.(생략) 만주 침략 이후 우리 민족에 대한 통제를 강화하였고, 태평양 전쟁 기에는 징용·징병 및 '일본군 위안부' 등 강제 동원과 물적 수탈을 강행했고, 민족 말살 정책을 추진하였음을 서술한다. 식민지 지배의 토대 구축을 위해 토지조사사업을 실시하고, 산미 증식 계획을 추진하였으며, 세계 대공황 이후 대륙 침략을 위해 병참기지화 정책을 전개하였음을 설명한다.(생략) 일제의 경제 정책에 따라 경제상의 지표에 변화가 보였으나, 이는 식민지 수탈 정책의 일환이었음에 유의한다.(생략) ⑥ 일제 강점기의 사회·경제적 변동에 따른 사회모습의 변화를 파악한다. 일본의 독점 자본이 진출하면서 한국인의 경제활동에 큰 타격을 입었고 우리 민족의 대부분은 열악한 환경 속에서 살았음을 설명한다. 일제의 경제적 수탈 속에서 자작농이 소작농으로 전락했고, 만주나 연해주, 일본으로 이주하는 농민들이 늘어났음을 설명한다. 일제의 경제적 수탈 속에서 농민과 노동자들이 조직적으로 저항하는 과정에서 사회의식이 높아졌고, 여성단체의 활동 등으로 여성들의 의식도 고양되었음을 서술한다.

• 교육과정 및 서술 지침에서 일제의 '수탈'에 관한 내용이 처음으로 나오는 것은 6차 준거안이다. 이 준거안에는 〈일제의 무력통치와 수탈체제〉라는 절(節) 이름 아래 "일제 식민지정책의 기본 골격을 설명하고, 일제의 식민정책이 한국의 근대화를 저해하였음을 이해하게 한다."는 항목이 들어있다. 이 항목은 그 내용으로 보건대 교과서에서

일제의 "경제적 수탈", "전시수탈" 등 수탈에 대해 서술하되, 그것이 기본적으로 한국의 근대화를 저해하였음을 이해하기 위해서 씌어져야 한다는 것을 뜻한다. 즉 교과서에서 수탈을 강조하는 것은 곧 '식민지 근대화론'에 대한 반박인 것이다.

• "*일제의 식민정책이 한국의 근대화를 저해하였음을 이해하게 한다*"는 6차 준거안의 구절은 7차 교육과정에 고스란히 승계되었다. "*일제의 식민 정책이 한국의 근대화를 저해하였음을 파악한다.*"가 그것이다.

• 하지만 7차 교육과정과 달리, 7차 준거안에서는 토지수탈, 미곡수탈 등 수탈에 대해 서술하도록 명시하고는 있으나 그것이 한국의 근대화를 저해하였음을 이해시키라는 내용은 들어있지 않다.

• 그러다가 2007 개정 교육과정의 집필기준에서 식민지 근대화론 문제가 다시 나온다. 여기서는 이 문제를 아예 '*식민지 근대화 문제*'라는 독립된 절(節)에서 다루고 있다. 여기서는 우선 "일제가 한국에 철도와 교량을 가설하고, 학교를 설립하고 공업화를 추진했다는 점과 '근대 경제 성장'이 일어났다는 점 등을 근거로, 이른바 '*식민지 근대화*'를 주장하는 견해가 있다."고 지적하고 "일제 강점기 동안 '근대화'나 '자본주의화'가 일부 이루어졌다 하더라도 왜곡된 식민지 공업화 형태로 나타나, 오히려 광복 이후 한국사에 부정적 영향을 끼쳤음을 강조하여 서술"하라고 구체적으로 집필기준을 제시하고 있다.

• '식민지근대화론'에 대해 반박하라는 집필기준은 2009개정 교육

과정의 집필기준으로도 이어진다. 2007개정의 집필기준과 2009개정의 집필기준에 나오는 내용을 나란히 놓고 보면 다음과 같다.

> "일제 강점기 동안 '근대화'나 '자본주의화'가 일부 이루어졌다 하더라도 왜곡된 식민지 공업화 형태로 나타나, 오히려 광복 이후 한국사에 부정적 영향을 끼쳤음을 강조하여 서술한다." (2007개정 집필기준)

> "일제의 경제 정책에 따라 경제상의 지표에 변화가 보였으나, 이는 식민지 수탈 정책의 일환이었음에 유의한다." (2009개정 집필기준)

위의 두 집필기준에서는 '식민지근대화론'에 대해 반박하라는 내용이 종래의 서술지침에서와는 다른 변형된 형태로 나타난다. "일제 강점기 동안 '근대화'나 '자본주의화'가 일부 이루어졌다 하더라도", "일제의 경제 정책에 따라 경제상의 지표에 변화가 보였으나"와 같은 단서조항이 붙어있는 것이다. "일제의 경제 정책에 따라 경제상의 지표에 변화가 보였으나"라는 구절이 뜻하는 것은, 일제시기 근대화나 자본주의화가 일부 이루어졌다는 학계의 연구 결과가 나오고 있지만 그럼에도 불구하고 그것이 오히려 한국사에 부정적 영향을 끼쳤다고 강조하여 서술하라는 지침인 것이다.

[요 약]

일제의 수탈이 기본적으로 한국의 근대화를 저해하였음을 이해하기 위해서 씌어져야 한다는, 6차 준거안에서 확립된 서술지침은 7차 교육과정을 거쳐, 2007개정 교육과정의 집필기준에서는 매우 구체화된 형태로 나타났다. 그리고 이 구체화된 서술지침은 2009개정 교육과정의 집필기준에까지 이어졌다.

나. 독립운동에 관한 서술

ㄱ. 서술지침 중 독립운동에 관한 부분

1910년~1945년의 역사가 국사교과서에서 '수탈'과 그에 대한 '항쟁'이라는 이분법으로 쓰여 있다면, 이제 그 '항쟁'이 교과서에 어떻게 서술되어 있는지 살펴보자. 우선 교육과정 및 서술지침에서 일제의 침략에 대항한 독립운동에 대해 어떻게 서술하도록 하고 있는가를 알아보기 위해서 여기서 주목하는 것은 두 가지다. 첫째, 독립운동을 가리키는 용어가 어떻게 변화해 왔는가? 둘째, 독립운동이 포괄하는 내용, 즉 독립운동의 범주는 어떻게 변화해 왔는가?

먼저 독립운동을 가리키는 용어가 어떻게 변화해 왔는가를 살펴보자.

[표 10] 민족독립운동의 용어

교육과정 및 서술 지침	기술내용 (민족독립운동의 용어)
1차 교육과정(1954-1963)	민족 독립 운동/민족 운동
2차 교육과정(1963-1973)	민족의 독립 운동
3차 교육과정(1973-1981)	민족의 독립 운동
4차 교육과정(1981-1987)	민족의 독립 투쟁
5차 교육과정(1987-1992)	민족의 독립 운동 - 무장 독립 전쟁 - 외교적 노력 - 사회 · 경제적 저항 - 민족 문화 수호 운동

국사교육 내용 전개의 준거안-5차(1987)	독립운동
6차 교육과정(1992-1997)	민족의 독립 운동 - 정부 수립 운동 - 독립 전쟁 - 학생 운동 - 민족 협동 전선 운동

국사교육 내용 전개의
준거안-6차(1994)
	민족의 독립운동
	〈1910년대〉- 독립운동
	           : 항일투쟁
	〈1920년-일제 말기〉-독립전쟁
	           : (국내)독립운동-무장 항일투쟁
	           : (국외)독립전쟁-무장 독립전쟁

7차 교육과정(1997-2007)	민족 독립 운동
	-무장 독립 전쟁
	〈1920년대〉-국내 항일 민족 운동
	         - 항일 의거 활동
	         - 무장 독립 전쟁
	〈1930년대〉- 무장 독립 전쟁/항일 독립 투쟁
	〈1940년대〉- 항일 무장 투쟁

국사교육 내용 전개의 준거안-7차(2000)	민족 독립 운동의 전개 -무장 독립 전쟁
2007 개정 교육과정(2007)	민족운동 -항일 투쟁
2007 개정 교육과정에 따른 『역사』교과서 집필기준(2009)	민족운동 -독립운동 -항일 독립 운동/무장 독립 투쟁
2009 개정 교육과정(2009-)	민족운동 -민족 운동/항일 투쟁
2009 개정 교육과정에 따른 『한국사』교과서 집필기준(2011)	민족 운동 -무장 독립 투쟁 -독립 운동

• 교육과정 및 서술지침에서 알 수 있는 것은 '민족 독립 운동' 또는 '독립운동'이 항일운동을 지칭하는 가장 큰 범주로서, 모든 국사교과

서를 관통하는 보편적 용어라는 사실이다.

• 5차 교육과정부터 독립 운동을 몇 가지로 세분해서, 그 가운데 무장 독립운동을 '무장 독립 전쟁'이라고 불렀다.

• 1994년에 이른바 '준거안 파동'을 거치면서 만들어진 6차 준거안에서는 한 가지 뚜렷한 변화가 보인다. 독립운동을 가리키는 용어에 '항일'이라는 단어가 새로 들어갔다는 것이다. '항일투쟁'이 그것이다. 그리고 이것이 5차 교육과정에서 처음 사용된 '무장'이라는 단어와 결합해 '무장항일투쟁'이라는 용어가 생겨났다.

• 6차 준거안에서는 이 새로 생긴 '무장항일투쟁'이라는 용어와 5차 교육과정의 용어인 '무장 독립 전쟁'을 둘 다 사용했다.

• 무장 독립운동을 가리키는 '무장 독립 전쟁', '무장항일투쟁' 등의 용어는 7차 교육과정과 7차 준거안에서도 계속해서 사용되었다. 단지 7차 교육과정에서는 '무장항일투쟁'이 '항일무장투쟁'으로 바뀌었을 뿐이다.

• 7차 『한국 근·현대사』 교과서의 편향성 문제로 인해 새로 쓰인 2009 개정 교육과정과 그에 따른 『한국사』 교과서 집필기준에서는 종래의 '(민족)독립운동'이라는 용어가 '민족운동'으로 바뀌는 등 그 내용이 상당히 많이 고쳐졌다. 그러나 무장 독립 운동을 가리키는 용어는 '무장 독립 전쟁'이 '무장 독립 투쟁'으로 바뀌었을 뿐 별 차이가 없다.

그렇다면 교육과정 및 서술지침에서는 독립운동에 대해 구체적으로 어떻게 서술하라고 명기하고 있는가?

앞에서 보았듯이, 5차 교육과정은 독립 운동을 몇 가지로 세분화하고, 그 가운데 하나를 '무장 독립 전쟁'이라고 불렀다. 이는 '무장 독립 전쟁'을 다양한 독립 운동의 범주에 공식적으로 포함시켰다는 데 그 의미가 있다. 이때의 독립 운동은 '무장 독립 전쟁', '외교적 노력', '사회 · 경제적 저항', '민족 문화 수호 운동'의 네 가지를 포괄하는 것이었다.

하지만 6차 교육과정에서는 독립 운동의 범주에서 '외교적 노력'을 빼버렸다. 대신에 '학생 운동', '민족 협동 전선 운동'을 새로 넣었다.

1994년 6차 준거안을 작성하는 과정에서 이른바 '준거안파동'이 일어났다. 서중석 성균관대 교수가 내놓은 6차 준거안 연구보고서의 현대사 시안이 '대구폭동'과 '제주도 4 · 3사건'을 '항쟁'으로 기술하도록 하고, 좌익운동사와 북한의 주체사상을 다루도록 하는 등 민중사관에 입각한 편향된 내용이라는 것이 알려지면서 '좌파적' 시각에 대한 비난여론이 빗발쳤다. 이는 국가 정통성을 부인하고 북한 주장에 동조하는 것이라는 주장도 나왔다.[21] 교육부는 이 사태를 수습하기 위해 이 시안에 대한 국사편찬위원회 등의 심의를 거쳐, 종래의 정통적 견해를 대폭 수용하는 최종 준거안을 마련했다면서 이를 1994년 11월에 확정 · 발표했다.

하지만 '준거안파동'에도 불구하고 6차 준거안의 현대사 부분은 이제까지의 서술지침과 달리, 독립운동에 대해 교과서가 서술할 내용을

---

21 서화동, 「보혁 인식갈등의 파장/국사교과서 개편안 누가 냈나」, 『경향신문』, 1994년 3월 23일, 13면.

매우 구체적으로 명기하고 있다. 예를 들면, 〈국내의 독립운동〉 항목에서는 국내의 '무장 항일투쟁'을 설명하도록 하는 한편, 항일 민족협동운동의 사례로, 신간회 활동을 강령과 함께 서술하도록 명기하고 있다. 〈국외의 독립운동〉 항목에서는 '무장 독립전쟁'을 설명하도록 하면서, 구체적으로 "조선 의용대"의 활동까지 서술하라고 명기하고 있다. 국정 교과서인 6차 국사교과서 준거안에서 사회주의자의 항일운동인 "조선 의용대"에 관해 서술하라고 명기하고 있다는 것은 주목할 만하다.

• 7차 교육과정은 앞부분에서 "민족독립운동이 '무장독립투쟁', '외교 활동', '실력 양성 운동', '민족 문화 수호 운동' 등의 형태로 다양하게 전개되었음"을 인정하고 있다. 6차 교육과정에서 빼버렸던 '외교적 노력'이 '외교 활동'이라는 명칭으로 다시 독립운동의 범주에 포함된 것이다. 그러나 실제 교육과정의 내용은 무장 독립 전쟁을 서술하도록 하는 데 주력하고 있을 뿐, 다양함과는 거리가 멀다.

• 이처럼 무장 독립 전쟁을 서술하는 데 초점을 맞추는 경향은 7차 준거안에서 더욱 심해진다. 〈무장 독립 전쟁의 전개〉라는 절(節)에서 서술하도록 구체적으로 명시한 항목이 무려 10개나 된다[(3) 무장독립전쟁의 전개 ①~⑩)]. 그 가운데는 사회주의자의 항일운동인 "조선혁명군", "조선의용대"에 관해 상세히 기술하도록 하는 항목도 들어있다. [(3) 무장독립전쟁의 전개 ⑧, ⑨]

[요 약]

5차 교육과정부터 여러 형태의 독립운동 가운데서 무장 독립 전쟁을 강조하기 시작했으며, 이러한 경향은 6차 교육과정에서 '외교적 노력'을 독립 운동의 범주에서 **빼면서** 더욱 심화되었고, 7차 준거안부터 는 무장 독립 전쟁에만 초점을 맞추고 있다. 이처럼 서술지침에서 무 장 독립 전쟁이 강조되면서, 이와 맞물려 사회주의 계열의 항일운동에 대해서 서술하라는 구체적인 서술지침도 나타났다(6차 준거안 및 7차 준거안).

• 2009 개정 교육과정과 그에 따른 『한국사』 교과서 집필기준에서 는 이와 같은 편향성을 바로 잡기 위해 민족 운동 내에 "다양한" 운동 노선이 나타나게 되었음을 유의하라고 명시하고 있다. 또한 미주 지역 한인 독립 운동 단체들의 외교 활동에 대해 설명하도록 하는 등 '외교 적 독립운동'에 대해 기술하도록 하고 있다. [(5) 일제강점과 민족운동 의 전개 ④, ⑤]

ㄴ. 국사교과서의 독립운동에 관한 서술

〈국사교과서에서 독립운동의 용어는 어떻게 변화해 왔는가〉

앞에서 교육과정 등의 서술지침에 나타난 독립운동 관련 내용이 어떻게 변화해 왔는지를 살펴보았다. 그러면 이러한 서술지침을 기반 으로 해서 쓰인 국사교과서의 실제 서술은 어떠한가? 먼저 국사교과 서에서 독립운동을 가리키는 용어가 어떻게 변화해 왔는지를 살펴보아 야 하지만, 앞에서 이미 보았듯이, 독립운동은 모든 교과서에서 하나 같이 '독립운동', '민족독립운동'으로 부르고 있다. 그러므로 여기서는 독립운동 가운데 '무장독립운동'을 가리키는 용어가 무엇인지 보기로 한다.

[표 11] '무장독립운동'을 지칭하는 용어

교과서		기술내용 ('무장독립운동' 지칭 용어)
1차	① 이병도	–
	② 홍이섭	–
	③ 유홍렬	–
	④ 김상기	–
	⑤ 역사교육연구회	–
2차	① 변태섭	해외에서의 무력항쟁
	② 이상옥 · 차문섭	국외 독립 운동
	③ 이홍직	해외에서의 독립 운동
	④ 한우근	해외에서의 항일 투쟁
	⑤ 이병도	해외에서의 독립 운동
	⑥ 이원순	무장 독립 운동
3차	국정(74)	무장 독립군의 활동
	국정(79)	독립군의 항전
4차	국정(82)	무장 독립 전쟁
5차	국정(90)	무장 항일 투쟁
6차	국정(96)	무장 항일 투쟁
7차 근현대사	금성	무장 독립 전쟁 / 무장 독립 투쟁/무장 항일 투쟁
	대한	무장 독립 전쟁(장제목) / 항일 무장 투쟁, 항일 민족 운동, 항일 투쟁, 무장 독립 투쟁, 항일 무장 독립 전쟁
	두산	무장 독립 전쟁(장제목) / 항일 민족 운동(절제목) / 무장 항일 투쟁(항제목) / 무장 항일 운동, 민족 독립 운동, 항일 투쟁, 항일 전쟁
	법문사	무장 독립 전쟁(장제목) / 항일 민족 운동(절제목) / 무장 투쟁, 항일 투쟁, 항일 무장 투쟁
	중앙	무장 독립 전쟁(장제목) / 항일 민족 운동, 항일 무장 투쟁, 무장 투쟁, 항일 투쟁
	천재	무장 독립 전쟁(장제목) / 항일 무장 투쟁
'10 검정	미래엔	무장 독립 전쟁(장제목) / 항일독립전쟁, 무장 투쟁
	법문사	민족 독립운동(장제목) / 항일 민족 운동, 무장 항일 투쟁
	비상	무장 독립 전쟁(항제목) / 무력 항쟁, 무장 항일 투쟁

한 국 사	삼화	항일 투쟁, 독립 투쟁, 무장 독립 전쟁, 무장 투쟁
	지학사	독립 전쟁(장제목) / 무장 독립 투쟁, 항일 무장 투쟁
	천재	항일 무장 투쟁(장제목) / 항일 무장 투쟁

북한 역사서	기술내용 ('무장독립운동' 지칭 용어)
『조선통사(하)』	항일 무장 투쟁

• 우선 1차 교과서는 무장 독립 운동을 가리키는 별도의 용어가 없다.

• 2차 교과서도 거의 전부가 국내와 해외의 독립 운동을 구분할 뿐, 무장 독립 운동을 가리키는 별도의 용어가 없다. 2차 교과서 가운데 2-⑥(이원순)만이 "무장 독립 운동"이라는 용어를 사용하였다.

• 4차에서는 2-⑥(이원순)의 "무장 독립 운동"보다 한층 강해진 "무장 독립 전쟁"이라는 용어가 사용되었다.

• 5차 이후의 교과서는 무장 독립운동을 가리키는 용어에서 "항일"이라는 단어를 포함시키면서 강조하고 있다. 그리고 독립운동을 가리키는 용어도 최근의 교과서로 오면서 '운동' 대신에 '전쟁'이나 '투쟁'과 같은 폭력성을 띤 용어로 완전히 바뀌었다.

(무장 독립 운동 → 무장 독립 전쟁 → 무장 독립 투쟁)

그 결과, 5차 교과서에서는 "무장 항일 투쟁"이라는 용어가 사용되기 시작했다. 하지만 이는 5차 교육과정(1987년)의 용어인 '무장 독립 전쟁'과 일치하지 않는다. 동일한 차수일 경우에 교육과정과 교과서가 밀접히 연계되어 있으리라는 일반적 기대와 달리, 두 가지가 완전히 별개로 작동하고 있는 것이다.

• 5차 교과서의 "무장 항일 투쟁"이라는 용어는 이후 6차 교과서 및 7차『한국 근·현대사』교과서에서 줄곧 쓰이고 있다.

• 앞에서 보았듯이, 7차 교육과정(1997) 및 7차『한국 근·현대사』준거안(2000년)에서 무장 독립운동을 가리키는 대표적 용어는 '무장 독립 전쟁'이다. 하지만 7차 교육과정 본문에서는 "무장 독립 전쟁", "항일 무장 투쟁", "항일 독립 투쟁" 등을 병용하고 있다. 교육과정 자체의 혼란된 용어 사용이 7차 교과서에도 고스란히 반영되어 있다.『한국 근·현대사』6종 전체가 교육과정에 따라 무장 독립운동을 서술하는 장(章)의 제목을 '무장 독립 전쟁의 전개'로 하고 있으나 본문에서는 제각기 다른 용어를 병용하고 있는 것이다. 금성『한국 근·현대사』의 경우, 무장 독립 전쟁/무장 독립 투쟁/무장 항일 투쟁을 병용한다.

• 2009 개정 교육과정에 따라 출간된『한국사』교과서에서도 "항일무장투쟁"이라는 용어가 사용되고 있다.

• 여기서 주목할 것은 무장 독립운동을 가리키는 북한의 용어가 "항일무장투쟁"이라는 사실이다. 우리의 국사교과서는 여러 차례의 교육과정 개편에 따른 변화 끝에 7차『한국 근·현대사』교과서 이후, '무장 독립운동'을 지칭하는 용어가 북한의 용어와 동일한 "항일무장투쟁"으로 귀결되었다. 물론 '무장 항일 투쟁', '무장 독립 전쟁', '항일 독립 투쟁' 등의 용어를 병용하고 있기는 하지만 말이다.

〈국사교과서에서 독립운동에 관한 서술은 어떻게 변화해 왔는가〉

1차 국사교과서부터 2010검정『한국사』교과서에 이르는 역대 국사교과서에서 독립운동에 관한 기술이 어떻게 변화해 왔는가를 살펴보기 위해서 그 기술 내용 및 특징을 다음과 같은 표로 만들었다.

[표 12] 독립운동에 대한 교과서 기술의 특징

교과서		기술 내용 (독립운동에 대한 교과서 기술의 특징)
1차	① 이병도	–
	② 홍이섭	일제 요인 암살, 임시정부 수립 등 거의 모든 독립운동을 *정치적 민족운동으로* 기술 ; 정치적 민족운동, 무력으로 항거하는 민족운동
	③ 유홍렬	– 이승만을 대통령으로 한 임시 정부가 조직되어 독립운동을 계속했다고 기술 – "만주에서는 독립단, 통의부, 신민부, 국민부 등이 독립운동을 전개하였다." (p.207)
	④ 김상기	– 이승만, 안창호 등의 임시 정부 조직 및 활동에 대해 기술 – *임시정부의 대일 선전포고 및 광복군의 연합군 가담*에 대해 기술 ; "태평양 전쟁이 일어나자 중국에 있던 우리 임시 정부는 일본에 향하여 선전을 포고하였으며, 우리의 광복군과 해외에 흩어져 있던 의사(義士)들은 연합군과 힘을 합하여 일본과 싸웠다." (p.246)
	⑤ 역사교육연구회	– "상해에서는 우리의 임시 정부가 조직되었다." (p.192) – 6.10 만세 사건부터 이봉창, 윤봉길 의거 등을 모두 "민족의 항쟁"으로 포괄하여 간략히 기술
2차	① 변태섭	독립 운동을 '국내의 민족 운동', '해외에서의 무력 항쟁'이라는 항목으로 나누어 기술 ; '해외에서의 무력 항쟁' 항목에서는 임시 정부를 중심으로 한 외교 활동, 무력을 통한 항일 투쟁 등을 다룸 ; 이승만 등의 임시 정부 수립에 관한 기술 및 사진 수록
	② 이상옥·차문섭	– "망명 우국 지사들은……일본 통치에 조직적으로 항거하기 위하여 대한 민국 임시 정부를 조직하였다." (p.238) 이봉창, 윤봉길 의사 등을 "테러 행위로써 일제에 항거한 의사"로 지칭 (p.238) – *임시정부 산하 광복군의 대일 선전포고 및 국내 진격 준비*에 관해 기술 "광복군은 일본에 선전을 포고하고 중국 대륙에서 일본군에 항거하여 용감히

	싸웠다. 그리고 이들 광복군은 1945년 7월 낙하산 부대를 훈련시켜, 이를 선두로 국내 진격을 위한 준비를 갖추었으나 일제가 패망하였으므로 실행하지 아니하였다." (p.239) - 대한국민회, 안창호의 흥사단과 같은 재미 교포의 독립투쟁에 대해 간략한 기술
③ 이홍직	- "…망명투사들은 이승만을 대통령으로 받들어 대한 민국 임시 정부를 수립…" (p.228) - "해외에서의 독립 운동도 활발하였는데….그 대표적인 것이 미국에서 활약하던 이승만, 안창호, 중국에서 활약하던 김구 등이었다." (p.228) "그 중, 김 구가 조직한 애국단의 활동은 일본인의 간담을 서늘하게 하는 일이 많았는데 이 봉창의 일본 궁성 앞에서의 일황 저격, 윤 봉길이 상하이 홍코우 공원에서 일황 생일 축하 식장에 폭탄을 투척한 것 등이 모두 그러하였다." (p.228)
④ 한우근	- "이승만, 김구 등의 망명 지사들은 중국 상하이에 모여 대한 민국 임시 정부를 세우고 독립운동을 계속하였으며……" (p.237) -해외에서의 항일 투쟁을 상하이 임시 정부, 미국의 이승만 등, 만주의 독립군 등 셋으로 나누어 기술 ; "상하이 임시 정부는… 태평양 전쟁이 일어나자 즉시 대일 선전을 포고하고 연합국측에 가담하였다." (p.239) ; "미국에서도 이승만 등이 활동을 계속하였고," (p.239) ; "만주에서는 교포들이 독립군을 조직하여 국경지방을 중심으로 일본군과 치열한 무력 투쟁을 전개하였다." (p.239)
⑤ 이병도	- "3.1운동 이후의 항일 민족 운동은 국내에서는 주로 소작쟁의, 노동쟁의 등으로 나타나고, 국외에서는 테러행위로 일제에 도전하였다." (p.237) "해외에서의 독립운동도 활발하였다…..그 대표적 인물이 미국에서의 이승만, 안창호, 중국에서 활약하던 임시정부의 주석이었던 김구 등이었다." (pp.237-238)
⑥ 이원순	- "민족 해방 투쟁" (p.231)이라는 제목 아래 항일 투쟁을 임시정부, 무장독립운동 단체의 무력항쟁, 의사들의 의거 등 셋으로 나누어 기술 - "무장독립운동 사상 가장 빛나는 성과는 청산리 대첩" (p.233) -무장독립운동 단체의 기타 활동으로 1932년 일본군에 대한 승리, 무장독립투사들의 유격작전 등을 기술 -임시정부는 민족독립운동의 핵심체 ; "1941년 말, 워싱턴에 구미 외교 위원회를 설치, 이승만으로 하여금 대유럽 외교를 담당하도록 하였다. 이 투쟁의 보람은 1943년 카이로 회담에서의 미영중 삼국의 한국 독립안에 대한 가결 선포로써 나타났다." (p.236) ; "1945년 2월에 우리 정부는 도이칠란트와 일본에 선전을 포고하였다. 한편, 광복군 조직을 강화, 1943년에 버어마 전선에까지 출정하여 일본군과 싸웠다. 1944년에는 우리 본토에 침투하기 위한 특수훈련까지 실시하였다. 1943년 이래 연합군에 참가하여 싸운 광복군은 5천 명이나 되었다." (p.236)

	국정(74)	-이승만 등의 임시 정부 수립에 관한 기술 ;2차보다 상세함 ;최초의 민주정체 채택, 활발한 외교활동 펼침(임시헌장 사진 수록) -무장 독립군의 활동 ;봉오동 전투, 청산리 대첩
3차	국정(79)	-임시정부 수립의 의미를 명확하게 기술 ;"이 사실은 한민족이 일제에 의한 민족수난기에 민족사적 정통성을 되찾으며, 국내외 독립운동을 보다 조직적이고 효과적으로 추진하는 중추기관을 구성하였음을 의미하는 것"(p.274) -임시정부의 외교활동에도 주목함 ;"외교총장으로 선임된 김규식을 전권대사로 임명하여 파리강화회의에서 한국 독립을 주장하게 하였다. 그 후 외교활동에 주력하여 구미위원부를 두어 기회 있을 때마다 국제적으로 한국 독립 문제를 제기시켰다."(p.275) -무장 독립군의 활동 ;봉오동 전투, 청산리 대첩 ;경신참변, 자유시 사변, 삼시협정에 대한 상세 설명 -사회주의 계열의 독립군에 대한 기술, "그 중 일부는 만주사변 이후... 중국군과 한중연합군을 조직하여 끝까지 항전하였고, 만주가 일본의 실제적 지배로 들어간 후에는 중국 대륙 혹은 연해주로 흩어지기도 했다."(p.278) ;41년 태평양전쟁 후 참전 노력 및 대일선전포고. 연합군과 협동하여 대일항전 수행. 중국 정부와의 사이에 광복군에 관한 협정을 맺어 공동 훈련과 작전을 편 것. 일부의 광복군은 버어마 전선에까지 파견되어 영국군과 연합작전까지 한 것 등을 기술
4차	국정	- 임시 정부의 광복운동에 대한 상세하면서도 긍정적인 기술 ;"임시 정부는.... 김구가 강력한 지도력을 발휘한 뒤로부터.....통제력을 가진 정부로 발전"(p.133) ;"미국에 구미위원부를 두고 이승만을 중심으로 적극적인 외교활동 전개"(p.134-135) -"3.1운동을 계기로 무장 독립 전쟁의 전개가 급선무임을 자각"(p.142) -경신참변, 자유시 사변에 대한 상세 설명 -사회주의 계열의 독립군에 대한 기술, 독립군 "그 중 일부는 1931년 만주 사변 이후 만주의 일본 세력에 반대하는 중국군과 한·중 연합군을 결성하여 줄기차게 항전하였고, 만주가 일본 수중으로 떨어진 뒤에는 중국 대륙이나 연해주로 분산되었다."(p.145) ;비교적 모호하게 기술 -광복군이 조선 의용대를 흡수했음을 기술 -대일선전포고문(사진도 수록), 연합군의 일원으로 버어마, 인도 전선에까지 참전, 국내진입작전 등 기술 -독립전쟁을 통해 광복이 이루어졌다고 명기 ; "조국의 광복은 줄기차게 계속된 이러한 독립전쟁의 댓가라고 할 수 있다"(p.147)

5차	국정	-임시정부에 대한 기술(4차와 별 차이 없음) -국내에서 결성된 독립군부대(보합단, 천마산대, 구월산대) 기술 -의열단, 한인 애국단원 등의 활동을 '무장 항쟁'으로 표현 -"3.1운동을 계기로 무장 독립 전쟁의 전개가 급선무임을 자각"(4차와 동일) (p.145) -사회주의 계열의 독립군에 대한 기술("조선혁명군은 중국 의용군과 연합하여...."(p.148), "독립군의... 일부는 만주에 잔류하여 중국 항일군과 같이 항일연군을 편성하여 항전을 계속하였다."(p.148)) ("..연안을 중심으로 ......조선 의용군은 화북, 만주 지역에서 항일 전투를 전개하였다"(p.149))
6차	국정	-임시정부에 대한 기술(4차, 5차와 별 차이 없음) -국내에서 결성된 독립군부대(보합단, 천마산대, 구월산대) 기술 -의열단, 한인 애국단원 등의 활동을 '항일의거'로 표현 -"3.1운동을 계기로 무장 독립 전쟁의 전개가 지름길을 깨달아..."(5차와 거의 동일)(p.154~155) -사회주의 계열의 독립군에 대한 기술(5차의 내용과 유사, 단 항일연군에 대한 내용은 없음) -광복군의 제2차 세계대전 참전(임시정부의 대일 선전 성명서 사진 수록)
7차 근현대사	금성	-소련의 역할을 과장함 ;"3.1운동 이후....제국주의 열강들이 식민지 경영과 수탈에 여념이 없었던 데 반해, 새로운 사회주의 국가인 소련은 식민지·반식민지 민족의 해방운동을 지원하였다. 그 결과 사회주의 사상은 전 세계 약소 민족의 민족 해방 운동에 커다란 영향을 끼쳤다."(p.24) -항일운동 가운데 미주지역의 독립운동 및 외교 운동에 대해서는 대여섯 줄로 매우 소략하게 기술함 -의열단과 한인 애국단의 항일운동을 "항일 테러 활동"으로 표기. 잘못된 용어임 -"1930년대에 들어와 만주 지역의 항일 투쟁은 점차 공산주의자들이 주도하였다."고 단언(p.182) ;이러한 전제 아래 사회주의자들의 항일 투쟁을 지나치리만큼 상세히 기술함 -독립운동 노선 중 폭력혁명 만이 유일한 길이라는 신채호의 〈조선 혁명 선언〉을 이승만의 〈위임통치론〉과 대비시켜서 수록하고 있음 ;"민중의 직접 혁명만이 민족 해방을 가져올 수 있다"(p.187)는 제목 아래 두 자료를 대비시키고 있음
'10 검정한국사	삼화	-동북 항일 연군, 보천보 전투 등 공산주의자들의 항일운동에 대해 상대적으로 많은 분량을 할애함 -항일운동 가운데 미주지역의 독립운동 및 외교 운동에 대해서는 서너 줄로 매우 소략하게 기술함 -독립운동 노선 중 이승만의 '외교론', 안창호의 '준비론'을 "미련한 꿈"으로 일축하고 폭력혁명 만이 유일한 길이라는 신채호의 〈조선 혁명 선언〉을 자료로 수록하고 있음

이 표를 보면 교과서 서술의 흐름이 몇 가지로 요약된다.

• 2차 교과서까지만 하더라도 독립운동을 두세 가지로 구분해서 균형 있는 기술을 하고 있다. 예를 들어 2-①변태섭은 임시정부 중심의 외교활동과 해외에서의 무력항쟁으로 나누어 기술하고 있고, 2-④한우근은, 해외에서의 항일 투쟁을 상하이 임시 정부, 미국의 이승만 등, 만주의 독립군 등 셋으로 나누어 균형 있는 기술을 하고 있다. 2-⑥이원순도 "민족 해방 투쟁"이라는 제목 아래 항일 투쟁을 임시정부, 무장독립운동 단체의 무력항쟁, 의사들의 의거 등 셋으로 나누어 기술하고 있다. 즉, 임시정부의 외교활동이 "민족 해방 투쟁"의 일환이었다고 명기하고 있을 뿐 아니라, 이승만의 대유럽 외교가 카이로 회담의 한국 독립안에 대한 가결 선포로 나타났다면서 그 성과에 대해 긍정적으로 기술하고 있다.

• 하지만 4차 교과서에서 "3.1운동을 계기로 무장 독립 전쟁의 전개가 급선무임을 자각"했다고 기술하고, 광복이 "독립전쟁의 댓가"라고 명기하는 등, 무장독립전쟁을 높이 평가하기 시작하면서 이 균형은 깨어졌다.[22]

---

22 그럼에도 불구하고 학계 일각에서는 국사교과서의 독립운동사가 3.1운동과 대한민국 임시정부를 골격으로 하는 민족주의우파 계열의 독립운동을 중점적으로 서술하였다고 비판하고 있는데, 그 주요 타깃이 바로 4차 국사교과서다. 그 비판 내용을 보면 다음과 같다. 3차 교과서의 임시정부에 대한 기술은 7줄 정도로, 임정 수립 사실과 연통제의 초기 활동을 간단히 언급한 정도였는데 반해, 4차 교과서에서는 4페이지에 걸쳐 서술되고, 내용도 민주공화제의 정통정부, 국내의 독립운동의 중추기관, 국내외에 걸쳐 통제력을 가진 정부 등으로 설명되고 있으나 임시정부는 1925년의 국민대표회의 이후 크게 위축되어 개별 독립운동단체 정도의 위상밖에 갖지 못했으므로 이는 왜곡에 가까운 서술이라는 것이다. 그리고 광복군에 대해서도 2쪽에 걸쳐서, 광복군이 일본군에 맞서 치열한 전투를 벌이고 국내 진공작전을 실행에 옮긴 것처럼 서술하고 있으나, 광복군은 일본군과 직접 전투할 기회를 갖지 못했으며, 국내진공작전도 계획단계에서 해방을 맞이했다는 것이다.

• 무장독립전쟁 가운데서도 사회주의 성향의 독립군에 대한 기술은 최근으로 올수록 점점 그 분량이 늘어난다. 사회주의 성향의 독립군에 대해 비교적 모호하게 기술한 3차, 4차와 달리 5차는 조선혁명군, 항일연군 등을 포함시키는 등, 보다 상세하게 기술하고 있다. 사회주의 성향의 독립운동에 대한 서술은 관련 학계의 연구 성과를 기반으로 해서 교과서 서술이 변화하였음을 전제로 해도 그 분량이 지나치게 많다. 이러한 경향은 특히 7차『한국 근·현대사』및 2010검정『한국사』교과서에서 두드러진다. 금성『한국 근·현대사』와 삼화『한국사』는 사회주의자 및 공산주의자의 항일투쟁에 많은 분량을 할애하여 상세히 기술하는 반면, 미주지역의 독립운동 및 외교 운동에 대해서는 서너 줄로 매우 소략하게 기술하고 있다.

• 이러한 편파적 서술의 가장 대표적인 사례가 7차 금성『한국 근·현대사』교과서인데, 그 문제점을 요약하면 다음과 같다.

첫째, "3.1운동 이후.......제국주의 열강들이 식민지 경영과 수탈에 여념이 없었던 데 반해, 새로운 사회주의 국가인 소련은 식민지·반식민지 민족의 해방운동을 지원하였다. 그 결과 사회주의 사상은 전 세계 약소 민족의 민족 해방 운동에 커다란 영향을 끼쳤다."(p.24)고 서술하고 있는데, 이는 민족 해방 운동에 대한 소련의 역할을 과장하는

반면에 4차 교과서는 좌파와 조금이라도 연결되는 것(노동자, 농민운동. 신간회 운동 등)은 비중을 줄이거나 방향을 달리해서 서술했다는 것이다. 4차 국사교과서가 이처럼 민족주의 우파를 중심으로 서술한 것은 반공을 국시로 하는 대한민국의 이념적 성격과 맞물리는 것이었으며, 3.1운동과 대한민국 임시정부의 민족사적 정통성을 대한민국의 정통성과 연결시키려는 의도였다는 것이다. 또한 3.1운동과 대한민국 임시정부의 정통성론을 연구하던 이현희가 4차 교과서의 집필자였음도 근현대사의 서술 의도를 잘 보여주고 있다는 것이다. 박찬승, 「한국 근대 민중운동 연구의 동향과『국사』교과서의 서술」『역사교육』47, 1990, pp. 220-222; 차미희, 「중등 국사교육의 내용 변천에 대한 연구: 국사과 독립 시기를 중심으로」, 고려대학교 일반대학원 박사학위논문, 2005, pp.141-142, 주. 248.

기술이다. 1920년대 피압박민족의 해방운동에 대한 소련의 지원이 세계 공산화를 목표로 한 것임을 지적하지 않음으로써 소련의 노선에 대한 오해를 유발할 우려가 있다.

둘째, 항일운동 가운데 미주지역의 독립운동 및 외교 운동에 대해서는 매우 소략하게 기술하면서, 1930년대 만주 지역의 항일 투쟁을 공산주의자들이 주도하였다는 전제 아래 사회주의자들의 항일 투쟁을 매우 상세히 기술하고 있다.

셋째, 의열단과 한인 애국단의 항일운동을 "항일 테러 활동"으로 표기하고 있는데, 이는 잘못된 용어다.

넷째, 독립운동 노선 중 폭력혁명 만이 유일한 길이라는 신채호의 〈조선 혁명 선언〉을 이승만의 〈위임통치론〉과 평면적으로 대비시켜 수록하고 있다. 이에 관해서는 좀 더 설명이 필요하므로 먼저 금성교과서의 해당 내용을 보자.

민중의 직접 혁명만이 민족 해방을 가져올 수 있다

독립 운동은 무력 투쟁론, 준비론, 외교론으로 노선이 갈라졌다. 다음 조선 혁명 선언과 위임 통치론의 내용을 살펴보고, 독립 전쟁 노선의 차이점을 비교해 보자.

| 자료 1 | 조선 혁명 선언

내정 독립이나 참정권이나 자치를 운동하는 자- 누구이냐? … 너희들이 '동양 평화', '한국 독립 보전' 등을 담보한 맹약이 먹도 마르지 아니하여 삼천리 강토를 집어먹힌 역사를 잊었느냐? …

일본 강도 정치하에서 문화 운동을 부르는 자- 누구이냐? … 검열 · 압수 중에 몇몇 신문 · 잡지를 가지고 '문화 운동'의 목탁으로 떠들며, 강도의 비위에 거스

리지 아니할 만한 언론이나 주창하여 이를 문화 발전의 과정으로 본다면, 그 문
화 발전이 도리어 조선인의 불행인가 하노라. …

　강도 일본의 구축(驅逐)을 주장하는 가운데 또 다음과 같은 논자들이 있으니,
첫째는 외교론이니, … 망국 이후 해외로 나아가는 아무 아무개 지사들의 사상
이 무엇보다 먼저 '외교'가 제1장 제1조가 되며, … 최근 3 · 1 운동에 일반 인사
의 '평화 회의, 국제 연맹'에 대한 과신(過信)의 선전이 이천만 민중의 힘있는 전
진의 기운을 없애버리는 계기가 될 뿐이었도다. …

　둘째는 준비론이니, 을사조약 당시에 여러 나라 공관에 빗발치듯하던 종이쪽
지로 넘어가는 국권을 붙잡지 못하며, 정미년의 헤이그 특사도 독립 회복의 복
음을 안고 오지 못하매, 이에 차차 외교에 대하여 의문이 되고 전쟁 아니면 안 되
겠다는 판단이 생겼다. 그러나 군인도 없고 무기도 없이 무엇으로써 전쟁을 하
겠느냐? …

　이상의 이유에 의하여 우리는 　(가)　, 　(나)　 등의 미몽을 버리고 민중 직
접 혁명의 수단을 취함을 선언하노라.

　≫ 단재 신채호 전집

| 자료 2 | 이승만의 위임 통치론

　우리는 자유를 사랑하는 2천 만의 이름으로 각하에게 청원하니 각하도 평화
회의에서 우리의 자유를 주장하여 참석한 열강이 먼저 한국을 일본의 학정으로
부터 벗어나게 하여 장래 완전한 독립을 보증하고 당분간은 한국을 국제 연맹 통
치 밑에 두게 할 것을 빌며, 이렇게 될 경우 대한 반도는 만국 통상지가 될 것이
며, 그리하여 한국을 극동의 완충국 혹은 1개 국가로 인정하게 하면 동아시아 대
륙에서의 침략 정책이 없게 될 것이며, 그렇게 되면 동양 평화는 영원히 보전될
것입니다.

　공식으로 세계 대전에 참가할 수 없었던 국가를 위해서 이와 같이 해주는 것
이 어려운 일인 것을 우리도 모르는 바 아닙니다. 그러나 우리 나라 인민도 전쟁
시에 수천 명의 청년이 러시아의 의용군으로서 연합군을 위해 종군 출전하고,
또 미국에 재류하는 한인 등도 자기의 적성과 역량에 따라서 공화 원리를 위하여

인력과 재력을 바쳤던 것입니다.
　≫ 독립 운동사 편찬 위원회, 독립 운동사 자료집, 9권

(금성 『한국 근 · 현대사』, 2006, p.187)

　금성 『한국 근 · 현대사』 교과서는 "민중의 직접 혁명만이 민족 해방을 가져올 수 있다"는 제목 아래 두 자료를 대비시키고 있는데, 결론부터 말하자면, 이는 독립운동의 여러 방안 가운데 어느 방안이 현실성 있는 대안인지에 대한 아무런 언급도 없이 폭력혁명만을 강조하는 서술이다.

　이 서술에서 가장 큰 문제는 독립운동사의 쟁점 가운데 하나인 위임통치청원 논쟁에 대해 아무런 설명도 하지 않은 채, 위임통치론을 지나치게 폄훼하고 있다는 것이다. '위임통치 청원서'란 이승만, 정한경, 김규식 등이 3 · 1운동 직후에 우드로 윌슨 미국대통령을 통해 파리 강화회의에 제출하려던 문건으로, 여기에는 "장래 완전한 독립을 보장한다는 분명한 전제조건 하에" 한국을 일정기간 동안 국제연맹이 위임통치 아래 두어 달라는 구절이 들어 있다. 그러므로 이 위임통치 청원은 망국적 매국논리나 친미적 사대외교론이 아니라 독립정신에 기초한 실력양성론적 구국외교론이라 할 수 있다. 이 위임통치 청원론에는 중립국의 지위 하에서 실력을 길러 자주독립의 기반을 닦자고 하는 점진적 · 단계적인 독립구상이 담겨 있기 때문이다. 온건성향의 독립지사들이 제기한 이 위임통치청원은 1910년대 말경의 한국 실정과 국제정세를 감안한 현실적 차선책이었다.[23]

---

23 오영섭, 「대한민국임시정부 초기 위임통치 청원논쟁」, 이주영 외, 『이승만 연구의 흐름과 쟁점』,

금성교과서는 위임통치론이 당시의 대내외적 정세를 감안한 구국 외교론으로서 우리의 독립을 이룩하고 나아가 동양 평화를 보전하기 위한 것이라는 본질에 대해서는 아무런 설명도 없이, 폭력혁명만을 강조하는 신채호의 조선혁명 선언과 평면적으로 대비시키고 있는 것이다. 또한 두 노선을 대비시키면서도 신채호의 사진은 수록하되, 이승만의 사진은 수록하지 않고 있다.

이처럼 무장투쟁만을 강조하면서 외교적 독립운동 등의 평화적 독립운동을 의도적으로 폄훼하는 7차 금성『한국 근 · 현대사』교과서의 기술 방식과 내용은 2010검정『한국사』교과서로 고스란히 이어진다. 『한국사』교과서 6종 중 대부분은 일제시기 해외 각지에서 있었던 다양한 세력의 독립운동에 대해 서술하면서도 같은 시기에 이승만이 펼친 독립운동에 대해서는 제대로 서술하지 않는다. 즉, 이승만이 참여하거나 주도한 애국-민권-독립운동에 대해 아예 서술하지 않거나, 서술한다 해도 이승만이 참여 · 주도한 사실을 서술하지 않고 있다.[24] 그러면서 동시에 김원봉을 비롯한 공산주의자들의 활동을 상대적으로 과대하게 서술하고 있으며, 김일성이 관련된 조직의 활동에 대해서도

연세대학교 대학출판문화원, 2012, pp.1-76.

24 보다 구체적 내용은 다음과 같다.
　· 3.1운동 직후 미국 필라델피아에서 개최된 미주 지역 동포들의 독립촉구 대회와 행진을 소개하면서 그 주도자 2인 중의 한 사람이 이승만임을 언급하지 않았다. 서재필만 언급하거나 둘 다 언급하지 않았다.
　· 1920~1930년대의 해외 각지의 다양한 세력의 독립운동을 소개하면서도 그 시기 이승만의 독립운동 관련 활동은 소개하지 않았다.
　· 2차 대전 발발 후 미주 동포들의 독립운동을 서술하면서 이승만의 활동은 언급하지 않았으며, 일부 교과서는 이승만에 반대하는 단체의 활동만 언급했다.
　양동안, 「고교 한국사교과서의 문제점과 대책」, 고영주, 유동열 편, 『역사왜곡을 통한 대한민국 허물기 공작, 좌편향화 된 한국사 이대로 방치할 것인가?』, 북앤피플, 2011, pp.17-18.

북한 측 주장대로 과대하게 서술하고 있다.[25]

　　삼화『한국사』교과서를 예로 들어보자. 이 교과서는 동북항일연군, 보천보 전투 등 공산주의자들의 항일운동에 대해 상대적으로 많은 분량을 할애하고 있으나, 항일운동 가운데 미주지역의 독립운동 및 외교 운동에 대해서는 서너 줄로 매우 소략하게 기술하고 있다. 그러면서 금성『한국 근·현대사』교과서와 마찬가지로, 독립운동 노선 중 이승만의 '외교론', 안창호의 '준비론'을 "미련한 꿈"으로 일축하고 폭력혁명 만이 유일한 길이라는 신채호의 〈조선 혁명 선언〉을 자료로 수록하고 있다.

　　독립운동 가운데서도 오로지 무장투쟁만을 강조하는 2010검정『한국사』교과서의 이러한 경향은 북한의 역사 해석과 별로 다르지 않다. 북한의 역사서적에서는 독립운동 중 '평화적' 운동을 도외시하고 오로지 '무장투쟁'만을 강조하는 서술이 넘쳐나는데, 그 대표적인 서술을 보면 다음과 같다.

[표 13] 북한역사서의 항일무장투쟁 기술

북한역사서	기술내용 (항일무장투쟁)
『조선통사(하)』	제2절 조선공산주의자들의 지도 하에 항일무장투쟁의 개시, 유격근거지 – 해방지구의 설치 ....일제의 파쑈적 폭압의 강화로 말미암아 민족해방운동이 '평화적' 투쟁 방법에 의존할 수 없게 되고 더욱이 공산주의자들과 일체 반제혁명조직들의 합법적 활동의 가능성이 완전히 박탈된 조건 하에서 공산주의자들을 핵심으로 하여 무장역량을 조직하고 그에 의거하여 투쟁하지 않는 한 일제 폭정으로부터 조국의 해방은 상상조차 할 수 없었다.

---

25 『한국사』교과서 6종 가운데 지학사 교과서는 이와 같은 지적 대상에서 제외된다. 양동안, 위의 책, pp.15-27.

	공산주의자들이 규정한 이 무장투쟁은 당시 식민지 민족해방투쟁에 있어서 가장 적극적인 투쟁형태였을 뿐만 아니라 특히 파쑈적 식민주의에 대하여 가장 큰 타격을 줄 수 있는 투쟁방법이었으며 이는 또한 우리나라에서 반일혁명투쟁 발전의 합법칙적인 산물이었다. (p.204)
『현대조선력사』	**제3절 주체사상의 창시, 주체적 혁명노선** ≪조선혁명을 성과적으로 수행하기 위해서는 무엇보다 먼저 일제를 반대하는 무장투쟁을 조직전개하여야 합니다.≫ ≪김일성 저작집≫ (p.48) ....이렇듯 *무장투쟁을 조직전개하는 것은 조선인민의 반일혁명투쟁발전의 가장 절실한 요구로 되었으며 이것만이 조선인민이 자체의 힘으로 조국의 해방과 독립을 달성할 수 있는 길이었다.* (p.49)

(이탤릭체는 필자)

『조선통사(하)』는 항일운동 중 '평화적' 운동을 도외시하고 오로지 "무장투쟁"만을 찬양하고 있다. 김일성 등 공산주의자들은 민족해방투쟁의 주된 투쟁형태가 무장투쟁이라고 규정하였다. 그리고 "공산주의자들을 핵심으로 하여 무장역량을 조직하고 그에 의거하여 투쟁하지 않는 한 일제 폭정으로부터 조국의 해방은 상상조차 할 수 없었다."고 주장한다. 『현대조선력사』도 무장투쟁만을 강조하기는 마찬가지다. 무장투쟁만이 "조국의 해방과 독립을 달성할 수 있는 길이었다."는 것이다.

III
역대 국사교과서의
한국 현대사 서술 실태

한국 현대사 기점에 대한 다양한 시각이 있을 수 있으나, 처음으로 『한국 근·현대사』가 독립 과목으로 분리된 제7차 사회과 교육과정의 시대구분도 현대를 광복 이후부터 현재까지로 보고 있다. 그러므로 여기서는 광복부터 현재까지의 한국 현대사를 다루기로 한다.

1. 8·15 광복의 배경

제2차 세계대전은 1943년 9월에 이탈리아가 항복함으로써 점차 연합군측에 승리의 서광이 나타나게 되었다. 이것은 또한 한국이 일본의 압제로부터 해방될 날이 가까워 오고 있음을 말하여 주는 것이었다. 사실, 같은 해인 1943년 12월에 미·영·중 3국의 거두(巨頭)들은 소위 카이로선언(宣言)을 발표하고, 그 속에서,

한국 인민의 노예 상태에 유의하여 적당한 시기에 한국을 자유·독립케 할 것을 결정한다.

고 하였다. 이것은 말할 것도 없이 꾸준한 민족독립운동에 대한 보답이었다. 이어 1945년 5월에 독일이 또 항복하고, 그 7월에 발표된 포츠담선언에서도 위의 3거두들은 전날의 카이로선언을 다시 확인하였다. 그리고, 이 해 8월에 소련도 포츠담선언에 참가하였다. 이리하여 한국의 독립은 연합국의 국제적인 공약으로써 일본의 패망과 함께 이루어질 것으로 믿어졌다.

1945년 8월 15일, 일본은 드디어 연합국에 무조건 항복을 하였다. 이로써 한국은 35년간의 일본 제국주의의 학정으로부터 해방된 것이다.

(『한국사신론』, p.393.)

국사 개설서에서는 8 · 15 광복에 대해 이상과 같이 설명하고 있다. 요약하면, 일본이 연합국에 무조건 항복함으로써 일제로부터 해방되었는데, 이처럼 연합국이 국제적으로 독립을 공약한 것은 꾸준한 민족독립운동에 대한 보답이었다는 것이다. 그렇다면 국사교과서에서는 광복의 요인에 대해 어떻게 해석하고 있는가? 광복에 대한 국사교과서의 서술은 그 분량이 상당하므로, 효율적인 논의를 위해 광복의 요인에 대해 설명한 부분만을 간추리면 다음과 같다.

[표 14] 광복의 요인

	교과서	기술내용 (광복의 요인)
1차	① 이병도	일본의 연합군에 대한 무조건 항복
	② 홍이섭	일본의 연합국에 대한 항복
	③ 유홍렬	일본의 연합국에 대한 무조건 항복
	④ 김상기	일본의 연합군에 대한 항복
	⑤ 역사교육 연구회	일본의 항복
2차	① 변태섭	독립 운동 + 연합국의 전승
	② 이상옥 · 차문섭	일본의 연합군에 대한 항복

	③ 이홍직	일본의 연합국에 대한 무조건 항복
	④ 한우근	일본의 연합군에 대한 항복
	⑤ 이병도	일본의 연합국에 대한 무조건 항복
	⑥ 이원순	해방 = 연합군의 승리 + 애국지사 투쟁
3차	국정 (74)	해방 = 연합군의 승리 + 독립운동
	국정 (79)	해방과 독립 = 연합군의 승리 + 독립 투쟁 (단, 연합군의 승리 〈 독립 투쟁)
4차	국정	광복 = 연합군의 승리 + 독립 전쟁 (단, 연합군의 승리 〈 독립 전쟁)
5차	국정	광복 = 연합군의 승리 + 독립 전쟁 (단, 연합군의 승리 〈 독립 전쟁)
6차	국정	광복 = 연합군의 승리 + 독립 투쟁
7차 근현대사	금성	광복 = 끊임없는 투쟁 + 연합군의 승리 (단, 연합군의 승리의 결과로 광복이 이루어진 것을 국가 건설의 장애로 간주함)
	대한	광복 = 줄기차게 벌여 온 독립 운동 (투쟁) + 연합국의 승리
	두산	광복 = 연합군의 승리 (계기) + 민족 독립 운동 (밑바탕)
	법문사	광복 = 연합국의 승리(직접적) + 민족의 독립 운동 기반 (궁극적)
	중앙	광복 = 연합국의 승리 + 민족 독립 투쟁의 결실 (궁극적)
	천재	광복 = 일제 항복(미국의 원폭 사용 + 소련 대일전 참전) (일제의 갑작스러운 항복으로 우리 힘으로 독립 획득 노력 결실 맺지 못했다고 평가)
2010 검정 한국사	미래엔	–
	법문사	광복 = 민족 독립 운동 + 일본의 연합국에 대한 패망 (단, 광복이 연합국의 승리의 결과라는 점은 이후 민족의 자주적 통일 정부 수립에 걸림돌이 되었다고 평가)
	비상	광복 = 민족의 끊임없는 투쟁 + 일본의 연합군에 대한 항복 (일본의 급작스런 항복으로 자주적 정부 수립도 어려워졌다고 평가)
	삼화	광복 = 독립운동 + 연합국의 승리
	지학사	광복= 우리 민족이 벌여온 독립 투쟁의 결실 (일제 패망 = 연합국 승리의 결실)
	천재	광복 = 연합국 승리 + 민족의 독립 운동

• 1차 교과서는 일본의 연합군에 대한 항복으로 광복이 이루어졌다
는 것이 기본 관점이다. 이러한 시각은 2차 교과서의 일부, 즉 2-②이
상옥 · 차문섭, 2-④한우근으로 이어졌다. 2-④한우근 교과서는 임시
정부의 대일 선전포고 및 연합국 측 가담에 대해 기술하고 있으면서
도, 일본의 패망으로 우리에게 "해방이 안겨진 것"으로 파악하고 있
다. 이는 일본 제국주의의 패망이 미국과 소련 등 연합군의 군사적 승
리의 결과라는 역사적 인식에서 비롯된 기술로 보인다.

  [일본의 항복으로] 우리 민족에게 해방이 안겨진 것이다. (2-④,
  pp.243-244.)

• 하지만 2차 교과서 가운데 2-⑥이원순은 광복이 연합군의 승리
의 결과일 뿐 아니라 애국지사들이 투쟁을 통해 얻어낸 것이라고 기술
하고 있다. 즉, 일본의 연합군에 대한 항복으로 광복이 이루어졌다는
종래의 관점에서 벗어나, 광복의 요인에 대해 보다 적극적 해석을 시
도하고 있다.

  민족의 해방은 연합군의 승리가 가져다 준 결과만은 아니었다.
  유명 무명의 애국지사들이 개인으로 혹은 조직으로 전개한 투쟁을
  통하여 전취된 것이며, 고귀한 희생의 결과인 것이다. (2-⑥, p.246.)

  2-①변태섭의 서술은 광복이 연합국의 전승의 결과일 뿐 아니라
민족의 꾸준한 독립 운동을 통해 이룩한 것이라고 기술하고 있다는 점
에서 2-⑥이원순의 해석과 흡사하다. 하지만 2-①변태섭은 민족의
'독립 운동'을 '연합국의 전승'보다 앞세우고 있다는 점에서 2-⑥이원

순보다 광복의 요인에 대해 보다 더 적극적 해석을 시도하고 있는 셈
이다.

즉, 일제 36년간에 걸쳐 온 국민이 오로지 민족의 자유와 조국의
광복을 위하여 국내외에서 꾸준히 독립 운동을 계속하였으므로 여
기에 민족의 해방을 보게 된 것이다. 그러나, 우리 나라의 해방은 한
국인의 반항만으로 이룩된 것이 아니었다. 여러 연합국의 전승으로
일본이 굴복함으로써 해방을 맞이하게 된 것이다.(2-①, p.232.)

• 광복의 요인에 대한 2-⑥이원순의 적극적 해석은 3차 국정 교과
서에 그대로 이어졌다. 3차 국정(74) 교과서는 오늘날까지 계속해서
교과서에서 쓰이게 될 기본적인 서술의 틀, 즉 광복은 연합군의 승리
가 가져다 준 결과인 동시에 줄기차게 계속된 독립운동의 보답이라는
기술을 만들어냈다.

민족의 해방은 연합군의 승리가 가져다 준 결과이기도 하지만,
한편 줄기차게 계속된 독립 운동의 보답이라고 할 수 있다. 그리고,
임시정부 휘하의 광복군이 대일 선전 포고를 하고 직접 항전에 참가
하였다. (3차『국사』'74, p.223.)

• 3차 국정(79) 교과서부터 광복의 요인에 대한 기술에서 미묘한
변화가 생기기 시작했다. 즉, 광복의 요인 두 가지(독립 운동, 연합군의 승
리) 가운데 독립 운동이 보다 중요하다고 기술하기 시작한 것이다. 용
어 또한 "독립 운동"에서 "독립 투쟁"으로 바뀌었다.

한국 민족의 해방과 독립의 계기는 연합군의 승리가 가져다 준
결과이기도 하지만, 보다 중요한 것은 일제 침략 이래 해방의 날까
지 줄기차게 계속한 민족의 독립 투쟁의 결과라고 하겠다. (3차『국
사』'79, p.290.)

광복의 요인 두 가지 가운데 독립 운동이 보다 중요하다고 보는 이
러한 기술은 4차 국정 교과서를 거쳐 5차 국정 교과서까지 이어졌다.

• 4차 국정 교과서부터 "해방"이라는 용어 대신 "광복"이라는 용어
를 사용하였다. 4차 교과서에서는 "독립 투쟁"이라는 용어도 "독립 전
쟁"으로 바뀌었다. 즉, 독립 운동(2차, 3차『국사』'74) → 독립 투쟁(3차『국
사』'79) → 독립 전쟁(4차)으로 바뀐 것이다.

• 5차 교과서에서 특기할 것은, 카이로, 포츠담 등에서의 한국 독
립 결의가 마치 임시 정부의 연합군 측 참전에 대한 보상인 것처럼 해
석하고 있다는 것이다.

특히, 제2차 세계대전 중 대한민국 임시 정부는 대일 선전 포고
를 하고, 연합국과 함께 참전함으로써 국제적으로 한국의 독립을 보
장받았다. (5차『국사』, pp.172-173.)

카이로선언을 통해서 한국의 독립이 종전 전에 국제적으로 보장된
것은 역사적 사실이다. 하지만 카이로선언이 임시 정부의 연합군 측
참전에 대한 보상이었다고 보기는 어렵다. 최근 학계의 연구에 따르
면, 독립 한국의 결정적 계기를 마련한 카이로선언은 미국 행정부를

향한 전(全)방위적인 외교 노력을 통해서 이승만이 이끌어낸 외교적 독립운동이었다.[26]

5차 교과서의 이러한 서술은 국사교과서가 최근으로 올수록 광복의 주된 요인을 이른바 '독립 투쟁' 또는 '독립 전쟁'에서 찾는 한편, 외교적 독립운동은 제대로 평가하지 않는 현실을 잘 보여준다.

• 6차 교과서의 서술을 보기에 앞서, 광복의 요인에 대한 북한의 역사 해석을 먼저 보기로 한다.

북한 역사 서적		광복의 요인
	『조선통사(하)』	해방 = (조선인민혁명군을 중심으로 한) 항일무장투쟁의 쟁취
	『현대조선력사』	해방 = (김일성이 영도한) 항일무장투쟁의 결실

위에서 보듯이, 북한의 역사서적은 해방을 항일무장투쟁의 "결실" 또는 "쟁취"로 본다.

"조선의 해방은 김일성이 조직영도한 영광스러운 항일무장투쟁의 빛나는 승리가 가져다준 위대한 결실이었다." (『현대조선력사』, p.169.)

『조선통사(하)』도 150페이지가 넘는 방대한 분량을, 해방은 김일성

---

26 유영익, 『건국 대통령 이승만: 생애 · 업적 · 사상의 새로운 조명』, 일조각, 2013. 근래 국내 역사학계에서는 외교적 독립운동을 제대로 평가하지 않고 있으나, 유영익은 이승만이 1919년부터 45년까지 끈질기게 전개한 외교적 독립운동이 한국 독립운동사에서 가장 중요하고 실속 있는 성과를 거둔 것으로 다시 평가받아야 한다고 주장한다. 유영익에 앞서 카이로선언과 한국 독립 문제를 연구한 저서로는 정일화, 『대한민국 독립의 문, 카이로선언』, 선한약속, 2010이 있다. 이 책에서 정일화는 카이로에서 한국 독립 문제를 먼저 제기한 사람이 장제스 중화민국 총통이 아니라 루스벨트 대통령이며, 카이로선언 초안 작성자도 루스벨트의 특별보좌관 해리 홉킨스였다는 사실을 밝혀냈다.

의 주체사상에 입각한 조선인민혁명정부를 중심으로 일제에 대항한
조선인민혁명군이 쟁취한 것이라는 취지의 서술에 할애하고 있다(『조
선통사(하)』, pp.134-299).

• 이처럼 김일성의 영도에 의해 북한의 해방을 주체적으로 맞게 되
었음을 정당화하려는 것이 북한 역사서 서술의 목적이다. 북한 역사서
는 모든 것을 김일성과 주체사상에 연결시키려 하고 있기 때문에 2차
세계대전과 같은 세계사적인 흐름에 대해서는 전혀 관심을 두고 있지
않다. 일본 제국주의의 패전이 미국과 소련 등 당시 연합군의 군사적
승리를 의미하는 것인데도 그들은 철저하게 세계적인 역사의 흐름을
배제하고 있다. 1958년도 판 『조선통사(하)』에서는 소련 군대에 의한
일본 제국주의의 패망에 대해서도 서술을 하고 있다. 그러나 주체사상
이 창시된 이후에 서술된 1987년 판 『조선통사(하)』에서는 소련군의
역할과 제2차 세계대전에 대해 일절 언급하지 않고 있는 것이다.[27]

• 그런 의미에서 국정 3차(79) 및 4차, 5차 교과서의 광복의 요인에
관한 서술은 북한의 서술과 몇 가지 점에서 그 흐름을 같이 한다고 볼
수 있다. 첫째, 2차 세계대전이라는 거대한 세계사의 흐름과 벗어난
서술을 하고 있다는 점이다. 우리나라 국사교과서의 경우, 일본 제국
주의의 패망이 연합군의 군사적 승리와 직결되어 있다는 역사적 사실
을 북한처럼 완전히 도외시하지는 않지만, 광복에서 연합군의 군사적
승리가 차지하는 비중을 축소시키고 있다. 둘째, 광복의 요인으로 무
장투쟁을 점점 더 강조한다는 점이다. 물론 북한처럼 무장투쟁만이 해

---

27 정두희, 앞의 책, pp.162-163.

방과 독립을 가져다주었다고 주장하지는 않는다. 하지만 우리의 국사 교과서의 경우, 3차(74)까지만 해도 그 용어가 '독립 운동'이던 것이 3차(79) 이후는 '독립 투쟁', '독립 전쟁' 등으로 날이 갈수록 강경한 용어로 바뀌었고, 그에 대한 교과서의 서술 분량도 점점 늘어났다.

• 6차 국정 교과서부터는 광복의 요인 두 가지를 엇비슷하게 강조하던 예전의 해석으로 복귀한 것처럼 보인다.

우리 민족의 광복은 미국, 영국, 중국, 소련 등 연합군이 승리한 결과이기도 하지만, 우리 민족이 국내외에서 줄기차게 전개해 온 독립 투쟁의 결실이었다. (6차 『국사』, pp.156-157.)

• 하지만 이러한 해석은 일시적인 것이었다. 7차 『한국 근 · 현대사』 교과서 가운데 일부에서는 연합군의 군사적 승리가 광복을 가져다주었다는 사실을 극도로 부정적으로 평가하는 한편, 다른 한편으로는 무장투쟁을 강조하는 경향이 다시금 시작된다. 다음의 사례가 가장 대표적이다.

우리가 나라를 되찾은 것은 일제의 식민 지배에서 벗어나기 위해 끊임없이 투쟁한 대가였다. 그러나 직접적으로 우리에게 광복을 가져다 준 것은 연합군의 승리였다. *연합군이 승리한 결과로 광복이 이루어진 것은 우리 민족 스스로 원하는 방향으로 새로운 국가를 건설하는데 장애가 되었다.* (금성 『한국 근 · 현대사』, 2002, 2006, p.253.)

금성『한국 근 · 현대사』교과서의 서술은 연합군의 승리로 광복이
이루어진 사실은 인정하되, 오히려 그것이 새로운 국가 건설의 "장애
가 되었다"고 주장하고 있다. 이 교과서의 집필자들이 보기에는 오로
지 끊임없는 "투쟁"을 통해서만 나라를 되찾아야 했다. 그런데 실제로
는 "연합군이 승리한 결과로 광복이 이루어"졌고, 이 역사적 사실을
수용하고 싶지 않은 집필자들은 이러한 광복이 우리 민족 앞길에 장애
가 되었다는 극단적 평가를 내린 것으로 추정된다.

흥미로운 것은, 금성교과서가 이처럼 연합군의 승리가 우리 민족
의 건국에 장애가 되었다고 기술하면서, 같은 페이지의 바로 윗부분에
서는 광복군이 미국 육군성과 합작하여 진행하고 있던 참전 작전, 즉
국내 진공작전이 무산된 것을 안타까워하는『백범일지』의 구절을 인용
하고 있다는 사실이다.

• 이처럼 앞뒤가 맞지 않는 서술을 하고 있는 이 교과서에서 위의
인용 부분은, 2008년 10월 30일에 교과부가 고교용『한국 근 · 현대사』
교과서에 대한 수정권고안을 발표하면서, 분단의 원인을 왜곡할 수 있
는 내용이므로 삭제 또는 수정하라고 권고한 부분이기도 하다.

2. 38선 획정과 국토의 분단

1945년 8월 15일, 일본이 연합국에 무조건 항복을 선언함으로써
한반도는 일제로부터 해방되었다. 그러나 미국과 소련이 북위 38도선
을 경계로 남과 북에 각각 주둔함으로써 한반도는 분단되고 말았다.
이에 대한 국사개설서의 서술을 보면 다음과 같다.

국내에서의 민족주의자와 공산주의자의 대립이 날카로워져 가고 있을 때에 미·소 양군이 각기 진주하였다. 먼저 진주한 것은 국경을 접하고 있는 소련군이었다. 소련은 일본의 패망이 거의 확실하여진 8월 8일에 일본에 선전을 포고하고 한·소 국경을 넘어오더니 일본이 항복한 뒤에 계속 진군하여 평양·함흥 등 북한의 주요 도시를 점령하였다. 한편, 미군은 9월 7일에야 비로소 인천에 상륙하여 서울에 들어오고 점차 남한 일대에 주둔하였다. 미·소 양군은 북위 38도선으로써 경계를 삼아 남북으로 갈라서 점령하였다. 이 부자연스러운 38선은 장차 한국민족의 분열과 비극을 초래하는 요인이 된 것이다. (『한국사신론』, pp394-395)

『한국사신론』은 소련군이 일본의 패망이 거의 확실해진 8월 8일에 한반도에 진주하여, 북한의 주요 도시를 점령하였다는 것을 명기하고 있다. 또한 미군은 그보다 한 달가량 늦은 9월 7일에야 진주하였다고 서술한다. 그러나 38도선으로 한반도를 분할한 이유에 대해서는 서술하지 않고 있다. 국사교과서는 이 문제에 대해서 어떻게 서술하고 있는가?

가. 미·소군 진주 이유

먼저 미군과 소련군이 한반도에 진주하게 된 이유는 무엇인가? 이에 관한 교과서의 서술 부분만 추려보면 다음과 같다.

[표 15] 미·소군 진주 이유

교과서		기술내용 (미·소군 진주 이유)
1차	①	-
	②	-

	③	일본이 항복하자 쏘련군은 쉽게 북한 지역을 차지하고 38선을 넘어오게 되니, 한 달 늦어서 (9.8) 한국에 들어온 미군은 일본군의 무장을 해제하기 위하여 38도 선을 경계로 정하였다
	④	–
	⑤	–
2차	①	–
	②	–
	③	–
	④	미국과 소련군이 일본군의 무장 해제를 위하여 38선을 경계로 남북한에 각각 진 주하였다
	⑤	–
	⑥	–
3차	3(74)	미군과 소군이.......일본군의 무장을 해제시키고 제각기 군정을 실시하였다
	3(79)	미군과 소군이.......일본군의 무장을 해제시키고 제각기 군정을 실시하였다
4차	국정	–
5차	국정	–
6차	국정	한반도에 남아 있던 일본군의 무장을 해제시키기 위해서 38도선 북쪽에는 소련 군이, 남쪽에는 미국군이 진주하였기 때문이다
7차 근 현 대 사	금성 (02)	이들은(미국과 소련의 군대는) 일본군의 무장 해제를 구실로 38도선을 경계로 한반도를 둘로 나누어 남과 북에서 각각 점령군 행세를 하였다.
	금성 (06)	이들은(소련군과 미군은) 일본군의 무장 해제를 구실로 38도선을 경계로 한반 도를 둘로 나누어, 북과 남을 각각 점령하였다.
	대한	38도선은 일본군의 무장을 해제하기 위한 일시적 군사 분계선에 지나지 않았다. 그러나 이를 경계로 미군과 소련군이 각각 남과 북에 진주하여 군정을 실시함으 로써 38도선은 민족과 국토를 둘로 가르는 분단선으로 변해갔다.
	두산	일제의 패망에 결정적 영향을 미친 미·소 양 대국이 일본군의 무장 해제를 목적 으로 38도선을 군사 분계선으로 설정하는 데 합의하고 그 북쪽에는 소련군이, 남 쪽에는 미군이 각각 진주하였기 때문이다.
	법문사	미국과 소련이 한반도에 남아 있는 일본군의 무장해제를 위해 38도선을 군사 경 계선으로 설정하는 데 합의하고 북쪽에는 소련군이, 남쪽에는 미군이 진주하였 다.
	중앙	광복 이후 38도선 이북과 이남에는 각각 소련군과 미군이 진주하였다. 이는 단순 히 일본군의 무장 해제뿐만 아니라 한반도에 대한 분할 점령을 의미하는 것이었 다.

2 0 1 0 검 정 한 국 사	천재	일본군의 무장 해제를 명목으로 38도선 이북은 소련군이, 38도선 이남은 미군이 각각 분할 점령하였다.
	미래엔	-
	법문사	8 · 15 광복을 전후하여 미군과 소련군은 일본군의 무장 해제를 명분으로 38도선 이남과 이북에 각각 진주하였다. -미 · 소 양군은 일본군의 무장 해제가 끝난 뒤에도 철수하지 않고 그대로 한반도에 주둔하였다.
	비상	-
	삼화	미국은 소련에게 일본군 무장 해제를 위한 한반도 분할 점령을 제안하였고, 소련이 이를 받아들였다. 이들은 북위 38도선을 경계로 남북으로 나누어 점령하였다.
	지학사	소련군은 8 · 15 광복 이전에 이미 함경북도 해안 지역에 진입하였다. 미국과 소련은 일본군의 무장 해제와 치안 확보를 위해 북위 38도선을 경계로 한반도를 분할 점령할 것에 합의하였다.
	천재	미국과 소련은 일본군의 무장 해제를 명분으로 각기 남과 북에 군대를 진주시켰다.

• 1차부터 6차까지의 기술에서 미군과 소련군이 한반도에 진주하게 된 이유는 간단명료하다. "일본군의 무장을 해제"하기 위해서였다는 것이다.

1차 교과서 중 주목할 것은 1-③(유홍렬)의 서술이다.

이리하여 쏘련군은 1945년 8월 9일에 함경북도로 침입하여오니,… 쏘련군은 쉽게 북한 지역을 차지하고 38선을 넘어오게 되니, 한 달 늦어서(9.8) 한국에 들어온 미군은 일본군의 무장을 해제하기 위하여 38도선을 경계로 정하였다. (1-③, p.209.)

이 교과서는 소련군이 한반도에 들어온 날자와 장소까지 구체적으로 서술하고 있다. 그리고 "한 달 늦게 한국에 들어온 미군"이 "일본군의 무장을 해제하기 위하여 38도선을 경계로 정하였다"는 기술은 짧으면서도 많은 정보를 전달하는 문장이다. 주목할 것은 소련군의 한반도 진주를 "*침입*"이라고 기술하고, 소련군이 "*북한 지역을 차지하고 38선을 넘어*"왔다고 기술하는 등, 소련군의 한반도 진주에 대해 극도로 부정적이라는 사실이다.

• 그러나 '일본군의 무장을 해제하기 위해서'라는 1차부터 6차까지의 한결같은 해석은 7차 『한국 근·현대사』 교과서에서 깨어진다. 미군과 소련군이 일본군의 무장을 해제하기 위해서 한반도에 진주한 것이 아니라, "*일본군의 무장 해제를 구실로*"(7차 금성), "*일본군의 무장 해제를 명목으로*"(7차 천재) 남과 북을 각각 "*점령*"했다는 서술이 일부에서 등장했기 때문이다. 금성과 천재 교과서는 일본군의 무장 해제는 한반도 점령을 위한 구실에 불과하다고 보고 있는 것이다.

• 금성은 여기에서 그치지 않고 한 발 더 나아가 미군과 소련군이 "38도선을 경계로 한반도를 둘로 나누어 *남과 북에서 각각 점령군 행세를 하였다.*"고 서술했다. '점령군'도 아니고, "*점령군 행세를 하였다*"는 이 구절은 감정적인 서술에 기초한, 교과서에 적합하지 않은 서술로 교과부의 수정 권고를 받았고, 이후 "북과 남을 각각 점령하였다."는 구절로 바뀌었다. 여기서 금성교과서가 미군과 소련군이 "일본군의 무장을 해제"하기 위해서 진주했다는 전통적 해석을 거부하고 "점령군 행세를 하였다"고 기술한 것은 매우 의미심장한 것이다. 연합군이 해방을 가져다주었다는 종래의 해석과는 정반대로 연합군을 점령군으로 치부하고 있기 때문이다. 사실 연합군을 점령군으로 보는 것은 일제시기를 '일제강점기'라 부르고, 광복 이후를 '미제강점기'라 부르는 북한의 역사 해석의 출발점이기도 하다. '미제강점'은 미국 제국

주의자들에 의한 강제 점령의 준말로서, 미군이 진주함으로써 남한이 미군에 의해 점령당한 '미제강점기'가 시작되어 지금까지도 계속되고 있다는 것이 북한의 역사 해석이다. 북한은 한반도에 진주한 연합군인 소련군과 미군 가운데 오로지 미군만을 점령군으로 보고 있는 것이다.

물론 7차『한국 근·현대사』교과서가 다 이런 식의 서술을 하고 있는 것은 아니다. 대한, 두산, 법문사는 "일본군의 무장을 해제"하기 위해서 미군과 소련군이 진주했다는 전통적 해석을 견지하고 있다.

• 7차 금성 및 천재 교과서에서 나타난, 일본군의 무장 해제를 명목으로 남과 북을 각각 "점령"했다는 식의 서술은 2010검정『한국사』의 몇몇 교과서로도 그 맥이 이어졌다. 2010검정 법문사 및 2010검정 천재 교과서는 미군과 소련군이 "일본군의 무장 해제를 명분으로" 군대를 진주시켰다고 기술하고 있다.

• 이와는 달리 일본군의 무장 해제가 목적이었다는 서술도 2010검정『한국사』에서 아직은 찾아볼 수 있다. 2010검정 지학사는 1−③(유홍렬)의 서술과 마찬가지로, "소련군은 8·15 광복 이전에 이미 함경북도 해안 지역에 진입하였다."고 기술하고 있다. 또한 미국과 소련이 38도선이라는 경계를 획정한 것이 일본군의 무장 해제 뿐 아니라 "치안 확보를 위해"서였다고 기술하고 있다.

나. 분단의 요인

민족의 해방이 바로 독립으로 연결되지는 않았다. 남북 분할선이던 38도선은 남북의 분단선이 되고 말았다. 한반도 분단의 단초에 대해 국사교과서는 어떻게 기술하고 있는가? 주요 교과서의 기술내용만 간추려 보면 다음과 같다.

[표 16] 분단의 요인

교과서		기술내용 (분단의 요인)
1차	③ 유홍렬(56)	쏘련·쏘련군의 책임 - 쏘련군의 북한지역 침입 및 38선 이남 남하로 인한 38선 경계획정 - 쏘련의 지령을 받은 공산주의자들의 찬탁 및 그로 인한 좌·우익 대립의 심화 - 쏘련의 고집으로 인한 미·쏘 공동위원회의 실패
2차	⑥ 이원순(68)	얄타 밀약으로 미국과 소련에 의해 양단 점령됨
3차	국정 (74)	연합군은 얄타 밀약에서 38도선의 군사 경계선을 합의, 남북에 미소군 각기 진주
4차	국정 (82)	연합군은 얄타 회담에서 군사 경계선을 합의, 남북에 미소군 각기 진주
5차	국정 (90)	미·소간의 이해관계의 대립
6차	국정 (96)	미·소의 군정이 민족 분단을 고착
7차	금성 (02)	미국과 소련의 대립 표면화
	중앙 (02)	(소련이 북한 지역을 점령하자) 미국 측이 38도선의 분할 점령을 제안
'10 검정	비상 (10)	(북부지역 점령하는 소군에) 당황한 미국이 38도선 기준 분할 점령 제안

• 1차 교과서 가운데 분단의 요인에 대해 주목할 만한 기술을 하고 있는 것은 1-③유홍렬(56)이다. 1-③은 여타 1차 교과서와는 달리, 분단의 요인에 대해 매우 상세한 기술을 하고 있다. 그 내용은 다음과 같다.

… 미국은 소련과 얄타에서 비밀협정을 맺고(1945.2.11.) 쏘련으로 하여금 일본을 공격하게 하였다. 이리하여 쏘련군은 1945년 8월 9일에 함경북도로 침입하여오니,… 쏘련군은 쉽게 북한 지역을 차지하고 38선을 넘어오게 되니, 한 달 늦어서(9.8) 한국에 들어온 미군은 일본군의 무장을 해제하기 위하여 38도선을 경계로 정하였다.""미

국은 … 미 · 영 · 쏘의 3상회의를 열고 한국을 신탁통치 하에 두기로 결의하니, 한국인은 모두 이를 반대하였다. 그러나 공산주의자들은 뒤에 쏘련의 지령을 받고 이를 찬성하였으므로 이후 좌 · 우익 대립은 날로 심하여갔다." "이에 미국은 … 미 · 쏘 공동위원회를 열고 한국의 통일 문제를 상의하였으나, 이것도 쏘련의 고집으로 실패하니 38선은 마치 국경처럼 되어 버렸다. (1-③, pp.209-210.)

이 교과서는 38선의 경계획정, 신탁통치안과 이를 둘러싼 좌 · 우익 대립의 심화, 미 · 소 공동위원회의 결렬 등을 기술하면서 하나같이 쏘련/쏘련군에게 그 책임이 있다고 기술하고 있다.

• 그러나 1-③유홍렬(56)의 소련 책임론과 달리, 2차 교과서 가운데 2-⑥이원순(68)은 미 · 소의 얄타 밀약으로 인해 분단이 이루어졌다고 파악한다.

그러나 얄타 밀약에 의하여 우리 국토는 북위 38도 선으로 미국과 소련에 양단 점령되었고, 미 · 소 양국은 각각 군정을 실시하게 되니, 현재 우리 민족이 겪고 있는 분열의 비극은 이로부터 시작되었다. (p.246)

• 분단의 요인을 얄타 밀약으로 꼽는 2-⑥이원순(68)의 해석은 3차 국정(74) 교과서로 그대로 이어졌다. 더욱이 3차 국정(74) 교과서는 얄타 밀약 체결의 주체가 "연합군"이라고 명기하고 있다.

연합군은 얄타 밀약에서 현재 우리 민족의 비극의 씨앗이 되는

38도선의 군사 경계선을 합의하고, 남·북에 미군과 소군이 각기 진주하였다. (p.224)

• 4차 국정 교과서는 "얄타 밀약" 대신에 "얄타 회담"이라는 용어를 써서 연합국에 대한 원망의 강도를 조금은 낮추었다.

연합군은 얄타 회담에서 국토 분단의 비극을 초래한 군사 경계선을 합의하고,… 38도선 남북에 미군과 소련군이 각기 진주하였다. (p.157)

• 5차 국정 교과서는 3차나 4차 국정 교과서에서 나오는 "얄타 밀약", "얄타 회담"이라는 용어는 아예 쓰지 않는다. 대신에 분단이 미·소간의 이해관계의 대립에서 비롯되었다고 기술하고 있다.

미·소간의 미묘한 이해관계의 대립으로 인하여 우리나라의 독립은 곧바로 실현되지 못하였다. 미국과 소련은 국토 분단의 비극을 초래한 군사분계선에 대하여 합의하고, 38도선 남북에 각기 군대를 진주시켰다. (p.173)

• 6차 국정 교과서는 5차 교과서와 달리, "국토 분단" 대신에 "민족 분단"이라는 용어를 사용할 뿐 아니라 분단의 "고착"이라는 새로운 용어까지 사용한다. 6차 교과서는 이처럼 표현을 달리하여, 분단의 고착화가 미·소의 군정에서 기인한다고 기술하고 있다.

그것은 한반도에 남아 있던 일본군의 무장을 해제시키기 위해서

38도선 북쪽에는 소련군이, 남쪽에는 미국군이 진주하였기 때문이
다. 그 결과,… 미·소의 군대가 실시하는 군정이 민족 분단을 점차
고착시키는 방향으로 나아가게 되었다. (p.191)

• "민족 분단"이라는 용어를 쓰고, 분단이 미국과 소련의 대립에서
비롯되었다는 6차 국정 교과서 기술의 기본 방향은 7차 교과서 및
2010검정『한국사』교과서로도 이어진다. 우리 민족의 의지와 관계없
이 미국과 소련이라는 두 강대국의 이해관계에 따라 국토가 분단되었
다는 것이다.

• 분단과 관련하여 7차 교과서 및 2010검정『한국사』교과서의 서
술에서 주목할 것은 한반도 분할 점령을 제안한 당사자가 미국이라는
내용을 여러 교과서에서 서술하고 있다는 사실이다. 대표적인 서술의
예를 두 개 들어보자.

이후 얄타 회담의 결정에 따라 1945년 8월 9일에 참전한 소련군
이 일본군을 물리치고 북한 지역을 재빨리 점령해 나가자, 미국측은
소련의 한반도 단독 점령을 막고 한반도에 남아 있던 일본군의 무장
을 해제하기 위하여 38도선의 분할 점령을 제안하였다. (7차 중앙,
p.273)

얄타 회담의 결정에 따라 1945년 8월 9일 한반도에 들어온 소련
군은 일본군을 물리치면서 빠르게 북부 지역을 점령해 나갔다. 이에
당황한 미국 측은 소련의 한반도 단독 점령을 막기 위해 38도선을
기준으로 한 분할 점령을 소련에 제안하였다. (2010검정 비상, p.311)

이처럼 한반도 분할 점령을 제안한 것이 미국이라고 기술하고 있는 서술은 7차 교과서 및 2010검정 『한국사』 교과서 가운데 5종이나 된다(7차 중앙, 7차 천재, 2010검정 비상, 2010검정 삼화, 2010검정 천재). 이 서술은 한반도 분단에 대해 미·소 공동으로 책임이 있다고 보는 기존의 서술과 달리, 분단을 미국의 책임으로 돌리고 있는 것이다. 이처럼 분단의 요인에 관한 국사교과서의 서술은 소련책임론에서 시작해서 미·소양국의 책임론으로 옮겨갔고, 최근에는 미국의 책임론으로 옮겨갔다.

• 이러한 서술 변화를 반영하는 대표적인 사례를 보면 다음과 같다.

> 처음에는 38도선을 넘어 남과 북 사이에 일부 왕래도 가능하였다. 그러나 미국과 소련의 대립이 점차 표면화되자 38도선은 사실상 남북을 둘로 나누는 분단선이 되고 말았다. 오늘날까지도 하나로 합쳐지지 못하고 있는 남과 북의 분단은 이렇게 광복과 더불어 시작되었다. (금성 『한국 근·현대사』, 2006, p.256)

위의 서술의 문제점은 소련군이 북한에 진주하자마자 일방적으로 38선을 봉쇄하여 한반도를 분단의 길로 몰아넣은 점에 대해 언급하지 않는다는 것이다.

군사분계선을 설정한 것은 미국이지만 그 선을 통치분단선으로 전화(轉化)시켜 버린 것은 소련이었다. 소련은 38선을 경계로 1945년 8월 24, 5일부터 남북통행과 통신을 단절시켜 버렸다. 8월말에 경원선, 경의선 등 철도가 차단되는 등, 한반도는 미군이 서울에 들어오기 이전에 이미 소련군에 의해 실질적인 분단 상태에 들어가 있었다. 그러므로 분단의 일차적 책임은 미국에 있는 것이 아니라 군사분계선을 통치 분계선으로 전환시킨 소련과 북한 공산당에게 있다고 볼 수 있다.

전체적으로 보아, 미군은 38선을 미·소군 간의 군사적 경계선으로만 생각하고 행동한 데 반해 소련군은 38선을 통치의 경계선으로 간주하는 행동을 했다. 애당초 군사분계선으로 설정된 38선이 당초의 의미대로 군사적 경계선으로 끝났으면 한반도의 분단은 초래되지 않았을 것인데, 그것이 통치의 경계선으로 변질됨으로써 한반도의 분단은 거의 필연적인 것이었다.[28]

3. 미군정

미군정은 한국인의 정치적 자유를 인정하고 경제를 안정시키기 위해 긴급 원조까지 도입하였다. 그러나 국사교과서는 근래로 오면서 미군정기의 정치적 무질서와 경제적 혼란을 강조하면서 미군정 전반에 대해 대체로 부정적인 평가를 내리고 있다.

미군정기에 대한 국사교과서의 서술이 어떻게 변화해왔는지 알아보기 위해서 미군정기에 대한 교과서의 서술을 편의 상, 미군정기의 정치적 상황과 미군정기의 경제적 상황의 둘로 나누어 살펴보기로 한다.

가. 미군정기의 정치적 상황

먼저 미군정 시기의 정치적 상황에 대해 개설서인 『한국사신론』이

---

28 양동안, 『대한민국 건국사: 해방 3년의 정치사』, 현음사, 2001, pp.44-45.

어떻게 서술하고 있는가를 보자.

> 뒤늦게 남한으로 진주한 미군은 군정청을 설치하고 남한의 모든 행정을 담당하였다. (생략) 그러나, 행정을 담당한 미군은 한국에 대한 이렇다 할 예비지식도 없었으므로 민족적인 요망에 부응하지를 못하였다. 게다가 북한과는 달리 정치적 자유가 허락되었으므로, 송진우 등의 한국민주당(韓國民主黨: 한민당), 안재홍 등의 국민당(國民黨), 여운형 등의 조선인민당(朝鮮人民黨)을 위시한 50여 개의 정당이 난립하여 정치적인 통일을 가하기가 힘들었다. 이승만(李承晩)이 미국으로부터 귀국하고, 김구(金九)를 비롯한 임시정부의 요인들이 중국으로부터 귀국하였으나 혼란은 여전하였다. (『한국사신론』, p.395)

『한국사신론』은 미군정 시기에 수많은 정당이 난립하여 정치적으로 혼란하였다고 서술하면서, 그 이유를 미군정 아래서 북한과 달리 정치적 자유가 허락되었다는 데서 찾고 있다. 이 문제에 대해 국사교과서는 어떻게 서술하고 있는가? 국사교과서의 관련 부분만 모아보면 다음과 같다.

[표 17] 미군정기 정치적 자유의 문제

교과서		기술내용 (미군정기 정치적 자유의 문제)
1차	①	–
	②	–
	③	남한에서는 미군사령관인 하지(Hodge)가 일본의 아베(阿部) 총독을 굴복시키고 (9.12) 차차 *미국식의 군정(軍政)*을 시작하였다. 따라서 이러한 틈을 타서 공산주의자들은 남한 각지에 인민위원회(人民委員會)를 세우고 남한을 지배하려하니, 때를 같이하여 해방의 즐거움을 맛본 한국인은 *많은 정당(政黨)*과 사회 단체를 만들게 되었다. 이들 단체중 가장 큰 세력을 가지고 서로 대립하게 된 것은 우익(右翼)의 한국민주당(韓國民主黨)과 좌익(左翼)의 남로당(南勞黨)이었다.

	④	-
	⑤	-
2차	①	-
	②	- 한편 남한의 미군은 군정청(軍政廳)을 설치하여 민주주의 원칙에 따라서 정치적 자유를 인정하였으므로 우익(右翼), 좌익(左翼) 할 것 없이 많은 정당(政黨)이 난립하여 한 때 그 수는 50여개에 달하였다.
	③	-
	④	남한에 진주한 미군도 군정을 실시하였으나 민주주의 원칙에 따라 정치 활동의 자유를 허가하였기 때문에 여러 정당이 난립하는 현상을 초래하였다.
	⑤	-
	⑥	미 군정하의 남한에서는 수다한 정당이 난립하여 정치적. 경제적으로 혼란하였다.
3차	국정	-
4차	국정	-
5차	국정	- 미 군정하에서의 남한은 새로운 정치를 도입하고자 노력하였다.
6차	국정	-
7차 근 현 대 사	금성	-
	대한	미 군정청은 공산주의자들의 활동을 통제함으로써 그들의 반발로 사회가 더욱 불안해졌다.
	두산	남한에 진주한 미군은 3년 동안 군정을 실시하였다. 미 군정 하에서 남한의 정국은 수많은 정치 단체들의 난립과 좌우익 세력 간의 대립으로 혼란을 거듭하였다.
	법문사	-
	중앙	- 미 군정은 우리 민족의 역량이나 민족적 염원을 무시하고 친미적인 우익 정부 수립을 후원하기 위하여 한국 민주당을 중심으로 하는 국내 우익 세력을 지원하였다. 이러한 3년간의 미 군정의 실시로 남한에는 미국식의 민주 정치 제도, 개인주의적 사고 방식, 자본주의 생활 방식 등이 보급되기 시작하였다.
	천재	우익 세력은 미군정의 지원을 받아 남조선 대한 국민 대표 민주 의원을 결성하였으며, 좌익 세력은 민주주의 민족 전선을 결성하였다.
	미래엔	-

2010 검정 한국사	법문사	– 이처럼 38도선 이남에서는 미군이 진주하여 군정을 실시하고 조선 인민 공화국을 부정하는 상황에서, 한국 민주당, 조선 공산당, 김구의 대한민국 임시 정부 계열, 이승만의 독립 촉성 중앙 협의회 등 *여러 정당과 단체가 결 성되어* 활동하였다. – *미군정은 미 · 소 공동 위원회가 난관에 봉착한 상황에서 새로운 정치 세 력(좌우 합작 위원회)을 지원함으로써* 소련과의 협상에서 유리한 위치를 차지하고자 하였다. 좌우 합작 위원회는 좌우 합작 7원칙을 발표하였다. 그 러나 합작 7원칙 가운데 신탁 통치, 토지 개혁, 친일파 처벌 문제에서 좌익 과 우익은 견해 차이를 좁히지 못하였고, 좌우 합작 운동은 더 이상 진전되 지 못하였다. 좌우 합작 위원회가 기능을 발휘하지 못하는 상황에서 김규식 을 의장으로 하는 남조선 과도 입법 의원이 구성되었다. 뒤이어 미 군정은 안재홍을 민정 장관에 임명하고 남조선 과도 정부를 설치하였다. 남조선 과도 입법 의원 구성 이후에도 좌우 합작 위원회의 활동은 한동안 계 속되었다. 그러나 좌우 합작 운동은 미 군정, 우익 · 좌익 세력의 이해관계 가 대립됨으로써 실패하고 말았다.
	비상	미국은 38도선 이남에서 영향력이 컸던 사회주의 세력을 견제하기 위해 군 정을 선포하고 직접 통치 방식을 취하였다. 이에 미 군정은 사회주의 세력 이 주도권을 잡은 조선 인민 공화국을 부정하였으며, 심지어 대한민국 임시 정부마저 인정하지 않았다. 한편, 38도선 이북 지역을 점령한 소련은 사회주의 세력의 활동이 활발하 여 미국과 달리 소련은 통치에 직접 개입할 필요가 없었다. 이에 소련은 조 력자의 역할로 간접적인 영향력을 행사하면서 사회주의 세력이 정권을 장 악할 수 있도록 지원하였다. (생략) *미 군정도 신탁 통치 문제를 둘러싼 좌우 대립의 혼란을 막기 위해 좌 · 우 합작 운동을 지원하였다.* 이에 중도 세력을 중심으로 좌 · 우 합작 위원회가 결성되었다(1946.5.). 좌 · 우 합작 위원회는 좌측이 제안한 5원칙과 우측이 제안한 8원칙을 절충 하여 좌 · 우 합작 7원칙을 발표하였다. 미 군정도 7원칙 중 입법 기구에 대 한 제안을 수용하겠다는 성명을 발표하였다. 그러나 7원칙 중 신탁 통치 문제, 토지 개혁 문제, 친일파 처벌 문제에서 좌 익과 우익은 이견을 좁히지 못하였다. 게다가 당시 영향력이 컸던 김구와 이승만, 조선 공산당이 참여하지 않으면서 합작 운동은 약화되었다. 이 와 중에 미 군정이 법령을 통해 남조선 과도 입법 의원을 구성하자 좌 · 우 합 작 위원회 인물들은 여기에 참여하여 입법 의원을 중심으로 좌 · 우 합작 운 동을 계속하려 하였다. 그러나 *냉전이 격화되자 미 군정은 좌 · 우 합작 운동에 대한 지원을 철회하 고 우익을 옹호하였다.* 게다가 운동을 이끌던 여운형마저 암살당하면서 좌 · 우 합작 운동을 통한 중도 통일 정부 수립 시도는 중단되었다.

삼화	그리고 (미군정은) 미국에 우호적인 정부를 수립하기 위해 한국 민주당을 중심으로 하는 국내 우익 세력을 지원하였다.
지학사	- 미 군정은 자유 민주주의의 원칙 아래 언론 · 결사 · 집회의 권리를 보장하며 혼란스런 정세를 관망하는 자세를 취하였다. - 미 군정은 중도 노선을 지향하는 이들의(김규식, 여운형) 활동을 지원하였다. 미 군정은 통일 정부가 수립될 때까지 과도적 준비를 하는 기구인 남조선 과도 입법의원을 발족시켰다.
천재	이승만은 통일 정부 수립이 여의치 않으므로 남쪽만이라도 먼저 임시 정부를 수립하자는 제의를 하였다(정읍 발언). 그러나 그의 제의는 한국 민주당을 제외한 모든 정치 세력들이 반대하였다. 미군정도 그의 뜻에 동의하지 않았다. 중도파의 여운형과 김규식 등은 미 · 소 공동 위원회의 결렬과 임시 민주 정부 수립 좌절의 위기를 타파하기 위하여 좌우 합작을 모색하였다. 미군정도 이런 움직임(좌우합작)을 적극 지지하였다. 그런데 좌우파는 각각 서로가 받아들이기 힘든 합작의 원칙을 발표하였고, 토지 개혁 문제나 친일파 처리 문제 등을 둘러싸고 이견을 좁히지 못하였다.

• 1차부터 2차까지의 기술을 보면 해방공간에서의 정치 활동을 둘러싼 미군정에 대한 서술은 기본적으로 동일하다. 미군이 "정치적 자유"를 "인정" 또는 "허가"하였기 때문에 좌우익 할 것 없이 "정당이 난립"했다는 것이다. 2-②는 한 때 그 수가 50여개에 달하였다고 서술하고 있다.

• 1, 2차 교과서 중 주목할 것은 1-③(유홍렬)의 서술이다.

남한에서는 미군사령관인 하지(Hodge)가 일본의 아베(阿部) 총독을 굴복시키고 (9.12) 차차 미국식의 군정(軍政)을 시작하였다. 따라서 이러한 틈을 타서 공산주의자들은 남한 각지에 인민위원회(人民委員會)를 세우고 남한을 지배하려니, 때를 같이하여 해방의 즐거움을 맛본 한국인은 많은 정당(政黨)과 사회 단체를 만들게 되었다. 이들 단체중 가장 큰 세력을 가지고 서로 대립하게 된 것은 우익(右翼)의 한국민주당(韓國民主黨)과 좌익(左翼)의 남로당(南勞黨)이었다.

이 교과서는 미군정을 틈타 "공산주의자들"이 "남한 각지에 인민위원회(人民委員會)를 세우고 남한을 지배하려"하였다는 사실을 기술하고 있다. 또한 당시에 만들어진 많은 정당 중 가장 큰 세력을 가지고 있었던 당의 이름을 나열함으로써, 공산주의 정당인 남로당이 미군정 시기에 합법적인 정당 활동을 했음을 보여준다.

• 국정인 3차부터 6차까지의 교과서에는 이 시기의 정치활동에 관한 특별한 서술이 없다.

• 그러나 7차 『한국 근 · 현대사』 교과서에서는 미군정이 정치적 자유를 인정했다는 종래의 기술을 뒤집는 기술이 나타난다. 7차 중앙 교과서는 미군정이 "친미적인 우익 정부 수립을 후원하기 위하여" 우익 세력을 지원하였다고 기술하고 있다. 그것도 "우리 민족의 역량이나 민족적 염원을 무시하고" 그렇게 했다는 것이다. 미군정이 민족적 염원을 무시하고 우익 세력을 지원했다는 서술은 문제가 많다. 이 서술은 당시 우리 민족의 염원이 좌익 정부를 수립하는 것이었다고 주장하는 것이나 다름없는데, 이는 근거가 없는 서술이다. 미군정이 그러한 민족적 염원을 무시했다는 내용도 미군정에 대한 근거 없는 악의적 서술이기는 마찬가지다. 미군정은 민주주의의 원칙에 따라 좌우익 정당이 난립하는 혼란스런 정세 속에서 1946년 5월에는 혼란을 막기 위해 좌우 합작 운동을 지원했기 때문이다.

• 미군정이 좌우 합작 운동을 지원했다는 서술은 2010검정 『한국사』교과서의 여러 곳에서 나타난다.

미군정은 미·소 공동 위원회가 난관에 봉착한 상황에서 새로운 정치 세력(=좌우 합작 위원회)을 지원함으로써 (2010검정 법문사)

미 군정도 신탁 통치 문제를 둘러싼 좌우 대립의 혼란을 막기 위해 좌·우 합작 운동을 지원하였다. (2010검정 비상)

미 군정은 중도 노선을 지향하는 이들의(=김규식, 여운형) 활동을 지원하였다. (2010검정 지학사)

미군정도 이런 움직임(=좌우합작)을 적극 지지하였다. (2010검정 천재)

하지만 미군정이 민주주의의 원칙에 따라 좌우 합작 운동을 지원했다고 서술하면서도 그 지원 목적이 "소련과의 협상에서 유리한 위치를 차지"하기 위한 것이라거나(2010검정 법문사) 또는 "냉전이 격화되자 미 군정은 좌·우 합작 운동에 대한 지원을 철회하고 우익을 옹호하였다."고 서술하고 있다(2010검정 비상).

미군정기 정치적 자유의 문제에 대해 최근의 국사교과서가 얼마나 사실을 왜곡하고 있는가를 잘 보여주는 사례는 다음과 같다.

[미 군정청의 정책] 미군은 대한 민국 임시 정부와 조선 인민 공화국을 모두 인정하지 않고 군정을 실시하였다. 우리 나라 사정에 어두웠던 미 군정청은 일제의 식민 통치 기구에서 일하던 관리와 경찰을 그대로 등용하였고, 영어를 공용어

로 채택하였다. 이 때문에 친일파에 대한 처벌이 제대로 이루어지지 않았고, 서양식 제도와 문화가 빠르게 도입되었다. 또, *미 군정청은 공산주의자들의 활동을 통제함으로써 그들의 반발로 사회가 더욱 불안해졌다.* (대한『한국 근·현대사』, p.249.)

해방 이후, 북한과 달리, 남한에서 미군정은 정치적 자유를 허용했다. 남한에서 미 군정청이 공산주의자들의 활동을 통제한 계기가 된 것은 정판사 위조지폐 사건 등 공산당의 불법행위가 그 원인이었다. 그 이전까지는 미 군정청은 공산주의자들의 활동을 통제하지 않았다. 그러므로 미 군정청의 공산주의자에 대한 통제가 공산주의자들의 반발과 사회 혼란을 야기한 것처럼 기술한 것("미 군정청은 공산주의자들의 활동을 통제함으로써 그들의 반발로 사회가 더욱 불안해졌다.")은 인과관계가 도치된 서술이다.

정판사 위조지폐 사건은 여순 반란, 대구폭동 등과 더불어 해방공간에서의 공산당의 불법적 활동 중 하나로, 공산당의 위조지폐 발행사건이다. 공산당이 위조지폐를 제작, 유통시키는데 연루되었을 뿐 아니라 위조된 지폐를 공산당의 당 자금으로 사용한 이 사건은 정판사 위폐 사건이라고도 불리는데, 1946년 5월 미군정이 공산당을 불법화하는 계기가 되었다.[29]

---

29 공산당의 범법행위에 대한 미군정의 단속이 다시 강화되었음을 알려주는 신호와 같은 사건이 조선정판사 위조지폐 사건이다. 조선정판사 위조지폐 사건은 뚝섬에서 위조지폐 범죄단 일당 7명이 경찰에 체포되면서부터 단서가 드러나기 시작했다. 경찰은 위조지폐 범죄단을 체포하면서 그들이 가지고 있던 위조지폐·인쇄기계·잉크·위조지폐 원판 등을 압수했다. 경찰은 이어 위조지폐 원판의 출처와 위조지폐 제작장소를 추적한 결과 그 원판은 조선정판사라는 인쇄소에 은닉되어 왔던 것들의 일부였고, 위조지폐는 조선정판사가 입주해 있는 근택빌딩 지하실에서 제작되었다는 점을

이 위조지폐사건을 계기로 공산당 간부들에 대한 체포령이 내려지자 공산당은 지하로 숨어들게 되었고, 지하로 숨어든 이들이 일으킨 대규모의 폭동이 철도파업을 계기로 일어난 대구폭동이었다.[30]

파악하게 되었다. 근택빌딩은 원래 일본인 소유의 건물로서 적산으로 분류되어 미군정의 관리하에 있었고, 그 건물에는 조선정판사 외에 조선공산당 본부, 공산당기관지 해방일보의 편집국, 근택인쇄소 등이 입주해 있었다.

　경찰은 조선정판사를 급습하여 위조지폐 제작과 관련된 사장과 직원들을 체포하고, 정판사에 은닉 중이던 조선은행권 지폐의 원판 등 증거물을 압수했다. 경찰의 수사가 진행되면서 위조지폐의 제작과 유통에 공산당 중앙집행위원이며 재정부장인 이관술과 공산당 중앙집행위원이며 해방일보 사장인 권오직이 연루되었음을 파악하고 그 두 사람을 수배했으나 모두 행방을 감추어 체포하지 못했다.

　당시 수사당국의 발표와 사건공판기록에 따르면 조선정판사 위조지폐사건의 전모는 대략 다음과 같다. 범죄단이 위조지폐 제작에 사용한 조선은행권 백원 지폐의 원판은 조선은행이 45년 9월 지폐를 인쇄하기 위해 조선정판사로 가져간 것이었다. 지폐인쇄가 끝난 후 은행측은 원판을 조선도서주식회사로 이관하도록 명령했는데, 원판은 이송 도중에 행방불명되었다. 정판사의 직원들이 그 지폐원판을 훔쳐서 조선정판사에 은닉했던 것이다. 지폐 원판이 조선정판사에 숨겨져 있다는 사실을 안 공산당은 지폐원판으로 위조지폐를 제적하여 당 활동자금으로 사용하기 위해 공산당원 박종락(사건 당시 조선정판사 사장)이란 인물을 동원하여 정판사를 접수했다. 정판사를 접수한 박종락은 이관술의 지령을 받아 정판사 내의 공산당원 직공들과 협조하여 다른 종업원들이 퇴근한 후 근택빌딩 지하실에서 몇 차례에 걸쳐 위조지폐를 제작, 총 1천2백만원의 위조지폐를 이관술에 제공했으며, 이관술과 권오직은 이 위조지폐를 공산당의 당자금으로 사용 유통시켰다.

　공산당이 연루된 조선정판사 위조지폐사건이 발표되자 공산당은 위조지폐사건에 공산당 간부들이 연루된 사실을 부인하는 성명을 즉각 발표했다. 공산당 중앙위원회 명의로 5월 15일 발표된 성명은 ①위조지폐사건에 이관술·권오직은 관련되어 있지 않다, ②체포된 14명의 정판사 직원이 모두 공산당원이라 했으나 사실과 다르다, ③근택빌딩 지하실에는 인쇄기를 설치한 일이 한번도 없다, ④공산당은 이 사건과 추호의 관련도 없다, ⑤이 사건과 공산당을 연관시키는 것은 미소공위의 휴회를 틈타서 조선공산당의 위신을 추락시키려는 모략 날조라고 주장했다. 물론 이러한 공산당의 주장은 공판과정에서 거짓으로 드러났다. 그 후 공산당은 조선정판사 위조지폐사건에 대한 공판과정에서 공산당의 연루사실이 드러나고 그에 따라 공산당의 위신이 실추되는 것을 막기 위해 공판정 주변에 군중을 동원하여 그 사건에 대한 공판을 저지하는 폭력투쟁을 벌이기도 했다.

　미군정은 근택빌딩이 위조지폐 제작과 유통의 중심지였다는 이유로 5월 18일 미군 헌병을 동원하여 근택빌딩을 공산당본부로 사용되고 있는 부분을 제외하고는 모두 출입을 봉쇄하고, 위조지폐 제작 유통과 관련이 있는 조선정판사와 근택인쇄소, 그리고 해방일보를 폐쇄했다. 이로써 공산당본부는 미군 병력의 포위 감시 하에 놓이게 되었다. 양동안,『대한민국 건국사: 해방 3년의 정치사』, pp.268-270.

30 이기백, 앞의 책, p.397.

나. 미군정기의 경제적 상황

미군정기에는 이처럼 정치적으로 혼란한 상황에서 경제적 혼란까지 겹쳤다. 국사개설서는 이러한 경제적 상황을 다음과 같이 서술하고 있다.

> 이러한 정치적인 무질서에다가 경제적인 혼란이 겹치었다. 원래 군수공업(軍需工業) 중심의 비정상적인 경제상태가 형성되고 있던 한국은 경제적으로 일본에 대한 의존도가 컸다. 그러므로, 해방 이후 일본과의 경제적인 단절은 커다란 타격이 아닐 수 없었다. 게다가 38선에 의한 국토의 분단은 남한의 경공업 및 농업지대와 북한의 중공업지대를 분리시켰다. 그나마 현존하는 공장시설조차도 기술자의 부족으로 인하여 운영이 곤란한 경우가 있었다. 또 일본이 물러날 때 발행한 36억원(圓; 해방 당시의 총발행고는 약 50억원)이란 막대한 화폐는 인플레이션을 초래하였다. 그런가 하면 북한으로부터 이주하거나 혹은 일본 중국으로부터 귀국한 인구가 200만이나 되었다. 이러한 모든 악조건은 경제적인 혼란을 일으키게 하였던 것이다. (『한국사신론』, pp.395~396.)

국사 개설서가 미군정기 경제적 혼란을 가져온 근본 요인으로 들고 있는 것은 두 가지다. 해방으로 인한 일본과의 단절 및 국토 분단, 그리고 일본이 물러날 때 발행한 화폐로 인한 인플레이션이 그것이다. 여기에 북한 및 해외로부터 귀국한 인구가 200만이라는 요인까지 합쳐 모두 세 가지 "악조건"이 경제 혼란을 가져왔다는 것이다.

국사교과서는 미군정기의 경제적 상황에 대해 어떻게 서술하는가? 이 시기의 경제적 상황에 대한 국사교과서의 서술은 크게 두 가지

— 식량을 비롯한 물자의 부족, 물가 상승 — 로 미군정기 경제 혼란을 묘사하고 있다. 그러므로 여기서는 식량 부족을 초래했다고 평가받는 미군정의 미곡정책, 그리고 미군정기의 물가 상승 요인에 대한 서술을 차례로 살펴보기로 한다.

ㄱ. 미군정의 미곡정책

먼저 미군정의 미곡정책과 관련된 교과서의 서술 내용을 간추리면 아래와 같다.

[표 18] 미군정의 미곡정책

교과서		기술내용 (미군정의 미곡정책)
1차-5차		-
6차 국정		8·15 광복 이후 경제도 급등하는 물가와 쌀을 비롯한 생활 필수품의 결핍으로 큰 혼란을 겪었다. 이는 국민의 일상 생활을 어렵게 만들었다. 미군정은 처음에는 남한 실정을 잘 몰랐기 때문에 이러한 문제에 효과적으로 대처하지 못하였다.
7차 근현대사	금성	미 군정은 일제 말의 식량 배급제 대신 *자본주의 원리에 토대를 둔 미곡 자유화 정책*을 시행하였다. 그러나 일부 상인과 지주들의 매점 매석으로 쌀값이 폭등하고, 덩달아 다른 물가들도 크게 올랐다. 당황한 미 군정은 1946년 1월 *미곡 수집령*을 반포하였다. 그러나 곡식이 부족한 춘궁기에 생산비에도 못 미치는 가격으로 쌀을 거두어들이겠다는 미 군정의 방침은 도리어 농민들의 반발을 더욱 크게 하였다. 더구나 일자리까지 부족하여 실업자는 나날이 증가하여 미 군정에 대한 여론은 갈수록 나빠졌다.
	대한	광복 이후 농업 생산은 이전보다 나아지지 않았다. 미군정은 *양곡의 수집과 배급을 통제*하고 *식량 원조*를 통해 식량 문제를 해결하고자 하였다. 그러나 식량 수급이 원활하지 못하여 사회가 혼란해지기도 하였다.
	두산	… 그러나 미 군정 3년 동안 우리나라는 미국으로부터 *식량*, 의류, 섬유, 연료 등 약 4억 달러가 넘는 경제 *원조*를 받았다.
	법문사	광복 직후 심각한 쌀 부족을 해소하기 위하여 미 군정청이 실시한 *미곡 공출제*는 오히려 농민의 생활을 더욱 어렵게 만들었다. 곡물을 거두는 과정에서 상당수의 지주는 빠져나가고 힘없는 소작 농민에게만 부담이 집중되었기 때문이다.
	중앙	미 군정에 의한 *미곡의 자유 거래 허용*… 등으로 생활 필수품과 식량이 부족하고 물가가 폭등하여 국민들은 생활에 큰 고통을 겪게 되었다.

	천재	광복 후 미군정은 일제 식민지하에서 일본과 대지주들로부터 피해를 입었던 농민들을 보호하기 위하여 소작료를 수확량의 3분의 1로 낮춘 3·1제 소작료를 결정하고, 공출제를 폐지하여 미곡의 자유 시장제를 실시하였다. 그러나 이러한 정책은 곧 실패로 끝났다. 광복 후 일본인 소유의 땅은 미군정에서 접수하여 *3·1제 소작 제도를 시행*하였지만, 한국인 지주들이 소유한 농지에서는 여전히 이전의 소작 제도가 유지되었다. 또한 *곡물의 자유 시장제도*가 시행되자 지주들과 농민들은 쌀을 시장에 내놓지 않았다. 지주들은 쌀값이 비싼 봄에 쌀을 시장에 내놓을 경우 더 많은 이득을 얻을 수 있었기 때문이었고, 일반 농민들은 자신들이 집에서 소비하는 쌀을 제외하면 시장에 내놓을 수 있는 쌀이 많지 않았기 때문이었다. 이로 인해 도시에서는 쌀 수확 시기에도 쌀이 부족한 현상이 나타났다. 결국 미군정은 미곡의 자유 시장 제도를 폐지하고 *쌀공출제*를 시행하기 시작하였으며, 이 과정에서 여러 가지 문제가 발생하였다. 특히 정부가 강제로 쌀을 수매하자, 농민들은 식민지 시기의 공출 제도가 다시 부활된 것으로 생각하였고, 이에 많은 불만을 품게 되었다.
2010 검 정 한 국 사	미래엔	초기에 *자유 시장 정책*을 취했던 미군정은 식량 문제를 해결하기 위해 *양곡의 수집과 배급을 통제*했지만, 식량 수급이 원활하지 못하였다.
	법문사	–
	비상	–
	삼화	광복 직후인 1945년은 다른 해에 비해 풍년이었고, 일본으로 곡물 수출도 없었으나, 이 해 대규모 식량 부족 사태가 발생하였다. 인구 증가, 소비 욕구의 팽창, 매점매석 등이 원인이었다. 미 군정은 이러한 식량 부족 사태를 해결하기 위해 *쌀값을 자유 시장 체제에 맡겼으나* 일부 상인과 지주들의 매점매석으로 쌀값이 오히려 폭등하고, 덩달아 다른 물가도 크게 올랐다. 미 군정은 결국 1946년 여름부터 *보리와 쌀의 수집과 배급을 통제하는 미곡 수집제*를 실시하였다. 미 군정은 식량 문제를 해결하기 위해 *본국에서 식량 원조를 추진*하는 동시에 *신한공사를 설립*하였다. 신한 공사의 설립은 일제의 동양 척식 주식 회사 소유의 농토를 관리하여 미곡을 확보하기 위한 것이었다. 그럼에도 경제 상황은 호전되지 않았다. 노동자들도 열악한 노동 조건과 빈곤에 허덕이는 가운데 미 군정의 정책에 불만이 커져갔다. 이는 미곡 수집제 폐지, 토지 개혁 실시, 식민지 교육 철폐, 미 군정 퇴진 등을 요구하는 대규모 시위로 확대되었다.
	지학사	–
	천재	미군정은 쌀 공출제를 폐지하여 곡물의 *자유 시장제*를 실시하고, 소작료를 수확의 3분의 1로 낮춘 *3·1제*를 채택하여 농민을 보호하고자 하였다. 그러나 미군정의 정책은 토지 개혁, 소작료 추가 인하와 금납제 등을 바라는 농민들의 기대에는 미치지 못한 것이었다. 한편 일부 상인과 지주의 매점매석으로 식량 위기가 오자 미군정은 *강제로 쌀을 사들이는 수매제*를 시행하였다. 농민들은 강제 수매를 공출로 받아들였고, 이는 9월 총파업과 10월 봉기와 같은 저항 운동의 중요한 쟁점이 되기도 하였다.

• 광복 직후 식량 부족 사태가 발생하자 미군정이 처음에는 쌀값을 자유 시장 체제에 맡겼으나 일부 상인과 지주들의 매점매석으로 쌀값이 오히려 상승하고, 다른 물가도 크게 오르자 1946년부터 미곡 수집제를 실시하였다.

이에 대한 국사교과서의 서술을 보면, 우선 1946년부터 실시된 미곡 수집제를 가리키는 용어가 부정적이다.

"미곡 공출제"(7차 법문사), "쌀공출제"(7차 천재), "강제로 쌀을 사들이는 수매제"(2010검정 천재) 등이 그것이다.

• 미곡 수집제 실시의 결과에 대한 서술도 부정 일변도다.

미곡 공출제는 오히려 농민의 생활을 더욱 어렵게 만들었다.(7차 법문사)
정부가 강제로 쌀을 수매하자, 농민들은 식민지 시기의 공출 제도가 다시 부활된 것으로 생각하였고, 이에 많은 불만을 품게 되었다.(7차 천재)

• 미곡 수집제 실시의 결과로 9월 총파업과 "10월 봉기"가 일어난 것처럼 서술하고 있는 교과서도 있다.

한편 일부 상인과 지주의 매점매석으로 식량 위기가 오자 미군정은 강제로 쌀을 사들이는 수매제를 시행하였다. 농민들은 강제 수매를 공출로 받아들였고, 이는 9월 총파업과 10월 봉기와 같은 저항 운동의 중요한 쟁점이 되기도 하였다.(2010검정 천재)

1946년 9월의 철도 총파업과 10월의 대구 폭동은 공산당이 주도한 것인데, 천재『한국사』교과서는 그것이 마치 순수한 민중봉기인 것처럼 기술했다. 그리하여 10월의 대구 폭동을 "10월 봉기"로 지칭하고 있다. 9월의 철도 총파업과 10월의 대구 폭동은 모두 공산당의 폭력투쟁전술로의 전환 및 북한 점령 소련군의 지침에 따른 공산당 주도의 폭동이었다.

• 한편 미군정은 본국으로부터 식량 원조를 추진해서 식량 문제를 해결하려 했고, 그 결과 막대한 식량 원조를 받았다. 간략하게라도 미국의 식량 원조에 대해 기술하고 있는 교과서는 단 3종뿐이다(7차 대한, 7차 두산, 7차 삼화).

ㄴ. 미군정기 물가상승

광복 이후 미군정이 실시된 3년 동안 물가 상승률이 매우 높았다는 것은 잘 알려진 사실이다. 국사교과서는 이에 대해 어떻게 서술하고 있는가. 미군정기 물가 상승과 관련된 교과서의 서술 내용을 간추리면 아래와 같다.

[표 19] 미군정기 물가 상승

교과서	기술내용 (미군정기 물가 상승)
1차-4차	-
5차	일제 침략기에 실시되었던 경제 통제를 철폐하는 등 자유 경제 체제를 채택하였다. 이러한 경제 자유화 정책은 일시적으로 시장 경기를 가열시켰으나, 곧 재고 물자가 바닥나고, 새로운 생산 활동이 뒤따르지 못함으로써 국민 생활은 크게 위협을 받게 되었다. 더욱이, 통화의 증발과 물자의 부족은 물가 상승을 부채질하였고, 군정 당국이 이에 신속하게 대처하지 못함으로써 광복 후 국민 경제는 극심한 혼란에 빠지고 말았다.

6차		8 · 15 광복 이후 경제도 급등하는 물가와 쌀을 비롯한 생활 필수품의 결핍으로 큰 혼란을 겪었다. 이는 국민의 일상 생활을 어렵게 만들었다. 미군정은 처음에는 남한 실정을 잘 몰랐기 때문에 이러한 문제에 효과적으로 대처하지 못하였다.
7차 근 현 대 사	금성	미 군정은 일제 말의 식량 배급제 대신 자본주의 원리에 토대를 둔 미곡 자유화 정책을 시행하였다. 그러나 일부 상인과 지주들의 매점 매석으로 쌀값이 폭등하고, *덩달아 다른 물가들도 크게 올랐다.*
	대한	*광복 이후 미군정이 실시된 3년 동안에는 물가 상승률이 매우 높았다. 1945년 8월 말을 기준으로 할 때, 1945년 말에는 물가가 2.5배, 1946년 말에는 14.6배, 1947년 말에는 33.4배가 되었다.* 위에서 살펴보았듯이, 미국과 소련의 정책은 국토를 남북으로 갈라 놓았을 뿐 아니라, 민족 경제를 반 토막으로 만들어 통일 독립 국가 건설을 어렵게 만드는 중요한 원인이 되었다. 광복의 기쁨 뒤에는 분단의 아픔과 경제 혼란이 도사리고 있었던 것이다. 일제의 가혹한 식민지 수탈이 없어진 대신 경제 혼란이 찾아왔고, 이로 인해 민중은 계속 굶주려야만 하였다.
	두산	1945년 9월에 미 군정이 실시되면서 군정 장관은 일본인과 총독부의 재산 및 기업을 군정 당국이 접수하여 관리하고, 경제 통제를 철폐하며, 조선 은행권을 계속 사용한다고 발표하였다. 그런데 *조선 총독부는 패전 직후 미 군정 실시 때까지 20여일 간의 공백기에 거액의 조선 은행권을 발행하여 한국에 있던 일본인들에게 배포하였다. 조선 은행권은 8월 15일에 49억 원 정도였으나 8월 31일에는 79억 원 정도로 대폭 증가하여 통화량이 급증하였다.* 이와 같은 통화량의 급증, 물자의 부족, *물가의 폭등*, 경제 유통의 경색 등으로 미 군정 시기의 한국 경제는 극심한 혼란을 겪게 되었다. 1948년에는 북한이 전기 공급을 중단함으로써 남한 경제는 더욱 어려워졌다. 그러나 미 군정 3년 동안 우리나라는 미국으로부터 식량, 의류, 섬유, 연료 등 약 4억 달러가 넘는 경제 원조를 받았다.
	법문사	—
	중앙	미 군정에 의한 미곡의 자유 거래 허용, *광복 직후 일제에 의한 거액의 지폐 남발에 따른* 통화량 급증, 운수 시설의 가동 부족 등으로 생활 필수품과 식량이 부족하고 *물가가 폭등*하여 국민들은 생활에 큰 고통을 겪게 되었다.
	천재	*광복 이전부터 계속되었던 인플레이션 역시 지속적인 경제 문제로 대두되었다.* 미국으로부터 원조가 충분히 조달되지 않고, 광복 직후의 혼란된 상황에서 세금이 제대로 걷히지 않자, *미군정은 통화량을 증가시켜 정부 재정을 유지할 수밖에 없었다.* 또한 쌀 부족으로 인한 *쌀값 폭등은 인플레이션을 자극하는 또 다른 요인이* 되었다.
2 0 1 0	미래엔	미군정 시기 계속된 재정 적자와 과도한 화폐 발행은 인플레이션을 심화시켰다. 1947년 말 물가는 2년 전에 비해 33배나 올랐다.
	법문사	—
	비상	—

검 정 한 국 사	삼화	광복 직후.......(생략).......일본의 자본과 기술들이 빠져나가고, 노동자들의 자주적 경영을 미 군정이 인정하지 않으면서 공업 생산량마저 줄어들었다. 물자의 부족과 함께 물가 상승이 지속되었다. 광복 당시 조선 총독부와 이후 미 군정에서의 과도한 화폐 발행도 물가 상승을 부채질하였다.
	지학사	–
	천재	–

• 5차 국정 교과서에서 미군정기 물가 상승과 관련된 교과서의 서술이 처음으로 등장한다. 여기서는 물가 상승의 원인을 "통화의 증발과 물자의 부족"이라 쓰고 있을 뿐 아니라, "군정 당국이 이에 신속하게 대처하지 못함으로써 광복 후 국민 경제는 극심한 혼란에 빠지고 말았다."고 서술하고 있다. 요컨대, 미군정의 잘못으로 광복 후 경제가 혼란에 빠졌다는 것이다. 이 서술은 해방 직후의 경제적 어려움을 일제의 식민통치 탓으로 돌리지 않고 미국의 탓으로 돌리는 서술의 시작이라고 할 수 있다.

• 6차 국정 교과서에서는 물가가 "급등"했다고 쓰고 있을 뿐 물가 상승의 원인에 대해서는 아무런 서술도 없다. 그리고 광복 이후의 경제적 어려움을 미국의 탓으로 돌리는 5차 교과서의 서술과는 전혀 다른 서술이 이루어진다. 미군정이 물가 상승이나 물자 부족 등에 효과적으로 대처하지 못한 것은 "남한 실정을 잘 몰랐기 때문"이라고 보고 있는 것이다.

• 하지만 7차 교과서에 이르면, 물가 상승 등의 경제적 어려움을 오롯이 미군정의 탓으로 돌리는 서술이 다시 등장한다. 금성『한국 근·현대사』교과서는 미군정이 시행한 미곡 자유화 정책이 쌀값을 폭등시

컸고, 덩달아 다른 물가도 폭등했다고 서술한다. 천재 교과서는, 물가 상승이 미군정의 정책에서 기인한다고 보는 점에서 금성교과서와 마찬가지다. 하지만 구체적인 요인으로 지목하는 대상은 다르다. 미군정이 통화량을 증가시킨 것이 인플레이션의 요인이라는 것이다.

• 위의 『한국사신론』의 서술에서 보듯이, 일본이 물러날 때 발행한 막대한 화폐가 광복 직후의 인플레이션을 초래한 직접적인 요인이라는 것은 널리 알려져 있는 사실이다. 물론 미군정도 광복 직후의 인플레이션 문제에서 완전히 자유롭지는 못하다. 일제가 패망 후부터 미군 진주 전까지 인쇄한 거액의 화폐의 유통을 미군정이 공식으로 인정했기 때문이다. 또한 1946년에 대상금 방출이 본격화되고, 양곡 수매자금의 방출 및 공공요금의 대폭적 인상이 이루어지면서 화폐발행이 증대되었던 것도 사실이다. 여기서 생각해볼 것은 광복 이후 물가 상승을 비롯한 경제적 어려움을 오롯이 미군정의 탓으로 돌리는 것이 과연 역사적 사실과 합치하는 서술인가 하는 점이다. 광복 직후의 통화량 증가가 미군정에 의해서 이루어진 점도 물론 있지만 그 단초가 된 것은 일제의 화폐남발이었다. 그런데도 7차 『한국 근·현대사』 교과서 6종 가운데 일제의 화폐남발로 인플레이션이 유발되었다는 사실을 서술하고 있는 교과서는 단 2종뿐이다.

조선 총독부는 패전 직후 미 군정 실시 때까지 20여일 간의 공백기에 거액의 조선 은행권을 발행하여 한국에 있던 일본인들에게 배포하였다. 조선 은행권은 8월 15일에 49억 원 정도였으나 8월 31일에는 79억 원 정도로 대폭 증가하여 통화량이 급증하였다. (7차 두산)

미 군정에 의한 미곡의 자유 거래 허용, 광복 직후 일제에 의한 거액의 지폐 남발에 따른 통화량 급증, 운수 시설의 가동 부족 등으로 생활 필수품과 식량이 부족하고 물가가 폭등하여 국민들은 생활에 큰 고통을 겪게 되었다. (7차 중앙)

• 그렇다면 2010검정 『한국사』 교과서의 서술은 어떠한가? 미래엔은 일제의 화폐남발에 대한 아무런 언급도 없이, 미 군정기의 "과도한 화폐 발행"이 인플레이션을 심화시켰다고 서술하고 있다. 2010검정 『한국사』 교과서 가운데 이 문제에 관해 가장 주목할 만한 서술을 하고 있는 것은 삼화 『한국사』 교과서다.

광복 직후 … (생략) … 일본의 자본과 기술들이 빠져나가고, 노동자들의 자주적 경영을 미 군정이 인정하지 않으면서 공업 생산량마저 줄어들었다. 물자의 부족과 함께 물가 상승이 지속되었다. 광복 당시 조선 총독부와 이후 미 군정에서의 과도한 화폐 발행도 물가 상승을 부채질하였다. (2010검정 삼화 『한국사』)

이 교과서는 물자 부족과 물가 상승의 근본 원인을 미군정이 "노동자들의 자주적 경영"을 인정하지 않으면서 공업 생산량이 줄어들었기 때문이라고 보고 있다. 이 교과서에서 "노동자들의 자주적 경영"이 구체적으로 무엇을 의미하는지는 명확하지 않다. 하지만 한 가지 명확한 것은 물자의 부족을 비롯한 광복 직후의 모든 경제적 어려움이 근본적으로 미군정의 잘못에서 비롯되었다고 파악하고 있다는 사실이다. 광복 이후의 모든 경제적 어려움을 오롯이 미군정의 잘못된 정책 탓으로 돌리는 7차 『한국 근 · 현대사』 교과서의 편향된 서술이 2010검정 『한국사』교과서로 고스란히 이어지고 있는 것이다.

다. 미군정과 소군정의 평가 및 비교

위에서 보듯이 국사교과서는, 특히 7차『한국 근·현대사』교과서와 2010검정『한국사』교과서와 같은 최근의 교과서는 미군정에 대해서 대체적으로 부정적 평가를 내리고 있다. 그렇다면 북한에 진주한 소련군에 대해서는 어떻게 평가하고 있는가? 요약하면, 최근의 교과서는 북한에 진주한 소련군에 대해서는 우호적 평가를 내리고 있다. 이를 잘 보여주는 사례는 다음과 같다.

> 한편, 북한에 진주한 소련군은 초기에는 북한 주민들이 자발적으로 조직한 인민 위원회에 행정권과 치안권을 넘겨줌으로써 일본의 식민 통치에 협조한 친일파를 배제시켰다. 그리고 민족주의 세력이 강한 곳에는 공산주의자를 포함시켜 양자 간에 세력 균형을 이룸으로써 공산주의자의 영향력을 확대시켰다. (중앙『한국 근·현대사』, p.275.)

이 교과서에서는 인민위원회의 조직이 자발적이라고 서술하고 있으나, 실제 그 구성이나 상황은 소련군에 의한 것임이 정황상 뚜렷하다. 또한 소련군이 북한에서 친일파를 배제시켰다는 서술도 이후의 북한 정권 수립과정을 고려해 보면 사실과 다르다. 해방 후 북한에서 친일파를 숙청하기 위한 법률이 제정되거나 그에 따라 공식적인 수사, 재판, 처벌이 행해진 바가 없기 때문이다. 북한에서 이루어진 것은 지주, 기업가, 관료들에 대한 공산주의자들의 초법적인 인민재판과 그에

따른 처형과 추방이었을 뿐이다.[31]

위의 중앙『한국 근·현대사』교과서의 서술이 얼마나 왜곡되었는 가는 우리나라 대표적 국사개설서에서 같은 사안에 대해 어떻게 서술 하고 있는가를 보면 알 수 있다.

> 먼저, *북한에 진주한 소련군*은 행정을 담당할 민정부(民政部)를 설치하고 북 한에서의 정치·경제·언론·교육 등을 총지휘하였다. 비록 군정청(軍政廳)을 설치하지는 않았다 하나, *실제에 있어서는 철저하게 북한의 행정을 통제 관할하 고 있었다.* 그들은 처음 조만식(曺晚植) 등 민족주의자와 현준혁(玄俊赫) 등 공 산주의자를 포함하는 5도임시인민위원회(五道臨時人民委員會)를 조직하여 민 정부 통제하에 행정을 담당케 하였다. 그러나, 이어 김일성(金日成)을 위원장으 로 하는 북조선임시인민위원회(北朝鮮臨時人民委員會)를 조직하여, 조만식을 체포·구금하고, 그 밖의 많은 민족주의자들을 축출한 뒤, 공산주의 정치체제의 정비를 서둘렀다. 이 *공산주의 독재*를 피하여 38선을 넘어 남한으로 이주하는 사람의 수는 격증하였으며, 1947년 말까지에는 80만을 넘게 되었다. (『한국사 신론』, p.395.)

『한국사신론』에 따르면 북한에 주둔한 소련군은 철저하게 북한의 행정을 통제했다. 소련군은 김일성을 내세워 임시인민위원회에서 민족 주의자들을 축출함으로써 "공산주의 독재" 체제를 정비했다는 것이다.

그런데도 최근의 몇몇 교과서에서는 위의 중앙『한국 근·현대사』 교과서 사례처럼 북한에 진주한 소련군에 대해서, 역사적 사실과 완전

---

31 교과서포럼, 「(주)금성출판사 판,『고등학교 한국 근·현대사』의 현대사 서술의 문제점」, 교과 서포럼 홈페이지(http://www.textforum.net/bbs/board_view.php?bbs_code=util_ bbs1&bbs_number=13&page=1&keycode=&keyword=), 2008.09.17, p.11.

히 상반되는, 우호적 서술을 하고 있다. 나아가 몇몇 교과서에서는 남한에 진주한 미군에 대한 부정적 평가와 북한에 진주한 소련군에 대한 우호적 평가가 미군과 소련군에 대한 평면적 비교로 이어지면서 극적인 대비 효과까지 내고 있다. 그 대표적 사례를 두 가지 들어보면 다음과 같다.

사례 (1)

> 미국은 38도선 이남에서 영향력이 컸던 사회주의 세력을 견제하기 위해 군정을 선포하고 직접 통치 방식을 취하였다. 이에 미 군정은 사회주의 세력이 주도권을 잡은 조선 인민 공화국을 부정하였으며, 심지어 대한민국 임시 정부마저 인정하지 않았다.
> 한편, 38도선 이북 지역은 사회주의 세력의 활동이 활발하여 미국과 달리 소련은 통치에 직접 개입할 필요가 없었다. 이에 소련은 조력자의 역할로 간접적인 영향력을 행사하면서 사회주의 세력이 정권을 장악할 수 있도록 지원하였다.
> (비상『한국사』, p.311.)

위의 교과서 서술 내용의 틀린 점을 하나씩 지적해보자. 우선 미국이 남한에서 직접 군정을 실시한 것은 한국인의 자치능력을 의심했기 때문이지 남한에서 사회주의세력이 강했기 때문이 아니다. 그리고 해방직후 북한에서 소련군이 표면적으로는 직접 군정을 실시하지 않은 것은 사실이다. 이는 당시 북한에서 좌익세력이 우익세력보다 강했기 때문이기도 하고 이데올로기 때문이기도 했다. 하지만 이면에서는 소련군이 철저하게 북한 집권자들을 지휘 조종했다.[32] 소련은 1945년 말

---

32 양동안, 「고교 한국사교과서의 문제점과 대책」, p.23; 이기백, 앞의 책, p.395.

까지 북조선임시인민위원회를 조직하여 북한지역에 독자적으로 기능하는 정권기관을 성립시켰고, 이를 통해 북한사회를 개조하고자 했다. 이러한 북한 정권에 대한 소련군 사령부의 직접적인 지도와 감독은 1947년 2월 북조선 인민위원회가 성립될 때까지 계속되었다.[33]

사례 (2)

남북에 들어온 미군과 소련군

38도선 이남과 이북에 각각 들어온 미군과 소련군의 포고령을 통해 두 나라 군대의 주둔 정책을 알아보자.

| 자료 1 | 태평양 방면 미 육군 총 사령관 맥아더 포고령 1호

(제1조) 북위 38도선 이남의 조선 영토와 조선 인민에 대한 통치의 모든 권한
         은 당분간 본관의 권한하에 시행한다.

(제2조) 정부 등 모든 공공 사업 기관에 종사하는 유급·무급 직원과 고용인,
         그리고 기타 중요한 제반 사업에 종사하는 자는 별도의 명령이 있을
         때까지 종래의 정상 기능과 업무를 수행할 것이며, 모든 기록 및 재
         산을 보호 보존하여야 한다.

(제4조) 주민의 재산권은 이를 존중한다. 주민은 본관의 별도 명령이 있을 때
         까지 일상적인 직무에 종사하라.

(제5조) 군정 기간 동안 영어를 모든 목적을 위해 사용하는 공용어로 한다.

                                       ≫ 시사 연구소, 광복 30년사

| 자료 2 | 소련군 사령관 치스차코프 포고문

---

33 김인걸 외 편, 『한국현대사 강의』, 돌베개, 2012, pp.22, 79.

"··· 조선 인민들이여! 기억하라! 행복은 여러분들 수중에 있다. 여러분들은 자유와 독립을 찾았다. 이제는 모든 것이 여러분에게 달렸다. 붉은 군대는 조선 인민이 자유롭게 창조적 노력에 착수할 만한 모든 조건을 만들어 놓았다. 조선 인민은 반드시 스스로 자기 행복을 창조하는 자가 되어야 할 것이다.

공장, 제조소 및 공작소 주인들과 상업가 또는 기업가들이여! 왜놈들이 파괴한 공장과 제조소를 회복시켜라! 새 생산 기업체를 개시하라!" 붉은 군대 사령부는 모든 조선 기업소들의 재산을 보호하며 그 기업소들의 정상적 작업을 보장하기 위하여 백방으로 원조할 것이다."

≫ 김준엽 외, 북한 연구 자료 총서 제1집

(생략)

과제 1 미 군정은 한국인의 자치적인 행정과 치안 활동을 일체 인정하지 않았다. 또한, 일제하에서 일했던 친일 관리들을 계속 채용하였다. 자료 1에서 미 군정의 이러한 정책을 엿볼 수 있는 조항을 찾아보자.

과제 2 자료 1의 맥아더 포고령과 자료 2의 치스차코프 포고문은 어떠한 공통점과 차이점이 있는지 알아보자.

(금성『한국 근·현대사』, 2002, p.257.)

위의 금성『한국 근·현대사』교과서 서술이 지니고 있는 문제점은 이미 교과서포럼이 지적한 바 있다. 그 내용을 옮겨보면 다음과 같다. 우선 미군정과 소군정을 대비시킨 이 대목은 소군정에 비해 미군정이 한국인에 대해 비우호적이고 억압적이었다는 인상을 주려는 의도를 담고 있다. 그런 의도가 아니고서는 이처럼 성격이 다른 두 문건을 평면적으로 대비시킬 수는 없기 때문이다. 미군의 포고령은 구체적인 방침이 담긴 딱딱한 법령인데 반해, 소련군의 포고문은 주로 추상적 원

칙을 나열하고 있는 문건이다. 더욱이 두 군정의 정책은 점령 초기의
포고령으로 비교될 것은 결코 아니었다. 두 군정을 올바로 평가하기
위해서는 두 군정이 펼친 정책을 종합적으로 비교하지 않으면 안 된
다. 미군정은 한국인의 정치적 자유를 인정하고 경제를 안정시키기 위
해 긴급 원조까지 도입한 반면, 소군정은 공산주의체제의 건설에 비협
조적인 세력에 대해서는 처음부터 정치적 권리를 인정하지 않았으며,
부분적이긴 하나 북한의 산업시설을 철거하였다. 이 같은 두 군정의
차이를 포고령 수준에서 비교하는 것은 미군정을 폄하하려는 정치적
의도가 숨어 있는 것으로 보인다.[34]

   여기서 주목할 것은 일찍이 1958년에 출간된 북한의 대표적 역사
서 『조선통사(하)』도, 금성교과서와 똑같이, 맥아더의 포고령과 치스
차코프의 포고문을 나란히 수록해놓고 이 문건을 근거로 소련군은 해
방군이요 미군은 점령군이라고 강변(强辯)하고 있다는 사실이다. 포고
령과 포고문의 수록 순서만 금성교과서와 다를 뿐이다. 이는 최근의
국사교과서 가운데 일부가 역사용어나 해석뿐만 아니라 기술방식까지
도 북한을 추종하고 있다는 의심을 불러일으키는 하나의 사례이다.
『조선통사(하)』의 해당 내용을 보면 다음과 같다.

> **쏘련군대의 북조선 진주**
>   … 위대한 쏘련군대는 일본제국주의군대를 격멸 소탕하면서 조선인민의 해
> 방과 자유를 보장하며 자기 손으로 자기 나라를 건설할 수 있는 조건을 지어주기
> 위하여 북조선에 진주하여 왔다. (생략) 민족 자결에 관한 레닌적 원칙에 충실한

---

34 교과서포럼, 앞의 글, p.8.

쏘련군대는 우리 조국강토에 진주한 첫날에 다음과 같이 선언하였다.

"조선 인민들이여! … 조선은 자유국이 되었다. 그러나 이것은 오직 새 조선 역사의 첫 페지가 될 뿐이다. 화려한 과수원은 사람의 노력과 고려의 결과이다. 이와 같이 조선의 행복도 조선인민이 영웅적으로 투쟁하여 꾸준히 노력하여야만 달성한다. …조선인민들이여! 기억하라! 행복은 당신들의 수중에 있다. 당신들은 자유와 독립을 찾았다. 이제는 모든 것이 죄다 당신들에게 달렸다. 쏘련군대는 조선인민이 자유롭게 창조적 노력에 착수할 만한 모든 조건들을 지어주었다. 조선인민 자체가 반드시 자기의 행복을 창조하는 자로 되여야 할 것이다."

쏘련 군대는 이 선언대로 조선인민의 정치적 권리와 자유를 완전히 보장하여 주었을 뿐만 아니라 친일파, 민족반역자들의 파괴암해활동을 제어하며 조선인민에게 절실히 요구되는 경제기술적 원조를 아끼지 않음으로써 조선인민의 민주건설사업을 물심양면으로 적극 방조하여 주었다.

(『조선통사(하)』, pp.287-288.)

미군의 남조선 강점

이와 같이 해방된 우리조국에는 민주역량이 나날이 장성하고 인민들이 민주건설의 열정에 들끓고 있을 때인 1945년 9월 7일 돌연히 남조선 상공에 나타난 미군 비행기는 다음과 같은 포고문을 투하하였다.

"… 본관은 본관에게 부여된 태평양 미국육군의 최고권한을 가지고 이로부터 조선 북위 38도 이남의 지역과 동지의 주민에 대하여 군정을 설치함. 따라서 점령에 관한 조건을 좌기와 여히 포고함.

조선 북위 38도 이남의 지역과 동 주민에 대한 모든 행정권은 당분간 본관의 권한에서 시행함. 주민은 본관 급 본관의 권한 하에서 발표한 명령에 즉속 복종할 사. 점령군에 대하여 반항행동을 하거나 또한 질서보안을 문란하는 행위를 하는 자는 용서 없이 엄벌에 처함.

군정기간 중 영어를 모든 목적에 사용하는 공용어로 함……"(매카더 포고 제1호).

이것이 바로 미군이 우리 강토에 상륙하기 바로 전날 남조선 인민들에게 보낸 첫 '인사'였다. 이 포고문에는 벌써 남조선을 군사적으로 강점하고 자기들의 완전한 식민지로 만들려는 야욕이 노골적으로 표현되어 있다.(생략)

미군은 남조선에 상륙하자 곧 군정을 실시하고 "남조선에서는 미군정 이외에 아무 정권도 존재할 수 없다"고 선언하고 인민의 주권기관인 인민위원회들을 부인하고 그를 탄압 해산시키는 길에 들어섰다.

미군정은 일제식민지 통치기구를 그대로 답습하면서 김성수, 송진우, 김동원 등 지주, 예속자본가, 친일파 두목들을 군정장관 최고고문으로 등용하고 중앙으로부터 지방관리에 이르기까지 모두 친일파, 반동분자들을 배치하였다.

(『조선통사(하)』, pp.290-291.)

북한의 또 하나의 대표적 역사서 『현대조선력사』도 미군이 가혹한 군정을 실시했다고 주장하면서, 미 육군총사령관 맥아더의 포고문을 수록하고 있다. 맥아더의 포고문을 수록하기에 앞서 이 책은 "미제국주의군대는 남조선에 발을 들여놓는 첫날부터 가혹한 군정을 실시하였으며 조선인민의 자유로운 정치활동을 엄격히 금지하였다."고 쓰고 있다. 또한 맥아더 포고문을 수록하고 나서는 "미제는 일제의 통치기구들을 존속시키면서 경찰을 비롯한 일본관리들과 친일조선인관리들을 유임시켰으며 일제식민지통치시기 법률까지도 그대로 적용하였다."고 주장한다.[35]

미·소 군정에 대한 금성교과서의 편파적 서술은 여기서 끝나지 않는다. 금성교과서는 미·소군의 포고령과 포고문을 비교한 바로 뒷장

---

35 (북한)사회과학원 력사연구소 박사 김한길, 『현대조선력사』(1983년 판), 일송정, 1988, p.174.

(p.259)에서 덕수궁에서 열린 미·소 공동 위원회 개최 전에 담소하는 양측 위원들, 즉 하지와 스티코프의 모습을 게재하면서, "미국측 *점령군 사령관* 하지 중장(왼쪽). 소련측 *대표* 스티코프 대장(오른쪽)"이라는 설명문을 달고 있다. 똑같은 사령관이자 대표인데, 미국 측은 "점령군 사령관"으로, 소련 측은 "대표"로 기술하고 있는 것이다.

이처럼 미군이 점령군이었음을 강조하는 금성교과서의 서술은 앞서 〈미소군 진주 이유〉 항목에서 살펴보았듯이, 금성교과서가 연합군이 "점령군 행세를 하였다"는 서술과 동일한 맥락에서 비롯되었다. 앞에서도 지적했듯이, 연합군을 점령군으로 보는 것은 광복 이후를 미제강점기라 부르는 북한의 역사 해석의 출발점이기도 하다. 연합군 가운데 미군이 남한에 진주하면서 남한이 미군에 의해 점령당한 '미제강점기'가 시작되어 지금까지 계속되고 있다는 것이 북한이 현대사를 보는 기본 입장이다. 이러한 북한의 입장은 바로 위에 인용된『조선통사(하)』의 미·소군 비교에서도 고스란히 드러난다. 소련군과 미군의 한반도 진주를 가리키는 항 제목에서부터 "쏘련군대의 북조선 *진주*"와 "미군의 남조선 *강점*"으로 큰 차이를 보이고 있는 것이다.

4. 신탁통치 문제

1945년 해방 이후 1948년 대한민국 건국까지의 3년간은 소위 '해방공간'이라는 용어로 불린다. 그 이유는 혼란스러운 정국의 연속, 좌우 갈등의 증폭 및 다양한 정치 행위자들의 부침과 이합집산이 계속되었기 때문이다. 미국, 영국, 소련의 3국 외상이 참석한 모스크바 3상회의

의 결정사항인 '신탁통치'는 이 시기 혼란스런 정국의 난맥상을 가중
시켰다. 이는 이후 분단책임론과도 밀접히 연관되는 이슈로, 여기서는
'신탁통치'의 핵심 이슈인 반탁 및 찬탁 운동에 관한 국사교과서의 기
술이 어떻게 변화하였는지 살펴보려 한다. 먼저 국사 개설서의 서술을
살펴보자.

　　1945년 12월의 모스크바 3상회의(三相會議)에서 미국　영국　소련의 외
상(外相)들은 한국 문제를 해결하는 방안으로서 미·영·중·소의 4개국에 의한
최고 5년의 신탁통치안(信託統治案)을 결정하였다. 그러나 이 안은 격렬한 국
민의 반대에 부닥치게 되었다. 이러한 *국민의 반대*에 호응하여 임정을 중심으로
한 신탁통치반대국민총동원위원회(信託統治反對國民總動員委員會)가 조직되
어 *반탁운동(反託運動)*을 전개하였다. 서울에서는 철시(撤市)와 시위(示威)가
행해지고, 군정의 한국인 직원들은 일제히 파업에 들어갔다. 이어 시위운동은
전국적으로 번져갔다. 처음 *공산당*도 이 반탁운동에 가담하였으나 뒤에는 돌연
*찬탁(贊託)*으로 그 태도를 바꾸었으며, 이리하여 좌우(左右)의 제휴에 의한 민
족통일공작(民族統一工作)은 큰 난관에 부닥치게 되었던 것이다. 이에 임정에
서는 비상국민회의(非常國民會議)를 소집하고 이를 통하여 정권을 수립해서 신
탁통치를 사실상 배격하려고 하였다. (『한국사신론』, p.396.)

　『한국사신론』의 서술을 요약하면, 모스크바 3상회의에서 결정된
신탁통치안에 대한 "국민의 반대에 호응하여" 조직된 "반탁운동"이 전
국적으로 번져갔으며, 처음에 반탁운동에 가담했던 "공산당"은 "돌연
찬탁으로 그 태도를 바꾸었"다는 것이다.

　　이와 관련한 국사교과서의 서술에서 문제가 되고 있는 것은 신탁
통치의 찬반 주체, 찬반 용어 및 찬성 사유 등으로 나누어 볼 수 있다.

세 가지를 차례대로 살펴보자.

가. 신탁통치의 찬반 주체

먼저 신탁통치에 반대하고 나선 사람들은 누구이며, 이에 찬성하
고 나선 사람들은 누구인가? 이에 대한 교과서의 서술을 간략하게 표
로 만들면 다음과 같다.

[표 20] 신탁통치의 찬반주체

교과서		반대주체	찬성주체
1차	①	–	–
	②	우리들	–
	③	한국인은 모두	공산주의자들
	④	우리 민족	소련의 괴뢰인 김일성 도배
	⑤	–	쏘련의 주구인 공산주의자들
2차	①	전 민족	일부 공산주의자들
	②	온 국민	좌익 단체
	③	온 민족	공산주의자들
	④	국민	공산당
	⑤	국내 민족 진영	공산주의자
	⑥	민족 진영	–
3차	국정(74)	우리 민족	공산주의자들
	국정(79)	우리 민족	북한 공산주의자들
4차	국정	우리 국민	북한 공산주의자들
5차	국정	온 국민	공산주의자들
6차	국정	우리 민족	공산주의자들
	금성	우익	좌익
	대한	대다수의 국민들	–

7차 근 현 대 사	두산	우익 세력 (김구를 비롯한 대한 민국 임시 정부의 핵심 인사들+이승만과 한국 민주당 등 우익 세력들)	좌익 세력+중도 세력 (김규식과 여운형 등)
	법문사	우익(김구 등 임시 정부 계열)	좌익
	중앙	우리 민족	좌익
	천재	대부분의 정치가들과 국민들(김구를 중심으로 신탁 통치 반대 국민 운동 전개)	좌익 정치 세력들 (+일부 민족주의 세력들)
'10 검 정 한 국 사	미래엔	우익세력들 (임시정부, 독립촉성중앙협의회 등 중심)	좌익세력들 (=조선공산당 등)
	법문사	우리 민족 (김구 등 대한민국 임시 정부 계열)	좌익 세력
	비상	우익 세력 (김구, 이승만, 한국 민주당 등)	좌익 세력
	삼화	우익 세력 (+여운형 등 중도 세력)	좌익
	지학사	대다수 국민	좌익 세력
	천재	김구의 대한민국 임시 정부 측	좌파 세력

국사 개설서	반대주체	찬성주체
한국사신론	국민	공산당

• 이 표를 보면 신탁 통치에 반대한 사람들과 찬성한 사람들을 가리키는 용어가 교과서에서 어떻게 변화해왔는가는 명확하게 드러난다. 검정인 1, 2차 교과서는 물론 국정인 3차부터 6차까지의 거의 모든 교과서가 신탁통치에 반대한 주체를 "우리 민족", "우리 국민" 등으로 서술하는 한편, 신탁통치에 찬성한 주체를 "공산주의자들"로 서술하고 있다.[36] "우리 민족" 전체 대 일부 "공산주의자들"이라는 구도가

---

36 여기에는 예외도 물론 있다. 2-⑤와 2-⑥이 신탁통치에 반대한 주체를 각기 "국내 민족 진영", "민족 진영"으로 서술하고 있으나, 이 당시의 "민족 진영"이란 우리 민족 전체를 가리키는 것에 다름 아니다. 또한 2-②가 신탁통치에 찬성한 주체를 "공산주의자들"이 아닌 "좌익 단체"로 서술하고 있다.

그려지고 있는 것이다.

• 그러나 7차 『한국 근·현대사』 교과서부터는 6차까지와는 전혀 다른 서술이 시작된다. 7차 교과서 중에도 신탁통치에 반대한 주체를 "우리 민족" 또는 "대다수의 국민들"로 서술하는 교과서가 대부분이지만, 금성이나 두산은 신탁통치에 반대한 주체를 "우익" "우익 세력"으로 서술한다. "우리 민족" 전체를 반탁의 주체로 보는 이제까지의 서술 대신에 반탁의 주체가 "우리 민족" 가운데 일부인 "우익"으로 대폭 좁혀진다.

• 찬탁 주체에 대해서는 더 큰 변화가 일어난다. 6차까지의 "공산주의자"라는 호칭 대신에 7차부터는 "좌익", 또는 "좌익 세력"이라는 호칭을 쓰고 있다. 6차까지의 국정 교과서 대신에 7차 『한국 근·현대사』 교과서에서 검정제가 도입되자, 일부 교과서 집필자들은 "공산주의" 대신에 "사회주의"를, "공산주의자" 대신에 "사회주의자" 또는 "좌익"이라는 용어를 쓰고 있다. 이들은 공산주의와 사회주의가 확연히 구별되었던 역사적 사실을 무시하고, "공산주의"를 교과서에서 완전히 빼버린 것이다.[37] 그 결과, "우리 민족" 전체 대 일부 "공산주의자들"이라는

---

37 허동현은 2010검정 『한국사』 교과서 6종이 1920년 레닌의 코민테른 가입 21개조가 발표된 이후 공산주의와 사회주의가 역사적으로 확연히 구별되었던 점을 무시하고, 공산주의와 사회주의를 구별하지 않고 모두 사회주의로 서술하고 있음을 지적한다. 허동현, 「2009년 교육과정에 따른 『고등학교 한국사』 교과서 서술의 문제점: "수정주의(修正主義, revisionism)"사관과 통일지상주의 사관에 입각한 한국현대사 인식의 문제점을 중심으로」, 한국현대사학회 학술회의 자료집 『교과서 문제를 생각한다 : 중·고등 한국사교과서 분석과 제언』, 2013. 5. 31, pp.39-59. 공산주의를 사회주의로 표기하는 구체적 사유에 대해서는 김명섭, 「한국 현대사 인식의 새로운 '진보'를 위한 성찰: 세계사적 맥락화와 '반반공'주의의 극복」, 한국현대사학회 창립학술회의 자료집, 2011. 5. 20, pp.8-13 참조.

6차까지의 구도 대신에 "우익" 대 "좌익"이라는 구도가 7차 금성교과
서에서 처음으로 생겨났다. 이 구도는 2010검정 『한국사』로도 이어졌
다(미래엔, 비상, 삼화, 천재). 다시 말해서 오늘날 학생들은 대부분의 국
사교과서에서 전 국민적인 신탁통치반대운동이 펼쳐졌다고 배우는 것
이 아니라 우익 세력이 신탁통치반대운동에 나섰다고 배우고 있는 것
이다.

• 7차 이후의 교과서에서 또 하나 주목할 것은 신탁통치반대운동을
주도한 우익의 중심 세력을 김구를 비롯한 대한민국 임시 정부 계열로
서술하고 있다는 사실이다(아래의 [표 21] 〈반탁운동〉 참조). 신탁 통
치 반대 운동을 주도한 것은 김구를 비롯한 대한민국 임시 정부 계열
뿐 아니라 이승만과 한국 민주당 등 광범위한 세력이었다. 하지만 이
승만과 한국 민주당에 대해 서술하고 있는 교과서는 7차 두산, 7차 중
앙, 2010검정 비상의 셋뿐이다. 그나마 7차 중앙은 이승만과 한국 민
주당 등 우익 세력이 "신탁 통치 반대 운동을 반소 · 반공 운동으로 몰
아갔다"고 주장하면서 이후 국내 정치 세력이 좌 · 우로 양분되어 심한
대립을 보인 것이 이승만 등의 탓인 것처럼 서술하고 있다. 김구와 이
승만이 모두 신탁 통치 반대 운동을 했음에도 김구에 대해서는 호의적
인 서술을, 이승만에 대해서는 비판적인 서술을 하고 있는 것이다.

[표 21] 반탁운동

교과서	기술내용 (반탁운동)
금성	모스크바 3국 외상 회의의 결과는 즉각 국내에 '신탁 통치 실시'라는 것으로 전해졌다. 모스크바 3국 외상 회의의 결정 사항을 둘러싸고 좌익과 우익 사이에는 격렬한 대립이 일어났다. 우익은 신탁 통치 실시를 반대한 반면, 좌익은 회의 결과를 총체적으로 찬성하였다. (258)

7 차 근 현 대 사		(모스크바 3국 외상) 회의의 결과는 '신탁 통치 실시'만이 부각된 채 국내에 알려졌다. 모스크바 3국 외상 회의의 결정 사항을 둘러싸고 좌익과 우익 사이에는 격렬한 대립이 일어났다. 우익은 신탁 통치 실시를 반대한 반면, 좌익은 회의 결과를 총체적으로 찬성하였다. (258)
	대한	**신탁과 반탁의 갈림길** 학습 목표 : 모스크바 3국 외무 장관 회의의 결정 내용을 이해하고, 대다수의 국민들이 신탁 통치 반대 운동을 지지한 이유와 미 소 공동 위원회가 결렬된 이유를 살펴본다. 자료1 자료읽기 신탁 통치 반대 국민 총동원 위원회의 반탁 시위 대회 선언문(생략) 서울에서 전개된 신탁 통치 반대 시위(1946.1.) 3국 외무 장관 회의의 결정 내용이 알려지자, 전국 곳곳에서 시위, 파업, 철시 등 반탁 운동이 거세게 일어났다. (250) (생략) 자료 1과 자료 2의 주장을 비교하여 대다수의 국민들이 신탁 통치 반대 운동을 지지한 까닭을 설명해 보자. (250)
	두산	김구를 비롯한 대한 민국 임시 정부의 핵심 인사들은 신탁 통치 반대 운동에 나섰다. 이들은 신탁 통치 반대 국민 총동원 위원회를 결성하여 반탁 운동을 전개하였는데, *여기에는 이승만과 한국 민주당 등 우익 세력들도 참가하였다.* 이리하여 12월 말부터 남한에서는 반탁 운동이 거세게 일어났다. (261)
	법문사	그러나 이 (신탁 통치 실시) 결정은 즉각적인 독립을 바라고 있던 우리 민족의 기대를 저버린 것으로, 이 소식이 전해지자 격렬한 반탁 운동이 전개되었다. 특히, 김구 등 임시 정부 계열에서는 반탁 운동을 '제2의 독립 운동'으로 규정하고 신탁 통치 반대 국민 총동원 위원회를 구성하여 전 국민 궐기 대회를 개최하는 등 적극적인 활동을 벌였다. 좌익도 처음에는 반탁 운동에 참여하였으나 신탁 통치를 한국에 대한 연합국의 후원이라고 해석하면서 곧 찬탁으로 급선회하였다. (248)
	중앙	광복과 함께 독립 정부 수립을 기대해 왔던 우리 민족은 한반도 신탁 통치 결정을 민족적 모독으로 생각하고 신탁 통치 반대 운동을 전개하였다.(생략) 대한 민국 임시 정부의 주석이었던 김구는 즉각적인 자주 독립 정부의 수립을 위하여 신탁 통치 반대 운동에 나섰다. 여기에 *한국 민주당을 중심으로 한 보수 우익 세력이 연합하여 광범위한 신탁 통치 반대 세력이 형성되었다.* 대다수의 남한 민중에게 신탁 통치는 곧 식민지 상태로 다시 돌아가는 것으로 받아들여졌기 때문에 우익 세력이 주도한 신탁 통치 반대 운동은 크게 호응을 얻었다. *이승만과 한국 민주당 등 우익 세력은 소련이 먼저 신탁 통치안을 제시하였다고 주장하며 신탁 통치 반대 운동을 반소 · 반공 운동으로 몰아갔다.* 결국 신탁 통치 문제로 인하여 국내의 정치 세력은 급속히 좌 · 우익 진영으로 양분되어 심한 대립을 보였다. (277-278)
	천재	이 결정이 알려지자 대부분의 정치가들과 국민들은 신탁 통치에 반대하는 대규모 운동을 전개하였다. 김구를 중심으로 하는 대한 민국 임시 정부는 신탁 통치 반대 국민 총동원 위원회를 조직하고 신탁 통치에 반대하기 위한 국민 운동을 전개하였다. (271)

2010 검정 한국사		그러나 처음에 신탁 통치 반대 운동의 입장을 표명하였던 좌익 정치 세력들은 1946년 1월 모스크바 3상 협정에 대한 지지로 자신들의 입장을 바꾸었다. (271-272)
	미래엔	대한민국 임시 정부와 독립 촉성 중앙 협의회 등을 중심한 우익 세력들은 신탁 통치는 한국의 자주권을 부정하는 것이라고 하면서 반대 운동을 전개하였다. 조선 공산당 등의 좌익 세력은 처음에는 신탁 통치 반대 입장을 취하다가 신탁 통치를 '후견' 혹은 '원조 협력'으로 해석하여 이를 받아들였다. (327)
	법문사	이 결정서(모스크바 3국 외상 회의 결정서)의 내용이 국내에 알려지자, 즉각적인 자주독립 국가 수립을 위해 노력하고 있던 우리 민족은 격렬한 반대 운동을 전개하였다. 특히, 김구 등 대한민국 임시 정부 계열은 신탁 통치 반대 운동을 '제2의 독립운동'으로 규정하고 전 국민 궐기 대회를 개최하는 등 적극적인 활동을 벌였다. (308)
	비상	김구, 이승만, 한국 민주당 등 우익 세력은 즉시 신탁 통치 반대 운동을 전개하였다. 좌익 세력 역시 초기에는 신탁 통치 반대 운동을 벌였다. 그러나 이후 좌익은 모스크바 3국 외상 회의 결정의 본질이 신탁 통치보다 임시 정부 수립에 무게가 있다고 보고, 회의 결정에 대한 총체적 지지로 입장을 바꾸었다. (312)
	삼화	-
	지학사	김구를 비롯한 우익 세력은 신탁 통치 반대 국민 총동원 위원회를 결성하여 신탁 통치 반대 운동에 나섰다. (263)
	천재	김구의 대한민국 임시 정부 측은 곧바로 신탁 통치 반대 국민 총동원 위원회를 조직하여 대대적인 반탁 운동에 돌입하였다. (310)

나. 신탁통치의 찬반 용어

교과서에서 신탁통치에 반대하고 나섰다는 것을 가리키는 용어는 무엇인가? 반대로 이에 찬성하고 나선 것을 가리키는 용어는 무엇인가? 그 용어들은 또 어떻게 변화했는가? 이에 대한 교과서의 서술을 간략하게 표로 만들면 다음과 같다.

[표 22] 신탁통치 (찬반용어)

교과서		반대용어	찬성용어
1차	①	-	-
	②	'신탁통치 반대'	-

	③	'신탁통치 반대'	'신탁통치 찬성'
	④	'신탁통치 (반대)'	'신탁 통치 지지'
	⑤	–	'신탁통치 지지'
2차	①	'반탁 운동'	'신탁 통치를 찬성'
	②	'반탁 운동'	'찬탁'
	③	–	'신탁 통치 지지'
	④	'반탁 운동'	'찬탁 운동'
	⑤	'반탁 운동'	'찬탁'
	⑥	'반탁 운동'	–
3차	국정(74)	'반탁 운동'	'찬탁'
	국정(79)	'신탁 통치 반대 운동'	'찬탁'
4차	국정	'반탁 운동'	'찬탁'
5차	국정	'반탁 운동'	'찬탁'
6차	국정	신탁 통치 반대 운동 (=제2의 광복 운동)	모스크바 3국 외상 회의의 결정을 받아들이기로 함
7차 근현대사	금성	'신탁 통치 실시를 반대'	'모스크바 3국 외상 회의 결과를 총체적으로 찬성'
	대한	'신탁 통치 반대 운동'	–
	두산	'신탁 통치 반대 운동'	'모스크바 협정지지 운동'
	법문사	'반탁 운동' (='제2의 독립 운동)	'찬탁'
	중앙	'신탁 통치 반대 운동'	'모스크바 3국 외상 회의 결정지지 운동'
	천재	'신탁 통치 반대 운동' (='반탁 운동')	'모스크바 3상 협정에 대한 지지'
2010 검정 한국사	미래엔	'신탁 통치 반대 운동'	[본문] 신탁 통치를 '후견' 혹은 '원조 협력'으로 해석하여 이를 받아들였다/[탐구활동] 모스크바 3국 외무장관 결정 지지
	법문사	신탁 통치 반대 운동 (=제2의 독립운동)	모스크바 3국 외상 회의 결정지지 운동
	비상	'신탁 통치 반대 운동'	'모스크바 3국 외상 회의 결정 총체적 지지'
	삼화	'신탁 통치 반대'	'모스크바 3국 외무 장관 회의의 결정을 총체적으로 지지'
	지학사	'신탁 통치 반대 운동'	'모스크바 3국 외상 회의 결정 지지'
	천재	'반탁 운동'	'모스크바 3상 회의의 결정을 총체적으로 지지'

• 신탁 통치에 반대한 사람들과 찬성한 사람들을 가리키는 용어가 어떻게 변화해왔는지 매우 명확하게 드러났던 것과 마찬가지로, 반탁과 찬탁을 가리키는 용어의 변화도 무척 선명하다. 우선 반탁을 가리키는 용어는 1차 교과서부터 2010검정 교과서에 이르기까지 아무런 변화가 없다. "신탁 통치 반대(운동)" 또는 "반탁 운동"이 사용된다.

• 찬탁을 가리키는 용어도 1차 교과서부터 5차 교과서까지는 "신탁 통치 찬성(지지)" 또는 "찬탁"이 줄곧 사용된다.

• 하지만 6차 교과서부터 '찬탁' 대신 "모스크바 3국 외상 회의의 결정을 받아들이기로" 하였다는 생경한 표현이 사용되기 시작했다. 그리고 이 표현은 7차 『한국 근·현대사』 교과서 및 2010검정 『한국사』 교과서의 거의 전체에서 그대로 사용되고 있다. 7차 『한국 근·현대사』 교과서 6종 가운데 법문사만 예외적으로 '찬탁'이라는 용어를 사용했다. 2010검정 『한국사』 교과서 6종은 모두가 '모스크바 3국 외상 회의 결정 지지'라는 표현을 사용한다.

• 여기서 국사 개설서인 『한국사신론』과 북한의 역사서인 『조선통사(하)』에서는 이와 관련된 내용을 어떻게 서술하고 있는가를 살펴보자. 해당 내용은 다음과 같다.

국사 개설서	반대용어	찬성용어
『한국사신론』	'반탁 운동'	'찬탁'

북한 역사서	반대용어	찬성용어
『조선통사(하)』	'반탁 운동'	모쓰크바 3국외상회의 결정을 열렬히 지지 환영

오늘날 가장 널리 읽히는 개설서인 『한국사신론』은 5차까지의 교과서와 동일한 '찬탁'이라는 표현을 쓰고 있다. 한편, '찬탁'이라는 표현 대신에 6차 교과서부터 사용되기 시작한 "모스크바 3국 외상 회의의 결정을 받아들이기로" 하였다는 표현은 북한 역사서의 표현과 별 차이가 없다는 것을 알 수 있다.

다. 신탁통치 찬성 사유

최근의 교과서는 우리나라의 대표적 국사 개설서인 『한국사신론』에서 현재 사용하고 있는 '찬탁'이라는 용어를 버리고 왜 이토록 생경한 표현을 쓰고 있는가? 이러한 의문은 이 교과서들이 찬탁의 사유, 즉 모스크바 3국 외상 회의의 결정을 받아들이기로 한 이유를 설명하고 있는 부분을 봐야 풀 수 있다.

• 아래의 표를 보면, 1차 교과서부터 6차 교과서까지는 신탁통치에 찬성한 이유가 주로 '소련의 사주(지령)를 받아'서였다고 쓰고 있음을 알 수 있다. 1997년 초판이 나온 뒤 영문판이 출간된 2010년까지 30만 부 이상 팔린 우리나라의 대표적 국사 개설서인 『다시 찾는 우리 역사』도 6차까지의 교과서와 비슷한 맥락에서, "좌익세력은 북한의 지령에 따라 신탁에 찬성하고 나섰다"고 쓰고 있다.[38]

---

38 국사 개설서 가운데 『한국사신론』은 3상 회의 결정에 찬성한 이유를 명시하고 있지 않기에, 이 사안에 관해서는 또 다른 국사 개설서인 『다시 찾는 우리 역사』를 참고하였다. 한영우의 『다시 찾

• 하지만 6차까지의 교과서나 개설서와 달리 7차 이후부터는 많은 교과서가 찬성 이유를 '모스크바 3국 외상 회의 결정의 본질이 신탁 통치보다 임시 정부 수립에 무게가 있다고 보아서'라고 서술하고 있다. 여기서 주목할 것은, 좌익이 찬탁으로 선회한 것은 소련의 지시 때문인데 교과서에는 그에 관한 언급이 없다는 사실이다. 이들 교과서는 당초에 반탁을 주장하다가 1946년 1월 3일 새벽, 북한의 지령을 받고 하루아침에 찬탁으로 돌변한 좌익의 입장을 서술하면서 그러한 입장변화가 소련의 지시에 따른 것이라는 점을 언급하지 않고, 그에 관한 공산당의 변명을 객관적 사실인 것처럼 서술하고 있는 것이다.[39]

[표 23] 신탁통치 (찬성 주체 및 사유)

교과서		찬성주체	찬성사유
1차	①	-	-
	②	-	-
	③	공산주의자들	쏘련의 지령을 받고
	④	소련의 괴뢰인 김일성 도배	조국을 적화시키려
	⑤	쏘련의 주구인 공산주의자들	독립을 방해
2차	①	일부 공산주의자들	소련의 지령에 따라
	②	좌익 단체	모스크바 지령에 의하여
	③	공산주의자들	공산주의 세력 확장을 위해
	④	공산당	-
	⑤	공산주의자	-
	⑥	-	-

는 우리 역사』는 1997년 초판이 나온 뒤 2004년 전면개정판이 출간되었고, 영문판이 출간된 2010년까지 30만부 이상 팔린 스테디셀러이다. 여기서는 한영우, 『다시 찾는 우리 역사』, 경세원, 2006(전면개정판 9쇄)을 사용하였다. 해당 인용문은 p.571.

39 양동안, 「고교 한국사교과서의 문제점과 대책」, p.23.

3차	국정 (74)	공산주의자들	소련의 사주를 받아
	국정 (79)	공산주의자들	소련의 사주를 받아
4차	국정	공산주의자들	소련의 사주를 받아
5차	국정	공산주의자들	소련의 사주를 받아
6차	국정	공산주의자들	소련의 사주를 받아
7차 근 현 대 사	금성	*좌익*	–
	대한	–	–
	두산	*좌익 세력* + 중도 세력 (=김규식과 여운형 등)	–
	법문사	*좌익*	신탁 통치를 한국에 대한 연합국의 후원이라고 해석하면서 찬성으로 급선회
	중앙	*좌익*	모스크바 3국 외상 회의 결정의 본질을 임시 정부의 수립으로 파악하여
	천재	*좌익 정치 세력들* + 일부 민족주의 세력들	3상 협정의 내용 안에 우리 민족에게 유리한 내용도 포함되어 있었다고 생각하여
2 0 1 0 검 정 한 국 사	미래엔	*좌익세력들* (=조선공산당 등)	신탁 통치를 '후견' 혹은 '원조 협력'으로 해석하여
	법문사	*좌익 세력*	3상 회의 결정서에 임시 민주주의 정부 수립과 같은 조항이 포함되어있는 점을 중시하여
	비상	*좌익 세력*	모스크바 3국 외상 회의 결정의 본질이 신탁 통치보다 임시 정부 수립에 무게가 있다고 보아
	삼화	*좌익*	임시 정부 수립이 중요하다고 주장하여
	지학사	*좌익 세력*	임시 정부의 수립이 독립의 지름길이라고 판단
	천재	*좌파 세력*	–

국사 개설서	찬성주체	찬성사유
『다시 찾는 우리 역사』	좌익세력	북한의 지령에 따라

그러니까 이들 교과서에 따르면, 좌익 세력은 모스크바 3국 외상 회의 결정의 본질이 신탁 통치보다 임시 정부 수립에 무게가 있다고 보아서, 그 결정을 받아들이기로 하였다는 것이다. 왜 이들 교과서는

내용상으로 '찬탁'을 옹호하면서도 굳이 '찬탁'이라는 용어를 배제하는 복잡한 경로를 택하고 있는 것일까?

첫째, 이들 교과서의 저자들이 좌파의 시각 — 찬탁이 통일로 가는 길이었고 반탁이 분단으로 가는 길이었다 — 을 통해서 역사를 보고 있기 때문이다. 다시 말해서 통일지상주의 또는 통일사학에 빠져있는 이른바 '민중사학자'들에게는 찬탁이 통일로 가는 길이었기에 옹호해야만 하는 대상이었다.

둘째, 2010검정 『한국사』 가운데 지학사 교과서는 찬탁/반탁으로 인한 우익과 좌익의 세력 변화에 대해 언급하면서 "대다수 국민은 신탁 통치에 반대하였기 때문에 우익은 반탁을 통해 세력을 확대해간 반면, 좌익세력은 축소되어 갔다."고 쓰고 있는데, 여기에 이들 교과서가 이러한 서술을 하고 있는 또 하나의 이유가 들어있다. 신탁통치에 대한 찬반을 분기점으로 좌익은 그 세력이 축소되어 마침내 정국의 주도권까지 빼앗겼다. 그 이유는 좌익이 대다수 국민이 반대하는 신탁통치에 찬성했기 때문이었다. 그러므로 좌파의 시각으로 역사를 보는 교과서 집필자들에게는 '찬탁'이라는 용어는 국사교과서에서 결코 쓰고 싶지 않은 글귀였을 것이다.

5. 미·소 공동위원회 결렬 원인

1946년 1월에 신탁통치 방식을 결정할 미·소 공동위원회 예비회담이 개최되고, 3월에 위원회가 개최되었으나 5월에 제1차 미·소 공위는 결렬되고 말았다. 이에 대한 국사 개설서의 서술을 보자.

> … 1946년 1월에 모스크바 3상회의의 결정을 실천하기 위한 미소공동위원회(美蘇共同委員會) 예비회담이 열렸고, 이어 3월에는 정식위원회가 개최되었다. 여기서 소련측은 장차 세워질 임시정부를 위한 협의 대상 속에서 신탁통치를 반대하는 정당이나 사회단체를 제외할 것을 주장하였다. 이것은 공산주의자만으로써 임시정부를 조직하고 민족주의자를 이로부터 제거하려는 의도를 표시한 것이었다. 이에 대해서 미국측은 의사 발표의 자유라는 입장에 서서 반탁운동자라 하더라도 협의 대상에 넣을 것을 주장하였다. 이 대립은 결국 제1차 미소공위(美蘇共委)를 결렬시키고 말았다(1946년 5월). (『한국사신론』, p.396.)

　요약하면, 미·소 공위는 신탁통치를 반대하는 정당이나 사회단체를 협의 대상에 포함시킬 것인가를 두고 미·소가 대립하다 결렬되었으며, 소련 측이 신탁통치를 반대하는 정당 등을 제외시킬 것을 주장한 것은 공산주의자만으로 임시정부를 조직하려는 의도에서였다는 것이다.

　그렇다면 국사교과서에서는 미·소 공위 결렬 원인을 무엇으로 보고 있는가? 정리하면 다음과 같다.

[표 24] 미·소 공위 결렬 원인

교과서		기술내용 (미·소 공위 결렬 원인)
1차	①	-
	②	-
	③	*쏘련의 고집으로 실패*
	④	김일성 공산 도배의 매국적 준동으로 말미암아 실패

	⑤	·
	①	미·소의 주장대립으로 결렬
	②	*소련의 일방적인 고집으로 결렬*
	③	*공산주의자들의 방해 때문에 결렬*
2차	④	*소련의 고집과 미국의 주장대립으로 결렬*
	⑤	미·소의 의견 대립으로 결렬
	⑥	미·소 공위 준비 회담- *소련의 부당한 태도로 결렬* /미·소 공위 제2차 위원회- *소련의 비타협적 주장으로 정돈 상태에 빠짐*
3차	국정(74)	소련 측 주장 때문에 결렬
	국정(79)	*소련 측 주장 때문에 결렬*
4차	국정	*소련 측의 고집과 미국 측의 주장이 합의를 보지 못해 결렬*
5차	국정	*소련 측의 고집과 미국 측의 주장이 맞서 합의를 보지 못해 결렬*
6차	국정	미·소 간의 서로 다른 주장으로 결렬 (단, 소련의 주장은 공산당만을 임시 정부 수립에 참여시키려는 의도였음을 명기)
7차 근 현 대 사	금성	미·소의 주장이 맞서면서 결렬
	대한	미·소 공위의 협의 대상을 둘러싼 미·소 양국의 대립
	두산	미·소간의 의견 대립
	법문사	미·소간의 의견 차이
	중앙	미소의 (대립된) 주장
	천재	미·소의 이해관계에 따른 대립으로 결렬 (단, 소련이 좌익정치세력만을 참여시키려는 목적을 가지고 있었음을 명기)
'10 검 정 한 국 사	미래엔	미·소의 의견 대립으로 결렬
	법문사	미·소 공동 위원회 참가 단체 문제를 둘러싼 미국과 소련의 대립으로 결렬
	비상	미국과 소련이 참여 단체의 범위를 놓고 대립
	삼화	임시 정부 수립에 참여할 단체의 범위를 두고 맞서면서 결렬
	지학사	미·소의 (서로 다른) 주장
	천재	미·소의 (서로 다른) 주장

• 1차 및 2차 교과서의 대부분은 미·소 공동위원회가 결렬된 것이 소련(또는 공산주의자들)의 고집 때문이었다고 서술하고 있다.

• 2-⑥이원순은 미·소 공위 결렬 사유를 1차와 2차로 나누어 달리 서술하고 있지만 결렬이 소련 때문이라는 데는 변함이 없다. 이 교과서는 결렬로 인한 정계의 혼돈, 좌익계의 사회 혼란 책동에 대해서도 서술하고 있다.

• 이러한 1차 및 2차 교과서의 주된 해석은 국정인 3차 교과서('74 및 '79)로 이어졌다.

• 4차 교과서부터는 상당한 변화가 감지된다. 미·소 공위 결렬이 소련 때문이라는 3차까지의 서술과 달리, 4차와 5차는 "소련 측의 고집"과 "미국 측의 주장"이 합의를 보지 못해 결렬되었다고 서술함으로써 미·소 둘 다의 책임을 묻고 있다. 이 서술은 2-④ 한우근의 해석에서 가져온 것으로 보이는데, "소련 측의 고집", "미국 측의 주장"이라는 어휘에서 보듯이, 결렬 책임을 미국보다는 소련에 좀 더 지우는 서술이다.

• 6차 교과서는 미·소간의 서로 다른 주장으로 결렬되었다고 함으로써 미·소 둘 다에게 책임을 지우는 양비론적 서술을 하고 있다. 하지만 "소련의 주장은 신탁 통치를 지지하는 공산당만을 임시 정부 수립에 참여시키려는 의도였다"는 점을 분명히 서술하고 있다.

• 7차 『한국 근·현대사』 교과서부터는 본격적인 양비론적 서술이 주류를 이루게 된다. 가장 대표적인 것은 금성 『한국 근·현대사』이다. 미·소 공위가 미·소의 주장이 맞서면서 결렬되었는데, 미·소가 주장을 굽히지 않은 것은 한반도에 자신들에게 우호적인 정부를 세우려

고 하였기 때문이라는 것이다.

• 이러한 서술은 2010검정 『한국사』 교과서에서도 계속된다. 대부분의 『한국사』 교과서는 『한국사신론』 등의 국사 개설서와는 달리, 미·소 공위에 대해 서술하면서 그것이 소련의 불합리한 주장 때문에 결렬되었다는 사실을 전혀 언급하지 않고 있다. 그리고는 단순히 결렬의 책임을 미국과 소련에게 나누어 지우는 식의 서술을 함으로써 당시의 역사적 상황에 대한 학생들의 인식을 그릇된 방향으로 이끌어 가고 있다.

6. 5·10총선거

두 차례에 걸친 미·소 공위가 아무 성과 없이 끝나자 미국은 한반도 문제를 유엔에 상정했다. 1947년 11월, 유엔은 한반도에서 총선거를 실시하여 통일정부를 수립하며, 이 선거를 감시하기 위해 유엔한국임시위원단을 파견한다고 결의하였다. 그러나 소련의 거부로 위원단이 북한에 들어갈 수 없게 되자 1948년 2월, 유엔은 "선거감시가 가능한 지역"에서만이라도 총선거를 실시하기로 하였다. 이리하여 5월 10일 남한에서 총선거가 실시되었다. 이에 대해 국사 개설서는 어떻게 서술하고 있는가?

제1차 미소공위가 결렬한 지 1년 뒤인 1947년 5월에 제2차 미소공위가 열리었다. (생략) 그러나, 소련은 신탁통치에 반대하는 정당과 사회단체를 협의 대상에서 제외하자는 종전의 주장을 되풀이하였고, 이것 때문에 결국 제2차 미소공위도 정돈상태에 빠지고 말았다.

이에 미국은 한국 문제를 미·영·중·소의 4개국 외상회의(外相會議)에 회부
하자고 제안하였다. 소련이 이를 거절하자 미국은 1947년 9월에 한국 독립의
문제를 국제연합(유엔)에 제출하였다. 미국은 유엔 감시하에 총선거를 실시하
고, 그 결과 정부가 수립되면 미·소 양군은 철퇴할 것이며, 이러한 모든 절차를
감시 및 협의하기 위하여 유엔한국위원단(韓國委員團)을 설치할 것을 제안한
것이다. 이 결의안은 약간의 수정을 거쳐 소련의 반대에도 불구하고 절대다수로
유엔총회를 통과하였다. 이 결의에 의하여 유엔한국위원단은 1948년 1월에 활
동을 개시하였다. 그러나, 소련은 이 유엔의 활동에 반대하였고, 이에 따라 위원
단의 북한에서의 활동은 좌절되었다. 위원단의 보고에 입각하여 1948년 2월 유
엔소총회(小總會)에서는 가능한 지역에서만이라도 선거에 의한 독립정부를 수
립할 것을 결의하였다. 이리하여 남한에서만의 독립정부 수립의 길로 들어서게
된 것이다. (『한국사신론』, pp.397-398.)

유엔을 통해서, 유엔과 더불어 대한민국 정부가 수립되었다는 것
이 국사 개설서의 기본 입장이다. 이러한 인식은 어제 오늘의 것이 아
니다. 국사교육의 주요 지침 가운데 하나로, 일찍이 1973년에 만들어
진 「학교교육을 중심으로 한 국사의 중심개념」을 보면, 'II. 대한 민국
의 수립'에서 "해방된 상황에서 독립된 민족 국가를 이룩하려는 우리
민족의 열망과 노력은 유우엔의 협조와 과도적으로 체험한 민주주의
의 경험을 살려 대한 민국을 수립하였다."고 쓰고 있다. 건국에는 유엔
의 협조가 있었다는 인식이 1970년대에 이미 국사학계에 확고했음을
알 수 있다.

그렇다면 국사교과서에서는 한국 문제의 유엔 상정, 그리고 유엔
에서 결정된 5·10총선거가 실시되기까지의 과정에 대해 어떻게 서술

하고 있는가? 교과서의 서술내용을 요약하면, 유엔 감시하의 총선거 실시로 통일 정부가 수립되었다는 국사 개설서의 기본 방향은 대부분 의 국사교과서에서도 지켜지고 있다.

• 1차 및 2차 교과서는 1948년 5 · 10총선거부터 1948년 12월, 유엔 에서의 대한민국 승인에 이르기까지 대한민국 건국의 모든 과정이 유 엔과 더불어, 유엔의 협력 아래 이루어졌다는 관점에서 기술하고 있 다. 그 대표적인 예가 2-③(이홍직)이다.

> 통일과 독립은 민족의 열망이었다. 그 열망은 자유를 사랑하는 세계의 모든 국가들의 협력을 얻을 수 있게 하였다. 즉, 민족의 의사 는 유우엔에 반영되어 1947년 유우엔 총회에 한국 문제가 상정되고 유우엔의 감시 밑에 총선거가 실시되었다. (p.234)

• 1, 2차 교과서는 특히 1948년 8월 15일의 대한민국 수립 (또는 1948년 12월의 유엔에서의 대한민국 승인)을 독립과 동일시하고 있다.

> 마침내 8월 15일에는 대한민국의 수립을 보게 되었다. 이제 우리 민족은 독립을 맞이하였다. (1-⑤ 역사교육연구회)
> 8월 15일에는 대한민국 정부의 수립을 세계만방에 공포하였다. 한국은 해방을 맞은 지 3년 만에 미 군정을 거쳐서 독립 국가로 정 식으로 발족하게 되었다. (2-② 이상옥 · 차문섭)

• 국정인 3차부터 대한민국 건국 과정에서의 유엔의 역할에 대해 보다 상세하게 설명하고 있다. 이는 대한민국 건국의 모든 과정이 유

엔에 의해 이루어졌음을 밝힘으로써 대한민국의 정통성을 강조하려는
것으로 보인다.

• 대한민국 건국의 모든 과정이 유엔에 의해 이루어졌음을 밝힘으
로써 대한민국의 정통성을 강조하려는 노력은 6차에서 더욱 두드러진
다. "유엔은 한반도에서 합법적이고 정통성 있는 정부 수립이 필요하
다고 결정하였다."고 서술함으로써, 한반도 문제를 유엔에 이관한 것
은 미국이지만, 유엔이 주체적으로 한반도 문제를 결정했음을 보여준
다. 또한 5·10 총선거가 "유엔의 결의와 대다수 국민의 열망에 따라"
실시되었다고 기술하는 등, 유엔을 통해서 수립된 대한민국의 정통성
을 강조하려고 한다.

그러나 이러한 서술은 6차까지다. 7차 이후에서는 상당수 교과서가
유엔 대신에 미·소 양국의 역할, 특히 미국의 역할을 집중적으로 부
각시키는 서술을 하고 있다. 한반도 문제의 유엔 상정 및 5·10총선거
에서 미국과 소련이 한 역할에 대해 국사교과서는 구체적으로 어떻게
서술하고 있는가? 이를 알아보기 위해서 우선 미국이 한반도문제를
왜 유엔에 상정했는가의 문제부터 살펴보기로 한다.

가. 한국문제의 유엔 상정 이유

미국은 한반도문제를 왜 유엔에 상정했는가? 이에 관한 교과서의
서술을 살펴보기 위해서 한반도 문제의 유엔 상정 이유에 관한 교과서
의 서술 부분을 모아보면 다음과 같다.

[표 25] 한반도 문제의 유엔 상정 이유

교과서		기술내용 (유엔 상정 이유)
1차	①-⑤	–
2차	① 변태섭	미·소 공동 위원회에서 한국 문제가 해결되지 못하자, *미*국이 한국 문제를 국제 연합 총회에 제출
	② 이상옥·차문섭	미소 공동위원회에서 소련의 고집으로 한국 독립에 대한 해결을 보지 못하자 *미*국은 한국 문제를 유우엔에 상정
	③ 이홍직	–
	④ 한우근	미소 공동위원회가 결렬되자 미국은 한국 문제를 유우엔에 제출
	⑤ 이병도	미·소 공동 위원회가 아무런 구실을 못하게 되자 *미*국은 우리 민족 진영의 열렬한 요구를 무시할 수 없어 한국 문제를 유우엔에 제출
	⑥ 이원순	한국 문제가 난국에 봉착하자, *미*국은 한국 독립 문제를 유우엔에 제출
3차	국정(74)	(한국의 독립 문제를 4개국 외상 회의에 넘겨 해결되기를 바랐으나, 소련의 거부로 실현을 보지 못하던 중) *미*국은 한국인의 독립 주장을 유우엔 총회에 반영시킴
	국정(79)	(한국의 독립 문제를 4개국 외상 회의에서 해결하기를 바랐으나, 소련의 거부로 뜻을 이루지 못하자) *미*국은 한국 민족의 독립 주장을 유우엔 총회에 반영시킴
4차	국정	–
5차	국정	(한국의 독립 문제가 4개국 외상 회의에서 소련측의 거부로 해결되지 못하자) *미*국측은 한국의 독립 문제를 유엔 총회에 상정함
6차	국정	미·소 공동 위원회의 결렬로 미국과 소련이 한반도에서 통일 정부를 수립하는 문제에 관해 의견을 달리하게 되자, *미*국은 한반도 문제를 유엔에 이관하기로 결정함
7차 근 현 대 사	금성	미·소 공동 위원회가 깨어지자 미국은 자신들이 유리한 위치를 차지하고 있던 유엔에 한국의 문제를 넘김
	대한	–
	두산	(제 2차 미·소 공동 위원회의 결렬로 모스크바 협정안에 따른 한국 문제의 해결이 불가능하게 되자) *미*국은 한국 문제를 유엔 총회에 상정하였고,
	법문사	(미·소 간에 이해가 엇갈려 미·소 공동 위원회가 결렬되자) *미*국은 한반도 문제를 유엔에 넘김
	중앙	제2차 미·소 공동 위원회가 실패한 이후 *미*국은 모스크바 3국 외상 회의 협정에 따른 한반도 문제 해결을 포기하고 한반도 문제를 유엔에 상정함
	천재	*미*국은 미·소 공동 위원회의 결렬을 선언하고 한국 문제를 유엔으로 이관함

2 0 1 0 검 정 한 국 사	미래엔	미 · 소 공동 위원회가 결렬되자 *미*국은 한국 문제를 국제 연합으로 이관함
	법문사	제2차 미 · 소 공동 위원회마저 결렬되자, *미*국은 소련의 반대에도 불구하고 한국 문제를 국제 연합에 상정함
	비상	*미*국은 미 · 소 공동 위원회에서 결론 도출이 불가능하다고 판단하여 한반도 문제를 유엔에 이관함
	삼화	제2차 미 · 소 공동 위원회마저 결렬되자 *미*국은 소련의 반대를 무릅쓰고 한반도 문제를 국제 연합에 넘김
	지학사	제2차 미 · 소 공동 위원회가 결국 결렬되자 *미*국은 한국의 독립 문제를 유엔에 상정하도록 요청함
	천재	(한반도 문제를 4개국 회담에 맡기자는 미국의 제안을 소련이 거부하자) *미*국은 한반도 문제를 유엔 총회에 상정함.

• 2차 교과서 대부분은 "한국 문제"가 해결되지 못하자 미국이 이를 유엔에 제출했다고 서술하고 있다. 즉 미국이 한국 문제를 유엔에 상정한 이유가 한국 독립 문제의 해결임을 명확히 밝히고 있다.

: "소련의 고집으로 한국 독립에 대한 해결을 보지 못하자 *미*국은 한국 문제를 유우엔에 상정"했다는 서술(2-②)이나 "*미*국은 우리 민족 진영의 열렬한 요구를 무시할 수 없어 한국 문제를 유우엔에 제출"했다는 서술(2-⑤)도 주목할 만하다.

• 3차 및 5차 국정교과서는 한국의 독립 문제가 4개국 외상 회의에서 소련의 거부로 해결되지 못하자 미국이 한국의 독립 문제를 유엔 총회에 상정했다고 서술하고 있다. 이는 미국이 한국 문제를 유엔에 상정한 이유가 한국 독립 문제의 해결임을 밝히는 동시에 독립 문제가 해결되지 못한 원인이 소련 측에 있음을 분명히 하는 서술이다.[40]

---

40 미 · 소공동위원회 1, 2차 회의가 모두 결렬되자 미국은 1947년 9월 한반도 문제를 유엔에 상정하기로 결정했다. 미국이 소련과 합작하여 한국에 신탁통치를 실시하려던 정책을 유엔을 통해 남한에 민주정부를 수립하는 정책으로 바꾸는 데 꼬박 2년이 걸린 것이다. 이정식, 『대한민국의 기

• 6차에서는 5차까지의 서술과는 확연히 다른 서술이 이루어진다. "미국과 소련이 한반도에서 통일 정부를 수립하는 문제에 관해 의견을 달리하게 되자, *미국은 한반도 문제를 유엔에 이관*"했다고 쓰고 있는 것이다. 우선 2차부터 사용되던 용어 "한국 문제", "한국 독립 문제"가 "한반도에서 통일 정부를 수립하는 문제"로 바뀌었고, 유엔에 "제출" 또는 "상정"했다가 유엔에 "이관"했다로 바뀌었다. 앞에서 보았듯이, 1, 2차 교과서는 '독립'과 '대한민국 수립'을 동일시하고 있다. 이는 당시의 사람들에게 '독립'이 건국과 같은 의미였음을 뜻한다. 그런데 6차 교과서가 자의적으로 "독립"문제를 "통일" 정부 수립 문제로 바꾸어 버린 것이다. 이는 6차 교과서 집필에 '통일사학' 또는 '민중사학'이라 불리는 통일지상주의가 반영되었음을 보여주는 하나의 사례다.

6차 서술의 더 큰 문제는 미국이 한국 문제를 유엔에 상정한 이유를 명시하지 않고 있다는 것이다. 미 · 소가 통일 정부 수립 문제에 관해 이견을 보인 것이 미국이 한반도 문제를 유엔에 상정한 이유가 되지는 못하기 때문이다.

• 그런데 이처럼 미국이 한국 문제를 유엔에 상정한 이유도 명시하지 않고, 독립 문제가 해결되지 못한 원인이 소련 측에 있다는 것도 쓰지 않은 6차 교과서의 서술이 7차 이후의 교과서에서 대부분 그대로

원』, 일조각, 2006, pp.153-177.
　　그런데 상호 합의를 통해서 한반도에 통일된 독립 국가를 건설하겠다던 미 · 소 양국 가운데 약속을 먼저 깨뜨린 것은 소련이었다. 옛 소련이 해체된 후인 1993년에 공개된 문서에 따르면, 스탈린은 1945년 9월 20일에 이미 북한에 단독정권을 수립하라는 비밀 지령을 내렸다. 그리고 이 지령에 따라 소련은 모스크바 3상회의가 개최되기 훨씬 전부터 북한에 단독정권 수립을 기도했다. 이 정식, 위의 책, pp.440-441. 스탈린의 비밀 지령을 비롯한 한반도 정책 전반에 대한 구체적 분석은 pp.178-214 참조.

이어지고 있다.

• 미국이 한국 문제를 유엔에 상정한 이유에 대해 가장 편향된 서술을 하고 있는 것은 금성『한국 근·현대사』교과서다. 금성은 미국이 한국 문제를 유엔에 이관한 까닭이 미국이 유엔에서 유리했기 때문이라고 기술하고 있다.

> 미·소 공동 위원회가 깨어지자 미국은 자신들이 유리한 위치를 차지하고 있던 유엔에 한국의 문제를 넘겼다.

당시에 미국이 유엔에서 유리한 위치를 차지하고 있었다는 것은 어디까지나 추정일 뿐 역사적 사실로 보기 어렵다. 또한 유엔에 한국 문제를 "넘겼다"는 표현도 교과서에 적절한 것으로 보이지는 않는다.[41] 이처럼 금성교과서는 남한에서만 총선거가 실시되어 분단이 된 책임이 은연 중 미국 및 유엔에게 있다는 식으로 교과서를 서술하고 있다.

나. 남북한 총선거 실시 불가능 문제

유엔총회의 결의에 따라 8개국 대표로 구성된 유엔 한국 임시 위원단이 파견되어 남북한에서 총선거를 실시하려고 하였으나, 소련은 이 유엔의 활동에 반대하였고, 이에 따라 위원단의 북한에서의 활동은 좌

---

41 "미국은 자신들이 유리한 위치를 차지하고 있던 유엔에 한국의 문제를 넘겼다"는 금성교과서의 서술은, 당시 "미국 외교의 뒷마당"이던 유엔을 미국의 "분단지향적 정책을 합리화시켜 줄 수단"으로써 이용했다고 해석하고 있는 학계 일각의 역사 인식과 그 궤를 같이하고 있는 것으로 보인다. 이완범, 「분단국가의 형성 1: 미군정과 대한민국의 수립」, 한국역사정치연구회·김용직 편, 『사료로 본 한국의 정치와 외교: 1945~1979』, 성신여자대학교 출판부, 2005, p.42.

절되었다고 국사 개설서는 쓰고 있다. 그렇다면 남북한 총선거 실시가 불가능했던 이유에 대해 국사교과서에서는 어떻게 서술하고 있는가?

[표 26] 총선거 실시 불가능 이유

교과서		기술내용 (총선거 실시 불가능 이유)
1차	①	북한 괴뢰 집단에서는 (유엔 한국 위원단 감시 아래 자유선거를) 거절하매
	②	.
	③	북한의 괴뢰정권에서는 (남북한을 통한 총선거안을) 반대하였으므로
	④	소련과 그 괴뢰들은 끝끝내 (남북한을 통한 자유총선거에) 응치 아니 하였다
	⑤	북한의 공산주의자들이 (자유 총선거를) 거부하매
2차	①	소련과 북한의 공산주의자들은 국제 연합의 결정을 반대, 북한에서의 한국 위원단의 활동을 거부
	②	소련과 북한의 공산당은 (남북한 총선거를) 받아들이지 아니 하였기 때문에 부득이 선거가 가능한 남한에서만 총선거 실시
	③	.
	④	(남북한 총선거 등에 대한) 소련의 반대로 부득이 남한에서만 총선거 실시
	⑤	북한 괴뢰 집단이 유우엔 감시단의 입국을 거부
	⑥	소련의 집요한 반대로 북한에서의 총선거가 불가능해짐
3차	국정 (74)	소련과 북한의 공산주의자들은 (유엔 한국 위원단이 총선거를 감시하여 통일 독립 정부를 수립하는 것)에 반대하여 한국 위원단이 북한에서 활동하는 것을 거부
	국정 (79)	소련은 (유엔 한국 위원단이 총선거를 감시하여 통일 독립 정부를 수립하는 것)에 반대하여 한국 위원단이 북한에서 활동하는 것을 거부 [총선거를 통한 정부수립에 "한국의 적화를 바라는 소련 블록의 반대"가 있었음을 명기함]
4차	국정	소련은 한국 임시 위원단의 입북을 거절하였기 때문에 북한 지역에서의 선거 실시는 불가능 [총선거를 통한 정부수립에 "한국의 적화 통일을 희망하는 소련 측의 반대"가 있었음을 명기함]
5차	국정	소련이 유엔 한국 임시 위원단의 입북을 거절하였기 때문에 북한 지역에서의 선거 실시는 불가능
6차	국정	소련은 유엔 한국 임시 위원단이 북한에 들어오는 것조차 거절함. 소련과 공산주의자들이 반대하였기 때문에 남한에서만 선거가 실시될 수밖에 없었음

7차 근 현 대 사	금성	*소련과 북한은* (남북한 총선거를 통한 정부수립에) 반대하여 유엔 한국 임시 위원단이 북한에 들어오는 것을 거부
	대한	유엔 한국 임시 위원단이 (남북한 총선거 실시에 대한) *소련의 거부 때문에* 북한에 들어갈 수 없었다.
	두산	*소련은* 유엔 임시 위원단이 북한에 들어오는 것을 거부하였다
	법문사	*소련과 공산주의자들의* 반대로 유엔 한국 임시 위원단이 북한에 들어갈 수 없게 됨
	중앙	*소련은* 유엔 국 임시 위원단의 북한 입국을 막았음
	천재	*소련은* (유엔 한국 임시) 위원단의 38도선 이북 지역 방문을 거부하였기 때문에
'10 검 정 한 국 사	미래엔	*소련 측은* 유엔 한국 임시 위원단의 입북을 거부하였다.
	법문사	*소련은* 유엔 한국 임시 위원단의 38도선 이북 지역 방문을 거절하였다.
	비상	이남보다 인구가 적었던 *이북에서* (인구 비례에 의한 남북한 총선거를 통한 정부 수립을) 거부하여 유엔 한국 임시 위원단은 북한에 들어갈 수 없었다.
	삼화	*소련이* 유엔 한국 임시 위원단의 입북을 거부함으로써 남북한의 총선거가 불가능해졌다.
	지학사	*소련은* 총선거로 대표자를 선출하면 남한보다 인구가 훨씬 적은 북한이 불리할 것이라는 판단 아래 (유엔 한국 임시 위원단이) 북한에 들어오는 것을 완강히 거부했다
	천재	*북측은* 유엔 한국 임시 위원단의 입북을 허락하지 않았다

• 1차 및 2차 교과서의 대부분은 소련(또는 북한)의 "괴뢰" 또는 "공산주의자"들이 "끝끝내" 응치 아니 하였거나 그들의 "집요한" 반대로 "부득이" 남한에서만 총선거를 실시했다고 서술하고 있다. "끝끝내", "부득이" 등의 어휘에서 나타나듯, 남한에서만 총선거를 실시한 것이 어쩔 수 없는 것이었음을 강조하고 있다.

• 3차 국정 교과서부터는 "소련" 또는 "소련과 북한"이 유엔 한국 임시 위원단의 입북을 거부함으로써 남북한 총선거의 실시가 불가능했다고 서술하고 있다. 소련이 유엔 한국 임시 위원단의 입북을 거부한 것은 명백한 역사적 사실이어서, 이에 관한 서술은 2010검정 『한국사』에 이르기까지 그다지 큰 변화를 보이지 않는다.

• 하지만 왜 소련이 유엔 한국 임시 위원단의 입북을 거부했는가에 대한 서술은 2010검정『한국사』교과서에 이르면 달라진다. 비상『한국사』는 북한이 남북한 총선거를 통한 정부 수립을 거부한 까닭이 이북이 "이남보다 인구가 적었"기 때문이라고 보고 있다. 지학사『한국사』도 소련이 유엔 한국 임시 위원단입북을 거부한 까닭이 북한이 남한보다 인구가 적어 불리할 것이라는 판단 때문이라고 서술하고 있다. 2010검정『한국사』교과서의 서술은, "한국의 적화를 바라는 소련 블록의 반대"(3차 '79) 또는 "한국의 적화 통일을 희망하는 소련 측의 반대"(4차) 때문이라는 이전의 서술과 비교할 때, 남북한 총선거 실시가 불가능했던 데 대해 소련에 책임을 지우고는 있지만 그 비난의 정도는 확연히 약해졌다고 할 수 있다.

다. 5 · 10총선거 평가

비록 남북한 총선거 실시는 불가능했지만, 5 · 10총선거는 우리나라 역사상 최초로 실시된 보통 선거였으며, 직접 · 평등 · 비밀 · 자유라는 민주주의 원칙에 따른 선거였다. 역대 국사교과서에서는 5 · 10총선거를 어떻게 평가하고 있는가?

[표 27] 5 · 10총선거 평가

교과서		기술내용 (5 · 10총선거 평가)
1차	①	역사적인 총선거
	②	–
	③	–
	④	–
	⑤	역사적인 총선거

2차	①	역사적인 총 선거
	②	–
	③	–
	④	–
	⑤	–
	⑥	우리 역사상 최초의 총선거
3차	국정(74)	–
	국정(79)	–
4차	국정	–
5차	국정	–
6차	국정	–
7차 근현대사	금성	남한만의 단독 정부를 세우기 위한 총선거
	대한	–
	두산	우리나라 역사상 최초로 실시된 보통 선거였으며, 직접 · 평등 · 비밀 · 자유의 원칙에 따른 민주주의 선거
	법문사	남한만의 총선거
	중앙	우리 나라 역사상 최초의 민주 보통 선거에 의한 남한만의 총선거
	천재	남한만의 단독 선거
'10 검정 한국사	미래엔	역사상 최초로 국민의 대표인 국회의원을 지역별로 선출하는 총선거
	법문사	우리나라 역사상 최초로 실시된 민주 보통 선거
	비상	우리나라 최초의 보통 선거였으며 직접, 평등, 비밀, 자유 원칙에 따른 민주 선거
	삼화	남한만의 총선거
	지학사	우리나라 역사상 최초의 민주주의 선거
	천재	우리 역사상 최초의 직접, 평등, 비밀, 보통 선거

• 1차 및 2차 교과서에서는 5 · 10총선거가 역사적인 총선거였다고 평가하고 있다.

• 국정인 3차부터 6차까지는 5 · 10총선거에 대한 별다른 평가가 없다가 7차 이후 5 · 10총선거에 대한 평가가 다시 이루어진다. 이 평가

가운데 대부분은 5·10총선거가 우리나라 역사상 최초의 민주보통선거였다고 긍정적으로 서술하고 있다.

• 하지만 5·10총선거가 남한만의 총선거였다면서 그 의의를 폄훼하는 교과서도 등장한다. 같은 7차 교과서인데도 큰 차이를 보이고 있는 것이다. 두산과 금성의 두 교과서를 비교하면 다음과 같다.

유엔의 결의와 대다수 국민의 열망에 따라 제헌 국회를 구성하기 위한 역사적인 5·10 총선거가 실시되었다. (두산『한국 근·현대사』)

통일 정부의 건설을 바라는 국민적 열망과 여러 정치 세력들의 반대 속에 1948년 5월 남한만의 단독 정부를 세우기 위한 총선거가 실시되었다(5·10총선거). (금성『한국 근·현대사』)

소련의 반대로 "부득이" 선거가 가능한 남한에서만 총선거를 실시했다는 1~2차 교과서의 서술이 7차 금성교과서에서는 "남한만의 단독 정부를 세우기 위한" 총선거가 실시되었다는 서술로 바뀌고 만 것이다. 금성교과서의 5·10총선거에 대한 서술을 좀 더 자세히 보자.

통일 정부의 건설을 바라는 국민적 열망과 여러 정치세력들의 반대 속에 1948년 5월 남한만의 단독 정부를 세우기 위한 총선거가 실시되었다(5·10총선거). 총선거에는 김구와 김규식을 비롯한 남북협상 참가세력과 많은 중도계 인사들이 참가를 거부함으로써, 이승만과 한국 민주당, 그리고 일부 중도 세력만 출마하였다. (금성『한국 근·현대사』, 2006, p.264.)

금성교과서는 "통일정부의 건설을 바라는 국민적 열망과 여러 정치세력들의 반대 속에" 총선거가 실시되었다고 하여 대한민국의 건국에 다수 한국인이 반대한 것처럼 잘못된 인상을 주고 있다. 하지만 이러한 서술의 실증적 근거는 없다. 5 · 10 선거에 참여하지 않은 정치 세력은 전체 한국인 가운데 아주 소수에 불과하기 때문이다.[42] 5 · 10총선거에는 총인구 약 1995만 명 중 만 21세 이상의 유권자 984만 명의 79.7%가 등록을 하고, 등록 유권자의 92.5%가 참여했다. 선거 경험이 없는데다가 높은 문맹률, 좌익들의 총체적인 선거 방해가 있었다는 점을 감안한다면, 대한민국 정부수립에 대한 국민의 지지는 거국적인 것이었다. 남북협상을 주장하던 일부 민족진영의 선거 참여 거부가 있었지만, 총 200석 중 4 · 3사건이 발생했던 제주도 지역 2석을 제외한 198명의 국민 대표자가 선출되었다.[43]

7. 남북협상

앞에서 보았듯이, 제2차 미소공위가 결렬되자 미국은 한반도 문제를 유엔에 상정했다. 1947년 11월 유엔은 한반도에서 인구비례에 의한 총선거를 실시하여 통일정부를 수립하기로 결의했다. 이 결의에 따라 선거를 감시할 유엔한국임시위원단이 남한에 들어왔으나 소련의 거부로 위원단이 북한에 들어갈 수 없게 되자 1948년 2월 유엔은 "선거감시가 가능한 지역", 즉 남한에서만 총선거를 실시하기로 했다. 미군정

---

42 교과서포럼, 앞의 글, p.10.

43 김인걸 외 편, 앞의 책, pp.46-47.

은 이를 받아들여 5월 10일 남한에서만 총선거를 실시한다고 발표했다. 남북분단이 기정사실화 되어가자 김구와 김규식 등은 통일정부의 수립을 위한 운동에 나섰다. 이들은 북한의 김일성과 김두봉에게 남북 지도자회의를 제안했다. 북한은 남북회담의 규모를 확대하여 열 것을 수정 제의했고, 1948년 4월 하순, 10일간에 걸친 남북지도자회의가 평양에서 열렸다.

국사교과서에서는 이러한 남북협상에 대해 어떻게 서술하고 있는가? 남북협상에 관한 교과서 서술은 그 분량이 많으므로 편의 상, 남북협상 추진 주체, 남북협상 실패 이유만을 간추리면 다음과 같다.

[표 28] 남북협상 추진 주체 및 실패 이유

교과서		남북협상 추진 주체	남북협상 실패 이유
1차-4차		-	-
5차		김구, 김규식 등	-
6차		김구, 김규식 등	그들(=김구, 김규식 등)의 노력은 미·소 간의 냉전 체제하에서는 실현되기 어려운 것이었다. (195)
7차 근현대사	금성	김구, 김규식 등 민족주의자들과 좌우익 사이에서 중도적 입장을 취하던 정치 세력들	이를(=단독 정부 수립 반대) 관철시킬 만한 실제적인 방안이 없었으며, 통일 정부의 방향에 대한 민족주의자들과 공산주의자들의 생각에도 커다란 차이가 있어서, 단독 정부의 성립을 막는데 별다른 힘이 되지 못하였다. (262)
	대한	김구·김규식	-
	두산	김구·김규식 등	그들(김구·김규식 등)의 이상은 미·소의 대립에 의한 냉전 체제 형성이라는 현실의 벽에 부딪쳐 실현될 수 없었다. (266)
	법문사	김구·김규식	김구와 김규식은 통일 정부 수립을 위한 노력을 계속하였으나, 미·소 냉전이 격화되는 가운데 아무런 결실을 맺지 못하였다. (252)
	중앙	김구를 중심으로 한 한국 독립당 계열, 김규식, 홍명희, 안재홍, 원세훈 등 중도파 세력	그러나 미·소의 냉전이 격화되는 가운데 김구가 암살되고 (1949.6.26.), 김규식이 6·25 전쟁 때 납북됨으로써 이들의 노력은 실패로 끝이 나고 말았다. (282)

천재	김구와 김규식	이미 남북한에서는 분단 정부 수립을 위한 움직임이 구체화되었기 때문에, 이 회의(=남북한 정치 지도자들의 회의)가 분단 정부의 수립을 막을 수는 없었다. 북한은 이미 1946년 2월 북조선 임시 인민 위원회를 수립한 이후 사회주의적 사회 개혁을 통해 공산주의 체제를 확립하기 위한 계획을 진행 중이었다. 결국 분단 정부를 막기 위한 김구와 김규식의 노력은 무산되고 말았다. (276)
미래엔	김구와 김규식 등 (김구가 이끄는 한국 독립당과 김규식 등의 중도파 세력)	-
법문사	김구와 김규식	그러나 남한과 북한에서 각각 미국과 소련을 배경으로 단독 정부 수립을 준비하고 있었기 때문에 성과를 거둘 수는 없었다. (311)
비상	김구, 김규식 등	남북 협상은 당시 형성된 냉전 체제라는 현실의 벽을 넘을 수 없었다. 남한에 정부가 수립되고 북한 역시 정부 수립에 박차를 가하면서 남북 협상은 힘을 잃었다. (315)
삼화	김구와 김규식	그러나 남북한 지역 모두 정부 수립을 위한 준비가 진행되던 단계였기 때문에 결실을 보지 못하였다. (308)
지학사	김구 · 김규식	김구 · 김규식은 북한의 김일성 · 김두봉과 별도 회담을 가졌지만, 북한측의 의도대로 진행된 4자 회담에서 성과를 거둘 수 없었다. |도|움|자|료| 남북 협상은 왜 실패했을까? 김구와 김규식이 1948년 4월 21일 평양에 갔을 때 모란봉 극장에서는 이미 공산당으로만 구성된 전조선 제정당 사회단체 대표자 연석회의가 열리고 있었다. 이 회의는 공산당측의 의도에 따라 진행되어, 남한의 정치 지도자들에게는 자유로운 의사표시나 협상이 허용되지 않았다. 김구는 연석회의의 축사를 통해 남한의 단선(單選) 단정(單政)을 반대하는 것과 같이 북한의 단선 단정도 반대한다고 연설했으나, 북한의 언론은 김구가 남한의 단선 단정만을 반대한다고 보도하였다. 김구와 김규식은 4월 26일에 열린 김일성, 김두봉과의 회담에서도 남한과 북한의 단독 국가 수립을 모두 반대한다는 의사를 명확히 밝혔다. 그러나 김일성과 김두봉은 남한에 책임을 전가하는 자세를 취함으로써 합의를 이루지 못하였다. 북한은 1948년 8월 25일 '최고 인민회의 대의원 선거'를

표 왼쪽 세로 셀: 2010 검정 한국사

		실시하기에 앞서 해주에서 제2차 남북 협상 회담을 개최하자고 제의했으나 김구와 김규식은 이를 거절하였다. 이로써 남북 협상은 종결되었고, 남북 분단이 현실로 나타났다. 동서 냉전의 격화가 남북 협상을 실패하게 만든 밖의 요인이라면, 이것을 이용하여 권력을 독점하려는 정치 세력의 움직임이 안의 요인이라고 할 수 있다. (267)
천재	김규식, 홍명희 등 중도파들, 김구	이 회담(=남북 정치 지도자들의 회담)에서 북측은 사회주의 국가 체제를 염두에 둔 정부 수립 방안을 담은 공동 성명을 관철시키고자 노력하였다. 그러나 김구와 김규식은 이를 완강히 거부하였고, 결국 전조선 제정당 사회 단체 지도자 협의회 명의로 공동 성명서가 채택되었다. (생략) 이 성명은 이남의 단독 선거 추진 세력들에게 환영받기 힘들었으며, 유엔이나 미군정도 단독 선거 일정을 변경하거나 중지하지 않았다. (316)

• 대부분의 교과서는 남북협상을 추진한 주체를 김구와 김규식으로 보고 있다. 이들 외에 중도세력까지 남북협상의 주체로 포함시킨 교과서는 7차 금성, 중앙, 2010검정 미래엔, 천재 등이다.

• 남북협상이 실패한 이유는 6차 국정 교과서에서 처음으로 서술되었다. 이 교과서는 김구, 김규식 등의 노력이 "미·소 간의 냉전 체제 하에서는 실현되기 어려운 것"이었다고 함으로써, 남북협상 실패 이유로 냉전이라는 현실적 벽을 꼽고 있다.

• 이러한 6차의 해석이 그대로 서술된 교과서가 7차 두산, 법문사, 중앙이다.

• 이와 유사한 맥락에서, 남북한 모두 정부수립을 위한 준비가 진행되고 있었다는 현실적 이유로 남북협상이 실패했다고 보는 것이 2010검정 법문사, 삼화이다.

• 2010검정 비상은 "남한에 정부가 수립되고 북한 역시 정부 수립에 박차를 가하면서 남북 협상은 힘을 잃었다."고 하여 남한이 먼저 정부를 수립하고 북한이 나중에 정부를 수립한 것으로 서술하고 있는데 이는 그릇된 서술이다. 이 문제에 대해 올바른 서술을 하고 있는 것은 7차 천재 교과서다.[44] 그 내용을 보자.

> 북한은 이미 1946년 2월 북조선 임시 인민 위원회를 수립한 이후 사회주의적 사회 개혁을 통해 공산주의 체제를 확립하기 위한 계획을 진행 중이었다. 결국 분단 정부를 막기 위한 김구와 김규식의 노력은 무산되고 말았다. (7차 천재『한국 근·현대사』, p.276.)

위의 서술에서 보듯이, 북한이 남북협상 제의를 수락한 1948년 2월에는 북한은 이미 정권 수립을 마친 상태였다. 1946년 2월에 출범한 북조선 임시인민위원회가 법률을 제정, 집행하고 법률위반자를 처벌하는 북한의 단독 정부였다는 것은 북한의 역사서에 명확하게 서술되어 있다.[45] 1946년 11월에는 북한의 도·시·군 인민위원회 위원 선거가 있었으며, 1947년 2월에는 이 선거에서 선출된 위원들이 평양에 모

---

44 7차 천재 이외에도, 7차 두산, 7차 법문사는 북한이 남북협상 제의를 수락한 1948년 2월에는 이미 정권 수립을 위한 준비를 마쳤다고 서술하고 있다.

45 북한의 역사서 가운데 북조선 임시인민위원회가 북한의 단독 정부였다는 내용이 기록된 것은 다음과 같다.
   "북조선 임시인민위원회의 수립으로서 우리 인민은 그토록 오랜 세월을 두고 염원하던 진정한 인민정권을 가지게 되었으며 혁명의 강력한 무기를 틀어쥐게 되었다." (『현대조선력사』, p.186)
   "북조선 임시인민위원회는……민주주의민족통일전선에 입각한 인민정권으로서 인민민주주의 독재의 기능을 수행하는 정권이었다." (『조선통사(하)』, p.303)
   "북조선 임시인민위원회는 최고집행권을 행사하는 것과 함께 임시법령을 제정하고 공포할 권한도 다같이 가지고 있었다." (『현대조선력사』, p.185)

여 북조선 인민회의(=국회에 해당)를 구성하였고, 북조선 인민회의가 북조선 인민위원회(=행정부에 해당)를 선출하였다.

• 남북협상이 실패한 이유를 가장 상세하면서도 정확하게 서술하고 있는 것은 2010검정 지학사다. 김구 · 김규식은 북한의 김일성 · 김두봉과 별도 회담을 가졌지만, "북한측의 의도대로 진행된 4자 회담에서 성과를 거둘 수 없었다."는 것이다. 이 교과서는 또한 〈남북 협상은 왜 실패했을까?〉라는 도움자료에서, 1948년 4월 평양에서 열린 전조선 제정당 사회 단체 대표자 연석회의는 공산당으로만 구성되었으며, 이 회의는 "공산당 측의 의도에 따라 진행되어, 남한의 정치 지도자들에게는 자유로운 의사표시와 협상이 허용되지 않았다."고 서술하고 있다.

• 그렇다면 왜 북한은 김구 등의 남북 협상 제의를 받아들였는가? 그것이 북한 정권 수립을 정당화하려는 목적에서였다는 사실을 서술하고 있는 교과서는 7차 두산, 7차 법문사, 2010검정 비상뿐이다.

이 무렵 북한 당국은 1948년 초에 이미 인민군을 창설하고, 이어서 그들의 헌법 초안을 작성하여 북한 단독 정권 수립을 위한 준비를 마치고 있었다. 김구와 김규식 등의 남북 협상 제의를 받은 북한 당국은 이를 북한 정권 수립의 정당화에 이용할 목적으로 남북 회담의 규모를 확대할 것을 제의하였다. (7차 두산『한국 근 · 현대사』, p.266.)

북한은 이미 정권 수립을 위한 준비를 마쳤으나 이를 정치적으로 이용하기 위하여 남북 지도자 회의 제의를 받아들였다. (7차 법문사 『한국 근·현대사』, p.252.)

　　… 김구, 김규식 등은 이북에 남북한 정치 지도자 회담, 이른바 '남북 협상'을 제안하였다. 이북의 김일성 등도 북한 정권 수립을 정당화하는 데 도움이 된다고 판단하여 제의를 받아들였다. (2010검정 비상 『한국사』, p.315.)

　● 이처럼 남북협상은 북한의 정치적 목적에 이용당하다가 실패로 끝났음에도 불구하고 7차 금성교과서 등은 북한의 정치적 목적에 대해서는 전혀 언급하지 않고, 단독정부의 성립을 막지 못한 아쉬움만을 토로한다. 금성교과서는 여기서 한 발 더 나아가, 이승만과 김구를 각각 단독 정부 수립에 찬성한 세력과 반대한 세력의 중심인물로 삼아 대비시키고 있다. 아래의 서술을 보자.

단독 정부냐, 통일 정부냐

　다음 자료를 통하여 단독 정부를 둘러싼 두 지도자(김구와 이승만)의 입장을 알아보자.

| 자료 1 | 이승만의 정읍 발언 (1946년 6월 3일)

　이제 우리는 무기 휴회된 미·소 공동 위원회가 재개될 기색도 보이지 않으며, 통일 정부를 고대하나 여의케 되지 않으니, 우리는 남방만이라도 임시 정부, 혹은 위원회 같은 것을 조직하여 38 이북에서 소련이 철퇴하도록 세계 공론에 호소하여야 될 것이니 여러분도 결심하여야 될 것이다.

　그리고 민족 통일 기관 설치에 대하여 지금까지 노력하여 왔으나, 이번에는 우리 민족의 통일 기관을 귀경한 후 즉시 설치하게 되었으니, 각 지방에 있어서도 중앙의 지시에 순응하여 조직적으로 활동하여 주기 바란다.

≫ 국사 편찬 위원회, 자료 대한 민국사 II

| 자료 2 | 김구의 '삼천만 동포에게 읍고함' (1948년 2월 10일)

한국이 있어야 한국 사람이 있고, 한국 사람이 있고야 민주주의도 공산주의도 또 무슨 단체도 있을 수 있는 것이다. 그러면 우리의 자주 독립적 통일 정부를 수립하려 하는 이때에 있어서 어찌 개인이나 자기 집단의 사리 사욕에 탐하여 국가 민족의 백년 대계를 그르칠 자가 있으랴? …… 마음속의 38도선이 무너지고야 땅 위의 38도선도 철폐될 수 있다. …… 현시(現時)에 있어서 나의 유일한 염원은 3천만 동포와 손을 잡고 통일된 조국의 달성을 위하여 공동 분투하는 것뿐이다. 이 육신을 조국이 수요(需要)로 한다면 당장에라도 제단에 바치겠다. 나는 통일된 조국을 건설하려 38도선을 베고 쓰러질지언정 일신에 구차한 안일을 취하여 단독 정부를 세우는 데는 협력하지 아니하겠다.

≫ 국사 편찬 위원회, 자료 대한 민국사 VI

과제 1 당시 단독 정부의 구성에 찬성한 세력과 반대한 세력을 조사해 보자.
과제 2 자료 1과 2를 읽고, 이승만과 김구의 입장 중 하나를 택하여 당시 단독 정부 구성이 필요했는지, 또는 통일 정부 구성이 가능했는지를 토론해 보자.

(금성『한국 근 · 현대사』, 2006, p.263.)

• 금성교과서는 1946년 6월에 있었던 이승만의 정읍연설과 1948년 2월에 있었던 김구의 '삼천만 동포에게 읍고함'의 내용을 내세워 남북한 통일정부가 수립되지 못한 책임을 전적으로 이승만에게 지우는 서술을 하고 있다. 초대 대통령 이승만은 건국을 주도했으나, 건국은 분단 때문에 미완의 건국으로 봐야 한다는 것이 좌파의 기본 입장이다.

그들은 이처럼 이승만에 대해서는 인색한 평가를 내리면서도 김구, 김규식 등 남북협상파에 대해서는 무한한 경애를 보내고 있는데, 위의 인용문은 그 전형이다.

● 앞에서도 설명했듯이, 이 서술의 가장 큰 문제는 남북협상과 관련해서 김구, 김규식이 김일성에게 이용당한 측면을 누락시키고 있다는 것이다. 김구 등의 남북협상 제의를 수락한 1948년 2월에 북한은 이미 정권 수립을 마친 상태였고, 북한이 이를 수락한 것은 북한 정권 수립의 정당화에 이용할 목적에서였다.

● 그런데 북한에 친소정권을 세우겠다는 소련의 결정은 그보다 훨씬 이전에 이루어졌다. 소련은 일찍이 1945년 6월 말에 한반도에 친소적인 정부를 수립하는 것을 최우선으로 하는 정책적 결론을 보았고, 1945년 9월 하순에 북한지역에 독자적인 정권을 수립한다는 방침을 명확히 했던 것이다.[46] 그러므로 북한에 독자 정권을 수립한다는 소련의 결정(1945년 9월)은 남한만이라도 임시정부를 조직하자는 이승만의 정읍연설(1946년 6월)보다 훨씬 앞선 것이다. 더욱이 정읍연설은 위의 자료에서 보듯, "무기한 휴회된 미·소 공동 위원회가 재개될 기색도 보이지 않으며, 통일 정부를 고대하였으나 여의치" 않은 상황에서 나온 것이다. 즉 1946년 5월에 제1차 미·소 공위가 결렬됨으로써 통일의 전망이 어두워진 이후에 현실적인 차선책으로 제기된 것이다. 그럼에도 일부 교과서는 이승만이 마치 고의로 분단을 획책한 것처럼 묘사하고 있다.

---

46 김인걸 외 편, 앞의 책, p.21.

• 위의 서술 가운데 김구에 대한 서술은 무엇이 문제인가? 김구 등이 남북지도자회의를 제안했을 때 북한은 이미 인민위원회 정부가 소련공산당의 세밀한 지시 아래 토지개혁을 단행하고 인민군을 창설해 놓았으며 북한인민민주주의 공화국 헌법안을 소련의 스탈린이 검토하는 시점이었다. 그런데도 김구와 김규식은 평양행을 결심했고, 그 결과는 실패였다. 그런데 그 실패는 당시 웬만한 정치적 식견이 있는 인사들은 다 예견하고 있던 것이었다.[47] 평양회의에서 채택된 문서들의 내용에 비추어 볼 때 김구, 김규식 및 남한의 중도파는 북한 공산주의자들에게 일방적으로 이용당한 것이 분명하다.[48]

• 그러므로 위의 사례처럼, 교과서에서 이승만과 김구를 비교할 경우에 유의해야 할 것은 실제와 역사적 조명의 차이다. 험난하기만 했던 건국 과정에서 조속한 민족통일과 독립을 위한 방안을 둘러싸고 이승만과 김구의 의견이 갈라진 것일 뿐, 둘 중 누구도 분단의 고착을 원하지는 않았다. 이승만에게 분단의 책임을 전적으로 떠넘기기 전에 당

---

47 그러한 예견은 김구와 김규식만 한 것이 아니라, 남북협상론에 앞장서 온 조소앙, 그리고 중도우파의 지도자인 안재홍도 하고 있었으며, 당시 웬만한 정치적 식견이 있는 인사들은 다 그 성과가 없을 것을 예견하고 있었다. 북한으로부터 회담 성공을 보장하는 구체적 언질도 받지 못했으면서도 김구와 김규식은 평양행을 결심했다. 그들은 평양에서 가서 김일성 등과 담판하면 어떤 성과를 얻을 수 있을지도 모른다는 막연한 기대에서 그리고 남한단정에 반대하는 세력들의 여론조작성 '성원'에 밀려 평양으로 갔다. 양동안, 『대한민국 건국사: 해방 3년의 정치사』, p.486.

48 김구는 4월 20일 평양에 도착했으나 남북조선 제정당사회단체대표자 연석회의는 남쪽의 핵심인물인 김구와 김규식이 도착하기도 전인 19일부터 진행되고 있었다. 회의는 북한 공산주의자들이 이미 만들어 놓은 각본에 따라 일방적으로 진행되었으며 남쪽대표들은 당초 우려했던 대로 '미리 다 준비된 잔치에 참례만 하는' 꼴이었다. 김구, 김규식, 김일성, 김두봉 등의 4자회담이 열리긴 했으나, 그 회담 내용은 문서화된 결과가 없는 것이었다. 김구와 김규식은 서울에 도착한 후 4자회담에서 오간 구속력 없는 이야기를 마치 남북협상의 중요한 성과인 것처럼 주장했으니 그들의 순진성은 지나친 것이라고 아니 할 수 없다. 양동안, 위의 책, pp.487-488, 492, 493.

시에 통일된 독립 국가를 수립할 가능성이 있었는가를 냉철히 따져봐야 한다. 그리고 김구 등의 남북협상파에게 무조건적 경애를 바치기 전에 남북한이 대치하고 있던 당시의 한반도 상황 및 냉전이 강화되어 가던 국제정세를 고려할 때 남북협상론이 과연 실현가능했는가도 따져봐야 한다. 남한이 북한식 체제를 따르는 선택을 하지 않는 이상 남북협상은 어차피 불가능했을 것이기 때문이다.

8. 대한민국의 건국 및 정통성

> 1948년 5월 10일 남한에서는 드디어 총선거가 실시되었다. 남북협상파(南北協商派)가 불참하였고, 북한에 배정된 100석을 제외한 것이었으나, 198명이 국민의 대표로 선출되었다. 이에 5월 31일에는 국회가 열리었는데, 이 제헌국회(制憲國會)는 즉시 헌법의 제정에 착수하여 7월 12일에는 국회를 통과시켰고, 7월 17일에는 드디어 이를 공포하였다. 이 헌법의 절차에 따라 7월 20일에는 대통령선거가 실시되었는데(당시는 국회의 간접선거), 그 결과 이승만이 당선되었다. 이어 행정부가 조직되고 8월 15일에는 대한민국정부(大韓民國政府)의 수립이 국내외에 선포되었다. 그 해 12월에 대한민국은 유엔총회의 승인을 얻어 한국을 대표하는 유일한 합법적 정부가 되었다. 뒤이어 미국을 위시한 50여국의 개별적인 승인도 받게 되었다. (『한국사신론』, p.398.)

1948년 대한민국의 건국은 유엔의 결의를 따른 것이었고, 그 과정은 자유총선거, 국회 구성, 헌법 제정, 그리고 정부 수립의 4단계에 따라 진행되었다. 따라서 1948년 8월 15일에 정부 수립이 선포되었다는 것은 그 4단계의 마지막 작업이 이루어졌음을 의미하는 것이므로 건국이 완료되었음을 말하는 것이다. 그러므로 정부수립은 곧 건국이었다.[49] 1948년 8월 15일 대한민국의 건국은 1910년 망국 이래 꿈이었던 자주독립과 국민이 주권자인 민주공화국 건립의 꿈이 달성된 혁명적 사건이었다.[50] 그럼에도 불구하고 건국을 부정하고, '정부 수립'에 지나지 않는다고 격하하는 역사학계 일각의 주장이 최근의 국사교과서에도 고스란히 반영되고 있다. 이처럼 대한민국 건국과정을 둘러싼 분단정권 수립 시비는 결국은 대한민국의 정통성 시비로 이어져, 오늘날 한국 근현대사를 둘러싼 역사 분쟁의 핵심을 이루고 있는 것이다.

대한민국의 건국을 둘러싼 정통성 문제는 교과서에서 어떻게 다루어져왔는가? 왜곡된 서술은 언제부터, 그리고 어떻게 나타났는가? 이와 관련된 최근 교과서 서술의 문제점은 무엇인가? 이를 살펴보기 위해 교과서의 관련 기술부분을 모아 다음과 같은 표를 만들었다.

[표 29] 대한민국의 건국 및 정통성

교과서		항(項) 제목	본문 기술	(유엔 승인 후) 정통성
1 차	①	일본의 패전과 대한민국의 수립	대한민국 정부의 수립	대한민국의 국제적 승인을 얻음
	②	대한민국의 성립과 우리의 사명	대한민국(大韓民國) 이 건립	국제연합(國際聯合, UN)에서 승인을 받고 자유 민주주의 국가로 발전
	③	대한민국의 수립	대한민국의 독립	대한민국을 정당한 정부로 승인

---

49 이영훈, 「건국 기억의 60년간의 행보」, 대한민국사랑회 제1회 학술세미나 자료집 『왜 우리는 건국을 기념하지 않는가』, 2010.11.17, p.33; 양동안, 「대한민국은 언제 건국되었는가」, 대한민국사랑회 제1회 학술세미나 자료집 『왜 우리는 건국을 기념하지 않는가』, 2010.11.17, p.63.

50 이인호 서울대 명예교수는 대한민국의 건국을 프랑스 혁명에 비견되는 혁명적 사건으로 해석한다. 이인호, 「대한민국 건국은 혁명이었다: 거시사적 비교를 통한 건국의 재인식을 위하여」, 『대한민국은 왜 건국을 기념하지 않는가』, 이주영 엮음, 뉴데일리, 2011, pp.108-137.

	④	대한 민국의 수립	대한 민국 정부 수립	유·엔 총회에서 승인을 얻었으며, 또 미국을 비롯하여 50여 국가의 개별적 승인을 받아 당당한 독립국가로서 국제무대에 나서게 됨	
	⑤	독립	대한민국(大韓民國)의 수립	유엔의 승인을 받게 되고 또 미국을 비롯한 50여국의 개별적인 승인을 받아 태극기를 들고 국제무대에 등장	
2차	①	대한 민국의 성립	대한민국(大韓民國)이 성립	한반도를 대표하는 유일한 합법적 정부	
	②	대한 민국의 수립	대한 민국 정부(大韓民國政府)의 수립	한국을 대표하는 유일한 합법 정부	
	③	독립	대한 민국의 성립	유엔의 승인을 받게 되었고, 또 미국을 비롯한 50여 국가의 개별적인 승인을 받아 당당한 독립 국가로서 국제무대에 진출	
	④	대한 민국의 수립	대한 민국의 수립	한반도에서의 유일한 합법적 정부	
	⑤	독립	대한 민국을 수립	한반도의 유일한 합법 정부	
	⑥	대한 민국의 수립	대한 민국이 건국	한국에서의 유일한 합법 정부	
3차	(74)	대한 민국의 수립	대한 민국의 수립	한국에 있어서의 유일한 합법 정부	
	(79)	대한 민국의 수립	대한 민국의 수립	한국에 있어서의 유일한 합법 정부	
4차	국정	대한 민국 정부의 수립	대한 민국의 성립	한반도에 있어서의 유일한 합법 정부	
5차	국정	대한 민국 정부의 수립	대한 민국의 성립	한반도에 있어서의 유일한 합법 정부	
6차	국정	대한 민국 정부 수립	대한 민국의 수립	한반도에서 유일한 합법 정부로서의 정통성	
7차 근현대사	금성	02	대한 민국 정부의 수립	대한 민국 정부가 닻을 올렸다.	유엔 총회에서 승인을 받았다. 그러나 남한만의 정부가 세워진 것은 통일 민족 국가의 수립이 실패로 돌아갔음을 뜻하였다
		06	대한 민국 정부의 수립	대한 민국 정부가 수립	합법 정부
	대한		대한 민국 정부의 수립	대한 민국의 수립	선거가 가능하였던 한반도 내에서 유일한 합법 정부

	두산	대한 민국 정부의 수립	대한 민국의 수립	한반도에서 유일한 합법 정부
	법문사	대한 민국 정부 수립	대한 민국 정부의 수립	한반도 내의 유일한 합법 정부
	중앙	대한 민국 정부의 수립	대한 민국의 수립	민주적인 절차에 의하여 수립된 합법 정부
	천재	분단 정부의 수립	대한 민국 정부 수립	유엔의 대한 민국 정부 승인안은 대한 민국 정부의 행정관할권이 선거가 이루어졌던 지역, 즉 38도선 이남 지역에 한정되도록 결의되었다
2 0 1 0 검 정 한 국 사	미래엔	헌법을 제정하고, 정부를 수립하다	대한민국 정부 수립	선거가 가능했던 지역에서 유일한 합법 정부
	법문사	5·10 총선거와 정부 수립	대한민국 정부 수립	(제3차 유엔 총회 결의문 中) 선거가 가능하였던 한반도 내에서 유일한 합법 정부
	비상	대한민국 정부의 수립	대한민국 수립	합법 정부
	삼화	대한민국 정부가 수립되다	대한민국 정부가 출범	선거 감시가 가능했던 지역에서 합법적으로 수립된 유일한 정부
	지학사	대한민국의 수립과 국제 사회의 승인	대한민국의 수립	선거가 실시된 한반도 지역에서 유일한 합법 정부
	천재	대한민국 정부 수립	대한민국의 수립	선거가 가능하였던 38도선 이남에서 정통성을 가지는 유일 정부

가. 대한민국의 수립인가, 대한민국 정부의 수립인가

먼저 대한민국의 건국이라는 역사적 사건을 교과서에서 어떻게 서술하고 있는지 알아보기 위해 두 가지를 살펴보았다. 건국을 다루는 항(項)의 제목 및 본문에서의 기술이 그것이다.

• 1차부터 3차까지의 교과서는 대한민국의 건국에 대한 일반적인 기술을 살펴보면, 대부분 항 제목으로 '대한민국의 수립' (또는 '성립')

을, 본문에서도 '대한민국의 수립'(또는 '건립', '성립', '건국')을 사용하고 있다.

• 4차 교과서부터 항 제목이 '대한민국 정부의 수립'으로 바뀌어 2010검정 『한국사』 교과서까지 줄곧 이어지고 있다. 하지만 국정 교과서인 4차부터 6차까지는 교과서 본문에서는 모두 대한민국의 '수립', '성립', '국가 건설' 등의 용어를 사용하여 대한민국의 건국을 인정하고 있다.

• 하지만 7차 『한국 근·현대사』 6종 및 2010검정 『한국사』 교과서 6종, 총 12종 가운데 항 제목을 '대한민국의 수립'으로 쓰고 있는 교과서는 지학사 『한국사』 하나뿐이다. 나머지는 모두 '대한 민국 정부의 수립'으로 쓰고 있다. 최근의 교과서 12종의 항 제목 가운데 가장 문제가 되는 것은 7차 천재 교과서의 "분단 정부의 수립"이다. '대한민국' 대신에 '분단 정부'를 넣어 대한민국의 건국을 폄훼하고 있기 때문이다. 최근의 교과서 가운데 절반 정도는, 항 제목은 아니더라도, 본문에서는 대한민국이 수립되었다고 서술하고 있다. 하지만 나머지 절반은 대한민국이 수립되었다는 내용을 본문에서조차 찾아볼 수 없기에 대한민국의 건국을 부정하는 서술로 비추어질 소지가 있다.

나. 대한민국의 유엔 승인 및 그에 따른 정통성

1948년 8월 15일에는 대한민국정부(大韓民國政府)의 수립이 국내외에 선포되었다. 같은 해 12월 12일 신생 대한민국은 파리 제3차 유엔 총회에서 58개국 중 48개국의 찬성을 얻어 한반도 내 유일한 합법정부로 승인을 받았다. 뒤이어 대한민국은 미국을 위시한 50여국의 개별적인 승인도 받게 되었다. 대한민국에 대한 유엔의 승인은 대한민국의 정통성을 나타낸다. 이에 대해 국사교과서는 어떻게 서술해 왔는가?

• 1차 교과서의 대부분은 유엔을 통해, 또는 유엔 및 50여 국가를 통해 대한민국이 국제적 승인을 받았다고 서술하였다.

• 2차 교과서부터, 대한민국은 유엔총회의 승인을 얻어 한국 또는 한반도에서 "유일한 합법 정부"로서의 정통성을 지닌다는 서술이 확고하게 자리매김했다. 이러한 서술은 국정인 3차부터 6차 교과서까지 줄곧 견지되었다. 특히 6차에서는 대한민국의 정통성을 강조하는 서술이 늘어났다. 이 교과서는 2장 〈대한민국의 수립〉 '개요'에서, "1948년에 우리 국민의 총의에 의한 선거로 수립된 대한 민국은 역사적으로 대한 민국 임시 정부의 법통을 계승하였으며, 정치적으로는 자유 민주주의를, 경제적으로는 자본주의를 기본으로 삼았다."고 서술하고 있다(p.194). 이어 본문에서 "남한만의 총선거로 대한 민국을 수립한 것은 당시의 국내외 정세상 불가피한 일이었다." "대한 민국은 한반도에서 유일한 합법 정부로서의 정통성을 가질 수 있게 되었다."고 하여 재차 대한민국의 정통성을 강조하고 있다.

• 그러나 7차 『한국 근·현대사』 교과서부터는 오히려 대한민국의 정통성을 부정하는 방향으로 서술이 이루어진다. 7차 『한국 근·현대사』 및 2010검정 『한국사』 교과서의 대부분은 대한민국이 '선거가 가능했던(또는 실시된) 지역에서 유일한 합법정부'라고 서술하고 있다. 이는 대한민국이 38도선 이남에서만 정통성을 지닌다는 뜻이다. 실제로

천재『한국사』교과서는 대한민국이 38도선 이남에서 정통성을 지닌 다고 서술하고 있다.

　　12월에 대한민국은 제3차 유엔 총회에서 정식 정부로 승인되었 다. 그것은 선거가 가능하였던 38도선 이남에서 정통성을 가지는 유 일 정부임을 인정한다는 내용이었다. (천재『한국사』, p.318.)

이러한 서술은 대한민국의 영토를 한반도와 그 부속도서로 하고 있는 헌법과도 배치되는 서술이다. 대한민국의 국사교과서가 대한민 국의 정통성을 부정하는 것으로 해석될 소지가 있는 서술을 하고 있는 셈이다.

● 더욱 심각한 것은 아예 대한민국의 정통성 자체에 대해 아무런 언급도 하지 않는 교과서가 있다는 사실이다. 7차 금성『한국 근·현대 사』교과서의 해당 부분을 보자.

　　대한 민국 정부는 곧바로 유엔 총회에서 승인을 받았다. 그러나 남한만의 정부가 세워진 것은 통일 민족 국가의 수립이 실패로 돌아 갔음을 뜻하였다. (금성『한국 근·현대사』, 2002, p.264.)

대표적 국사 개설서인『한국사신론』의 해당 부분과 견주어보면 금 성의 서술이 얼마나 편향된 것인가를 금세 알 수 있다.

　　그 해 12월에 대한민국은 유엔총회의 승인을 얻어 한국을 대표 하는 유일한 합법적 정부가 되었다. (『한국사신론』, p.398.)

금성교과서는 유엔 총회에서 승인을 얻은 주체를 "대한민국"이 아닌, "대한 민국 정부"로 기술하고 있다. 금성에 따르면, 대한민국은 유엔의 승인을 얻었어도 "한국을 대표하는 유일한 합법적 정부"가 된 것이 아니다. "남한만의 정부"를 세웠기에 통일 민족 국가의 수립에 실패했다는 것이다.

• 금성교과서는 왜 이처럼 대한민국 자체를 인정하지 않으려 하는가? 금성교과서의 바로 이어지는 페이지를 보면 그 까닭을 알 수 있다. 〈대한 민국 정부의 수립〉이라는 항(項)에 이어 이 페이지에는 〈북한에 또 다른 정부가 들어서다〉라는 항이 있다. 이 페이지의 관련 내용을 보자.

> 남한에서 단독 정부 수립의 움직임이 표면화되자, 북한도 정부 수립을 위한 준비에 박차를 가하였다.
> 남과 북에 별개의 정부가 수립됨으로써 분단은 현실화되었다. 통일 국가의 수립은 좌절된 채, 민족적 과제로 남겨지게 되었다. (금성 『한국 근·현대사』, 2002, p.265)

금성은 남한이 먼저 "단독 정부 수립의 움직임"을 보였기 때문에 북한도 정부를 수립했다고 서술하고 있다. 남북 분단의 책임을 전적으로 남한에 지우는 이 서술은, 앞에서도 설명했듯이, 역사적 사실을 완전히 왜곡하는 것이다. 북한은 남한보다 앞서 1948년 2월에 이미 정권 수립을 마친 상태였기 때문이다. 또한 이 교과서는 남에 세워진 대한민국과 북에 세워진 정부를 대등하게 놓고, 별개의 정부가 수립됨으로써 "통일 국가의 수립은 좌절"되었다고 쓰고 있다.

대한민국은 '총선거', '국회구성', '헌법제정', '정부수립'의 과정을
거쳐서 건국되었다. '정부수립'은 건국의 마지막 단계였다. 그럼에도
불구하고 이들 교과서의 집필자들은 대한민국 '건국'이란 표현을 배제
하고 있다. 동시에 남한과 북한을 둘 다 '정부'라 칭함으로써 남한과
북한을 동일선상에 놓고 있는 것이다.

왜 이러한 서술을 하고 있는 것인가? 이 서술에는 대한민국은 한반
도에 세워진 두 개의 정부 가운데 하나일 뿐 국가가 아니라는 것, 그리
고 앞으로 수립될 통일 국가만이 유일한 국가라는 교과서 필진의 인식
이 저변에 깔려있다. 대한민국은 분단의 단초를 제공했기에 차라리 세
워지지 말았어야 하며, 통일 국가의 수립이 우리 민족의 과제라는 것
이다. 글자 그대로 통일지상주의에 매몰된 역사서술의 전형이다. 통일
지상주의에 기초하고 있는 이른바 '민중사관'에 입각해서 교과서를 서
술함으로써 이처럼 대한민국의 건국을 폄훼하고 대한민국의 정통성을
철저히 부정하기에 이른 것이다.

9. 제주 4 · 3 사건

광복 이후 남한에서는 좌우익 세력 간에 치열한 대립과 투쟁이 일
어났다. 1946년 공산당이 위조지폐 사건에 연루되면서 공산당 활동이
불법화되자 이후 지하의 빨치산 활동이 치열해졌다. 이는 제주 4 · 3
사건, 여수 · 순천 10 · 19사건 등의 발발과 연계되어 있다. 국사교과서
에서는 제주 4 · 3 사건을 어떻게 다루어왔는가? 제주 4 · 3 사건과 관
련된 최근 교과서의 문제점은 무엇인가?

먼저 교과서에서 제주 4·3 사건을 어떻게 부르고 있는지 알아보기 위해 간략표를 만들면 다음과 같다.

[표 30] 제주 4·3 사건 용어

교과서		기술내용 (제주 4·3 사건 용어)
1차	①	–
	②	–
	③	제주도에서 폭동
	④	–
	⑤	–
2차	①	–
	②	–
	③	–
	④	–
	⑤	–
	⑥	–
3차	국정 (74)	제주도에서의 폭동
	국정 (79)	제주도에서의 폭동
4차	국정	제주도 폭동 사건
5차	국정	제주도 4·3 사건
6차	국정	제주도 4·3 사건
7차 근현대사	금성(02)	4·3 사건
	금성(06)	제주도 4·3 사건
	대한	제주도 4·3 사건
	두산	제주도 4·3 사건
	법문사	–
	중앙	제주도 4·3 사건
	천재	4·3 사건
'10검정 한국사	미래엔	제주도 4·3 사건
	법문사	제주 4·3 사건

비상	제주 4 · 3 사건
삼화	제주 4 · 3 사건
지학사	제주 4 · 3 사건
천재	제주 4 · 3 사건

• 1차–3차 교과서에는 제주 4 · 3 사건을 가리키는 별도의 용어가 없다. 제주 4 · 3 사건에 대한 학계의 연구가 본격적으로 이루어지지 않았기 때문으로 풀이된다.

• 4차 교과서에서 "제주도 폭동 사건"이라는 별도의 용어를 처음으로 사용했다.

• 5차 교과서부터 '폭동'이라는 단어를 빼고 "제주도 4 · 3 사건"으로 바꾸어 불렀다. 5차에서 이미 '폭동'이라는 단어가 빠졌다는 것은 주목할 만하다. 이 용어는 7차 『한국 근 · 현대사』에 이르기까지 거의 모든 교과서에서 사용되었으며, 대부분의 2010검정 『한국사』 교과서에서는 "제주 4 · 3 사건"으로 바뀌어 사용되고 있다.

• 7차 교과서 가운데 금성과 천재는 단순히 "4 · 3 사건"으로 부르고 있는데, 이는 '제주도'라는 특정 지역을 가리키는 단어를 용어에서 빼려는 집필진의 의지가 반영된 것으로 보인다.

이처럼 제주 4 · 3 사건을 가리키는 용어는 쟁점의 대상이 아니다. 제주 4 · 3 사건의 목적에 대한 서술도 마찬가지로 쟁점이 되지 못한다. 5차 이후 교과서는 모두 이 사건의 목적이 5 · 10 총선거를 교란시

키기 위한 것이거나 단독정부 수립에 반대하기 위한 것이라고 서술하
고 있기 때문이다. 제주 4·3 사건에 대한 교과서 서술에서 문제가 되
는 것은 이 사건을 누가 일으켰는가, 그리고 이 사건의 성격은 무엇인
가 하는 것이다.

먼저 제주 4·3 사건을 일으킨 주체에 관한 교과서의 서술을 보기
로 하자.

[표 31] 제주 4·3 사건의 주체

교과서		기술내용 (제주 4·3 사건의 주체)
1차	①	–
	②	–
	③	공산분자
	④	–
	⑤	–
2차	①	–
	②	–
	③	–
	④	–
	⑤	–
	⑥	–
3차	국정 (74)	남한의 공산주의자
	국정 (79)	남한의 공산주의자
4차	국정	남한의 공산주의자들 공산 무장 폭도
5차	국정	공산주의자들
6차	국정	공산주의자들
7차 근현대사	금성	제주도의 공산주의자와 일부 주민들
	대한	500명 가량의 좌익 세력

2010검정 한국사	두산	*좌익* 세력을 중심으로 하는 도민들
	법문사	-
	중앙	공산주의자들
	천재	남한만의 단독 선거에 반대하는 도민들
	미래엔	단독정부 수립을 거부하는 *좌익* 무장대
	법문사	-
	비상	제주도의 공산주의자와 일부 주민들
	삼화	단독 선거 반대를 주장한 *좌익*들
	지학사	제주도 주민과 *남조선 노동당* 무장대
	천재	*남로당* 당원들

북한역사서	기술내용 (제주 4 · 3 사건의 주체)
『조선통사(하)』	제주도의 애국적 인민들

• 1차~6차 교과서는 모두 '공산주의자'가 이 사건을 일으킨 것으로 서술하고 있다.

• 7차 교과서부터는 이 사건의 주체에 대한 서술이 여러 가지로 나타난다. '공산주의자' 대신에 '좌익'이라는 표현을 쓰거나(7차 대한, 7차 두산, 2010검정 미래엔, 2010검정 삼화) 또는 '남조선 노동당', '남로당'을 쓰기도 한다(2010검정 지학사, 2010검정 천재).

• 또한 7차 교과서부터 상당수의 교과서가, '공산주의자'와 더불어 제주의 '주민들' 또는 '도민들'이 이 사건의 주체였다고 서술하고 있다. 7차 천재는 '공산주의자'에 대해서는 아무런 언급도 없이, "남한만의 단독 선거에 반대하는 도민들"이 궐기한 것으로 서술하고 있다. 같은 7차 교과서인데도 사건의 주체에 대해 전혀 다른 기술을 하고 있는 것

이다.

• 실제로는 제주 4 · 3 사건은 남로당이 주도한 좌익 세력의 활동으로 인해 일어난 사건이었다. 즉 5 · 10총선거에 반대하는 도민들이 궐기한 것이 아니라, 남로당 제주도당을 중심으로 한 제주도의 공산주의 세력이 대한민국의 건국에 저항하여 일으킨 무장반란이었다. 1948년 4월 3일, 남로당 제주도당의 무장대는 도내 경찰지서 등을 습격하여 사상자를 내기 시작했고, 이후 인민유격대로 재편되어 선거인명부를 탈취하거나 제주도 65개 투표소를 습격했다.[51] 그럼에도 불구하고 몇몇 교과서는 미군정의 진압 과정에서 마치 주민들이 집단적으로 대항하여 인민유격대를 조직한 것처럼 서술하고 있다. 남로당의 지령에 의해서 시작된 이 사건은 그 진압 과정에서 수많은 주민이 희생되는 끔찍한 유혈사태가 발생했다. 하지만 이 사건을 일으킨 주체가 남한만의 단독 선거에 반대하는 도민들이었다는 교과서의 서술은 왜곡된 서술이기에 앞서 그릇된 서술이다. 이 사건에 연루된 도민들은 피해자요 희생자이지 사건을 일으킨 주체가 아니었다.

다음으로 제주 4 · 3 사건의 성격에 관한 교과서의 기술을 보기로 하자. 교과서는 이 사건의 성격에 관해 다음과 같이 기술하고 있다.

[표 32] 제주 4 · 3 사건의 성격

교과서		기술내용 (제주 4 · 3 사건의 성격)
1차	①	-

---

51 이영훈, 『대한민국 역사: 나라만들기 발자취 1945~1987』, 기파랑, 2013, pp.131-136.

	②	-
	③	공산분자를 남한에 침투시켜 일으킨 폭동
	④	-
	⑤	-
2차	①-⑥	-
3차	국정(74)	북한의 공산주의자들이 남한의 공산주의자를 사주하여 일으킨 폭동
	국정(79)	북한 공산주의자들이 남한의 공산주의자를 사주하여 일으킨 폭동
4차	국정	북한 공산주의자들이 남한의 공산주의자들을 사주하여 일으킨 폭동 북한 공산당의 사주 아래 공산 무장 폭도가 봉기하여, 국정을 위협하고 질서를 무너뜨렸던 남한 교란 작전 중의 하나
5차	국정	공산주의자들이 남한의 5·10 총선거를 교란시키기 위해 일으킨 무장 폭동
6차	국정	공산주의자들이 남한의 5·10 총선거를 교란시키기 위하여 일으킨 무장 폭동
7차 근현대사	금성	단독 정부 수립 반대와 미군의 즉시 철수 등을 주장하는 제주도의 공산주의자와 일부 주민들의 무장 봉기
	대한	500명 가량의 좌익 세력이, 단독 선거 저지를 통한 통일 국가 수립, 경찰과 극우 세력의 탄압에 저항한다는 명분을 내걸고 경찰 지서와 서북 청년회 등의 우익 단체들을 습격한 무장봉기
	두산	좌익 세력을 중심으로 하는 도민들이 일으킨 무장 폭동. 미군 철수, 단독 선거 절대 반대, 경찰과 테러 집단 철수 등을 주장
	법문사	-
	중앙	공산주의자들이 남한의 5·10 총선거를 방해하고자 일으킨 소요 사건
	천재	남한만의 단독 선거에 반대하는 도민들의 궐기
'10검정 한국사	미래엔	단독정부 수립을 거부하는 좌익 무장대의 우익 단체 습격 사건
	법문사	단독 선거에 반대하여 일어난 사건
	비상	제주도의 공산주의자와 일부 주민들이 단독정부 수립 반대와 미군 철수를 주장하며 일으킨 무장봉기
	삼화	단독 선거 반대를 주장하며 일으킨 좌익들의 무장봉기
	지학사	제주도 주민과 남조선 노동당 무장대의 (5·10 총선거에 대한) 무력 항쟁
	천재	남로당 당원들을 중심으로 5·10 선거 반대와 남북통일 정부 수립을 주장하는 무장봉기

북한역사서	기술내용 (제주 4 · 3 사건의 성격)
조선통사(하)	제주도의 애국적 인민들이 망국단선을 분쇄하기 위해 궐기한 투쟁

• 1차−4차 교과서는 모두 제주 4 · 3 사건의 성격을 공산주의자가 일으킨 '폭동'으로 규정하고 있다.

• 5차와 6차 교과서는 공산주의자가 일으킨 '무장폭동'으로 규정하고 있다. '무장'이라는 단어가 추가된 셈이다.

• 7차 교과서부터는 이 사건의 성격을 이전의 교과서와는 완전히 다르게 서술하고 있다. 5, 6차와 마찬가지로 '무장폭동'으로 규정하는 것은 7차 두산 하나뿐이다. 7차 이후 '폭동이라는 단어 대신에 '봉기'라는 표현을 써서 이 사건의 성격을 '무장폭동'이 아니라 '무장 봉기'로 규정하는 교과서가 상당수 있다(7차 금성, 7차 대한, 2010검정 비상, 2010검정 삼화, 2010검정 천재).

• 그런가하면 7차 이후의 교과서 가운데는 '무장'이라는 단어마저 빼버리고, 아예 '소요 사건', '습격 사건' 등 '사건'이라는 표현을 써서, 제주 4 · 3 사건의 성격을 더욱 모호하게 만든 교과서까지 나타났다(7차 중앙, 2010검정 미래엔, 2010검정 법문사).

• 제주 4 · 3 사건의 성격에 관한 교과서 가운데 가장 문제가 많은 서술은 이 사건의 성격을 "남한만의 단독 선거에 반대하는 도민들의 궐기"라고 규정한 7차 천재 교과서의 서술이다. 위에서도 보았듯이, 제주 4 · 3 사건을 일으킨 장본인인 '공산주의자'에 대해서는 아무런

언급도 없이 이 사건의 주체를 "도민들"로 보고 있을 뿐 아니라 그 성격을 단순한 "궐기"로 규정하고 있기 때문이다.

• 제주 4 · 3 사건과 관련하여 7차『한국 근 · 현대사』교과서 및 2010검정『한국사』교과서에 나타난 움직임은 이 사건을 '폭동'이 아니라 '봉기' 또는 '사건'으로 규정해서 이 사건의 폭력성을 완화시키려고 노력한다는 것이다. 그런데 앞에서 우리가 살펴 본 동학농민운동에 대한 교과서의 서술은 이와는 정반대다. 7차 이후의 교과서는 동학농민운동이 전통적인 농민봉기였다는 서술 대신에 농민전쟁으로서의 성격을 강조하는 서술을 하고 있는 것이다. 제주 4 · 3 사건과 동학농민운동에 대한 국사교과서의 서술이 이처럼 완전히 상반된 방향으로 가고 있다는 것은 흥미로운 사실이 아닐 수 없다.

10. 이승만 정부 평가(1)

여기서는 6 · 25 전쟁 이전의 이승만 정부에 대한 평가의 두 축을 이루는 친일파 처리와 농지 개혁 문제가 교과서에서 어떻게 다루어져 왔는가를 살펴보려 한다. 이승만 정부는 건국 이후 반민족 행위 처벌법을 만들어 친일파를 처리하고 1949년 6월에는 농지 개혁법을 공포하여 농지 개혁을 실시하였다. 친일파 처리 및 농지 개혁에 관한 교과서의 서술은 어떻게 바뀌어왔는가? 이와 관련된 최근 교과서 서술의 문제점은 무엇인가?

가. 친일파 처리

먼저 친일파 처리 문제를 살펴보자. 이승만 정부의 친일파 처리와 관련한 교과서의 내용을 모아 표로 만들면 다음과 같다.

[표 33] 친일파 처리

교과서		기술내용 (친일파 처리)
1차	①-⑤	–
2차	①	–
	②	이승만 정권은 정치면에서 독재적 경향이 강하였으나 *외교면에서는 철저한 반일(反日), 반공(反共) 정책을 내세워 6 · 25 사변 후의 복잡한 국제 정치에 임하였다. 이 승만은 1951년 평화선(平和線)을 선언하여 인접 해양의 주권을 확립하고 누차 열린 한일 회담에서는 강경한 입장에 서 있었기 때문에 타협을 짓지 못하였다.* (248)
	③	–
	④	–
	⑤	–
	⑥	–
3차	국정	–
4차	국정	–
5차	국정	–
6차	국정	*그러나 반공 정책을 우선하였던 이승만 정부의 소극적인 태도로 인하여 친일파 처단에 소기의 성과를 거두지 못하였다.* (197)
7차 근 현 대 사	금성	*그러나 행정부나 경찰 곳곳의 주요 자리에 친일 행위를 한 인물들을 등용하고 있던 이승만 정부는 친일파의 처벌에 소극적이었다. 더 나아가 반민 특위의 활동이 활발해지자 이를 비난하는 한편, 노골적인 방해에 나섰다. 경찰을 동원하여 반민 특위를 습격하고 직원들을 연행하였다. 그리고 반민족 행위자의 범위를 크게 좁히고, 친일파 처벌의 기한을 줄임으로써 반민 특위의 활동을 사실상 막아버렸다. 이로 인해 친일파 처벌은 거의 이루어지지 못하였으며, 민족 정신에 토대를 둔 새로운 나라의 출발은 수포로 돌아갔다.* (266)
	대한	**5 도움글ㅣ반민 특위에 대한 반발과 방해 공작** *반민 특위가 친일 경찰 노덕술 등을 검거하자 이승만 정부는 불만을 터뜨리기 시작하였다. 심지어 이승만 대통령은 "반민 특위 활동이 3권 분립에 위배"되며, 좌익 반란 분자들이 살인, 방화 등을 저지르는 상황에서 경험 있는 경찰관을 마구 잡아들이는 것은 부당하다는 내용의 특별 담화를 발표한 데 이어 반민법 개정을 요구하*

		였다. 그 후, 이승만 정부는 일부 의원이 공산당과 내통하였다는 구실로 특위 위원들을 구속하였고, (생략) (259)
	두산	이승만 정부는 반공 정책을 우선하면서 친일파 처단에 소극적이었으며, 오히려 반민특위의 활동을 견제하고 억압하였다. (269)
	법문사	그러나 반공을 우선시하는 이승만 정부의 비협조, 친일 세력의 방해 공작 등으로 반민 특위 활동은 어려움을 겪었다. 이러한 상황에서 1949년 5월에 이승만 정부가 반민 특위를 주도하던 의원들을 공산당과 내통하였다는 구실로 구속하였으며, (생략) (254)
	중앙	그러자 반민족 행위 처벌법 제정에 반대하였던 극우 반공 세력과 이승만 정권은 반민 특위 활동을 조직적으로 방해하였다. (285) (생략) 이러한 상황 속에서 반공 정책을 가장 중요시하였던 이승만 정부의 비협조, 친일 세력의 방해 공작, 일본 경찰 출신 경찰 간부의 반민 특위 습격 사건 등으로 친일파 청산은 제대로 이루어지지 않은 채 끝나고 말았다(1949.8.31.). (285) (생략) 이승만 정부는 건국 이후 친일파 청산과 농지 개혁을 실시하였으나 국민들의 기대에 미치지 못하였다. (294)
	천재	반공 정책을 친일파 처리 문제보다 더 중요하게 생각하고 있었던 이승만 정부는 반민특위의 활동에 협조적이지 않으며, 일부 경찰이 포함된 친일파의 체포 및 처벌을 방해하였다. (278)
2 0 1 0 검 정 한 국 사	미래엔	이승만 대통령은 '반민 특위 활동은 3권 분립에 위배'되며, 좌익 반란 분자들이 살인, 방화 등을 저지르는 상황에서 경험 있는 경찰관을 마구 잡아들여서는 안 된다는 내용의 특별 담화를 발표한데 이어, 반민법 개정을 요구하였다. 이승만 정부는 일부 위원이 공산당과 내통했다는 구실로 반민 특위 위원들을 구속했고, 경찰을 동원하여 반민 특위 산하 특경대를 강제로 해산시켰다. (338)
	법문사	반민 특위 활동에 대해 이승만 정부는 반공을 우선시하면서 소극적인 자세를 취하였다. (316)
	비상	반민족 행위자 처벌보다 반공을 더 중요하게 여긴 이승만 정부는 경찰 고위급이 연행되자 반민 특위 활동에 비협조적인 태도를 취했다. (322) (생략) 이처럼 반민 특위의 활동은 이승만 정부의 소극적 태도, 친일 세력의 방해 공작 등으로 인해 별다른 성과를 거두지 못하였다. (322)
	삼화	반민 특위는 국민의 성원 속에 활동을 시작하였으나 이승만 정부는 친일파 처벌에 소극적이었다. 반민 특위 활동이 전개되자 이승만 정부는 특위 활동을 비난하였고, … (생략) … (312)
	지학사	그러나 이승만 정부는 공산주의 세력을 제압한다는 명분 아래 친일파 처단을 늦추고 반민특위의 활동을 방해하였다. 반민특위를 주도하던 국회의원들을 공산당과 연결되었다는 구실로 구속하였으며, (생략) (271)

| 천재 | *반공 우선의 정책을 추구하고 있던 이승만 대통령도 반민 특위의 활동에 부정적인 태도를 보였다.* (319) |

　• 친일파 처리 문제가 처음으로 국사교과서에서 서술된 것은 국정 인 6차에서다. 6차 교과서는 "*반공 정책을 우선하였던 이승만 정부의 소극적인 태도로 인하여*" 친일파 처단이 성과를 거두지 못하였다고 서술하고 있다. 이승만 정부가 친일파 처리보다 반공 정책을 우선하였 다는 이 서술은 이승만 정부가 반일보다 반공을 우선하였다는 뜻이다.

　• 7차 이후의 교과서 대부분은 이승만 정부가 친일파 처리보다 반 공 정책을 우선하였다는 6차 교과서의 서술과 유사하다. 그러나 지학 사 『한국사』 교과서는 이승만 정부가 반공 정책을 우선하였다는 데에 회의적이다.

　　이승만 정부가 공산주의 세력을 제압한다는 명분 아래 친일파 처단을 늦추고 반민특위의 활동을 방해하였다. (2010검정 지학사 『한국 사』, p.271.)

　이승만 정부에서 공산주의 세력을 제압하는 것은 정책이 아니고 "명분"에 불과했다는 것이다.

　• 7차 교과서 가운데는 이승만 정부가 친일파 처벌에 소극적이었던 이유가 반공 정책을 우선하였기 때문이라는 종래의 해석을 완전히 부 정하고, 이승만 정부가 친일 인물들을 등용하고 있었기 때문이라고 서 술하는 교과서도 있다.

행정부나 경찰 곳곳의 주요 자리에 친일 행위를 한 인물들을 등
용하고 있던 이승만 정부는 친일파의 처벌에 소극적이었다. (7차 금
성『한국 근 · 현대사』, p.266.)

반민 특위가 친일 경찰 노덕술 등을 검거하자 이승만 정부는 불
만을 터뜨리기 시작하였다. (7차 대한『한국 근 · 현대사』, p.259.)

위의 두 교과서의 서술은 이승만 정부가 친일파 처벌에 소극적이
었으며, 그 이유가 이승만 정부 자체가 친일적이었기 때문이라는 뉘앙
스를 강하게 풍기고 있다.

• 7차 이후의 교과서, 즉 최근의 교과서 가운데 일부는 이승만 정부
가 친일파 처리에 '소극적'이었다는 해석에서 그치지 않는다. 이들 교
과서는 이승만 정부가 아예 반민 특위의 활동을 "방해"하거나 또는
"억압"했다고 서술하고 있다. 이승만 정부의 친일파 처리 문제와 관련
하여 가장 극단적인 서술을 하고 있는 것은 7차 금성『한국 근 · 현대
사』교과서다. 다음의 두 인용문을 보자.

남한과 마찬가지로 북한도 단독 정부 수립의 과정을 밟아 나갔
다. 북한은 1946년 2월부터 '민주개혁'이라는 이름 아래 일제의 식민
지배를 청산하고 사회 체제를 바꾸는 일련의 정책을 시행하였다. 친
일파를 숙청하는 한편, 주요 산업을 국유화하였다. (금성『한국 근 · 현
대사』, 2006, p.265)

우여곡절 끝에 태어난 대한민국 정부가 가장 먼저 처리해야 할

것은 사회에 남아있는 일제 지배의 자취를 없애는 일이었다. 그 중
에서도 일제 통치에 협력하여 민족을 배신하고 자신의 이익만을
누리던 친일파를 단죄하는 일은 무엇보다 시급한 문제였다. 친일파
를 처단하자는 움직임은 광복 직후부터 거세게 일어났다. 그러나
미 군정의 옹호를 받은 이들은 도리어 고위 관리가 되어 행정을 담
당하거나 민족 지도자 행세를 하기까지 하였다. 정부가 수립되자
친일파를 처벌해야 한다는 여론이 다시 높아졌다. 이에 힘입어 국
회에서는 반민족 행위 처벌법(반민법)을 만들고, 반민족 행위 특별
조사 위원회(반민 특위)를 구성하여 주요 친일파에 대한 체포와 조
사에 나섰다. 반민 특위의 활동은 국민의 뜨거운 지지를 받았다. 그
러나 행정부나 경찰 곳곳의 주요 자리에 친일 행위를 한 인물들을
등용하고 있던 이승만 정부는 친일파의 처벌에 소극적이었다. 더
나아가 반민 특위의 활동이 활발해지자 이를 비난하는 한편, 노골
적인 방해에 나섰다. 경찰을 동원하여 반민 특위를 습격하고 직원
들을 연행하였다. 그리고 반민족 행위자의 범위를 크게 좁히고, 친
일파 처벌의 기한을 줄임으로써 반민 특위의 활동을 사실상 막아
버렸다. 이로 인해 친일파 처벌은 거의 이루어지지 못하였으며, 민
족 정신에 토대를 둔 새로운 나라의 출발은 수포로 돌아갔다. (금성
『한국 근·현대사』, 2006, p.266)

위의 서술은 많은 문제를 내포하고 있는데, 그 중에서도 가장 큰 문
제는 북한과 남한의 친일파 처리 문제를 평면적으로 대비시키고 있다
는 것이다. 위의 서술은 북한에서는 친일파가 철저하게 숙청된 반면에
남한에서는 친일파 처벌이 거의 이루어지지 못했다고 하면서 남북한의
친일파 처리를 대조하고 있다. 이러한 서술은 북한은 대한민국과는 달

리 철저하게 친일청산을 이룩함으로써 민족의 정통성을 가지고 있다는, 우리 사회에 널리 퍼진 그릇된 생각을 반영하고 있다. 그러나 그러한 생각은 북한에서는 어떤 사람들이 어떤 근거에서 친일파로 숙청되었는가에 대한 사실적인 이해에 근거하지 못한 그릇된 선전이나 막연한 추정에 불과하다. 건국 당시 이승만 정부와 김일성 정부가 친일파 문제에 대응한 방식과 그 실제적 결과를 비교한 최근의 연구에 따르면, 북한이 '철저한 친일청산을 했다'는 것은 한 마디로 거짓 신화이다.[52]

해방 후 북한에서는 친일파를 숙청하기 위한 법률이 제정된 적이 전혀 없다. 오직 공산주의자들의 초법적(超法的)인 인민재판과 그에 따른 처형과 추방이 있었을 뿐이다. 물론 남한에서는 그러한 인민재판이 가능하지 않았고, 1948년 건국 후에 특별법을 제정하여 친일파를 법에 따라 처벌하였다. 이 같은 차이를 외면하고 금성교과서는 북한에서는 친일파 청산이 철저했고 남한은 친일파 처벌이 거의 이루어지지 못했다면서 평면적으로 대비시키고 있다.[53]

위의 서술이 지닌 또 다른 문제는 이승만 정부를 친일 정부로 몰아감으로써, 대한민국의 정통성을 부정하려 한다는 사실이다. "행정부나 경찰 곳곳의 주요 자리에 친일 행위를 한 인물들을 등용하고 있던 이

---

52 '북에서는 철저한 친일청산이 이루어졌다'는 주장은 북한의 친일청산과 소련의 위성국가를 만드는 과정에서 있었던 소비에트 공산혁명과정을 구분하지 못하고 일방적인 북한의 선전과 주장에 동조하는 논리일 뿐이다. 오히려 공산주의와의 대결 상황에서 남한이 수행했던 친일청산이, 아쉬운 측면이 없는 것은 아니지만, 북한보다는 오히려 훨씬 더 역사적 의의를 찾을 수 있는 모습이었다. 류석춘, 「북한 친일 청산론의 허구와 진실」, 제23회 이승만포럼 발제문, 2013. 01. 10, pp.1-12.

53 해방 후 북한에서는 지주, 기업가, 관료들에 대한 공산주의자들의 인민재판이 이루어졌으나, 미군정이 지배한 남한에서는 그러한 인민재판이 가능하지 않았다. 대한민국은 건국 후에 특별법을 제정하여 친일파의 범주를 결정한 다음 법치의 원리에 따라 친일파를 체포, 구금, 수사, 기소, 재판, 처벌하였다. 교과서포럼, 앞의 글, pp.11-12.

승만 정부"가 반민 특위의 활동에 대해 "노골적인 방해에 나섰다"는 서술은, 위에서 설명했듯이, 이승만 정부 자체가 친일적이었기 때문에 친일파 처벌을 방해하고 나섰다는 취지의 서술인 셈이다. 게다가 바로 뒤이어서 "이로 인해 친일파 처벌은 거의 이루어지지 못하였으며, 민족 정신에 토대를 둔 새로운 나라의 출발은 수포로 돌아갔다."는 문장이 나온다. 이는 친일파 처리가 미진하다는 이유를 들어 이승만 정부를 폄훼하는 데서 더 나아가 대한민국의 정통성을 비방하는 서술이다.

대한민국 건국 후 관료기구와 경찰 및 군대조직에 일제하에서 관료와 경찰 및 장교를 지낸 사람들이 상당수 있었던 것은 사실이다. 하지만 그들은 대한민국의 건국을 주도한 사람들이 결코 아니었다.[54] 그럼에도 불구하고 최근으로 올수록 국사교과서를 포함한 국사책에서 대한민국이 친일파들에 의해 건국되었다거나 친일파들의 국가라는 주장이 많아진다. 이는 이승만 정부에 대한 교과서의 평가를 오래 된 순서대로 나열하면 확연해진다.

> 이승만 정권은 정치면에서 독재적 경향이 강하였으나 외교면에서는 철저한 반일(反日), 반공(反共) 정책을 내세워 6·25 사변 후의 복잡한 국제 정치에 임하였다. 이 승만은 1951년 평화선(平和線)을 선언하여 인접 해양의 주권을 확립하고 누차 열린 한일 회담에서는 강경한 입장에 서 있었기 때문에 타협을 짓지 못하였다. (2-②, p.248.)

> 그러나 반공 정책을 우선하였던 이승만 정부의 소극적인 태도로

---

54 양동안,『대한민국 건국사: 해방 3년의 정치사』, pp.573-575.

인하여 친일파 처단에 소기의 성과를 거두지 못하였다. (6차, p.197)

그러나 행정부나 경찰 곳곳의 주요 자리에 친일 행위를 한 인물들을 등용하고 있던 이승만 정부는 친일파의 처벌에 소극적이었다. 더 나아가 반민 특위의 활동이 활발해지자 이를 비난하는 한편, 노골적인 방해에 나섰다. (7차 금성, p.266)

2차 교과서만 해도 이승만 대통령이 일찍이 1951년에 평화선(平和線)을 선언하여 인접 해양의 주권을 확립했다는 사실을 교과서에 기술하면서, 이승만 정부가 "철저한 반일(反日), 반공(反共)" 정부였다는 평가를 내리고 있다. 그러다가 6차 교과서에서는 반일보다 "반공 정책을 우선하였던" 정부로 평가가 바뀐다. 7차 금성교과서에 이르면 이승만 정부가 아예 친일 정부인 것처럼 서술된다.

2차 교과서 검정연도가 1968년이고 7차 교과서 검정연도가 2002년이니, 34년 만에 "철저한 반일(反日)" 정부가 '친일 정부'인 양 매도되고 있는 것이다. 또한 1970년대 초까지 사용되던 2차 교과서에서 반일주의자요 반공주의자로 묘사되던 이승만 대통령이 최근의 교과서에서는 마치 친일 정부의 수반인양 묘사되고 있다. 왜 이런 변화가 생겨난 것일까? 앞에서 설명했듯이, 최근의 교과서 집필자 가운데는 대한민국을 태어나지 말았어야 할 나라로 여기는 이른바 '민중사학자'가 포함되어 있다. 그들에게 대한민국의 건국을 비방할 가장 좋은 방법은 대한민국을 건국한 초대 대통령을 비방하는 것이다. 그리하여 그들은 교과서에서 이승만의 부정적 측면만을 부각시키려 애쓴다. 이것이 교과서에서 농지개혁, 한미상호방위조약 체결, 교육개혁 등 이승만 대통령의 재임 시 업적에 대한 긍정적인 서술을 찾아보기 힘든 까닭이다.

그들이 찾아낸 이승만의 부정적인 측면 가운데 대표적인 것이 바로 친일파 처리 문제다. 그들은 친일파 처리가 미진하다는 이유로 이승만정부의 정통성을 폄훼하고 나아가 대한민국의 정통성을 폄훼한다. 민중사학자들에게 친일파 처리 문제는 대한민국의 정통성을 부정하기 위한 하나의 방편인 것이다.

나. 농지개혁

위에서 6 · 25 전쟁 이전의 이승만 정부에 대한 평가의 양축 가운데 하나인 친일파 처리 문제를 살펴보았다. 이어서 농지개혁 문제를 살펴보자.

ㄱ. 남한의 농지개혁

먼저 국사 개설서에서는 남한의 농지개혁에 대해 어떻게 서술하고 있는가를 보자.

남한의 농지개혁

대한민국 수립 이후 이승만정부는 여론의 압력과 좌익의 사회운동 격화 그리고 북한의 토지개혁으로 더 이상 토지개혁을 미룰 수 없음을 깨닫고, '농지개혁안'을 만들어 국회에 상정하였다. 그러나 지주 출신이 많았던 국회에서 오히려 견제를 받다가 1949년 6월에 가서야 '농지개혁법안'이 제정되고, 1950년 3월에 동시행령이 공포되었다. 그 결과 총경지의 약 40%에 달하는 89만 2천 정보의 땅이 유상매입, 유상분배의 원칙에 의해 재분배되었는데 3정보 이하의 땅은 매수대상에서 제외되었으며 3정보 이상의 땅도 지주들이 이미 팔아버린 경우가 많아서 개혁대상에서 제외되었다. 남한의 농지개혁은 북한에 비해 온건한 것

> 으로 소작인의 입장에서는 미흡한 것이지만, 그 대신 지주들의 피해를 줄여 북
> 한과 같은 부작용은 없었다. 6·25 전쟁이 일어나기 직전에 농지개혁이 이루어
> 진 것은 남한의 공산화를 막는데 일조하였다. (한영우, 『다시 찾는 우리 역사』,
> 2006, p.579.)

국사 개설서에서는 남한의 농지개혁이 북한에 비해 온건하여 소작
인의 입장에서는 미흡했지만 지주들의 피해를 줄여서 북한의 토지개
혁과 같은 부작용은 없었다고 서술하고 있다. 농지개혁이 6·25 전쟁
이 일어나기 직전에 이루어져 남한의 공산화를 막는데 일조하였다는
점도 명시하고 있다.

그렇다면 국사교과서에서는 이승만 정부의 농지개혁에 관해 어떻
게 서술해 왔는가? 교과서의 해당 내용을 모아보면 다음과 같다.

[표 34] 남한의 농지개혁

교과서		기술내용 (남한의 농지개혁)
1차	①~⑤	-
2차	①	-
	②	-
	③	-
	④	먼저 대한 민국에 있어서는 역사상 처음으로 민주주의의 정치체제가 성립되어, 의무 교육이 실시되고, 농지 개혁에 의하여 소작 제도가 폐지되었으며 (247)
	⑤	1949년 6월에는 농지 개혁법을 공포하여 유상 매수·유상 분배로 농민에게 농지를 나누어 주고 (245)
	⑥	-
3차	국정	-
4차	국정	-

5차	국정	대한 민국이 수립된 직후, 제1 공화국에서는 무엇보다 경제 재건에 뜻을 두고, 경제 정책의 기본 방향으로 농.공의 균형 발전, 소작제의 철폐, 기업 활동의 자유, 사회 보장 제도 실시, 인플레이션의 극복 등을 강조하였다. (189) (제1공화국은) 농지 개혁법을 제정하여 토지 개혁을 실시하는 등 *경제 안정 시책을 추진*하였다. (189)
6차	국정	정부는 또 농민들에게 토지를 배분해 주기 위해 농지 개혁법을 제정하였다(1949). 이 법은 이듬해에 일부 수정되어 실시되었는데, 그 원칙은 3정보를 상한으로 하여 그 이상의 농지는 유상 매입, 유상 분배한다는 것이었다. 이로써 그 때까지 소작농 *으로 시달렸던 많은 농민들이 자기 농토를 가질 수 있게 되었다.* (198) 이처럼 경제적 어려움에 직면한 대한 민국 정부는 경제 정책의 기본 방향을 농.공의 균형 발전, 소작제의 철폐, 기업 활동의 자유, 사회 보장제도의 실시, 인플레이션의 극복 등으로 설정하고, 이를 실천하기 위하여 노력하였다. 정부는 농지 개혁법을 제 정하고, 미국과 경제 원조 협정을 체결하여 *경제적 안정을 추구*하였다. (214)
7차 근 현 대 사	금성 (02)	1949년 농지 개혁법이 국회에서 통과되고, 1950년 3월에는 공포되어 시행에 들 어갔다. 농지 개혁은 6·25 전쟁으로 중단되었다가 전쟁이 끝나면서 다시 시작되 었다. 농지 개혁의 방식은 정부가 지주의 땅을 돈을 주고 사서, 실제 경작을 하는 농 민에게 돈을 받고 나누어 주는 '유상 매수, 유상 분배'였다. 농민은 분배받은 토지 에서 거두어들일 수 있는 1년 평균 생산량의 3배를 생산물로 5년에 걸쳐 나누어 내 야 했다. 일부 지주들은 개혁이 시간을 질질 끄는 사이에 땅을 팔아 치워, 실제 농지 개혁의 대상이 되는 토지는 크게 줄어들었다. 농지 개혁의 결과 사회적 지배 계급으로서 지주는 사라지게 되었다. 상당수의 농민 들이 자신의 땅을 가지고 직접 농사를 지을 수 있었다. 이제 농민들은 전근대 사회 *부터 계속되어 온 지주의 수탈에서 벗어날 수 있었다. 그러나 분배받은 토지의 가격 은 농민들이 농사를 지어 갚아 나가기에는 부담스러운 것이었다. 따라서, 이를 감당 하기 어려운 농민들이 분배받은 농지를 다시 팔고 소작을 하거나 도시로 떠나는 경 우도 있었다.* (322)
	금성 (06)	1949년 6월에 농지 개혁법이 공포되고, 1950년 3월에는 일부 개정되어 시행에 들어갔다. 농지 개혁의 방식은 '유상 매수, 유상 분배'였다. 농민은 분배받은 토지 에서 거두어들일 수 있는 1년 평균 생산량의 1.5배를 생산물로 5년에 걸쳐 나누어 내야 했다. 지주들에게는 매수한 농지의 가격에 해당하는 지가 증권을 발부하고, 이 를 5년으로 나누어 그 해 쌀값에 해당하는 현금을 보상하도록 하였다. 농지 개혁으로 사회적 지배 계급으로서 지주는 사라지고, 상당수의 농민들이 자신 의 땅을 가지고 직접 농사를 지을 수 있었다. 그러나 개혁이 시간을 끄는 사이에 일 부 지주들은 땅을 팔아치워 농지 대상이 되는 토지는 크게 줄었다. 더구나 *전쟁 등 으로 인플레이션이 심했던 당시, 토지 대금을 생산물로 납부해야 하는 제도는 농민 들의 부담을 크게 하였다. 정부가 재정상의 이유로 실시한 임시 토지 소득세법도 농 민들의 생활을 어렵게 하였다. 결국 이를 감당하기 어려운 농민들은 분배받은 농지 를 다시 팔고 소작을 하거나 도시로 떠나는 경우도 있었다.*

	지주들에게 지급되는 쌀값도 실제 시중 가격의 절반에도 못 미쳤으며, 그나마 정부의 재정 부족으로 보상도 지연되었다. 이 때문에 많은 지주들이 지가 증권을 액면 가격에 훨씬 못 미치는 값으로 팔아버리는 현상이 나타났다. (322)
대한	농지 개혁은 토지 재분배를 통해 농촌 경제를 안정시키고, 나아가 토지 자본을 산업 자본으로 전환시킴으로써 산업화의 토대를 마련하고자 한 것이었다. 그러나 농지 개혁을 실시할 때 지주들에게 토지 대금으로 준 지가 증권은 돈으로 바꾸기가 쉽지 않아 중소 지주층이 산업 자본가로 변신하는 데에는 어려움이 따랐다. 그리고 분배한 농지를 사고 팔지 못하도록 한 기간이 짧았기 때문에 토지 대금을 내지 못한 농민은 토지를 도로 파는 경우도 많았다. 이러한 한계가 있지만, 소작지 비율이 크게 줄어든 데에서 알 수 있듯이, 농지 개혁은 농촌의 토지 소유 구조를 크게 변화시켰다. (297)
두산	전면적인 농지 개혁의 문제는 이승만 정부로 넘겨졌다. 정부와 국회는 농지 개혁 법안의 마련에 착수하여 1949년에 농지 개혁법을 제정하였으나, 정부의 재정 부담 과다로 시행하지 못하였다. 이후 1950년 3월에 농지 개혁법을 일부 개정하여 이를 시행하였다. 이 농지 개혁법의 골자는 3정보를 상한으로 하여 그 이상 지주가 소유한 농지는 국가가 유상 매입하고 이를 소작농에게 유상 분배하는 방식이었다. (271) 농지 개혁법의 시행으로 그때까지 소작농으로 시달렸던 가난한 농민들이 자기 농토를 가질 수 있었다. 6·25 전쟁이 일어나기 직전에 농지 개혁을 시작한 것은 남한의 공산화를 저지하는 데에도 기여하는 요인이 되었다. (271)
법문사	이승만 정부는 농민들의 토지 분배 문제를 해결하기 위하여 1949년 6월에 농지 개혁법을 제정하고 이듬해부터 농지 개혁을 실시하였다. 이에 따라 소유자가 직접 농사짓지 않는 농지는 국가에서 사들여 5년 간 보상하고, 사들인 농지는 영세 농민에게 유상 분배하고 5년 간 농산물로 상환하도록 하였다. 그 결과 많은 소작농이 자기 농토를 가질 수 있게 되었다. 또한 이러한 농지 개혁은 6·25 전쟁 당시 남한의 공산화를 막는 데 기여하였다. (255)
중앙	이승만 정부는 광복 이후 줄기차게 전개되어 왔던 농민의 토지 개혁 요구를 해결하기 위하여 1949년에 농지 개혁 법안을 제정하고, 다음 해 3월에 이를 일부 개정하여 실시하였다. 그 결과 소작농으로 시달렸던 가난한 농민들이 농토를 가질 수 있게 되었다. 6·25 전쟁이 일어나기 직전에 농지 개혁을 시작한 것은 남한의 공산화를 저지하는 요인이 되기도 하였다. (288)
천재	정부 수립 후 1949년 농지 개혁법이 국회를 통과하여 이듬해 봄에 이를 공포하고 시행에 들어갔다. 농지 개혁은 정부에서 돈을 주고 지주의 토지를 사들여 다시 돈을 받고 농민들에게 농지를 파는 유상 매수, 유상 분배의 방식으로 이루어졌다. 이때 지주들은 토지를 처분해서 얻은 자본을 산업 자본으로 전환하여 산업 자본가로 탈바꿈하려 하였다. 그러나 지주들은 토지 대금으로 받은 지가 증권을 돈을 바꾸기가 쉽지 않았으며, 곧이어 6·25 전쟁이 발발하자 지가 증권을 헐값에 팔 수밖에 없었다. 이로써, 대다수의 지주층은 산업 자본가로 변신하는 데 실패하고 대부분 몰락의 길을 걸었다.

반면 농민들은 이제 자신의 땅에서 직접 농사를 지을 수 있게 되었으나, *분배받은 토지의 가격이 농사를 지어 갚아 나가기에는 너무 큰 부담이어서 이를 부담할 형편이 못되는 농민들은 분배받은 농지를 다시 팔고 소작을 하거나 도시로 떠나야만 하였다.* (325)

학습 도움글| 대한 민국 정부의 농지 개혁

1949년 6월 정부는 국회를 통과한 농지 개혁법을 수정하여 1950년 3월에 정식으로 공포하였다. 그 내용은 3정보를 상한으로 하여 그 이상의 농지는 국가에서 유상 몰수하고, 이를 3정보 한도 내에서 농민들에게 유상으로 분배하는 것이었다. *그러나 삼림·임야 등의 비농경지가 제외되고 농지만을 대상으로 하는 개혁에 그쳤으며, 개혁 자체가 농민의 이익이 배제된 가운데 지주층 중심으로 이루어져 소기의 목적을 달성할 수 없었다. 더구나 6·25 전쟁으로 물가가 급등하여 농지 상환가를 부담해야 하는 농민의 고통이 컸으며, 농민들 중에는 분배받은 토지를 전매하여 토지 없는 농민이 증가하는 현상도 나타났다.* (324)

경작 농민을 위한 본격적인 농지 개혁은 대한민국 정부 수립 후 농지 개혁법이 제정된 후 추진되었다. 농지 개혁법은 1949년 6월 공포되었다. 그러나 정부에서는 재정 부담이 크다는 이유로 시행하지 않다가 보상액과 상환액을 같도록 개정한 후 1950년 3월 공포하여 시행하였다. 농지 개혁은 유상 매상과 유상 분배를 원칙으로 하여 1가구당 3정보 정도를 소유하도록 하였다. (340)

[농지 개혁의 의의]

농지 개혁 실시로 농촌의 토지 소유관계는 크게 변화하여 1945년 말 전체 농지의 65%가 소작지였는데, 1951년에는 8%에 불과하게 되었다. 소작지가 크게 줄어든 요인은 미군정의 귀속 농지 유상 분배와 정부의 농지 개혁 실시였지만, 농지 개혁을 대비한 지주들의 임의 처분도 주요한 요인으로 작용하였다. 농지 개혁은 토지 재분배를 통해 토지를 경작하는 농민층을 중심으로 농촌 경제를 안정시키고, 지주의 토지 자본을 산업 자본으로 전환하여 산업화의 토대를 마련하고자 한 것이었다.

그러나 토지 대금으로 받은 지가 증권은 현금화가 어려워 중소 지주층이 산업 자본가로 전환하는 데는 어려움이 있었다. 또, 가난한 농민은 분배받은 토지를 도로 파는 경우도 있었다. 이러한 한계가 있지만, 농지 개혁은 농민들이 유사 이래 처음으로 자신의 토지를 소유하여 신국가 건설 의지와 희망을 갖도록 했다는 점에서 역사적 의미가 큰 것이었다. (340)

대한민국 정부가 수립된 다음 해인 1949년 6월에 농지 개혁법이 공포되고, 1950년 3월에는 농지 개혁법이 일부 개정되어 시행에 들어갔다. 농지 개혁은 6·25 전쟁으로 중단되었다가 전쟁이 끝나면서 다시 시작되어 1957년에 종결되었다. 농지 개혁의 방식은 3정보를 상한으로 하여 정부가 지주의 땅을 돈을 주고 사서, 실제 경작을 하는 농민에게 돈을 받고 나누어 주는 '유상 매수, 유상 분배'였다. 농민은 분배받은 토지에서 거두어들일 수 있는 1년 평균 생산량의 1.5배에 해당하는 생산물을 5년에 걸쳐 매년 정부에 나누어 지불함으로써 소유권을 인정받았다.

농지 개혁의 결과 지주 중심의 토지 소유가 폐지되었으며, 농민들은 소작농에서 벗

(좌측 세로 표기: 2010 검정 한국사 / 미래엔 / 법문사)

	어나 자기 농토를 가지게 되었다. 그러나 *분배받은 토지의 가격은 농민들이 농사를 지어 갚기에는 부담스러운 것이었다. 결국 이를 감당하기 어려운 농민들이 분배받은 농지를 다시 팔고 소작을 하는 경우도 있었다. 지주들도 대부분 땅값으로 받은 지가 증권을 6·25 전쟁 동안 헐값으로 팔아 생계 비용에 충당함으로써 몰락하여 근대 산업 자본가로 전환하는 데 실패하였다.* (317)
비상	이승만 정부가 들어서자 본격적인 농지 개혁이 진행되었다. 정부와 국회는 1949년에 농지 개혁법을 제정하고, 이듬해 3월에 이를 개정하여 시행하였다. 이 법의 핵심은 한 가구당 3정보를 소유 상한으로 하여 그 이상의 토지는 국가가 유상 매입하고 소작농에게 유상 분배하는 것이었다. 농지 개혁으로 지주 중심의 토지 소유가 폐지되고 농민 중심의 근대적 토지 소유가 확립되었다. 또한, 농지 개혁은 농민들의 토지 소유 욕구를 어느 정도 만족시켜 주었다. *그러나 법이 시행되기 전에 지주가 미리 땅을 팔아치운 경우도 있어 농지 개혁 대상 토지가 줄기도 하였다.* (318-319)
삼화	정부가 수립되자 토지 개혁에 대한 논의는 본격화되었고, 1949년 농지 개혁법을 공포하게 되었다. 농지 개혁은 '유상 매수, 유상 분배'를 원칙으로 하였으며, 호당 분배받을 수 있는 최대 면적은 3정보(약 30,000m2)였다. 그러나 정부의 재정 부족으로 지주들에게는 지가 증권을 주었으며, 농민은 연간 소출량의 150%를 5년간 정부에 분할 상환하였다. 농지 개혁은 6·25 전쟁으로 중단되었다. 그러나 전쟁 전까지 70~80%가 농민에게 분배될 정도로 상당한 진척을 보였고, 전쟁이 끝난 후 재개되었다. 농지 개혁 후 일부 농민은 분배받은 토지를 다시 팔기도 하였다. 그러나 *개혁으로 농민은 토지를 소유한 자작농으로 전환하였고, 전근대적인 지주제는 사라졌다. 농민들의 생산 의욕도 높아져 농업 생산이 늘게 되었으며, 자립적인 경제 주체로 성장하는 기반을 마련하였다.* (315)
지학사	대한민국의 수립 이후 정부와 국회는 농지 개혁법을 제정하였다(1949). 그러나 그대로 시행하지는 못하고 1950년 2월에 그 법의 일부를 개정하여 3월부터 농지 분배를 시작하였다. 농지 분배는 6·25 전쟁으로 한때 중단되기도 하였지만 재개되어 1957년에 완료되었다. 그리하여 농업에서 지주 계급은 사라지고 자작농이 주역으로 부상하였다. **도l움l자l료l 남한의 농지 개혁과 북한의 토지 개혁** 남한의 농지 개혁은 국가가 지주의 농지를 매입하여 영세 농민에게 매각하는 방식이었다. 지주에게는 연 수확량의 150%에 해당하는 지가를 매수 대금으로서 5년 동안 지가증권으로 지급하고, 농민에게는 연 30%씩 5년에 걸쳐 현물로 납부하도록 하였다. 농지 소유의 상한은 3정보(29,752m2)로 제한하였다. *지주 제도가 철폐되어 자기 토지를 경작하는 농민이 농업의 주역으로 등장하고 지주와 소작인 사이의 갈등이 사라짐으로써 경제·사회의 안정에 기여하였다. 그러나 농지 개혁은 6·25 전쟁 중에 실시된 데다가, 인플레이션으로 지가증권의 가치가 하락하고, 현물 납부의 부담이 커져서 지주와 농민에게 불리한 면도 있었다.* (272)

천재	한편 정부는 미군정이 제안하였으나 지주층의 반대로 실시되지 못하였던 농지 개혁을 단행하였다. 1949년 공포된 농지 개혁법은 유상 매수, 유상 분배의 방식으로 추진되었다. 그 결과 전통적 지주 · 소작제가 붕괴되고 농민들이 토지를 소유하게 됨으로써 근대 자본주의적 토지 소유 구조가 발전할 수 있게 되었다. (319)

• 1차–4차까지의 교과서 가운데 농지개혁에 의해 소작제도가 폐지되었다는 사실을 서술하고 있는 교과서는 2-② 하나뿐이다.

• 5차 교과서가 처음으로 농지개혁이 경제 안정 시책이었다는 사실을 서술하고 있고, 이 내용은 6차 교과서로 이어졌다. 6차 교과서는 농지 개혁법이 "농민들에게 토지를 배분해 주기 위해 제정"되었으며, 그 결과 "소작농으로 시달렸던 많은 농민들이 자기 농토를 가질 수 있게 되었다."고 서술하고 있다.

• 1950년의 농지개혁은 다른 나라에서는 그 유례가 없을 만큼 성공적인 개혁이었다고 평가된다. 농지개혁의 대상은 당시의 경제적 상층계급이던 지주들이었다. 즉 농지개혁은 일제시기에 돈을 많이 번 친일적인 지주들의 물적 기반을 허무는 작업이었다. 농지개혁의 결과, 많은 소작농이 자기 농토를 가질 수 있게 되었다. 그리하여 농지개혁은 6 · 25 전쟁 때 국민들이 남한의 편에 서서 북한에 대항해 싸우는 기반이 되었다. 즉 농지개혁이 남한의 공산화를 저지하는 요인이 되었다는 것이 학계의 연구 결과이다. 앞에서 보았듯이, 국사 개설서 『다시 찾는 우리 역사』에서도 이를 반영하여 "6 · 25 전쟁이 일어나기 직전에 농지개혁이 이루어진 것은 남한의 공산화를 막는데 일조하였다."고 쓰고 있다.

• 하지만 7차 『한국 근 · 현대사』 6종 및 2010검정 『한국사』 6종, 총

12종 가운데에서 농지개혁이 남한의 공산화를 막는데 기여했다고 서술하고 있는 교과서는 단 3종뿐이다(7차 두산, 7차 법문사, 7차 중앙).[55] 오히려 몇몇 교과서는 분배받은 토지의 가격이 농민들에게는 부담스런 것이었다는 이유를 들어 농지개혁을 부정적으로 평가하고 있다(7차 금성, 7차 천재, 2010검정 법문사). 농지개혁의 성과나 의의에 대해서는 외면한 채 농지 상환가를 문제 삼아 농지개혁 전체를 부정적으로 묘사하는 대표적인 사례는 다음과 같다.

| 자료 2 | 농지 개혁을 둘러싼 농민과 지주의 입장

《농민 캐릭터》 저는 조상 대대로 소작을 부쳐온 농민입니다. 일제 치하에서는 이래저래 고생도 많이 했지요. 이제 광복도 되고 우리 정부도 세워졌으니 우리같은 농민들도 살맛나게 살아봐야 되지 않겠습니까? 듣자 하니 북에서는 농민들에게 농사지을 땅을 나누어 주었다고 합니다. 그런데 우리는 제 값을 다 주고 사야 한다지요. 그렇게 비싼 돈을 주고 농토를 살 수 있으면 아직까지 소작농으로 살아왔겠느냐 이 말입니다. 우리에게도 땅을 무상으로 주시오. 지주들의 반대 때문에 무상 분배가 어렵다면 1년치 생산물 정도로 낮춰주어야만 현실성이 있다고 생각합니다. 지금은 1년치하고도 반년치 농사거리를 더 내놔야 땅을 받을 수 있다니, 그 동안 우리는 뭘 먹고 살란 말입니까?

《지주 캐릭터》 모든 국민들이 토지 재분배를 원한다고 하니 나라를 위하는 마

---

55 물론 2010검정 『한국사』 교과서의 대부분이 농지개혁으로 전근대적 지주제가 사라지고 자작농이 부상했다는 등, 농지개혁의 의의에 대해 긍정적으로 서술하고 있기는 하다. (2010검정 미래엔, 2010검정 삼화, 2010검정 지학사, 2010검정 천재)

> 음에 땅을 내놓을 수는 있습니다. 하지만 엄연히 내 재산인데
> 정당한 대가를 받아야 하지 않겠습니까? 땅을 팔고 나서 저도
> 제 살 궁리는 해야 하니 말입니다. 땅을 팔고 나면 그 돈을 가지
> 고 공장을 짓든가 회사를 차릴 생각인데 땅값을 제대로 못받으
> 면 곤란하지요. 우리같은 민주 자본주의 국가에서 남의 재산을
> 헐값에 빼앗으려 한다니 말이 됩니까? 농민들이 정 돈이 없어
> 땅값을 내기 힘들다면 국가에서 나머지 돈을 보상해주어야 합
> 니다. 제값도 받지 않고 팔라는 건 정말이지 말도 안 됩니다.
>
> (금성『한국 근·현대사』, 2006, p.323.)

　　이 교과서에서 만화로 그려진 농민 캐릭터는 북한에서는 농민들에게 토지가 무상으로 주어졌지만, 남한에서는 비싼 돈을 주고 토지를 사야한다고 이야기하는데 이는 그릇된 서술이다. 우선 북한의 토지 개혁은 '무상 분배' 방식으로 이루어진 것이 아니었다. 이는 북한의 토지개혁 법령 자체에 명기(明記)되어 있다. 1946년 3월 5일에 공포된 〈북조선 토지개혁에 대한 법령〉 제10조는 '본 법령에 의하여 농민에게 분여된 토지는 매매치 못하며 소작 주지 못하며 저당하지 못함'을 명시하고 있다.[56] 즉 북한에서 농민들에게 주어진 것은 토지의 소유권이 아니라 경작권에 불과했다. 다시 말해 북한의 토지개혁이란 지주의 토지를 무상 몰수하여 국유화하고, 지주가 부리던 소작인을 국가가 부리는 소작인으로 변경한 것에 불과했다. 따라서 '무상 분배'라는 것은 애당초 존재할 수 없었다. 소작농의 주인이 지주에서 국가(인민위원회)로 바뀐 것뿐이기 때문이다.[57]

---

56 〈북조선 토지개혁에 대한 법령〉은 김인걸 외 편, 앞의 책, p.89 참조.

57 권희영, 「좌파의 역사 전쟁: 인민민주주의 혁명 노선과 그 전략-전술」, 한국현대사학회 역사교과

또한 평년 생산량의 150%로 결정된 분배 농지의 상환가는 남한 농민의 입장에서 그리 큰 부담이 아니었다. 농지개혁에 관한 이 교과서의 서술은 내용도 문제지만, 서술 방식이 더 큰 문제다. 교과서가 자료를 제시한다는 명분으로 출처를 알 수 없는 자료를 만화의 형태로 제시하고 있어서다. 이는 교과서에 적합한 객관적 서술 방식이라 볼 수 없을 뿐 아니라, 보기에 따라서는 정치적 선전, 선동에 가까운 표현 방식이다.[58]

ㄴ. 북한의 토지개혁

위의 금성『한국 근·현대사』교과서의 서술에서 보듯이, 일부 교과서가 농지개혁에 대해 부정 일변도의 서술을 하고 있는 것도 문제지만 북한의 토지개혁에 대해 무비판적인 서술을 하고 있다는 것은 더욱 큰 문제다. 그러므로 여기서는 북한의 토지개혁이 국사교과서에서 어떻게 다루어져 왔으며, 이와 관련된 최근 교과서 서술의 문제점은 무엇인가를 살펴보기로 한다.

먼저 국사 개설서에서 북한의 토지개혁에 대해 어떻게 서술하고 있는가를 보자.

북한토지개혁

1946년 2월에 북한에는 북조선임시인민위원회(北朝鮮臨時人民委員會)가 조직되었다. 이것은 소련군 통제하에 북한에서 임시정부와 같은 구실을 담당하며 공산정권의 기반을 굳히는 여러 개혁을 실시하였다. 우선 무상몰수·무상분배의 원칙에 의하여 토지개혁(土地改革)을 실시하였는데(1946년 2월), 훗날

서 현안 세미나 자료집『8종 역사교과서 비교·분석 세미나』, 2013년 11월 12일, p.27.

58 교과서포럼, 앞의 글, pp.28-29.

전국의 토지는 모두 국유 또는 협동조합(協同組合)의 소유가 되었다. (『한국사신론』, p.398.)

『한국사신론』에서는 북한의 토지개혁은 1946년 2월에 무상몰수·무상분배의 원칙에 의하여 실시되었지만, 훗날 전국의 토지는 모두 국유 또는 협동조합의 소유가 되었다고 밝히고 있다. 그렇다면 국사 교과서에서는 북한의 토지개혁에 관해 어떻게 서술해 왔는가? 교과서의 해당 내용을 모아보면 다음과 같다.

[표 35] 북한의 토지개혁

교과서		기술내용 (북한의 토지개혁)
2차	④	(북한에서는) 지주의 토지를 몰수하고, 주요 산업을 국유화하였으며, 자본가들을 탄압하기 시작하였다. (248)
3차	국정	–
4차	국정	–
5차	국정	북조선 임시 인민 위원회는 토지 개혁법, 남녀 평등법, 산업 국유화법 등을 잇달아 공포하였다. (176)
6차	국정	이렇게 수립된 북한의 임시 인민 위원회는 공산주의 방식으로 사회 개혁을 실시하였다. 토지 개혁법을 제정하여 무상 몰수, 무상 분배를 단행하였는데, *이는 실제로는 모든 토지를 국유화*한 것이었다. (198)
7차 근현대사	금성 (02)	대지주의 땅을 몰수하여 농민에게 나누어 주는 토지 개혁을 실시하였다. (265) 북한은 1946년 2월 '민주 개혁'이라는 이름 아래 토지 개혁에 대한 법령을 발표하고, 3월 이를 전격적으로 시행에 옮겼다. 북한에서 실시된 토지 개혁의 방법은 '무상 몰수, 무상 분배'였다. 총독부나 일본인이 소유했던 토지, 친일파와 민족 반역자의 토지는 많고 적음을 막론하고 몰수하였다. 조선인의 경우, 5정보 이상의 토지나, 자신의 힘으로 경작하지 않은 토지를 몰수하였다. 이렇게 몰수한 토지는 '토지는 밭갈이하는 농민에게'라는 원칙에 따라 고용농, 토지가 없는 농민, 토지가 적은 농민들에게 나누어 주었다. 토지 개혁의 결과, 북한에서는 *지주가 사라졌으며, 빈농이 줄어들고 중농(中農)이 농민의 다수를 차지하게 되었다.* 반면, *토지를 빼앗긴 지주들은 북한 정권에 대하여 강한 거부감을 가지게 되었으며, 월남을 하는 경우도 늘어났다.* (322)

대한	북조선 임시 인민 위원회는 소련군의 지도와 감독을 받으면서 무상 몰수, 무상 분배 원칙에 따른 토지 개혁, 주요 산업 국유화, 남녀 평등법 제정, 8시간 노동제 실시 등의 정책을 실시하였고, *그 과정에서 공산주의 체제를 확립하게 되었다.* (260)	
두산	1946년 초에 북한에서 무상 몰수, 무상 분배의 토지 개혁이 단행됨에 따라 (271) 북한 당국이 수행한 '민주 개혁'에서 가장 핵심적인 것은 토지 개혁이었다. 해방 직전에 북한의 토지는 일본인과 소수의 지주들이 주로 차지하였고, 전체 농가의 3/4에 이르는 농민들이 소작농이거나 자작·소작 겸업농이었다. 북한 당국은 무상 몰수, 무상 분배의 토지 개혁을 단행하였고, *이를 통해 북한 공산주의자들은 넓은 대중적지지 기반을 구축하였다.* (275)	
법문사	특히 토지 개혁은 무상 몰수·무상 분배의 방식에 따라 급속히 진행되었는데, 이는 *공산당이 북한 주민의 민심을 얻는 계기가 되었다.* (257) **도/움/글** 북한의 토지 개혁은 1946년 3월에 토지 개혁 법령이 발표되고 불과 20여일 만에 완료되었다. 광복 직후에 북한의 토지는 전체 농민의 4%였던 지주가 전체 농지의 58%를 소유하고 있었으며, 전체 농민의 73%가 소작농이었다. 이 때의 토지 개혁은 무상 몰수·무상 분배 형식으로 이루어졌는데, 일본인과 민족 반역자, 그리고 5정보 이상의 토지를 가진 지주의 토지가 몰수 대상이었으며, 몰수된 땅은 노동력의 차이에 따라 무전 농민에게 무상으로 분배되었다. *토지 개혁의 결과, 지주들은 엄청난 타격을 입게 되었으나, 소작 빈농은 많은 혜택을 입게 되었다. 토지 개혁에서 혜택을 입은 이들이 공산당에 대거 입당하였다.* (257)	
중앙	주요 산업의 국유화, 무상 몰수·무상 분배 원칙에 따른 토지 개혁의 실시, 8시간 노동제를 규정한 노동법·남녀 평등법 제정 등으로 *북한 주민의 인심을 얻어 공산주의 체제를 강화하였다.* (288)	
천재	–	
2010검정한국사 / 미래엔	북조선 임시 인민 위원회는 1946년 3월 토지 개혁을 실시하여 조선 총독부 및 일본인의 소유지, 친일 민족 반역자와 지주의 소유 토지를 몰수하여 농민에게 무상으로 분배하였다. 조선인 지주의 경우 5정보 이상은 몰수당하였다. 몰수한 토지는 경작자에게 준다는 원칙에 따라 농업 노동자, 소작농, 소지주에게 가족 수와 노동력에 따라 점수를 매겨 나누어 주었다. (341)	
법문사	5정보를 상한으로 '무상 몰수, 무상 분배'의 원칙에 따라 대지주의 땅을 몰수하여 농민에게 나누어 주는 토지 개혁을 실시하였다. (318)	
비상	'토지 개혁에 관한 법령'을 공포하여 무상 몰수, 무상 분배에 의한 토지 개혁을 실시하였다. (319)	
삼화	북한에서 1946년 3월 '무상 몰수, 무상 분배'의 토지 개혁을 실시하자,… (315) **역사의 창 | 북한의 토지 개혁** 왼쪽 포스터는 북한이 토지 개혁을 실시하면서 내걸었던 것이다. 북조선 임시 인민	

	위원회는 1946년 3월 토지 개혁법을 발표하였다. 이를 통해 38도선 북측 지역에 자신들의 안정된 정권과 체제를 만들고자 하였다. 일본 정부 및 일본인, 친일파, 지주들의 토지를 몰수하여 소작농에게 분배한 결과, 이후 농가는 평균 약 16,137m² 정도의 농지를 보유할 수 있었다. 농지를 보유한 농민들은 수확량의 30%를 현물세로 내었다. (315)
지학사	**도|움|자|료| 남한의 농지 개혁과 북한의 토지 개혁** 북한의 토지 개혁은 국가가 지주의 토지를 몰수하여 영세 농민에게 무상 분배하는 방식이었다. 많은 지주들이 토지는 물론 가축과 주택 등도 빼앗기고 마을에서 쫓겨났다. 토지는 농민에게 가족의 노동력에 비례하여 분배되었다. 분배된 토지는 매매·대차·저당이 금지되었기 때문에 농민은 경작권만 갖는 셈이었다. *토지 개혁으로 생존의 기반을 상실한 지주 등은 대거 남한으로 넘어 왔다. 북한의 토지 개혁은 지주 제도를 철폐함으로써 농촌 사회의 민주화를 이룩했지만, 농민이 국가의 땅을 경작하는 셈이었기 때문에 근로 의욕의 감퇴를 가져왔다.* (272)
천재	38도선 이북에서는 북조선 인민 위원회의 전신이었던 북조선 임시 인민 위원회가 광복 당시 남북에서 가장 큰 과제 중의 하나였던 토지 문제를 해결하기 위한 무상 몰수, 무상 분배의 토지 개혁을 전면적으로 실시하였다. (319)

• 북한의 토지개혁에 대해 제대로 된 서술이 시작된 것은 6차 교과서다. 이 교과서는 토지개혁이 '무상 몰수, 무상 분배'로 이루어졌으나 "이는 실제로는 모든 토지를 국유화한 것"이었음을 밝히고 있다. 6차 교과서의 서술은, 북한의 토지개혁은 무상몰수·무상분배의 원칙에 의하여 실시되었지만, 훗날 전국의 토지는 모두 국유 또는 협동조합의 소유가 되었다는 『한국사신론』의 서술과 거의 일치한다. 1950년 남한의 농지개혁이 농민에게 농지 소유권을 준 것인 반면, 1946년 북한의 토지개혁은 농민에게 경작권만을 주었다가 그마저도 1953부터 1958년 사이에 모두 회수하고 농지는 협동농장으로 만들어 국유화하였다.

• 하지만 7차 이후의 교과서를 합친 12종 가운데에서, 북한의 토지개혁으로 분배된 토지가 훗날 모두 국유 또는 협동조합의 소유가 되었

다는 사실을 명시적으로 밝히고 있는 교과서는 단 하나도 없다. 2010 검정 지학사 『한국사』 교과서만이 북한의 토지개혁은 "농민이 국가의 땅을 경작하는 셈"이었다고 서술하여, 농민에게는 경작권만 있고 토지는 국가 소유였음을 에둘러 서술하고 있을 뿐이다.

• 이처럼 7차 이후의 교과서들 대부분은 북한의 토지개혁이 실제로는 농민에게 토지 소유권을 준 것이 아니었다는 사실은 서술하지 않으면서, 몇몇 교과서는 북한의 토지개혁을 마치 "민주개혁"인양 다루고 있다.

> 북한은 1946년 2월 '민주 개혁'이라는 이름 아래 토지 개혁에 대한 법령을 발표하고, 3월 이를 전격적으로 시행에 옮겼다. (7차 금성 『한국 근·현대사』, 2002, p.322.)

> 북한 당국이 수행한 '민주 개혁'에서 가장 핵심적인 것은 토지 개혁이었다. (7차 두산 『한국 근·현대사』, p.275.)

7차 『한국 근·현대사』 교과서와 2010검정 『한국사』 교과서 가운데 북한의 토지개혁을 다루고 있는 교과서는 하나같이 북한의 토지개혁이 무상몰수, 무상분배 방식이라는 점을 강조하고 있는데, 그 가운데서도 몇몇 교과서는 이처럼 "민주개혁"이라는 용어를 써서 북한의 토지개혁 방식을 긍정적으로 평가하고 있다.

• 북한 토지개혁의 결과에 대해서도 7차 교과서 가운데 많은 교과서가 매우 긍정적인 평가를 내리고 있다.

　　북한 당국은 무상 몰수, 무상 분배의 토지 개혁을 단행하였고, 이를 통해 북한 공산주의자들은 넓은 대중적지지 기반을 구축하였다. (7차 두산『한국 근 · 현대사』, p.275.)

　　특히 토지 개혁은 무상 몰수 · 무상 분배의 방식에 따라 급속히 진행되었는데, 이는 공산당이 북한 주민의 민심을 얻는 계기가 되었다.··· 토지 개혁의 결과, 지주들은 엄청난 타격을 입게 되었으나, 소작 빈농은 많은 혜택을 입게 되었다. 토지 개혁에서 혜택을 입은 이들이 공산당에 대거 입당하였다. (7차 법문사『한국 근 · 현대사』, p.257.)

　　주요 산업의 국유화, 무상 몰수 · 무상 분배 원칙에 따른 토지 개혁의 실시, 8시간 노동제를 규정한 노동법 · 남녀 평등법 제정 등으로 북한 주민의 인심을 얻어 공산주의 체제를 강화하였다. (7차 중앙『한국 근 · 현대사』, p.288.)

　　교과서마다 차이는 있으나, 위의『한국 근 · 현대사』교과서 셋은 공통적으로 북한 공산당이 무상 몰수, 무상 분배 방식의 토지개혁을 통해 민심을 얻게 되었다고 서술하고 있다.

ㄷ. 북한의 토지개혁과 남한의 농지개혁 비교

　　이처럼 최근의 국사교과서 가운데 일부는 남한의 농지개혁에 대해서는 매우 부정적으로 서술하면서, 북한의 토지개혁에 대해서는 무비판적인 서술을 하고 있다. 더 큰 문제는 이들 교과서가 그 시행 시기나 성격 등이 전혀 다른 남한의 농지개혁과 북한의 토지개혁을 평면적으로 대비시켜 서술하고 있다는 사실이다. 남한의 농지개혁이 '유상 몰

수 유상 분배' 원칙에 의해 이루어져서 문제가 많다고 지적한 뒤, 이를
'무상 몰수 무상 분배' 원칙에 의해 이루어진 북한의 토지개혁과 대비
시키거나, 또는 반대로 북한의 토지개혁을 먼저 서술하고 나서 남한
농지개혁의 문제점을 서술하기도 한다.

　그리하여 이들 교과서의 상당수는 북한의 토지개혁을 남한의 농지
개혁보다 훨씬 긍정적으로 평가하고 있다. 남한의 농지 개혁이 '유상
몰수 유상 분배'의 원칙 아래 이루어진 제한적인 개혁이어서 여러 가
지 한계가 있지만, 북한의 토지개혁은 '무상 몰수 무상 분배' 원칙에
의해 이루어진 완전한 개혁이었다는 것이다. 토지 개혁에서 핵심은 토
지의 소유권이 농민에게 주어졌는가 하는 문제다. 하지만 이들 교과서
는 토지 개혁에 대해 서술하면서도 토지 소유권이라는 핵심적인 문제
는 도외시한 채, 서술의 구도를 오로지 '유상 몰수 유상 분배' 대 '무상
몰수 무상 분배'로 몰아가고 있는 것이다.

　이들 교과서는 왜 이처럼 북한의 토지개혁에 대해서 아무런 비판
도 하지 않고 우호적인 서술만을 하고 있는가? 남한이 시행한 '유상
몰수 유상 분배'는 사적 소유를 인정한 것으로 자본주의 체제의 근간
을 만든 것이었다. 반면에 북한의 '무상 몰수 무상 분배' ― 실체를 들여
다보면 '무상 몰수'이기는 하나 '무상 분배'는 결코 아닌 ― 는 결과적으
로는 국가가 개인의 경작권마저 앗아가 사회주의 체제를 구축했다. 그
러므로 '유상 몰수 유상 분배' 대 '무상 몰수 무상 분배'의 서술 구도는
궁극적으로는 자본주의 대 사회주의의 구도를 뜻하는 것이고, 이들 교
과서는 은연중에 사회주의를 지지하고 나선 것으로 볼 수 있다.

　[요 약]
이상에서 6 · 25 전쟁 이전 시기의 이승만 대통령에 대한 교과서

의 서술을 친일파 처리 문제와 농지개혁 문제를 중심으로 살펴보았
다. 먼저 친일파 처리 문제에 관한 교과서의 서술을 보면, 최근의 교
과서로 올수록 이승만 정부가 친일파 처리에 소극적이었다는 점을 강
조한다. 친일파 처리 문제라는 이승만의 부정적 측면을 부각시켜서
초대 대통령을 비방하고 나아가 대한민국의 건국을 폄훼하려는 집필
자의 의도가 엿보인다. 또한 이들 교과서는 이승만 대통령의 재임 시
최대 업적 중 하나인 농지개혁에 대해서도 상당히 부정적으로 서술하
고 있다. 농지개혁이 지주제를 해체하고 자작농 체제를 성립시킴으로
써 지배계급의 교체를 이룩했다는 것이 학계의 평가임에도 불구하고,
7차 『한국 근 · 현대사』 교과서 대부분은 북한의 토지개혁이 완전한
개혁이었다는 전제 아래, 남한의 농지 개혁을 제한적인 개혁으로 평
가하고 있다. 재임 초기의 이승만 대통령에 대한 최근 교과서의 이러
한 부정적 평가는 이승만 대통령의 집권 기간 12년 전체를 '독재'라
는 한 단어로 포괄해버리는 교과서 서술의 도입부인 셈이다.

11. 6 · 25 전쟁

6 · 25 전쟁을 둘러싸고 오늘날 국사교과서에서 쟁점이 되는 것은
크게 두 가지다. 하나는 6 · 25 전쟁의 원인에 관한 서술이고, 다른 하
나는 전쟁 중 민간인의 희생을 둘러싼 서술이다. 먼저 6 · 25 전쟁의 원
인에 관한 교과서의 서술 문제를 보기로 한다.

가. 6 · 25 전쟁의 원인

6·25 전쟁의 원인에 관해 국사 개설서는 어떻게 서술하고 있는가
를 보자.

　북한에서의 유엔한국위원단의 활동을 거절한 북한은 남북정치협상을 제의하
였는데, 그 목적은 위원단의 활동을 저지하고 미　소 양군을 동시에 철수시킴으
로써 군사력에 의한 전국의 제압을 꾀하려는 의도에서였다. 그러므로, 벌써부터
강력한 군대가 조직　훈련되고 있었다. (생략)
　북한은 1950년 6월 25일에 불의의 남침(南侵)을 감행하였던 것이다. 이것
을 흔히 6　25동란이라고 부르고 있다. (『한국사신론』, pp.399-400.)

『한국사신론』은 "불의의 남침(南侵)"이라는 표현을 써서 6·25 전
쟁이 예기치 못한 북한군의 남침으로 시작되었다는 것을 명확히 하고
있다. 또한 "벌써부터 강력한 군대가 조직·훈련되고 있었다."는 표현
을 써서 북한이 전쟁 발발 훨씬 전부터 남침을 준비했다는 것도 명확
히 하고 있다. 이처럼 6·25 전쟁이 일찍부터 치밀하게 전쟁을 준비
한 북한군의 남침으로 시작되었다는 것은 이제 기본적인 상식이다.
그러나 이러한 상식을 깨는 서술이 최근의 교과서에서 이루어지고 있
다. 6·25 전쟁의 발발에 관해 역대 국사교과서가 서술하고 있는 내용
을 모아보면 다음과 같다.

[표 36] 6·25 전쟁의 발발

교과서		북한군 지칭 용어	전쟁 발발에 관한 기술
1차	①	북한 괴뢰군	남침
	②	북한 공산군	남침
	③	북한 괴뢰군	남침

	④	괴뢰군	남침
	⑤	괴뢰군	남침
2차	①	괴뢰군	남침
	②	공산군	남침
	③	공산군	남침
	④	공산군	남침
	⑤	공산군	남침
	⑥	공산군	남침
3차	국정	공산군	남침
4차	국정	공산군	남침
5차	국정	공산군	남침
6차	국정	공산군	남침
7차 근현대사	금성	북한군	*전면적인 공격* (1950년 6월 25일 북한군의 전면적인 공격으로 전쟁은 시작되었다.)
	대한	북한 공산군	남침
	두산	북한군/*인민군*	남침
	법문사	북한군	남침
	중앙	북한군/북한공산군	남침
	천재	북한 공산군	남침
2010 검정 한국사	미래엔	북한군* *북한군: 정식 명칭은 *인민군*이다. 남한군이 국군으로 불리는 것과 같다.(343)	남침
	법문사	북한군	남침
	비상	북한군	남침
	삼화	*인민군*	*전면적인 공격* (1950년 6월 25일, 인민군이 38선 전역에서 전면적인 공격을 시작하여 전쟁이 시작되었다.)
	지학사	북한군	남침
	천재	북한군	*전면적인 공격* (1950년 6월 25일 북한군은 전면적인 공격을 개시하였다.)

• 위의 표에서 드러나는 것은 크게 두 가지다. 하나는 7차 이후의 교과서에서 북한군에 대한 명칭이 대거 바뀌었다는 것이다. 북한군에 대한 명칭은 1차에서는 대개 '괴뢰군'이 사용되었다. 2차 교과서부터 주로 '공산군'이 명칭으로 사용되었고, 이 명칭이 국정인 3차 교과서부터 6차 교과서까지 줄곧 사용되었다. 그러다가 검정인 7차 교과서부터 '공산군' 대신에 '북한군'이라는 명칭이 나타난다. 문제는 북한군에 대해 '인민군'이라는 명칭을 쓰는 교과서도 있다는 사실이다. 우리가 우리 군을 '국군'이라 부르듯이 북한에서 자기네 군을 부르는 말이 바로 '인민군'이다. 아군이 아닌 적군을 적의 명칭대로 부르고 있는 것이다. 7차 교과서 가운데 두산이, 그리고 현재 고등학교에서 사용되고 있는 2010검정 『한국사』 교과서 가운데 삼화가 이처럼 '인민군'이라는 명칭을 사용하고 있다.

• 위의 표에서 알 수 있는 또 하나의 사실은 6·25 전쟁이 북한군의 남침으로 발발했다는 것을 명기하지 않는 교과서가 등장했다는 사실이다. 금성교과서는 우리나라 역대 교과서 가운데 처음으로 1950년 6월 25일 북한군의 "전면적인 공격으로 전쟁은 시작되었다."고 서술하고 있다.

6·25 전쟁의 원인과 관련하여 '남침'이라는 용어를 쓰지 않고, 대신에 "전면적인 공격으로 전쟁은 시작되었다."는 금성교과서의 서술은 이른바 내전설(內戰說)의 입장을 취하고 있는 것이다. 남과 북에 이념과 체제를 달리하는 두 정부가 들어서서 물리적 충돌을 거듭하다가 결국

전면적인 전쟁으로까지 번졌다는 것이다.[59] 대표적 수정주의 해석인 내전설의 입장을 취하는 교과서는 이처럼 전쟁 전 38도선에서의 분쟁을 강조하게 마련이다. 38도선에서의 분쟁에 대해 기술하고 있는 교과서의 내용을 모아보면 다음과 같다.

[표 37] 38도선에서의 분쟁

교과서		기술내용 (38도선에서의 분쟁)
1차~6차		–
7차 근 현 대 사	금성 (02)	남북 사이의 무력 충돌도 적지 않았다. 지리산을 비롯한 남한 곳곳에서도 북한을 지지하는 무장 유격대의 활동이 계속되었다. 38도선 곳곳에는 국군과 북한군 간에 크고 작은 충돌이 쉴 새 없이 일어났다. 이러한 전투는 곧이어 벌어질 본격적인 *전쟁의 전주곡이었다.* **[한걸음 더 다가서기] *6·25 전쟁 이전의 '작은 전쟁'*** 6·25 전쟁 이전에도 38선에서 남북 사이의 크고 작은 충돌이 그치지 않았다. 국방부는 1949년 1년 동안 북한이 874회의 불법 도발을 하였다고 발표했으며, 북한측은 1,836회에 걸쳐 남한이 불법 침입을 하였다고 주장하였다. 가장 크게 문제가 된 지역은 옹진반도였다.… 수천 명의 남북한 병력과 비행기까지 동원된 대규모 전투가 벌어지기도 하였다. 6·25 전쟁 직전에도 이미 6월 23일부터 전투가 진행되고 있었는데, 이는 박격포와 곡사포까지 동원된 상당한 규모였다. *6·25 전쟁은 '38선상의 총 한방'으로 어느 날 갑자기 시작된 전쟁이 아니었다.* 제2차 세계대전 이후 계속되어 온 동서 냉전의 산물이었다. (268)
	금성 (06)	남북 사이의 무력 충돌도 적지 않았다. 지리산을 비롯한 남한 곳곳에서도 북한을 지지하는 무장 유격대의 활동이 계속되었다. 38도선 곳곳에는 국군과 북한군 간에 크고 작은 충돌이 쉴 새 없이 일어났다. 이러한 충돌은 1950년에 들어 줄어들었으나 불안한 정세는 계속되었다. **[한걸음 더 다가서기] *6·25 전쟁 이전의 군사적 충돌*** 남한과 북한에 정부가 세워지고 군대가 창설된 후, 38도선 근처에서는 국군과 북한군 사이에 크고 작은 충돌이 그치지 않았다. 남북정부는 서로 상대방이 불법 도발하였다고 주장하였다. 가장 크게 문제가 된 지역은 옹진반도였다.… 때로는 수 천명의 남북한 병력과 대포, 비행기까지 동원된 대규모 전투가 벌어지기도 하였다. 남한의 후방지역에는 '빨치산'이라고 불리는 좌익 무장 유격대들의 활동이 계속

---

59 6·25 전쟁의 원인과 관련하여 금성교과서의 서술에 대한 상세한 비판은 교과서포럼, 앞의 글, pp.14-15. 참조.

		되었다. 이들은 지리산, 오대산, 태백산 등 산악 지역을 근거지로 삼아, 관공서를 습격하거나 경찰, 군인 등을 공격하였다. 북한은 훈련된 무장 병력을 파견하여 이들의 활동을 지원하였다. 북한은 본격적인 전쟁이 시작될 경우 빨치산의 대대적인 봉기가 있을 것으로 기대하였다. 그러나 군경의 대대적 토벌로 6 · 25 전쟁이 일어날 즈음에는 그 세력이 크게 위축된 상태였다. (268)
	대한	북한은 남침을 위해 남한 내의 공산주의자들에게 무장 투쟁을 벌이도록 지시하였으며, 38도선에서 크고 작은 무력 충돌을 일으켰다. (261)
	두산	38도선 일대에서는 소규모의 군사적 충돌이 자주 일어났다. (276)
	법문사	38도선에서 크고 작은 무력충돌을 일으켰다. (258)
	중앙	–
	천재	주한 미군의 철수를 즈음하여 38도선 부근에서 남한과 북한 사이의 충돌이 자주 발생하였다. 남과 북이 주도권을 장악하기 위하여 한 치의 양보도 없이 팽팽하게 맞선 가운데 1949년 내내 계속되었던 38도선 분쟁은 6 · 25 전쟁의 전초전이 되었으며, 북한은 이 시기의 분쟁을 통해 남침을 위한 전쟁계획을 구체화하게 되었다. (279)
2 0 1 0 검 정 한 국 사	미래엔	남한과 북한은 제각기 북진 통일과 적화통일을 내세우고 서로 대립하면서 38도선 부근에서 잦은 무력 충돌을 빚고 있었다. (343)
	법문사	남북에 각각 단독정부가 수립되었다. 이후 남한과 북한 사이에는 6 · 25 전쟁 이전까지 38도선 부근에서 빈번하게 소규모 전투가 일어났다. (322) 북한은 … 38도선에서 크고 작은 무력 충돌을 일으켰다. (323)
	비상	남북 정부의 대립은 6 · 25 전쟁 이전에도 38도선 부근에서 잦은 무력충돌로 나타났다. (324)
	삼화	이러한 상황(=소련과 중국의 북한 지원) 속에 38선 일대에서는 크고 작은 군사적 충돌이 자주 일어났다. (318)
	지학사	북한은 유격대원을 남파하여 이들(=남조선 노동당을 추종하는 세력)을 지원하는 한편, 38도선 일대에서 소규모 군사 충돌을 자주 일으켰다. (276)
	천재	소련군과 미군이 각기 철수하자 38도선을 둘러싼 충돌은 점점 격화되어 갔다. (325)

북한역사서	기술내용 (38도선에서의 분쟁)
조선통사(하)	… 미제와 그 주구들은 38선 충돌사건을 도발하여 긴장상태를 조성하였으며 공화국 북반부에 대한 무력침공의 음모를 노골화하였다. 1949년 1월부터 9월까지의 기간에 38선 이북지역에 대한 무력침공은 432회에 달하였다. 이 과정에서 121명의 선량한 주민이 살해되었으며 1,340명의 주민이 납치되었고 503호의 민가가 소각되었다. (376)

• 위의 표를 보면, 내전설의 입장을 취하는 교과서가 나오면서 38
도선에서의 분쟁에 관한 내용도 교과서에서 서술되기 시작했음을 알
수 있다. 그 중에서도 38도선에서의 분쟁에 관해 가장 상세하게 서술
하고 있는 것이 바로 금성교과서다. 금성은 38도선에서 국군과 북한
군 간에 일어난 전투가 곧이어 벌어질 "본격적인 전쟁의 전주곡"이
었다고 주장한다. 금성은 여기서 그치지 않고 〈6 · 25 전쟁 이전의
'작은 전쟁'〉이라는 제목 아래, 6 · 25 전쟁 이전에 벌어진 군사적 충
돌이 그 횟수와 규모가 크다는 점을 강조한다. 그리고 이 문단을 다
음과 같은 문장으로 마무리 짓는다.

> 6 · 25 전쟁은 '38선상의 총 한방'으로 어느 날 갑자기 시작된 전
> 쟁이 아니었다. 제2차 세계대전 이후 계속되어 온 동서 냉전의 산물
> 이었다.(금성 『한국 근 · 현대사』, 2002, p.268.)

이처럼 전쟁 전 38도선에서의 분쟁을 강조함으로써 내전설을 주장
하려는 것이 금성교과서의 입장이다. 하지만 1980년대에 유행하던 이
수정주의 이론은 소련이 붕괴된 후 비밀 자료들이 공개되면서 폐기처
분된 것이나 다름없다. 6 · 25 전쟁이 김일성의 스탈린에 대한 집요한
설득으로 시작되었음이 밝혀졌기 때문이다.[60] 그런데도 금성교과서는
1980년대의 수정주의 해석을 고수하면서 6 · 25 전쟁이 남침이었다는
사실을 희석시키려 하고 있다.

---

60 최근 공개된 구소련문서들은 북한군이 6월 25일에 작전개시를 오랜 기간 준비해 왔으며, 전쟁의
결정과 발발이 북한과 소련간의 긴밀한 협의 내지 사전 동의와 허락에 의한 것임을 보여준다. 김인
걸 외 편, 앞의 책, p.128.

• 금성교과서의 6·25 전쟁에 대한 왜곡 서술은 여기서 끝나지 않는다. 다음의 서술을 보자.

> … 미군을 주축으로 한 유엔군이 창설되어 전쟁에 개입하였다. (생략) 이 과정에서 중국군의 뒤를 이어 1951년 초 소련 공군도 전쟁에 부분적으로 참전하였다. (금성 『한국 근·현대사』, 2002, 2006, p.270.)

위의 서술은 6·25 전쟁에 먼저 유엔군이, 그리고 뒤이어 중국군이 참전했다는 내용으로, 얼핏 보기에는 다른 교과서나 개설서와 내용 상 별 차이가 없는 듯하다. 그러나 자세히 들여다보면 차이가 있다. 먼저 "… 미군을 주축으로 한 유엔군이 창설되어 전쟁에 개입하였다."는 문장부터 보자. 아래에서 다시 설명하겠지만, 교과서에서 유엔군의 참전에 대해 서술하면서 유엔군을 "미군을 주축으로 한 유엔군"으로 묘사하고 있는 것은 7차 금성교과서가 유일하다. 이는 6·25 전쟁이 동서 냉전의 산물임을 강조하기 위해서 냉전 당사자인 '미국'을 특별히 강조하기 위한 서술로 보인다. "소련 공군"이 전쟁에 "부분적으로 참전"하였다는, 다른 교과서에는 없는 내용을 굳이 기술한 것도 마찬가지 이유에서다. 유엔군과 중국군 뿐 아니라 냉전 당사자인 미국과 소련까지 참전했으니 6·25 전쟁은 국제전인 동시에 냉전의 산물이라는 것이다. 금성교과서는 이처럼 6·25 전쟁이 "제2차 세계대전 이후 계속되어 온 동서 냉전의 산물이었다."고 강조함으로써 6·25 전쟁이 남침이었다는 사실을 다시금 희석시키려 한다.

• 위의 서술의 또 다른 문제는 유엔군의 참전을 "개입"으로 서술하는 한편, 중공군과 소련군의 개입을 "참전"으로 서술함으로써 어느 쪽

이 아군의 지원군이고 어느 쪽이 적군의 지원군인지를 모호하게 만들고 있다는 것이다. 유엔군의 참전과 중공군의 개입에 대해 다른 국사 교과서는 어떻게 서술해왔는가? 이를 정리해보면 다음과 같다.

[표 38] 6 · 25 전쟁의 중공군과 유엔군

교과서		중공군에 대한 기술내용	유엔군에 대한 기술내용
1차	①	중공군의 침입으로	-
	②	-	-
	③	중공군을 한국에 보내고	UN 안전보장이사회에서는……대한민국을 군사적으로 원조하기로 결정하였다
	④	중공군의 불법적인 침입으로	16국이 군대를 보내어 오매
	⑤	중공군의 불법적인 개입에 의하여	유엔총회의 결정에 의하여 파견된 유엔군
2차	①	중공군이 불법적으로 개입하여	국제 연합은 … 대한 민국을 군사적으로 원조할 것을 결정하였다. 이에 따라 … 미국을 비롯한 우방 여러 나라가 군대를 파견하여
	②	중공군이 인해 전술로써 대거 남침하였다.	16개의 우방 국가들이 유우엔군으로서 직접 전투에 참가하여
	③	중공군의 불법적인 침략은	유우엔은 재빨리 군대를 파견하여
	④	중공군이 개입해 왔다.	유우엔은 즉시 이들을 침략자로 규정하고 유우엔 군을 파견키로 결의하여
	⑤	중공군의 개입으로	유우엔은 … 군대를 파견하여 한국을 원조할 것을 결의하니, 미국을 비롯한 여러 우방의 군대가 파견되어 왔다.
	⑥	중공군의 불법적 개입으로	유우엔군의 출동
3차	국정 (74)	중공군의 개입으로	유우엔군의 출동
	국정 (79)	중공군의 개입으로	16개국이 유우엔 군의 이름으로 참전하여
4차	국정	중공군의 개입으로	유우엔 군을 파견하여
5차	국정	중공군이 개입함으로써	우방 16개국의 군대가 유엔군으로 참전하여

6차	국정	중공군이 *개입*함으로써	유엔은 … 대한 민국을 *지원*하기로 결의하였다. 미국, 영국, 프랑스 등 16개국의 군대로 구성된 유엔 군은 국군과 함께 반격을 개시하였다.
7차 근 현 대 사	금성	중국군의 *개입*으로 / 중국군의 뒤를 이어 1951년 초 소련 공군도 전쟁에 부분적으로 참전하였다. (사진 설명: "중국군의 *참전*")	미군을 주축으로 한 유엔군이 창설되어 *전쟁에 개입*하였다.
	대한	중공군의 *개입*으로	유엔군 *파견*
	두산	- 중국은 대규모의 군대를 *파견*하여 북한을 지원하였다. - 중국군은 10월 말부터 *전투에 참가*하고 (사진 설명: "중국군 *개입*")	이에 미국을 비롯한 16개국이 한국을 지원하여 군대를 *파견*하였고, (사진 설명: "유엔군 *참전*")
	법문사	중국군의 *참전*으로	유엔 군을 한국에 *파견*하였다.
	중앙	중국군의 *참전*으로 / 중국군의 *개입*으로	미국을 비롯한 16개국으로 구성된 유엔군을 조직하여 한국 전선에 *파견*하였다.
	천재	중국 공산군의 *참전* 이후	유엔군의 *파견*
2 0 1 0 검 정 한 국 사	미래엔	압록강을 건너 *참전*한 중국군* *중국측:6 · 25 전쟁에 참여한 중국측 군대는 중국 인민 지원군이다.	유엔군의 *참전*
	법문사	중국 *인민 지원*군이 *참전*함으로써	미국을 비롯한 16개국이 유엔군을 조직하여 한국전에 *참전*하였다.
	비상	북한을 돕기 위해 *참전*한 중국군	미국을 주축으로 16개국이 참여한 유엔군이 창설되어 한국에 *파견*되었다.
	삼화	중국 *인민 지원*군의 *참전*으로	미국을 비롯한 16개국이 군대를 *파견*하였고
	지학사	중국 *인민 지원*군의 *개입*	16개국으로 구성된 유엔군이 *파견*되었다.
	천재	중국군이 전쟁에 *개입*하였다.	유엔에서는 … 미국 주도의 유엔군 *파견*이 결정되었다. / 유엔군의 *참전*

• 먼저 중공군에 관한 교과서의 서술을 보면, 6차까지는 거의 모든 교과서가 '중공군'이 '개입'했다고 서술하고 있다. 1차 및 2차 교과서에서는 '개입'뿐 아니라 '침입'까지 사용하고 있고, 심지어는 '침략'

으로 기술한 교과서도 있다. 1차 및 2차 교과서 총11종 가운데 5종은 중공군의 개입이 '불법적'이라는 점까지 강조하였다. 이는 이들 교과서가 북한군과 더불어 중공군을 적으로 파악하고 있음을 보여준다.

• 7차부터는 '중공군' 대신에 '중국군'이라는 용어를 사용하는 교과서가 더 많아졌다. 2010검정 『한국사』 교과서에서는 '중국 공산군' 또는 '중공군'이라는 용어는 완전히 사라졌다. 심지어 '중국 인민 지원군'이라는 용어를 쓰는 교과서가 6종 중 3종이다. 당시 우리는 중공(中共)을 국가로 인정하지 않았다. 우리나라 교과서이니만큼 우리나라의 입장에서 당시의 명칭인 '중국 공산군' 또는 '중공군'이 역사적으로 타당한 용어이다. 그러나 『한국사』 교과서의 절반은 북한의 명칭과 똑같은 '중국 인민 지원군'이라는 명칭을 사용하고 있는 것이다. 7차 이후의 교과서 총12종 가운데 '중공군'이라는 제대로 된 명칭을 쓰고 있는 교과서는 7차 대한, 7차 천재의 2종뿐이다.

• 중공군에 대해 6차까지의 교과서에서 주로 사용되던 '개입' 대신에 7차부터는 '참전'이라는 용어를 사용하는 교과서가 등장했다. 6·25 전쟁에서 중공군이 마치 우리의 우군이었던 것처럼 서술하고 있는 것이다. 7차 이후의 교과서에서 중공군에 대해 '개입'이라는 제대로 된 용어를 쓰고 있는 교과서는 단 3종뿐이다(7차 대한, 2010검정 지학사, 2010검정 천재).

• 결국 1차부터 6차까지의 역대 국사교과서가 서술한 것처럼, '중공군'이 '개입'했다고 서술한 교과서는 7차 『한국 근·현대사』 및 2010검정 『한국사』 교과서 12종을 통틀어 단 하나뿐이다(7차 대한).

• 다음으로 유엔군에 관한 교과서의 서술을 보면, 거의 모든 교과서가 유엔군이 '파견'되었다거나 '참전'했다고 서술하고 있다. 1차~6차의 교과서 중에는 유엔군이 우리나라를 군사적으로 '원조'했다거나 '지원'했다는 서술도 여럿 보인다. 그리고 유엔군이 "우방"국가의 군대로 구성되었음을 밝히고 있는 교과서도 여럿 있다(2-①, 2-②, 2-⑤, 5차 국정). 말하자면 1차~6차의 교과서는 대한민국을 원조하기 위해 우방 국가의 군대가 유엔군으로 파견되었다고 서술하고 있는 것이다.

• 하지만 7차 금성교과서 하나만 "미군을 주축으로 한 유엔군이 창설되어 전쟁에 개입하였다."고 서술하고 있다. 유엔군이 전쟁에 '개입'했다고 서술하는 것은 유엔군을 우리나라를 도와주러 온 우군으로 보고 있지 않다는 것이다. 더욱이 유엔군도 "미군을 주축으로 한 유엔군"으로 묘사하고 있는데, 이는 역대 교과서를 통틀어 하나밖에 없는 표현이다. 유엔군에 대한 서술에서 미국을 거명하고 있는 교과서는 금성만을 제외하고는 모두 "미국을 비롯한 16개국" 또는 "미국을 비롯한 여러 우방의 군대"라는 표현을 통해서 여러 나라가 우리나라를 지원했다는데 초점을 맞추고 있다. 하지만 금성의 표현인 "미군을 주축으로 한 유엔군"에서 초점은 다름 아닌 "미군"에 있다. 앞서 설명했듯이, 이는 6·25 전쟁이 미·소 냉전의 산물임을 강조하기 위해서 냉전 당사자인 '미국'이 6·25 전쟁에 참가했다는 것을 강조하기 위한 서술이다.

• 6·25 전쟁에 중국군과 소련 공군은 "참전"했고 미군을 주축으로 한 유엔군은 "개입"하였다는 금성교과서의 서술을 국사 개설서인 『한국사신론』의 서술과 비교해보자.

병력과 장비가 모자라는 대한민국 군대는 부득불 낙동강을 저항선으로 하는 지점까지 후퇴를 하였다. 그러나, 유엔은 자기가 산파가 되어 탄생한 대한민국을 *군사적으로 원조*할 것을 즉시로 결정하였다. 유엔군사령부가 설치되고, 미국·영국·프랑스·캐나다·호주·필리핀·터키 등 *16개 국가의 군대가* 내한하여 유엔의 깃발 아래 협동작전을 시작한 것이다.

인천상륙작전(仁川上陸作戰)의 성공에 뒤이어 9월 28일에는 서울을 탈환하였다. 10월 1일에는 38선을 넘어서 북진을 계속하였으나, *중공군(中共軍)의 개입*으로 인하여 전투는 새로운 양상을 띠게 되었다. (『한국사신론』, pp.399-400.)

요약하자면 유엔이 군사적 "원조"를 결정하여 미국 등 16개 국가의 군대가 "내한"하였고, "중공군"은 "개입"했다는 것이다. 이러한 『한국사신론』의 서술은 1차~6차까지의 교과서의 서술과 거의 일치하는 것이다. 1차~6차 교과서 및 『한국사신론』에 비추어 보면 금성교과서의 서술이 얼마나 편향된 서술인지를 확연히 알 수 있다.

• 여기서 주목할 것은 북한 역사서의 해석이다. 『조선통사(하)』의 해당 서술을 보면 다음과 같다.

파렴치한 미제국주의자들은 자기들의 이와 같은 침략행동을 엄폐하며 합법화하기 위하여 유엔의 간판을 도용하기 시작하였다. *미제*는 6월 25일 유엔안전보장이사회에서 거수기를 발동시켜 조선민주주의인민공화국을 '침략자'로 비방하는 비법적 결정을 채택케 하였으며, 6월 27일에는 조선에서 *무장간섭을 감행*할 데 대한 '결정'을 채택케 하였다. 이리하여 미제는 조선에 대한 자기들의 침략적 군사행동을, 안전보장이사회의 '결정'에 의거하여 실행되는 '침략자'들에 대

> 한 '경찰적 행위'인 것처럼 분장하여 나섰다. (『조선통사 (하)』, p.395)
> *중국인민지원군*의 조선전선 *참전*은 일제와 미제 및 국민당 반동들을 반대하
> 는 해방투쟁에서 조중 양국인민 간에 역사적으로 맺어진 전투적 단결과 형제적
> 우의의 표현으로서 가장 정당한 일이었다. (『조선통사 (하)』, p.420)

『조선통사 (하)』는 유엔군의 참전을 "미제"가 "유엔의 간판을 도
용"하여 "무장간섭을 감행"했다고 표현하고 있으며, 중공군의 개입
에 대해서는 "중국인민지원군"의 조선전선 "참전"으로 표현하고 있
다. 요약하면 미군이 유엔의 간판으로 '간섭'했고, 중공군은 '참전'했
다는 것이 북한의 역사 해석인 것이다.

이러한 북한의 역사해석은 6·25 전쟁에 중국군과 소련 공군은
"참전"했고 미군을 주축으로 한 유엔군은 "개입"했다고 기술하고 있
는 금성교과서의 해석과 매우 유사한 것으로 보인다. 6·25 전쟁에 대
해 서술하면서 북한이 "남침"했다는 사실을 명기하지 않는가 하면,
중공군이 우군인양 표현하고, 유엔군을 마치 적군인양 표현하고 있다
는 점에서 금성교과서는 우리나라 개설서인 『한국사신론』의 서술과
완전히 판이하며, 오히려 북한 역사서의 서술과 흡사한 것으로 보인다.

나. 민간인 희생

6·25 전쟁에 관한 교과서의 서술에서 최근에 문제가 되고 있는 또
다른 주제는 6·25의 여러 가지 참상 가운데 하나인 민간인 희생에 관
한 것이다. 7차 교과서부터 민간인 희생에 관한 서술이 본격적으로 시

작되면서 일부 편향된 서술이 몇몇 교과서에 등장하기 때문이다.

민간인 희생에 관한 문제는 교과서에서 어떻게 다루어져왔는가? 언제부터 어떤 형태로 편향된 서술이 등장했는가? 이를 살펴보기 위해 교과서의 민간인 희생과 관련된 부분을 모아 보았다.

[표 39] 6·25 전쟁 (민간인 희생)

교과서		기술내용 (6·25 전쟁의 민간인 희생)
2차	⑥	전투원의 희생 밖에 학살·납치로 인한 비전투원의 피해도 놀라운 숫자에 달하였다. (245)
7차 근 현 대 사	금성 (02)	전쟁 과정에서 상대방의 편을 들거나 협력하였다는 이유로 보복이 잇달았다. 전쟁 초 승리를 거둔 북한군은 점령 지역에서 토지 개혁이나 노동 법령의 개정과 같은 북한식 개혁을 하면서, 지주나 공무원 등에 대한 숙청을 감행하였다. 이후 국군과 유엔군이 탈환하게 되자 반대로 북한군에 협력한 사람들에 대한 처형이 뒤따랐다. 전쟁 과정에서 *민간인에 대한 학살*도 곳곳에서 일어났다. 남한에서는 전쟁이 일어난 직후 보도 연맹 관련자들이 처형되었고, 경남 거창과 충북 영동을 비롯한 곳곳에서 주민들이 적으로 몰려 죽임을 당했다. 후퇴하는 북한군도 대전 등지에서 많은 주민을 죽였다. 남과 북 사이에는 씻을 수 없는 적대감이 쌓여 갔다. (272)
	금성 (06)	전쟁 과정에서 상대방의 편을 들거나 협력하였다는 이유로 보복이 잇달았다. 전쟁 초 승리를 거둔 북한군은 점령 지역에서 토지 개혁이나 노동 법령의 개정과 같은 북한식 개혁을 하면서, 지주나 공무원 등에 대한 숙청을 감행하였다. 이후 국군과 유엔군이 탈환하게 되자 반대로 북한군에 협력한 사람들에 대한 처형이 뒤따랐다. *민간인 학살*도 곳곳에서 일어났다. 전쟁이 일어난 직후 남한에서는 보도 연맹원들에 대한 대대적인 처형이 있었고, 경남 거창과 충북 영동의 노근리 등 여러 곳에서 주민들이 적으로 몰려 죽임을 당했다. 후퇴하는 북한군도 대전 등지에서 많은 주민을 죽였다. 남과 북 사이에는 씻을 수 없는 적대감이 쌓여 갔다. (272)
	대한	–
	두산	또 전쟁 중에 여러 지역에서 *양민 학살 사건*이 일어나 *민간인 희생자*도 많이 발생하였다. (280)
	법문사	–
	중앙	공산군은 남한의 점령 지역에서 이른바 인민 재판을 열어 죄없는 주민을 반동 분자로 몰아 처형하였다. 그리고 국군은 서울 수복 후 북진하면서 부역자 등을 찾아내어 처형하였는데, 그 과정에서 어쩔 수 없이 공산군에게 협력하였던 양민들까지도 피해를 당하였다. 이에 따라 민족 간에 원한과 불신이 깊어지게 되었다. (290)

		탐구활동│ 6 · 25 전쟁으로 인한 비극 전라 북도의 어느 산골 마을에는 지금도 쉽게 믿어지지 않은 이야기가 소문처럼 떠돌고 있다. 북한 공산군이 이 산골 마을을 점령하였던 1950년 음력 9월, 북한 공산군에 협력한 A마을의 일부 사람들이 B마을의 50여 명을 끌어다 하룻밤을 창고에 가둔 후 모두 한꺼번에 학살했다. 유엔군이 6 · 25 전쟁에 참전하고 인천 상륙 작전이 성공하면서 북한 공산군이 쫓겨간 이후 세상을 또다시 바뀌었다. 1951년 음력 4월, 이번에는 A마을 사람들이 B마을 사람들에게 마을 근처 야산에서 100여 명이 한꺼번에 학살되었다. 빨치산 토벌 작전을 한다는 구실로 A마을 사람들을 학살한 토벌대의 지휘관은 B마을 출신이었다. 이렇게 학살은 또 다른 학살을 낳았으니, 전쟁은 두 마을 사람들이 서로를 죽이는 관계로까지 내몰았다. 매년 음력 4월이면 A마을 사람들이 한날 한시에 제사를 지낸다. 음력 9월이면 B마을 사람들도 똑같은 일을 치른다. 사람들의 가슴 속에 맺힌 원한은 50년이 지나도 치유되지 않는 깊은 상처로 남아 있다. 지금도 바로 이웃해서 살고 있지만, 이들은 화해하지 못하고 있다고 한다. −한민, 테마로 읽는 20세기 한국사(2000)− (생략) 3. 위의 이야기 외에 6 · 25 전쟁 당시 양민이 억울하게 희생당한 사례를 조사해 보자. (292)
	천재	–
2 0 1 0 검 정 한 국 사	미래엔	**그 때 그 사건 ▶ 한국에서의 학살, Massacre in Korea, 1951** 에스파냐의 화가 피카소는 6 · 25 전쟁 중 양민들이 학살당했다는 소식을 듣고 이 그림을 그렸다. 갑옷을 입은 군인들이 맨몸의 여성과 어린아이를 총과 칼로 공격하는 모습은 전쟁의 참상과 공포, 인간성 파괴 등을 표현하고 있다. 6 · 25 전쟁 중 북한 측은 점령한 남한 지역에서 인민재판을 행했고, 남한 측은 수복한 지역에서 북한군에 협조한 부역자를 처벌하였다. 점령과 수복의 과정에서 처벌과 보복이 자행되어 수많은 양민들이 희생되었다. 특히, 경남 거창, 충북 영동의 노근리, 황해도 신천 등지에서 많은 *양민들이* 학살되었다. (344)
	법문사	–
	비상	무엇보다도 전쟁 과정에서 이념 대립 및 적대 감정이 더욱 커져 무고한 양민들이 적으로 오인되어 *죽음을 당하기도 하였다.* (328)
	삼화	전쟁 중에 양측 군대에 의한 *민간인 학살* 사건이 일어나기도 하였다. 인민군은 지주와 자본가, 군인 및 경찰과 그 가족들을 *처형*하였다. 국군과 경찰은 좌익 출신의 국민 보도 연맹 소속원, 교도소 수감자 등을 *처형*하였다. 국군이 북으로 진격할 때는 다시 인민군에 협조하였던 사람들이 *처형*되었고, 인민군은 많은 수의 지식인과 정치인 등을 북으로 끌고 갔다. (322)

지학사	-
천재	6·25 전쟁의 과정에서 많은 *민간인들이 희생*당하였다. 가장 먼저 희생당한 것은 보도 연맹원들과 형무소 재소자들이었다. 이들은 위험 요소를 제거한다는 명분하에 *대규모로 희생*되었다. 곧이어 인민군 치하의 38도선 이남 지역에서도 *보복과 학살*이 진행되었다. 치안대와 보도 연맹원 유가족과 인민군 등 좌익 측이 경찰과 공무원 등을 포함한 우익 인사들을 *인민재판을 통해 학살*하는 일이 점령지 곳곳에서 발생하였다. 북한 지역에서도 폭격과 상호 *학살*에 의해 많은 *민간인들이* 희생되었다. 전쟁의 비극은 상대에 대한 *학살*에 머물지 않고 자국민에 대한 협박과 보복으로 이어졌다. 피난에서 돌아온 자들은 피난 가지 못한 자들에게 인민군을 도왔다는 혐의를 추궁하였다. 거창 사건과 노근리 사건처럼 *민간인들이 군사 작전의 희생양이* 되기도 하였다. (327)

• 7차 이전의 교과서에서 민간인의 전쟁 피해에 관해 다루고 있는 것은 2-⑥뿐이다. 이 교과서에서는 6·25의 전쟁 피해 가운데 "비전투원"의 희생으로 "학살"과 "납치"를 들고, 그 피해가 "놀라운 숫자에 달하였다."고 서술하였다.

• 7차 교과서는 한국사 통사가 아니고 개항 이후의 한국 근현대사만을 다루는 교과서이기에 그 이전의 국사교과서에 비해 민간인의 전쟁 피해에 할당된 지면이 많아졌다. 그런데 이 지면은 상당 부분이 '학살'로 채워지고 있다. 일찍이 2차 교과서(2-⑥)에서 주목했던 "비전투원"의 "학살"과 "납치" 가운데 "납치"는 사라지고, "학살"에만 초점을 맞추고 있는 것이다.

• 7차 근현대사 교과서 가운데 일부는 6·25 전쟁 중에 있었던 민간인의 희생을 '학살'이라는 용어를 사용하여 과도하게 서술하고 있다. '학살'이라는 용어를 쓴 교과서는 6종 가운데 모두 3종인데, 이 가운데 본문에서 "민간인 학살"이라는 표현을 써가며 본격적인 서술을 하고

있는 것은 금성교과서다. 이 교과서는 노근리 사건처럼 전쟁 수행 중 국군에 의해 이루어진 민간인 희생을 '학살'이라는 용어를 써가며 부각시키면서도 6 · 25 중 적의 만행에 대한 내용은 상대적으로 훨씬 적게 기술하고 있다.

> 민간인 학살도 곳곳에서 일어났다. 전쟁이 일어난 직후 남한에서는 보도 연맹원들에 대한 대대적인 처형이 있었고, 경남 거창과 충북 영동의 노근리 등 여러 곳에서 주민들이 적으로 몰려 죽임을 당했다. 후퇴하는 북한군도 대전 등지에서 많은 주민을 죽였다. 남과 북 사이에는 씻을 수 없는 적대감이 쌓여 갔다.(금성『한국 근 · 현대사』, 2006, p.272.)

• 7차『한국 근 · 현대사』교과서의 이러한 편향적 서술은 2010검정『한국사』교과서에서는 더욱 심화되었다. '학살'이라는 용어를 써서 6 · 25 전쟁의 민간인 희생에 대해 서술하고 있는『한국사』교과서는 모두 3종이다.

천재는 6 · 25 전쟁의 '학살'에 대해 가장 상세한 서술을 하고 있다. 이 교과서는 "상호 학살"에 의해 민간인이 대규모로 희생되었다고 강조한다. 나아가 "거창 사건"과 "노근리 사건"처럼 민간인들이 군사 작전의 희생양이 되었다고 비판한다.

삼화도 "민간인 학살 사건"이라는 표현을 써서 양측 군대에 의한 학살에 대해 제법 상세하게 서술하고 있는가 하면, 북한군을 북한 측의 용어 그대로 '인민군'으로 서술하고 있다.

미래엔은 "점령과 수복의 과정에서 … 수많은 양민들이 희생되었다"면서 특히 거창, 노근리, 황해도 신천 등지에서 "많은 양민들이 학살되었다"고 서술하고 있다. 세 지역 모두 국군이나 미군이 이른바 '학살'을 했다는 혐의를 받는 지역이다. 그러면서도 북한이 저지른 학살에 대해서는 결코 상세하게 서술하지 않는다. "북한 측은 점령한 남한 지역에서 인민재판을 행했고"가 북한에 관한 서술의 전부다.

• 이들 교과서의 민간인 학살에 관한 서술이 지닌 문제는 여러 학자들이 이미 지적한 바 있다. 북한군과 중국군에 의한 대한민국 국민의 학살 행위는 구체적으로 명시하지 않으면서, 국군과 미군이 민간인을 학살했다는 거창 사건과 노근리 사건에 대해서는 상세히 서술하고 있다는 것이다. 즉 민간인 학살에 대해 일부 교과서가 편파적 서술을 하고 있다는 것이다.[61]

• 여기서 주목할 것은 북한 역사서의 서술이다. 북한 역사서는 6·25 전쟁 중의 민간인 학살에 대해 어떻게 서술하고 있는가? 『조선통사(하)』는 〈강점지역에서의 적들의 만행…〉이라는 제목으로 6·25 중 우리 국군의 북한 진격에 따른 일시적 점령기에 대해 "학살", "만행", "인간백정", "강도들"의 어휘를 사용하여 이루 말할 수 없이 거세게 비난하고 있다. 우리 국군과 미군이 "인민학살"을 저지른 "인간백정"이라는 것이다.[62]

---

61 이주영은 천재교육의 『한국사』 교과서에서 이른바 국군과 미군이 민간인을 학살했다는 "거창 사건"과 "노근리 사건"이 언급되고 있는 점을 주시하고, 북한군과 중공군에 의한 대한민국 국민의 학살 행위가 구체적으로 명시되지 않은 상태에서 두 사건에 대한 특별 설명 제시는 남·북의 갈등 문제에 대한 편파적 해석의 소지가 있다고 본다. 이주영, 「1948년 건국의 의미가 축소된 한국사교과서」, 『고등학교 「한국사」 교과서 무엇이 문제인가』, 2011, p.23.

62 "미제침략자들과 그 고용병들은 인민을 학살하는 인간백정인 동시에 도시와 농촌을 소각파괴하여 인민의 재산을 약탈하는 강도들이였다." 『조선통사(하)』, p.417.

특히 우리 국군과 미군이 황해도 신천에서 저지른 것으로 잘못 알려지면서 '신천학살'이라고 이름 붙여진 사건에 대해서는 몸서리가 쳐질 정도로 끔찍한 묘사도 서슴지 않고 있다.[63]

• 그러나 이에 반해 우리의 국사교과서에서는 6·25 전쟁 중 적의 만행에 대한 내용을 거의 찾아볼 수 없다. 7차『한국 근·현대사』교과서와 2010검정『한국사』교과서는 거창 사건과 노근리 사건처럼 국군에 의한 민간인 학살 문제를 부각시키면서도 정작 적군 치하에서 대한민국 국민이 겪은 수난과 희생에 대해서는 될 수 있는 대로 침묵한다. 앞에서 보았듯이 2차 교과서(2-⑥)에서 이원순은 6·25의 전쟁 피해 가운데 민간인의 희생으로 "학살"과 "납치"를 들고 있는데, 이는 '인민재판을 통한 처형'과 '납북'을 가리키는 것에 다름 아니다. 적 치하에서 민간인이 겪은 수난 가운데 대표적인 것이 인민재판을 통한 처형과 납북이기 때문이다.

• 6·25 전쟁 당시 북한군과 좌익이 저지른 학살은 주로 '인민재판'에 의한 처형의 형태로 이루어졌다. 북한군이 수도 서울을 점령하고 남하하면서 북한군과 좌익에 의해 우익에 대한 대대적인 검거와 학살이 시작되었다. 북한군이 점령한 지역에서는 그 지방 좌익들이 우익인사와 그 가족들을 인민재판을 통해 학살했다. 북한은 남한의 민간인을 납북하는 과정에서도 다수의 피랍인사들을 총살이라는 방식으로 학살했다. 미군이 38선 이북으로 진격하자 북한군은 후퇴하면서 북한 지역에서도 숱한 학살극을 벌였다. 1952년에 작성된『대한민국 통계연

63『조선통사(하)』, pp.417-419.

감』에 따르면 6 · 25 전쟁 중 학살당한 민간인은 12만 명이 넘는다.[64]

또한 6 · 25 전쟁 기간 중 12만 명 이상의 민간인이 납북된 것으로 학계에서는 보고 있는데, 이러한 강제 납북은 '부족한 인테리문제를 해결하자면 남조선에 있는 인테리들을 데려와야 한다'는 김일성의 지령에 따라 북한 당국이 사전에 치밀하게 계획한 조직적 범죄행위였다.[65]

우리나라의 교과서는 '인민재판'과 '납북'에 대해 얼마나, 그리고 어떻게 서술하고 있는가? '인민재판'과 '납북'에 대한 교과서의 서술 내용을 모아보면 각각 다음과 같다.

[표 40] 인민재판

교과서		기술내용 (인민재판)
1차~6차		–
7차 근현대사	금성	전쟁 초 승리를 거둔 북한군은 점령 지역에서 토지 개혁이나 노동 법령의 개정과 같은 북한식 개혁을 하면서, 지주나 공무원 등에 대한 숙청을 감행하였다. 이후 국군과 유엔군이 탈환하게 되자 반대로 북한군에 협력한 사람들에 대한 처형이 뒤따랐다. (272)
	대한	–
	두산	–
	법문사	–
	중앙	공산군은 남한의 점령 지역에서 이른바 *인민 재판*을 열어 죄없는 주민을 반동 분자로 몰아 처형하였다. 그리고 국군은 서울 수복 후 북진하면서 부역자 등을 찾아내어 처형하였는데, 그 과정에서 어쩔 수 없이 공산군에게 협력하였던 양민들까지도 피해를 당하였다. 이에 따라 민족 간에 원한과 불신이 깊어지게 되었다. (290)

---

64 김성동, 「6 · 25때 좌익이 학살한 5만9964명 名簿 발견」, 『월간조선』 23권 4호, 2002년 4월.

65 제성호, 「전시 민간인 납치의 국제인도법적 고찰: 6 · 25 전쟁시 북한의 민간인 납북행위를 중심으로」, 『서울국제법연구』, 제18권 제1호, 2011년 6월, pp.191~221. 우리 정부가 1953년 발행한 『대한민국 통계연감』은 납북자 수를 8만 4532명으로 집계하고 있다. 김성동, 「국가 작성 6 · 25 拉北者 8만 명 名簿 발견!」, 『월간조선』 23권 2호, 2002년 2월.

2010 검정한국사	천재	–
	미래엔	6·25 전쟁 중 북한 측은 점령한 남한 지역에서 *인민재판*을 행했고, 남한 측은 수복한 지역에서 북한군에 협조한 부역자를 처벌하였다. (344)
	법문사	–
	비상	–
	삼화	인민군은 지주와 자본가, 군인 및 경찰과 그 가족들을 처형하였다. 국군과 경찰은 좌익 출신의 국민 보도 연맹 소속원, 교도소 수감자 등을 처형하였다. 국군이 북으로 진격할 때는 다시 인민군에 협조하였던 사람들이 처형되었고, 인민군은 많은 수의 지식인과 정치인 등을 북으로 끌고 갔다. (322)
	지학사	–
	천재	곧이어 인민군 치하의 38도선 이남 지역에서도 보복과 학살이 진행되었다. 치안대와 보도 연맹원 유가족과 인민군 등 좌익 측이 경찰과 공무원 등을 포함한 우익 인사들을 *인민재판*을 통해 학살하는 일이 점령지 곳곳에서 발생하였다. (327)

[표 41] 납북

교과서		기술내용 (납북)
1차	①–⑤	–
2차	①	–
	②	적에 납치된 자가 10만 명, (p.247)
	③	–
	④	적에 납치된 자가 10만이 넘었으며, (p.249)
	⑤	–
	⑥	전투원의 희생 밖에 학살·납치로 인한 비전투원의 피해도 놀라운 숫자에 달하였다. (p.245)
3차	국정 (74)	납북자 10여만에 달하였으며, (p.227)
	국정 (79)	–
4차	국정	–
5차	국정	–
6차	국정	–

7차 근 현 대 사	금성	–
	대한	–
	두산	
	법문사	–
	중앙	–
	천재	–
2 0 1 0 검 정 한 국 사	미래엔	전쟁 중 남한에서 납북되거나 월북한 사람들도 있었고, (p.344)
	법문사	–
	비상	–
	삼화	인민군은 많은 수의 지식인과 정치인 등을 북으로 끌고 갔다. (p.322)
	지학사	[함께하는 탐구활동] 6 · 25 전쟁의 인적 · 물적 피해: (비고) 2)남한 민간인 실종에는 납북인 84,532명 포함 (길영환, 『Politics and Policies in Divided Korea』(p.278)
	천재	–

• 7차 교과서 및 2010검정 교과서 총 12종 중 대다수가 민간인 희생 문제를 다루고 있으면서도 "인민재판"이라는 용어를 명기하고 있는 교과서는 단 3종(7차 중앙, 2010검정 미래엔, 2010검정 천재)뿐이다. 납북에 관한 서술도 마찬가지다. 2차 교과서와 3차(74) 교과서만 해도 납북에 대해 다루면서, 납북자가 10만 명이 넘는다고 서술하고 있다. 하지만 4차 교과서부터 7차 교과서까지는 납북에 대해 전혀 다루지 않는다. 놀라운 것은 근현대사만을 다루고 있어 상대적으로 할애할 지면이 많은 7차 『한국 근 · 현대사』 교과서 가운데 납북을 다루고 있는 교과서가 단 하나도 없다는 사실이다.

• 2010검정 『한국사』 교과서 가운데 납북을 다루는 것은 3종인데, 제대로 다루고 있는 것은 하나뿐이다. 삼화가 "인민군은 많은 수의 지식인과 정치인 등을 북으로 끌고 갔다."고 서술하고 있어서다. 하지만

여기에도 '납북'이라는 용어는 빠져있다. 미래엔의 경우, 납북과 월북을 병치해 서술하고 있어 납북을 민간인 희생의 차원에서 다루고 있는 것이 아니다. 지학사는 탐구활동에서 납북된 사람의 숫자를 제시하는 데 그친다.

• 이처럼 7차 이후의 교과서는 6 · 25 전쟁 중 민간인의 희생에 관해 서술하면서, '인민재판', '납북'과 같이 남한의 전쟁 피해를 나타내는 용어의 사용을 꺼리고 있다. 대신에 남한과 북한 중 누가 피해자이고 누가 가해자인지를 알 수 없는 용어인 '학살', '처형' 등의 표현을 쓰고 있다. 남한이 북한의 남침에 의한 전쟁 피해자라는 사실을 희석시키고 있는 것이다.

• 7차 이후 교과서의 민간인 희생에 관한 서술에서 또 하나 주목할 것은 이들 교과서가 상호간의 살상을 강조한다는 사실이다. '남과 북'(7차 금성), '북한 측과 남한 측'(2010검정 미래엔), '양측 군대'(2010검정 삼화) 사이의 학살로 많은 민간인이 희생되었다는 것이다. 심지어는 "두 마을 사람들"의 상호 학살에 대해 서술하고 있는 교과서도 있다.

> 이렇게 학살은 또 다른 학살을 낳았으니, 전쟁은 두 마을 사람들이 서로를 죽이는 관계로까지 내몰았다. (7차 중앙 『한국 근 · 현대사』, p.292.)

이처럼 상호간의 학살을 강조하는 교과서의 서술은 남과 북을 모두 가해자와 피해자로 만들어 6 · 25 전쟁이 남침에 의해 발발했다는 것을 희석시키고, 6 · 25 전쟁의 내전적 성격을 강조하려는 의도에서

비롯된 것으로 보인다. 이러한 서술의 대표적인 사례가 아래 두 교과
서의 서술이다.

[그때 그 사건] ▶ 한국에서의 학살, Massacre in Korea, 1951

에스파냐의 화가 피카소는 6·25 전쟁 중 양민들이 학살당했다는 소식을 듣
고 이 그림을 그렸다. 갑옷을 입은 군인들이 맨몸의 여성과 어린아이를 총과 칼
로 공격하는 모습은 전쟁의 참상과 공포, 인간성 파괴 등을 표현하고 있다.

6·25 전쟁 중 북한 측은 점령한 남한 지역에서 인민재판을 행했고, 남한 측
은 수복한 지역에서 북한군에 협조한 부역자를 처벌하였다. 점령과 수복의 과정
에서 처벌과 보복이 자행되어 수많은 양민들이 희생되었다. 특히, 경남 거창, 충
북 영동의 노근리, 황해도 신천 등지에서 많은 양민들이 학살되었다.

▲ 피카소의 '한국에서의 학살'

(미래엔 『한국사』, p.344.)

전쟁의 비극

6·25 전쟁의 과정에서 많은 민간인들이 희생당하였다. 가장 먼저 희생당한

것은 보도 연맹원들과 형무소 재소자들이었다. 이들은 위험 요소를 제거한다는 명분하에 대규모로 희생되었다.

좌익 혐의자에 대한 대량 학살은 인민군 치하의 보복을 불러왔다. 치안대와 보도 연맹원 유가족과 인민군 등 좌익 측이 경찰과 공무원 등을 포함한 우익 인사들을 인민재판을 통해 학살하는 일이 점령지 곳곳에서 발생하였다. 북한 지역에서도 폭격과 상호 학살에 의해 많은 민간인들이 희생되었다.

전쟁의 비극은 상대에 대한 학살에 머물지 않고 자국민에 대한 협박과 보복으로 이어졌다. 피난에서 돌아온 자들은 피난 가지 못한 자들에게 인민군을 도왔다는 혐의를 추궁하였다. 거창 사건과 노근리 사건처럼 민간인들이 군사 작전의 희생양이 되기도 하였다.

(생략)

(천재『한국사』, p.327.)

위의 두 교과서는 양민 학살에 대해 서술하면서 모두 피카소의 '한국에서의 학살'이라는 그림을 싣고 있다. 특히 천재『한국사』교과서는 8단원의 표지(p.297)와 본문(p.327)의 두 군데에 싣고 있다. 이른바 '신천학살'을 묘사한 피카소의 이 그림은 한 마디로 북한 선전선동의 산물이다. 북한 주장에 따르면 '신천학살'이란 1950년 10월 7일부터 12월 7

일까지 미군이 황해도 신천군 주민 4분의 1 가량을 잔인하게 학살한 만행이다.[66] 하지만 북한의 선전과 달리 '신천 학살'은 미군에 의한 것이 아니고 6·25 전쟁의 전세가 수시로 뒤바뀌는 과정에서 당시 좌우의 대립이 극심하던 신천 지역의 주민들 간에 발생한 참상이었다. 즉 그 지역의 기독교도들과 공산주의자 간의 대립, 즉 좌익과 우익의 상호투쟁에서 비롯된 것이었다.[67]

이 그림은 6·25 전쟁에 미국이 참전한 것을 격렬하게 비난하던 프랑스 공산당이 반미 선전을 위한 작품을 공산당원인 피카소에게 의뢰하면서 제작되었다. 즉 이 그림은 프랑스 공산당의 주문을 받은 피카소가 신천학살의 주범이 미군이라는 북한의 선전을 액면 그대로 믿고 제작한 것으로, 결과적으로 북한의 선전선동의 산물인 셈이다. 따라서 실제 역사적 사실과는 무관한 것이다. 이 그림은 6·25 전쟁을 남북한의 내전으로 파악한 브루스 커밍스의 책 『한국전쟁의 기원 1』의 표지에 실려서 우리나라에 알려졌다.[68]

이처럼 미군과 국군이 양민을 학살했다는 그릇된 정보를 바탕으로

---

66 북한은 이러한 주장을 뒷받침하기 위해서 1960년 6월, 신천박물관을 건립, 개관하였다. 박물관 개관 당시 평양언론은 "1950년 10월 7일부터 12월 7일까지 52일 동안 신천군 주민 4분의 1에 해당하는 무고한 인민을 가장 잔인하고 야수적인 방법으로 학살하는 천추에 용납 못할 귀축 같은 만행을 감행한 사실을 온갖 자료를 통해 보여주고 있다"고 소개했다. 「북의 최대 '반미교양기지' 신천박물관」, 『한겨레』, 2001년 12월 4일.

67 박명림에 따르면 이른바 '신천 학살사건'은 북한이 주장하는 바와 같이 미군이나 국군에 의한 학살이 아니라, 신천 지역의 주민들 간에 발생한 참상이었다. 1950년 10월, 국군과 유엔군의 북진에 앞서 그 지역 공산주의자들이 우익인사를 대량으로 학살하자 이에 대한 보복으로 기독교도를 중심으로 한 민간 우익진영이 반공봉기를 일으켰고, 이 과정에서 좌우익의 상호 살육전이 벌어졌다. 박명림, 『한국 1950 : 전쟁과 평화』, 나남출판, 2002, pp.622-632.

68 이주영, 앞의 글, p.23.

해서 그려진 그림을 교과서에 수록하는 것은 적절치 못하다. "갑옷을 입은 군인들이 맨몸의 여성과 어린아이를 총과 칼로 공격하는 모습은 전쟁의 참상과 공포, 인간성 파괴 등을 표현하고 있다."는 미래엔『한국사』교과서의 그림 해설도 부적절하기는 마찬가지다. 그림과 해설 모두 학생들로 하여금 6·25 전쟁에 대해 그릇되고 편향된 이해를 하도록 할 소지가 있기 때문이다.

12. 이승만 정부 평가(2)

휴전 회담이 진행 중이던 1953년 6월, 이승만 대통령은 반공 포로 2만 7천여 명의 석방을 단행했다. 반공 포로의 석방은 한·미 상호방위조약의 체결을 가져왔는데, 이 조약은 미국이 아시아 지역의 약소국인 한국의 계속된 요청을 받아들여 맺은 상호방위조약이었다. 이승만은 한·미 상호방위조약의 체결을 통해 이룩한 한미동맹으로 2차 대전 이후 불안정했던 한반도와 동아시아의 안보질서를 안정시켰다. 이처럼 반공포로 석방과 뒤이은 한·미 상호방위조약의 체결은 이승만 대통령의 대표적인 업적임에도 오늘날 제대로 평가받지 못하고 있는 것이 현실이다.

가. 반공 포로 석방

국사교과서에서는 이 문제에 대해 어떻게 서술해왔는가? 이를 살펴보기 위해 먼저 반공 포로 석방과 관련된 교과서의 서술을 모아보면 다음과 같다.

[표 42] 반공포로석방

교과서		기술내용 (반공포로석방)
1차	①-⑤	–
	①-④	–
2차	⑤	휴전 교섭은 포로 교환 문제 등을 중심으로 승강이가 계속되고 진통이 심하더니, 1953년 6월 8일 포로의 송환은 중립국 송환 위원회에 의하여 처리된다는 협정이 조인되었다. 이에 이 승만 대통령은 반공 포로 2만 7천여명을 석방하여 전 세계를 깜짝 놀라게 하였으며, 우리가 원하지 않는 휴전을 반대하였으나, 그해 7월 27일에 드디어는 휴전 협정이 조인되어 오늘날의 휴전선으로서 고정되었다. (247) 처음 이 승만 대통령이 당선되어 공산주의 정당을 불법화하고, 반공 포로의 석방, 평화선의 선언 등 *과감한 정책*을 쓰기도 하였으나, 한편 1952년 5월에는 대통령 직선제 개헌을 강행하여 이른바 정치 파동을 일으켰고, 다시 자유당을 조직하여 영구 집권을 꾀하기 위해 부정을 저질렀다. (249)
	⑥	–
3차	국정	–
4차	국정	전란 중에 이 승만 대통령은 공산 세력을 막고 반공 포로를 석방하는 등 *과감한 반공 정책*을 폈다. (167)
5차	국정	전란 중에 이승만은 공산 침략을 막고, 반공 포로들을 석방하는 등 *과감한 반공 정책*을 폈으나, 한편으로는 계엄령 선포하에서 국회를 탄압하고, 대통령 직선제를 골자로 하는 이른바 발췌 개헌안을 통과시켰다. (180)
6차	국정	전쟁 기간 동안 이승만 대통령은 반공 포로를 석방하였으며, 후방에서도 공산군의 침투를 막기 위해 계엄을 실시하였다. (203)
7차 근현대사	금성 (02)	**휴전을 지연시킨 포로 송환 문제** 1951년 7월부터 시작된 휴전 회담은 2년이 넘도록 끝나지 않았다. 휴전 협정 5개 항목 중 가장 합의하기 어려웠던 것이 바로 전쟁 포로에 관한 처리 문제였다. 전쟁 포로들은 일반적으로 제네바 협정에 따라 본국에 송환하는 것이 원칙이었다. 그러나 미국 측은 포로 본인이 남한과 북한을 선택하게 하는 '자유 송환'을 주장하였다. 이는 많은 북한군과 중국군 포로들이 본국으로의 송환을 원하지 않는다는 것을 보여줌으로써 전쟁의 명분을 확보하기 위함이었다. 이에 대해 북한은 제네바 협정 위반이라며 강력히 반발하여 휴전 회담은 중단되고 말았다. 휴전 회담이 중단된 동안 거제도 포로 수용소에서는 포로들의 의사를 확인하기 위한 심사와 분류가 실시되었다. 심사와 분류는 강압성을 띠었고, 이에 반발한 북한군 포로들이 폭동을 일으키기도 하였다. 재개된 회담에서는 '송환을 원하지 않는 포로는 중립국 포로 송환 위원회에 넘겨 처리한다'는 포로 교환 협정이 체결되었다. 그러나 휴전 협상이 마무리되고 휴전선이 최종 결정된 1953년 6월, *휴전을 반대*해 오던 *이승만*은 반공 포로 석방을 단행하였다. 군과 경찰을 동원해 27,000여 명의 포로를 풀어준 것이다. 휴전 협정 자체를 무

		산시킬 수도 있는 엄청난 사건이었지만, 더 이상 전쟁을 지속시키기 어려웠던 북한과 미국은 반공 포로 석방을 인정할 수밖에 없었다. (271)
	대한	-
	두산	휴전 회담이 거의 타결되어 갈 무렵에 이승만 대통령은 반공 포로들을 전격적으로 석방하여(1953.6) *휴전 회담이 한때 위기에 처하기도 하였다.* (280)
	법문사	이승만 대통령은 북진 통일을 외치며 반공 포로를 석방하였으나,
	중앙	6 · 25 전쟁 중에는 북한군과의 휴전을 반대하고 반공 포로를 석방하기도 하였으며,
	천재	이승만 대통령은 *반공 포로 석방을 강행*하면서 휴전에 반대하였지만, 1953년 7월 27일 휴전 협정이 조인되어 3년이 넘는 기간 동안 계속된 민족의 비극이 막을 내리게 되었다. (282)
2010 검정 한국사	미래엔	한국 정부는 휴전에 반대하여 정전 회담에 참여하지 않았고, 정전 협정 체결 전에 반공 포로들을 석방하는 조치를 취하였다. (343)
	법문사	그러나 이승만 대통령은 한 · 미 상호 방위 조약의 체결을 우선적으로 요구하면서 휴전에 반대하였다. 오히려 *반공 포로를 전격적으로 석방하여 휴전 협정을 위기로 몰아넣기도 하였다.* 이에 미국은 한 · 미 상호 방위 조약의 체결과 장기간의 경제 원조, 한국군의 증강 등을 약속하였다. 결국, 1953년 7월 판문점에서 휴전 협정이 조인됨으로써 3년 1개월 만에 6 · 25 전쟁은 휴전으로 매듭지어졌다. (324)
	비상	그러자 휴전에 반대하던 이승만은 *임의로 반공 포로를 석방*하여 휴전 협상을 하고 있던 미국을 압박하였다. 결국 미국은 경제 원조와 주한 미군 주둔을 약속하면서 남한 정부의 동의를 얻어 냈다. (327)
	삼화	한국 정부가 반공 포로를 석방하자 잠시 위기를 맞기도 하였으나 마침내 1953년 7월 휴전 협정이 체결되었다. (319)
	지학사	-
	천재	-

• 2-⑤는 국사교과서로는 처음으로 반공포로 석방에 대해 서술하고 있는데, 그 내용은 매우 상세하다. 이 교과서는 2만 7천여 명의 반공포로 석방이 '공산주의 정당 불법화', '평화선의 선언' 등과 더불어 이승만 대통령의 "과감한 정책"이었다고 평가한다.

• 반공포로 석방이 이승만 대통령의 "과감한 정책"이었다는 2-⑤

교과서의 서술은 4차 및 5차 교과서로 이어져, "과감한 반공정책"이었다는 평가를 받았다.

• 6차 교과서에서는 반공포로 석방이 반공정책이었다고 명시하지는 않지만, '공산군의 침투를 막기 위한 계엄'과 '반공 포로 석방'을 병치시킨 것으로 미루어 반공포로의 석방을 반공정책으로 간주하고 있음을 알 수 있다.

• 그러나 7차 『한국 근·현대사』 교과서부터는 반공포로 석방에 대해 이제까지와는 전혀 다른 서술을 하는 교과서가 등장한다. 6차 교과서까지의 서술처럼 반공포로의 석방을 반공정책으로 간주하는 것이 아니고, 휴전 협정 자체를 무산시킬 수도 있었다거나 휴전협정을 위기로 몰아넣었다고 서술하고 있는 것이다(7차 금성, 7차 두산, 2010검정 법문사). 이들 교과서는 휴전을 지연시켰다는 이유를 들어 은연중에 반공포로 석방을 비난하고 있다. 그렇다면 당시에 우리나라 국민은 휴전을 원했는가? 아니면 휴전에 반대했는가? 이에 대한 6차 교과서의 서술을 보자.

전투가 일진일퇴를 거듭하는 가운데 공산군측은 소련의 유엔 대표를 통해서 휴전을 제의하였다. 공산군측의 휴전 제의에 대하여 우리 정부와 국민은 일단 휴전하게 되면 민족 분단이 영구화될 것을 우려하여 이에 반대하였다. 이에 따라 휴전을 반대하는 범국민적 시위가 전국적으로 거세게 일어났다. 그러나 통일을 염원하는 국민의 열망과는 달리 유엔 군과 공산군 사이에 휴전이 성립되고 말았다 (1953). (6차 『국사』, p.200.)

여기서 알 수 있듯이, 휴전을 제의한 것은 공산군 측이었고, 통일을 염원하는 우리 국민은 분단의 영구화를 우려하여 휴전에 반대했다. 그럼에도 7차 이후의 교과서 가운데 다수는 마치 이승만 대통령 혼자서 휴전에 반대한 것처럼, 그리고 그런 까닭에 "임의로" 반공포로 석방을 "강행"했다고 서술하고 있다. 다음의 예를 보자.

그러나 휴전 협상이 마무리되고 휴전선이 최종 결정된 1953년 6월, 휴전을 반대해 오던 이승만은 반공 포로 석방을 단행하였다. (7차 금성 『한국 근·현대사』)

이승만 대통령은 반공 포로 석방을 강행하면서 휴전에 반대하였지만, 1953년 7월 27일 휴전 협정이 조인되어 3년이 넘는 기간 동안 계속된 민족의 비극이 막을 내리게 되었다. (7차 천재 『한국 근·현대사』)

그러자 휴전에 반대하던 이승만은 임의로 반공 포로를 석방하여 휴전 협상을 하고 있던 미국을 압박하였다. (2010검정 비상 『한국사』)

• 사정이 이렇다보니, 이승만 대통령이 반공포로 석방을 단행한 구체적 이유가 한·미 상호방위조약의 체결을 위한 것이었음을 제대로 서술하고 있는 교과서도 찾아보기 어렵다.[69] 반공포로 석방의 결과로 한·미 상호방위조약의 체결 등, 미국으로부터 군사 및 경제 원조를 얻어냈다는 사실을 서술하고 있는 것도 법문사 『한국사』와 비상 『한

---

69 법문사 『한국사』 교과서가 이승만 대통령이 "한·미 상호 방위 조약의 체결을 우선적으로 요구하면서 휴전에 반대하였다."고 서술하고 있지만 그나마 반공포로 석방과 한·미 상호방위조약 체결을 매끄럽게 연결 짓지 못하고 있다.

국사』뿐이다.

• 반공포로 석방에 대해 가장 왜곡된 서술을 하고 있는 것은 7차 금성『한국 근·현대사』교과서다. 그 내용을 살펴보자.

휴전을 지연시킨 포로 송환 문제

1951년 7월부터 시작된 휴전 회담은 2년이 넘도록 끝나지 않았다. 휴전 협정 5개 항목 중 가장 합의하기 어려웠던 것이 바로 전쟁 포로에 관한 처리 문제였다. 전쟁 포로들은 일반적으로 제네바 협정에 따라 본국에 송환하는 것이 원칙이었다. 그러나 미국측은 포로 본인이 남한과 북한을 선택하게 하는 '자유 송환'을 주장하였다. 이는 많은 북한군과 중국군 포로들이 본국으로의 송환을 원하지 않는다는 것을 보여줌으로써 전쟁의 명분을 확보하기 위함이었다. 이에 대해 북한은 제네바 협정 위반이라며 강력히 반발하여 휴전 회담은 중단되고 말았다. 휴전 회담이 중단된 동안 거제도 포로 수용소에서는 포로들의 의사를 확인하기 위한 심사와 분류가 실시되었다. 심사와 분류는 강압성을 띠었고, 이에 반발한 북한군 포로들이 폭동을 일으키기도 하였다.

재개된 회담에서는 '송환을 원하지 않는 포로는 중립국 포로 송환 위원회에 넘겨 처리한다'는 포로 교환 협정이 체결되었다. 그러나 휴전 협상이 마무리되고 휴전선이 최종 결정된 1953년 6월, *휴전을 반대해 오던 이승만*은 반공 포로 석방을 단행하였다. 군과 경찰을 동원해 27,000여 명의 포로를 풀어준 것이다. *휴전 협정 자체를 무산시킬 수도 있는 엄청난 사건*이었지만, 더 이상 전쟁을 지속시키기 어려웠던 북한과 미국은 반공 포로 석방을 인정할 수밖에 없었다.

(금성『한국 근·현대사』, 2002, p.271.)

• 이 교과서는 반공 포로 석방에 대해 기술하고 있는 부분의 소제목을 아예 〈휴전을 지연시킨 포로 송환 문제〉로 정했다. 휴전을 지연

시켰다는 이유로 반공 포로 석방을 비난하려는 의도가 확연히 드러나는 제목이다. 용어도 '반공 포로 석방' 대신에 "포로 송환 문제"를 쓰고 있다. "반공 포로"라는 용어를 쓰고 싶어 하지 않는 속내가 엿보인다.

• 서술내용을 보면, 포로에 대한 심사와 분류가 강압성을 띠어, 이에 반발한 "북한군 포로들"이 폭동을 일으켰다고 서술하고 있으나 이는 틀린 서술이다. 심사를 통해 북한군 포로는 공산 포로와 반공 포로로 분리되었는데, 이 가운데 폭동을 일으킨 것은 공산 포로였다.[70]

• 이 교과서는 이승만이 반공 포로 석방을 단행한 것도 휴전을 반대했기 때문으로 서술하고 있고, 반공 포로 석방의 결과에 대해서는 "휴전 협정 자체를 무산시킬 수도 있는 엄청난 사건"이었다고 쓰고 있다. 이승만의 반공 포로 석방과 관련한 모든 것을 '휴전반대', '휴전 지연', '휴전 무산' 등으로 설명하여 '휴전'과 연결 짓고 있는 것이다.

• 여기서 참고로 반공 포로 석방과 관련한 북한의 역사 해석을 보면 다음과 같다.

　　그러나 조선문제의 평화적 해결을 두려워하는 미제와 그의 앞잡이들은 정전담판을 파탄시키기 위하여 새로운 도발행동을 시도하였다.
　　이리하여 정전협정 조인을 위한 준비가 거의 되어가던 시기인 6월 중순에 미제와 그의 괴뢰도배들은 이미 정전담판에서 합의에 도달한 결정을 무시하고 우리측 포로 2만 7,000여명을 소위 '석방'

---

70 거제도 포로수용소에서 폭동을 일으키는 등 다각적인 공세를 취한 것은 공산측 포로들이었다. 김인걸 외 편, 앞의 책, pp.129-130.

이라는 명목 하에 강제억류하였다. (『조선통사(하)』, pp.455-456.)

　『조선통사(하)』는 반공 포로 석방이 정전담판, 즉 휴전협정을 "파탄"시키기 위한 도발행동이었다고 주장하고 있다.

• 다시금 앞의 금성교과서 서술, 〈휴전을 지연시킨 포로 송환 문제〉로 되돌아가자. 이 서술은 반공포로 석방과 관련한 모든 것을 휴전과 연결시킴으로써 휴전에 반대한 이승만의 호전성이나 무모함을 부각시키는데 주력하고 있다. 하지만 이승만이 반공포로 석방을 단행한 목적은 단순히 휴전에 반대하기 위해서만은 아니었다. 그가 반공포로 석방을 단행한 것은 미국으로부터 상호방위조약의 체결을 얻어내기 위한 승부수였다는 것이 학계의 연구 결과이다. 반공포로 석방은 또한 그의 '반공'에 대한 신념에서 비롯된 것이기도 했다. 이승만은 일본에 대해 평화선을 선포하고 독도에 대한 실효적 지배를 시작하는 등, 외교적으로 반일 노선을 견지한 인물이었으며, 동시에 전 생애를 통해 일관되게 '반공'을 했던 인물이기도 했다. 그가 자유를 찾겠다고 부르짖는 수만 명의 반공포로들을 석방한데는 자유민주주의에 대한 그의 철저한 신념이 작용했다.[71] 반공포로 석방은 이승만의 '과감한 반공 정책'이자 외교 전략이었던 것이다. 그러나 금성교과서는 우리 국민 모두가 반대했던 휴전을 마치 이승만 대통령 혼자서 휴전에 반대했던 것처럼 서술함으로써 반공포로 석방을 그저 호전적이고 무모한 이승만 개인에 의해 저질러진 하나의 사건으로 깎아내리고 있다. 요약하면, 오늘날의 몇몇 국사교과서는 이승만의 반공포로 석방을 업적이 아

---

71 교과서포럼, 앞의 글, pp.16-17 참조.

니라 오히려 비난받아야 할 무리수로 폄훼하고 있는 것이다.

나. 한·미 상호방위조약의 체결

휴전 회담이 진행 중이던 1953년 6월에 단행된 반공 포로의 석방은 휴전 직후 한·미 상호방위조약의 체결을 가져왔다. 위에서 보듯이 7차 『한국 근·현대사』이후의 교과서에서는 반공 포로의 석방에 대해 대개가 부정적 평가를 내리고 있다. 그렇다면 한·미 상호방위조약의 체결에 대해서는 교과서에서 어떻게 서술해왔는가? 이를 살펴보기 위해 한·미 상호방위조약의 체결과 관련된 교과서의 서술을 모아보면 다음과 같다.

[표 43] 한·미 상호방위조약

교과서		기술내용 (한·미 상호방위조약)
1차	①-⑤	-
2차	①-③	-
	④	한편 휴전 직후 미국과 상호 방위 조약을 맺어 한·미간의 군사적 유대를 더욱 강화하였다. (250)
	⑤,⑥	-
3차	국정	휴전이 성립된 후 대한 민국은 미국과 상호 방위 조약을 맺어 한미 간의 군사적 유대를 강화하는 한편, 황폐한 국토와 파괴된 산업 시설의 부흥에 힘을 기울였다. ('74, p.228.) ('79, p.296.)
4차	국정	**한·미 방위 조약** 6·25의 공산 남침으로 공산주의자들의 흉계가 어떠한가를 알고 난후, 자유 수호를 위한 두 나라의 상호 협조가 굳게 다져졌다. (164) 미국과 한·미 방위 조약을 체결하여 앞으로 어떠한 외부의 침략에도 상호 협조하고 대항할 수 있는 공동의 준비를 해 나갔다. (165)
5차	국정	**한·미 상호 방위 조약의 체결** (사진 게재) (179) 한편, 미국과 한·미 상호 방위 조약을 체결하여, 앞으로 어떠한 외부의 침략에도 상호 협조하고 대항할 수 있는 공동의 준비를 해 나갔다. (180)

6차	국정	이승만 정부는 공산군의 남침을 경험했기 때문에 국가 안보를 가장 중요하게 생각하였다. 그러므로 *자유 민주주의 체제를 지키기 위해서 반공을 강조하였으며*, 미국 등 우방 국가와의 외교에 힘을 쏟았다. (203)
7차 근 현 대 사	금성	–
	대한	–
	두산	–
	법문사	미국으로부터 *한·미 상호 방위 조약의 체결*과 장기간의 경제 원조, 그리고 한국군의 증강 등을 약속받고 휴전을 지지함으로써 마침내 휴전이 성립되었다(1953. 7. 27.). (259)
	중앙	전쟁이 끝난 뒤에는 국가 안보를 위하여 미국을 비롯한 자유 우방 국가와 외교 관계를 맺으면서 반공을 통치 이념으로 내세웠다. 이러한 이승만 정부의 조치는 *6·25 전쟁으로 공산주의를 체험한 대다수 국민들의 지지를 받았으며, 자유 민주주의 국가로 발전할 수 있는 기틀을 마련하였다.* (294)
	천재	–
2 0 1 0 검 정 한 국 사	미래엔	6·25 전쟁 후 미국은 한·미 상호 방위 조약을 체결하여 미군을 한국에 주둔시켰고, 중국의 북한에 대한 영향력은 소련보다 강해졌다. (344)
	법문사	그러나 이승만 대통령은 한·미 상호 방위 조약의 체결을 우선적으로 요구하면서 휴전에 반대하였다. 오히려 반공 포로를 전격적으로 석방하여 휴전 협정을 위기로 몰아넣기도 하였다. 이에 미국은 한·미 상호 방위 조약의 체결과 장기간의 경제 원조, 한국군의 증강 등을 약속하였다. 결국, 1953년 7월 판문점에서 휴전 협정이 조인됨으로써 3년 1개월 만에 6·25 전쟁은 휴전으로 매듭지어졌다. (324)
		휴전 협정이 조인된 직후인 1953년 한·미 상호 방위 조약이 체결되어 *한국과 미국은 군사 동맹의 관계에 들어섰다.* (325)
	비상	그러자 휴전에 반대하던 이승만은 임의로 반공 포로를 석방하여 휴전 협상을 하고 있던 미국을 압박하였다. 결국 미국은 경제 원조와 주한 미군 주둔을 약속하면서 남한 정부의 동의를 얻어 냈다. (327)
	삼화	–
	지학사	–
	천재	**사료 탐구 / 한·미 상호 방위 조약(1953. 10)** **제1조** 당사국은 국제 관계에 있어서 국제 연합의 목적이나 당사국이 국제 연합에 의하여 부담한 의무에 배치되는 방법으로 무력의 위협이나 무력의 행사를 삼갈 것을 약속한다. **제2조** 당사국 가운데 어느 한 나라의 정치적 독립 또는 안전이 외부로부터 무력 고격에 의하여 위협을 받고 있다고 어느 당사국이든지 인정할 때는 언제든지 당사국은 서로 협의한다. **제3조** 상호 합의에 의하여 미국은 육해공군을 한국의 영토 내와 그 부근에 배치할 수 있는 권리를 가지며 한국은 이를 허락한다. (330)

• 2-④ 교과서가 2차 교과서 가운데 유일하게, 휴전 후 미국과 상호방위조약을 맺어 한·미간의 군사적 유대를 강화하였다고 서술하고 있다. 이러한 서술은 3차 교과서('74 및 '79)로 이어졌다.

• 4차 및 5차 교과서는 한·미 상호방위조약의 체결로 한·미가 외침(外侵)에 공동 대항할 수 있게 되었다고 하여, 조약 체결의 의의를 한층 강조하였다.

• 그러나 6차 교과서부터는 한·미 상호방위조약에 대한 직접적 언급이 사라진다. 놀랍게도 7차 『한국 근·현대사』 교과서 6종 중 한·미 상호방위조약에 대해 직접적으로 언급하고 있는 것은 단 한 종뿐이다. 법문사 『한국 근·현대사』 교과서가 한·미 상호방위조약의 체결 사실만을 간략히 서술하고 있다.

• 2010검정 교과서에서 한·미 상호방위조약에 대해 다시 서술하기 시작하지만 조약 체결의 결과나 의의에 대해 서술하고 있는 것은 법문사 『한국사』 교과서뿐이다. 법문사는 한·미 상호방위조약이 체결되어 "한국과 미국은 군사 동맹의 관계에 들어섰다"고 서술하고 있다. 하지만 반공 포로의 석방과 한·미 상호방위조약 체결 사이의 관계에 대한 서술이 매끄럽지 못해, 두 사건의 상관관계를 이해하는 데는 도움이 되지 않는다.

[요 약]

이승만은 한·미 상호방위조약의 체결을 통해 한반도뿐 아니라 동아시아 전체의 안보질서를 안정시켰다고 평가받는다. 반공포로 석방과 뒤이은 한·미 상호방위조약의 체결은 이승만 대통령의 대표적인 업적이다. 그럼에도 오늘날의 교과서에서 반공포로 석방과 한·미 상호방위조약의 체결은 제대로 평가를 받기는커녕, 오히려 왜곡되고 굴절되어 서술된다. 한·미 상호방위조약의 경우, 최근의 교과서 대부분은 이를 아예 서술조차 하지 않는다. 어쩌다 서술된다 해도 부정적인 평가만을 내리고 있다. 이는 이승만 대통령의 업적인 반공포로 석방과 한·미 상호방위조약의 체결에 대해 부정적으로 서술·평가함으로써 건국 대통령인 이승만 대통령과 초대 정부를 부정적으로 각인시키기 위한 것으로 보인다.

13. 남북한 체제

광복 이후 남북한은 서로 다른 길을 걸어왔다. 남한은 처음부터 자유민주주의의 길로 들어서서, 상당한 굴곡이 있었지만 마침내 민주화를 이루어내는데 성공했다. 북한에는 처음부터 전제적 지배체제가 들어섰다. 김일성의 군사독재가 날이 갈수록 강화되어 극도로 반인권적인 억압체제로 변해 갔으며, 급기야는 세습 체제가 구축되기에 이르렀다. 이처럼 상반된 길을 걸어온 남북한의 정치 체제에 대해 국사교과서는 어떻게 서술하고 있는가?

먼저 이승만 정부와 김일성 정권에 대한 교과서의 서술을 보자.

전쟁 뒤 남한에는 반공 체제가 굳게 형성되었는데, 이승만 정부는 이를 이용하여 독재 정권을 유지하였다. 북한에서도 전쟁과 이후의 복구 과정을 통하여 김일성의 권력이 강화되었다. (중앙 『한국 근·현대사』, p.291)

앞에서 보았듯이 이승만 대통령은 확고한 반공 노선을 견지한 인물이다. 그런데 이 교과서는 이승만 정부가 독재 정권을 유지하기 위해 반공 체제를 "이용"한 것으로 서술하고 있는 것이다. 이 서술에 대해서는, 야당과 언론의 비판 기능이 건재했던 이승만 정부를 절대 권력과 집단 광기의 결합체인 김일성 독재체제와 나란히 두고 서술하고 있는 것 자체가 문제라는 비판도 제기되었다.[72] 성격이 전혀 다른 남한의 권위주의 체제와 북한의 전체주의 체제를 이처럼 평면적으로 병치해서 서술하면서도 이승만 정부에 대해서는 "독재 정권"이라고 명시하고, 김일성 정권에 대해서는 '독재'라는 말을 쓰지 않고 있는 것이다.

위의 교과서는 전쟁 이후 김일성의 권력이 강화되었다고 서술하는데, 김일성의 권력이 강화될 수 있었던 이유는 무엇인가? 이에 대한 다른 7차 『한국 근·현대사』 교과서의 서술을 보자.

다음으로 김일성은 화북 조선 독립 동맹과 조선 의용군 출신인 연안파의 제거에 나섰다. 위기를 느낀 연안파는 전후 복구의 방향을 둘러싸고 김일성측과 의견 대립을 보이고 있던 소련파와 손을 잡고 반격에 나섰다. 때마침 소련에서 스탈린에 대한 평가가 낮아지고 1인 독재 체제에 대한 비판이 일어나자, 이들은 반김일성 세력을 모아서 1956년 8월 노동당 중앙 위원회 전원 회의에서 김일성 개인 숭배를 비판하였다(8월 종파 사건). 그러나 이념적 명분을 가지고 있었으며 대중의 지지를 받고 있던 김일성측은 세력 분포의 우위를 토대로 오히려 이 사건을 계기로 반대 세력에 대한 본격적인 숙청에 나

---

72 배진영, 「경고! 귀하의 자녀들은 위험한 교과서에 노출되어 있다」, 『월간조선』 2004년 4월호, pp.228-229.

섰다. 그 결과 김일성은 자신의 권력을 한층 강화할 수 있었다. (금성
『한국 근 · 현대사』, 2006, p.300.)

7차 금성교과서는 이 시기 김일성이 권력을 강화할 수 있었던 이유
가 김일성측이 "이념적 명분을 가지고 있었으며 대중의 지지를 받고"
있었기 때문이었다고 서술하고 있다. 잘 알려져 있듯이 북한의 김일성
지배체제는 피로 얼룩진 숙청을 통해서 이룩된 전제주의 지배체제이
다. 그런데 이 교과서는 북한의 체제 선전물에 나와 있을 법한 내용을
그대로 베낀 듯한 서술을 하고 있다.[73]

박정희 정부에 대한 교과서의 서술은 어떠한가? 박정희 정부의 10
월 유신, 그리고 이와 거의 비슷한 시기에 있었던 북한의 사회주의 헌
법 도입에 대한 『한국 근 · 현대사』 교과서의 서술을 비교해보자.

[표 44] 『한국 근 · 현대사』 교과서의 남북한 서술 비교

남 한	북 한
• 위기에 처한 박정희 정부는 국가 안보와 지속적인 경제성장을 위해서는 정치적 안정이 필요하다는 구실을 내세워 강압적인 통치에 나섰다. (생략) 『한국적 민주주의』라는 이름 아래 민주주의가 아닌 독재 체제로 나아간 것이 유신 체제였다. (금성『한국 근 · 현대사』, 2006, p.288.)	• 사회주의 헌법은 김일성의 유일지도체계를 명확히 하였다. 주체 사상을 헌법에 최초로 규범화함으로써 사회이념으로 공식화하였다. 또한 국가주석제를 도입하고, 김일성을 주석에 추대하였다. 주석에 절대적인 지위를 부여함으로써 수령의 유일한 영도 체계를 확립하는 권력 기초를 마련하였다. 그리고 온 사회를 「김일성주의화」하는 작업을 추진하였다. (금성『한국 근 · 현대사』 2006, p.303.)
• 유신 체제는 국민의 자유와 권리를 억압하는 독재 체제였기 때문에 국민들의 거센 반발에 부딪치게 되었다. (대한『한국 근 · 현대사』, pp.274-275.)	

---

73 금성교과서의 이 부분에 대한 구체적인 비판은 교과서포럼, 앞의 글, p.23 참조.

7차 금성과 대한 『한국 근·현대사』 교과서는 유신체제가 "독재체제"였다고 명시하고 있다. 그러면서도 금성교과서는 10월 유신과 거의 동시에 이루어진 북한 김일성의 독재 권력 강화에 대해서는 '독재'라는 말을 전혀 쓰지 않는다. 그저 김일성의 "유일한 영도 체계를 확립"했다고 서술하고 있을 뿐이다. 대한민국의 역사는 자유와 민주주의가 억눌린 암울한 역사였던 것처럼 서술하면서, 북한의 군사독재 체제에 대해서는 제대로 언급하지 않은 채 북한의 모습을 추상적으로만 그리고 있는 것이다.[74]

앞에서 이승만 정부와 김일성 정권을 비교·서술하면서 남한 정부에 대해서는 "독재"라고 규정하면서 비판적으로 서술하는 반면, 북한 정권에 대해서는 북한이 자기네 체제를 선전하는 그대로를 받아 서술하는 듯한 7차 『한국 근·현대사』 교과서의 서술방식을 살펴보았는데, 그와 똑같은 서술방식이 여기서도 적용된다. 남한의 유신 체제에 대해서는 가차 없이 비판하면서, 북한의 김일성 독재 체제에 대해서는 이른바 '내재적 접근법'을 사용하여 서술하는 듯한 행태를 보이고 있는 것이다.

그렇다면 금성교과서는 남북한의 현대사를 구체적으로 어떻게 기술하고 있는가? 남한의 체제를 얼마나 여러 번 '독재'로 묘사하고 있으며, 북한의 체제에 대해서는 '독재'라는 표현을 정말로 사용하지 않는가? 이러한 의문을 해소하기 위해 금성교과서(2002년 발행)의 남한 및 북한의 체제에 관한 서술에서 '독재'라는 표현을 찾아보면 다음과 같다.

---

74 배진영, 앞의 글, pp.228-229.

[표 45] 『한국 근·현대사』 (금성출판사, 2002) 교과서의 "독재" 표현

		금성교과서의 "독재" 표현
남한 (총13회)	이승만 정부 (6회)	6·25 전쟁 이후 이승만 정부는 장기 집권을 모색하였다. 이로 인해 독재 정치와 부정·부패를 불러 일으켰고, 결국 4·19 혁명으로 물러나게 되었다. (p.276.)
		4·19 혁명 당시 시위대. 학생들과 시민들이 독재 정권 타도와 민주화를 외치며 행진하고 있다. 당시 피끓는 청춘이었던 4·19 세대는 이제 그 아들딸들에게 '주역'의 자리를 넘겨 주었다. (p.278 사진 설명)
		(활동 01) 독재와 부패 정부를 우리 손으로 무너뜨린다 다음 자료를 통해 3·15 부정 선거와 4·19 혁명을 대하는 당시 국민들의 심정을 알아보자. |자료1| 민주당이 폭로한 3·15 부정선거 지시 비밀 지령(요약) |자료2| 4·19 혁명에 참가했던 여학생의 글 |자료3| 대학 교수단 시국 선언문 (p.279.)
		장준하는 광복 후 김구의 비서로 귀국하였다. 1953년에는 〈사상계〉를 창간하여 이승만 정부의 독재에 저항하여 민권 운동을 펼쳤다. 이러한 활동으로 장준하는 1962년에 우리 나라 최초로 막사이사이상 언론 부분상을 받았다. (p.289. 인물엿보기)
		3. 민주주의의 승리 3·15 부정 선거를 계기로 이승만 독재에 대한 국민의 분노가 폭발하였다. 1960년 4월 19일 국회 의사당 앞에는 10만 명에 달하는 학생들이 모였다. 이날 시위는 많은 희생자를 냈지만 결국 독재 정권은 국민의 힘에 무릎을 꿇었다. (p.296. 사진 설명)
	박정희 정부 (4회)	박정희 정부는 유신 헌법에 대해 우리 나라에서는 서구식 민주주의가 부적당하다는 논리를 내세웠다. '한국적 민주주의'라는 이름 아래 민주주의가 아닌 독재 체제로 나아간 것이 유신 체제였다. (p.288.)
		박정희 정부 아래에서도 독재 정치에 맞선 장준하의 민주화 운동은 계속되었다. (p.289 인물엿보기)
		4. 다시 시작되는 독재 1961년 5월 16일 군사 정변으로 박정희 정부가 들어섰다. 4·19 혁명으로 되찾은 민주주의는 꽃피지 못하고, 유신과 장기 집권이라는 세찬 바람을 맞고 말았다. (p.296. 사진 설명)
		한국적 민주주의를 내세우며 독재로 나아간 ○○ 체제. 대통령이 긴급 조치를 통해 헌법의 일부 기능을 정지할 수 있었다. (p.352. 퍼즐)
	신군부 (3회)	그러나 5·18 민주화 운동은 군부 독재에 저항하는 민중 의식의 성장을 보여 주었으며, 이후 민족 민주 운동의 토대가 되었다. (p.291.)

		7. 민주주의의 힘을 보여 준 6월 항쟁 박종철, 이한열 등 대학생의 잇달은 죽음은 시민들의 반독재 투쟁을 절정으로 이끌었다. 1987년 6월, 학생뿐 아니라 넥타이를 맨 평범한 시민들도 거리로 나서 민주주의의 힘을 보여 주었다. (p.297. 사진 설명)
		(활동 06) 6월 민주 항쟁의 의의 **|자료 2| 6 · 10 대회 선언문(부분)** 오늘 우리는 전 세계 이목이 주시하는 가운데 40년 독재 정치를 청산하고 희망찬 민주 국가를 건설하기 위한 거보를 전 국민과 함께 내딛는다. 국가의 미래요 소망인 꽃다운 젊은이를 야만적인 고문으로 죽여 놓고 그것도 모자라서 뻔뻔스럽게 국민을 속이려 했던 현 정권에게 국민의 분노가 무엇인지를 분명히 보여 주고, 국민적 여망인 개헌을 일방적으로 파기한 4 · 13 호헌 조치를 철회시키기 위한 민주 장정을 시작한다. (p.294)
북한 (총0회)	전체 (0회)	-

이를 보면 금성교과서(2002년판)가 건국 후 1987년 6월 항쟁에 이르는 약 40년간의 우리나라 정부에 대해서 "독재"라는 표현을 모두 13회 사용하고 있다. 그런데 북한에 대해서는 "독재"라는 표현을 단한 차례도 사용하지 않고 있다.

최근의 교과서 가운데 북한에 대해 독재라는 표현을 쓰지 않으려 하는 것은 금성『한국 근 · 현대사』교과서뿐인가? 이를 알아보기 위해 7차『한국 근 · 현대사』교과서 및 2010검정『한국사』교과서를 중심으로, 북한의 김일성 체제의 성격을 다루는 항(項)의 제목과 김일성 체제의 성격을 규정하는 용어만을 간추리면 다음과 같다.

[표 46] 김일성 체제의 성격

교과서		항 제목	본문기술내용
1-4차		-	-
5차	국정	북한의 변천	독재 체제
6차	국정	북한의 변화	김일성 독재 체제

7차	금성	김일성 1인 체제의 확립	김일성 중심의 통치 체제
	대한	김일성 유일 지배 체제의 형성	김일성 유일 지배 체제
	두산	북한의 체제 고착화/김일성 유일 체제의 확립	김일성의 독재 체제
	법문사	김일성 유일 체제의 강화와 부자 세습체제의 확립	김일성 독재 체제
	중앙	김일성 독재 체제의 강화	김일성 유일 체제
	천재	김일성 중심 체제와 주체 사상의 출현	–
2010검정	미래엔	김일성 유일 지배 체제 수립과 주체사상	1인 독재/김일성 유일 지배 체제
	법문사	김일성 유일 체제의 성립	김일성 유일 체제
	비상	김일성 독재 체제와 주체사상의 확립	김일성의 1인 독재 체제
	삼화	독자 노선을 모색하다	김일성 중심의 체제
	지학사	김일성의 독재 체제 구축	1인 독재 체제
	천재	주체사상의 확립과 김정일 후계 체제의 등장	김일성 유일사상 체제

• 이 표를 보면 국정인 5차와 6차 교과서는 김일성 체제가 "독재 체제"라고 명확히 규정하고 있다.

• 그러나 7차 『한국 근·현대사』의 경우에 항 제목에서 "독재 체제"라고 서술하고 있는 것은 중앙 하나뿐이다.[75] 본문에서는 두산과 법문사가 "독재 체제"라고 서술하고 있다.

• 7차에서의 상황은 2010검정 『한국사』 교과서에서도 크게 다르지 않다. 요약하면, 7차 이후의 교과서에서 북한의 김일성 체제가 "독재 체제"라고 서술하는 교과서는 몇 종 안 된다. 이들 교과서 가운데 상당수가 "김일성 중심의 통치 체제", "김일성 유일 체제" 등, 전혀 체제명이라

---

[75] 금성은 2002년 발행본과 달리 2006년 발행본에서는 항 제목을 "김일성 1인 독재 체제의 확립"으로 바꾸었다. 하지만 본문에서는 여전히 김일성 체제를 '김일성 중심의 통치 체제'로 규정하고 있다.

고 볼 수 없는 명칭으로 김일성 체제를 부르고 있다. 심지어 "독자 노선을 모색하다"라는 항 제목을 붙이고 있는 교과서도 있다(삼화 『한국사』).

지금까지 살펴본 것은 김일성 체제에 대한 교과서의 서술이다. 그렇다면 김일성을 승계한 김정일 체제에 대해서는 어떻게 서술하고 있는가? 예를 하나 들어보자.

> 김일성 사후 과도 기간을 안정적으로 수습한 김정일은 1997년에 노동당 총비서로 추대된 데 이어, 1998년에 헌법을 개정하여 김정일 체제가 김일성의 혁명 유업을 계승하는 후계 체제임을 분명히 하였다. (중앙 『한국 근·현대사』, p.322.)

7차 중앙 『한국 근·현대사』 교과서는 김정일 체제에 대해서 독재라는 표현을 전혀 쓰지 않는다. 오히려 김정일이 "김일성 사후 과도 기간을 안정적으로 수습"했다는 둥, 김정일 체제가 "김일성의 혁명 유업을 계승하는 후계 체제"라는 둥 하면서 김정일의 권력 세습을 정당화하기 위해서 북한이 내놓은 주장을 그대로 옮겨 싣고 있는 수준이다. 이승만 정부부터 신군부 정권까지 남한의 40년 정부를 모두 "독재" 정부라고 서술하면서 북한의 김정일 체제에 대해서는 "독재"나 "세습" 체제라는 표현은커녕, "후계 체제"라 부르고 있는 것이다.

다른 교과서들은 김정일 체제에 대해서 "세습" 체제라는 표현을 쓰고 있는가? 쓰지 않는다면 어떤 표현을 쓰는가? 이를 알아보기 위해 국사교과서에서 김일성 사후 김정일의 권력 승계를 다루는 항(項)의 제목과 김정일 권력 승계의 성격을 규정하는 기술내용만을 간추리면 다음과 같다.

[표 47] 김정일의 권력 승계

교과서		항 제목	기술내용 (김정일의 권력 승계)
1차-4차		-	-
5차	국정	북한의 변천	김정일에게 *세습*시키려는 노력
6차	국정	북한의 변화	*부자 세습*의 권력 승계
7차	금성'02	김정일 후계 체제의 강화	김정일 후계 체제는 공식화되었다.
	금성'06	김정일 후계 체제의 강화	김정일 후계 체제를 공식화하였다.
	대한	|도움글| 김정일의 권력 계승	김정일 후계 구도가 확립
	두산	북한의 변화	후계 체제가 확립
	법문사	*부자 세습* 체제의 확립	김일성의 후계자로 지목/권력을 승계
	중앙	김정일 체제의 출범	*부자 세습* 체제를 구축
	천재	경제 파탄과 김정일 후계 체제의 확립	후계 체제를 굳혀나갔다
2010 검정	미래엔	김정일, 권력을 계승하다	공식 후계자가 된 김정일
	법문사	김정일 후계 체제의 구축	김정일 후계 체제를 공식화
	비상	김정일 후계 체제 확립	김일성의 유일한 후계자로 추대
	삼화	우리식 사회주의를 제창하다	김정일 후계 체제를 공식화
	지학사	유일 독재 체제와 *부자 세습* 체제 확립	*부자 세습* 체계를 구축
	천재	주체사상의 확립과 김정일•후계 체제의 등장	후계자로 추대되었던 김정일

• 이 표를 보면 국정인 5차와 6차 교과서는 김정일의 권력 승계를 "세습" 또는 "부자 세습"으로 명확히 규정하고 있다.

• 그러나 검정인 7차부터 "세습" 또는 "부자 세습"이라고 서술하는 교과서는 거의 사라진다. 항 제목이나 본문에서 "세습"이라는 표현을 쓰고 있는 것은 12종 가운데 3종(7차 법문사, 7차 중앙, 2010검정 지학사) 뿐이다.

• 나머지 9종의 교과서는 "세습"이라는 표현 대신에 대부분 "후계 체제"가 확립되었다는 식으로 표현하고 있다. 하지만 "후계 체제"가 확립되었다는 표현은 그것이 부자(父子)간에 이루어졌다는 사실을 드러내주지 않으므로 결코 정확한 표현이 아니다.

이처럼 남북한의 역사에 대해 이중의 잣대를 들이대, 남한의 역사에 대해서는 폄훼하거나 무조건 비판하면서 북한의 역사에 대해서는 우호적으로 서술하는 경향은 7차 『한국 근·현대사』 교과서에서 본격화되었다. 7차 교과서 가운데서 가장 편향된 것으로 평가받는 금성교과서의 경우, 각 장절(章節)의 제목만 봐도 남·북한 역사에 대한 서술 태도를 한눈에 알 수 있을 정도이다. 금성교과서의 남북한 장절의 제목을 대조한 뒤에 이 교과서의 남북한에 대한 서술 태도를 보여주는 장절 제목을 선정하면 아래와 같은 세 범주로 분류할 수 있다.[76]

[표 48] 금성 『한국 근·현대사』 장절 제목

남 한	북 한
1. 부정적 제목 • 이승만 정부의 독재화 • 헌법 위에 존재하는 대통령 • 전두환 정부의 강압 정치와 저항 2. 유보적인 것 • 경제 개발과 반공을 명분으로… • 불완전한 농지 개혁, 절반의 성과 • 원조 경제의 겉과 속 • 경제 성장, '한강변의 기적'을 이루었으나…	1. 내재적 접근법에 입각한 서술 • 김일성 1인 체제의 확립 • 전후 복구 사업과 사회주의 경제 건설 • 주체 사상의 성립과 유일 사상화 • 사회주의 국가 체제의 정비 • 사회주의권의 붕괴와 '우리식 사회주의'의 제창

---

76 배진영, 앞의 글, p.230; 김광동, 『한국 근·현대사』 교과서를 지배한 김일성 전체주의 사관」, 『한국논단』201권, 2006, pp.66-68.

금성교과서를 필두로 7차『한국 근·현대사』교과서의 문제가 본격적으로 드러나면서 2009개정 교육과정이 만들어졌고, 그에 따라 새로이 2010검정『한국사』6종이 교과서로 채택되었다. 하지만『한국사』교과서에서도 일부 교과서의 반(反)대한민국, 친(親)북한이라는 서술 기조는 크게 달라지지 않았다.

『한국사』교과서 가운데 하나인 미래엔『한국사』의 장절 제목을 보자.

[표 49] 미래엔『한국사』장절 제목

남 한	북 한
2 민주주의의 시련과 발전	4 북한의 변화와 평화 통일을 위한 노력
2-1 4·19 혁명, 이승만 독재를 무너뜨리다	4-1 북한, 지배 체제에 변화가 일어나고
- 대통령 직선제를 위한 '발췌 개헌'	경제 위기를 맞다
- 장기 집권을 위한 '사사오입 개헌'	- 김일성 유일 지배 체제 수립과
- 제3대 대통령 선거와 보안법 개정	주체사상
- 3·15 부정 선거에 맞서 전국적인 시위가	- 김정일, 권력을 계승하다
일어나다	- 고립과 낙후를 초래한 자립 경제
- 이승만 독재를 무너뜨린 4·19 혁명	(1960~70년대)
- 4·19 혁명의 역사적 의의	- 개방과 도발의 위태로운 줄타기
2-2 4·19 혁명의 기대 속에 출범한 장면 내각	(1980년대 이후)
- 내각 책임제 정부가 탄생하다	4-2 평화 통일을 위해 나아가다
- 좌절된 통일 운동, 늦춰진 경제 개발 계획	- 6·25 전쟁 이후 남북 대결 구도는
2-3 5·16 군사 정변과 민주주의의 시련	더욱 심화되다
- 군복을 벗은 군사 정부가 탄생하다	- 7·4 남북 공동 성명, 남북이 평화
- 한.일 국교를 정상화하다	통일 원칙에 합의하다
- 베트남 전쟁에 파병하다	- 남북 기본 합의서, 구체적인 평화
- 장기 집권을 위해 3선 개헌을 추진하다	정착을 모색하다
2-4 유신 체제, 민주화 운동 앞에 스스로 무너지다	- 남북 정상 회담을 개최하다
- 영구 집권을 꾀한 권위주의적인 유신 체제	
- 유신 반대 투쟁이 치열하게 전개되다	
- 유신 체제가 붕괴되다	

2-5 신군부에 맞선 5 · 18 민주화 운동
  - *피로 얼룩진* 5 · 18 민주화 운동 - 5 · 18
    민주화 운동의 의의
2-6 6월 민주 항쟁, 민주주의가 승리하다
  - 또다시 등장한 군사 정부
  - 궁지에 몰린 전두환 정부
  - 대통령 직선제 개헌을 쟁취한 6월 민주 항쟁
2-7 한국의 민주화와 평화적 정권 교체의 정착
  - 국민이 직접 대통령을 선출하다
  - 31년 만에 민간 정부가 등장하다
  - 정부 수립 이후 최초로 이루어진 평화적 정권
    교체
  - 권위주의를 탈피한 서민 대통령
  - 경제 성장을 내세운 이명박 정부

교과서 본문의 내용과는 별개로 장절의 제목만을 가지고 평가하면, 미래엔『한국사』의 경우 북한에 대해서는 우호적인 단원 제목을 쓰는 반면, 남한에 대해서는 비판적인 단원 제목을 쓰고 있다는 점에서 7차 금성『한국 근 · 현대사』와 서술의 기조가 매우 유사하다. 남한에 대해서는 '독재', '장기 집권', '영구 집권', '유신 반대 투쟁', '피로 얼룩진' 등 극렬한 용어를 단원 제목에 사용하면서 북한에 대해서는 '독재'나 '세습'이라는 용어는 절대로 쓰지 않고 대신에 '유일 지배 체제', '권력 계승' 등의 완화된 표현을 사용하고 있는 것이다.

이러한 7차『한국 근 · 현대사』및 2010검정『한국사』교과서 상당수의 서술 성향은 북한의 대남도발에 대한 서술에서도 드러난다. 이를 알아보기 위해 대남도발 사건별로 각각의 교과서의 기술 여부만을 표시해보면 다음과 같다.

[표 50] 교과서별 대남도발 기술여부

교과서		1·21 사태	울진·삼척 등 무장간첩침투	아웅산 테러	KAL기 폭파	잠수정 침투	미사일 발사 /핵실험 등
7차	금성	O	O				O
	대한					O	
	두산						O
	법문사						
	중앙						O
	천재	O	O	O	O		
2010 검정	미래엔		O				O
	법문사						
	비상	O	O			O	O
	삼화		O				O
	지학사	O	O				
	천재	O	O				O

　　북한이 남한에 대해 오랜 세월 동안 여러 차례에 걸쳐 도발을 해
왔지만 이들 교과서는 이러한 대남도발에 대해서도 별로 주목하지 않
는다. 북한의 미사일 발사나 핵실험 등 최근에 벌어지고 있는 사건에
대한 기술 여부는 제쳐두고, 과거의 대표적인 도발 사건 다섯 가지에
대한 서술만 살펴보면 그 중 단 하나의 사건도 언급하지 않는 교과서
가 12종 가운데 4종이나 된다(7차 두산, 7차 법문사, 7차 중앙, 2010검정 법
문사). 단 한 가지 사건만 언급하고 있는 교과서도 3종이다(7차 대한,
2010검정 미래엔, 2010검정 삼화). 각료를 포함하여 수십 명이 사망 또는
부상했던 아웅산 테러나 수백 명의 인명피해를 가져온 KAL기 폭파
사건에 대해 언급하고 있는 것은 7차 천재 교과서 하나뿐이다. 최근
의 교과서의 친북성향이 대남도발에 대한 기술에서도 나타나고 있는
것으로 풀이된다.

지금까지 살펴본 것처럼 7차 이후의 교과서 가운데 상당수는 남북한 체제에 대한 서술 전반에 걸쳐 대한민국에 대해 비판적인 입장을 취하면서, 북한에 대해서는 우호적인 입장을 보이고 있다. 다음으로는 이와 같은 교과서 서술의 성향이 남한과 북한의 경제에 대한 서술에서는 어떻게 나타나는가를 보기로 한다.

14. 남북한 경제

남북한의 경제도 정치와 마찬가지로 완전히 대조적인 길을 걸었다. 남한은 6·25 전쟁 직후 폐허나 다름없던 상황에서 정부 주도의 산업화를 통해 '한강의 기적'이라고 불리는 눈부신 경제성장을 이루어내는데 성공했다. 반대로 북한의 획일적이고 폐쇄적인 경제는 쇠퇴일로를 걷다가 1990년대에 들어서는 급속히 붕괴하면서 약300만 명이 아사(餓死)하는 대규모 참극을 빚었다. 그 와중에서도 김정일은 핵개발을 강행하여 민족의 생존과 동북아 국제사회의 커다란 위협요소가 되고 있다. 국사교과서는 이러한 남북한의 경제 상황에 대해 어떻게 서술하고 있는가?

가. 남한 경제

남북한의 경제 중 먼저 남한의 경제 발전에 대해 어떻게 서술하고 있는지를 살펴보자.

ㄱ. 1950년대의 경제 발전
가장 먼저 살펴볼 것은 1950년대 남한의 경제 발전이다. 이 시기

의 경제 발전이란 바로 6·25 전쟁 직후의 복구 사업에서 비롯되었
다. 그리고 전후의 복구 사업은 주로 미국의 원조를 기반으로 한 것이
었다. 전후 미국의 원조 및 전쟁 복구 사업에 관한 교과서의 관련 서
술은 상당히 방대하므로, 여기서는 각 교과서별로 미국의 원조가 한
국 경제에 미친 영향에 관해 서술하고 있는 부분만을 따로 모아 보면
다음과 같다.

[표 51] 미국 경제 원조의 영향

교과서		기술내용 (미국 경제 원조의 영향)
2차	①	*미국을 비롯한 우방 여러 나라도 정신적으로, 또는 물질적으로 이를 최대한으로 지원하였다.* (237)
	②	*미국을 비롯한 여러 우방 국가에서도 많은 원조를 보내 왔다. 특히 미국은 한국에 군사 및 경제 원조로서 1951년부터 1960년까지 약 20억 달러를 원조하였다.* 이와 같은 우호적인 원조에 의하여 도시에는 많은 고층 건물이 서게 되고 교통 시설이 확충되었으며, 학교건물이 많이 서게 되었고 의료 기관, 산업 시설 등이 새로 건설되었다. (249)
	③	–
	④	그리고 *미국을 비롯한 우방*이 적지 않은 원조를 제공하였다. 그 결과 국방이 강화되고, 교육 시설 의료 기관 등이 복구되었으며, 각종 산업 시설이 건설되었다. (250)
	⑤	*유우엔의 구호와 미국의 원조*를 받아 사변 후의 한국은 날로 복구 사업이 계속되어, 해마다 그 면모를 달리 하는 발전이 이룩되었다. (248)
	⑥	휴전 성립 후 우리 국민은 황폐한 국토의 재건과 부흥에 전력을 기울였다. 국민의 열의와 *민주 우방*의 원조로 복구 사업은 급속히 진행되고 힘찬 생산 활동이 전개되었다. … *미국을 위시한 자유 진영 각국*에서 해마다 막대한 원조가 있었다. (246)
3차	국정	–
4차	국정	–
5차	국정	휴전과 동시에, 대한 민국은 황폐된 국토의 재건과 부흥을 서둘렀다. *미국 등 자유 우방*도 이를 도와 주었다. (180)
6차	국정	휴전 이후, 대한 민국은 먼저 황폐된 국토의 재건과 산업 부흥에 힘을 기울였다. 우리 국민 모두가 다시 시작한다는 마음으로 복구에 온 힘을 기울였으며, *미국 등 자유 우방*들도 대한 민국을 적극 원조해 주었다. (200)

7차 근 현 대 사	금성 (02)	**한 걸음 더 다가서기| 미공법 480호와 대충 자금** 미국에서 원조받은 농산물을 판매한 돈은 흔히 '미공법(公法, public law) 480호'라고 불리는 미국의 '농산물 무역 촉진 원조법'에 따라 대충 자금(代充資金)으로 적립되었다. 대충 자금이란 미국의 원조를 받은 나라가 원조액에 해당하는 자기 나라 돈을 별도의 특별 계정을 만들어 적립한 것을 말한다. 이 대충 자금은 미국과 협의에 따라 사용되었다. 대충 자금은 국내 미군의 유지에 필요한 비용으로도 사용되었으며, 절반 가까이는 미국의 무기를 사들이는 데 소비되었다. 이에 따라 경제뿐만 아니라 무기 체계도 미국에 종속되어 갔다. (324) **잉여 농산물 전달식** 미국은 이러한 해외 원조를 통해 자국의 잉여 농산물을 처리하여 만성화된 농업 공황을 타개할 수 있었다. (324) **원조 경제의 겉과 속** (생략) 미국의 원조는 주로 식료품과 의복, 의료품과 같은 생활 필수품과 면방직, 설탕, 밀가루와 같은 소비재 산업의 원료에 집중되었다. 원조 물자 중 가장 많은 부분을 차지하는 것은 농산물이었다. 미국에서 들어온 농산물은 식량 문제를 해결하는 데 도움을 주었다. 농산물이나 그 밖의 공업 원료를 가공하는 소비재 산업도 상당한 정도로 발전하였다. 그러나 소비재 중심의 공업 발전에 비해서 생산재 부분은 여전히 부진을 면치 못하여, 공업 부분의 불균형이 심해졌다. 미국의 농산물 원조는 생산 과잉으로 자국 내에서 농업 공황이 일어나는 것을 막기 위한 것이었다. 이승만 정부는 부족한 재정을 메우고 정치 자금을 확보하기 위해 미국의 잉여 농산물을 필요 이상으로 들여왔다. 이로 인해 농산물의 가격이 떨어져 농가 소득이 낮아지고 농민의 생산 의욕도 줄어들었다. 또한, 미국의 값싼 잉여 농산물이 공업의 원료로 사용됨으로써, 국내의 밀이나 면화 생산은 커다란 타격을 받고 점차 자취를 감추고 말았다. (325)
	대한	1945년부터 1961년까지 계속된 미국 경제 원조는 전쟁으로 큰 피해를 입은 우리나라 경제를 다시 일으키는 데 큰 도움을 주었다. (298)
	두산	정부와 국민의 노력 및 미국의 원조로 한국 경제는 점차 회복되고 공업화를 지향해 나갔다. 미국의 원조는 식량을 비롯한 소비재가 대부분이었고, 미국 원조에 의해 성장한 대표적인 분야는 제분, 제당, 면방직 등이었다. 이러한 소비재 산업의 발달로 경제는 점차 활성화되었고 궁핍 상태를 차츰 면하게 되었다.(생략) 뿐만 아니라 미국에서 잉여 농산물이 대량으로 도입되어 국내 곡물 가격을 떨어뜨리고 농업 생산을 약화시켰다. (324-325)
	법문사	또한, 미국을 비롯한 여러 나라에서도 원조 물자를 제공하였다. 그리하여 전후 복구 사업이 급속히 진행되었는데, 특히 삼백 산업으로 불리던 제분 제당 섬유 공업을 중심으로 생산 활동이 활발하게 재개되었다. (298)
	중앙	1953년 7월에 휴전 협정이 체결되자 정부와 국민은 미국의 원조를 받아 파괴된 도로, 철도, 항만 시설 등을 보수하고 수력 및 화력 발전소를 건설하는 등 경제 재건 사업을 활발히 전개하였다. (생략)

		한편, 미국의 경제 원조에 따른 미국 잉여 농산물의 도입으로 한국인은 기아로부터 벗어날 수 있었던 반면, 우리 농업 기반은 파괴되었다. (생략) 또한, 잉여 농산물 도입과 정부의 저곡가 정책으로 쌀값마저도 실질 가격이 하락하였다. 그 결과 농촌에는 잠재적 실업자가 늘어나 농촌을 떠나고자 하는 분위기가 팽배하였다. (341)
	천재	1950년대 대한 민국 정부는 전후 복구를 위하여 미국의 원조를 받을 수밖에 없었다. … 1950년대 미국의 원조는 군사 원조를 중심으로 한 소비재 원조였기 때문에 본격적인 경제 복구 사업을 시행하기는 어려웠다. (생략)미국의 잉여 농산물에 의한 식량 원조는 전쟁 시기와 전쟁 이후의 부족한 식량 문제 해결에 큰 도움을 주었으나, 국내 농촌 경제의 기반을 약화시키는 결과를 초래하였다. (325)
2 0 1 0 검 정 한 국 사	미래엔	전후의 경제 재건은 미국의 원조에 힘입은 바가 컸다. 미국으로부터 1953~1960년간 20억 달러 이상의 원조 자금이 제공되었다. (346) (생략) 대충자금은 절반 정도가 미군의 유지비와 무기 구입 자금으로도 쓰임으로써 한국군의 국방력이 강화되었지만, 미국의 무기 체계에 의존하는 현상이 나타나기도 하였다. 또한, 미국의 원조로 미국산 밀과 면화 등이 유입되면서 식량난 해결에 도움이 되고 소비재 공업이 발전하는 성과가 있었지만, 밀과 면화 농업이 몰락하는 등 토착 농업의 발전을 위협하기도 하였다. (346)
	법문사	당시 소비재 산업이 급속하게 성장한 것은 미국의 원조 정책에 따른 것이었다. 우리 기업은 원료 및 중간재를 해외에 의존하고 기계와 원동기 등 시설재를 미국에서 도입하였으므로 생산재 산업은 발전하지 못하였다. 이 결과 한국 경제는 생산재에서 원료에 이르기까지 수입에 의존하지 않을 수 없는 취약성을 안게 되었다. 또, 미국의 경제 원조에 따른 잉여 농산물의 도입으로 우리의 농업 기반이 파괴되는 결과를 초래하기도 하였다. (327)
	비상	전쟁 이후 한국 경제에 가장 많은 영향을 미쳤던 것은 미국의 경제 원조였다. (생략) 잉여 농산물 원조로 미국은 자국 내 농업 보호에 효과를 얻었다. 우리나라도 식량 부족 문제를 해결하는 데 도움이 되었지만 농산물 가격이 하락하는 등 부작용도 나타났다. (331)
	삼화	… 반면 미국의 경제 원조는 일부 기업가, 관료들에게는 막대한 부를 축적하게 하고 부정부패의 풍조를 심화시켰다. 노동자, 농민들은 여전히 빈곤을 벗어나지 못하여 빈부의 격차를 확대하였다. 외래문화의 무비판적 수용은 낭비적인 소비 문화와 경박한 모방 풍조를 조장하였다. 특히 전통문화에 대한 경시와 서구 문물에 대한 맹목적 숭배 경향도 초래하였다. (329) (생략) 정부는 식량난을 타개하기 위해 저곡가 정책을 실시하였고, 미국의 잉여 농산물이 대량으로 국내에 들어옴에 따라 국내 농산물 가격이 폭락하였다. 농민들은 생산 의욕을 잃고 고향을 등지게 되었다. (329)
	지학사	한국은 미국에 10억 달러의 원조를 요구하였다. 그런데 미국은 1953년부터 1959년까지 한국의 요구를 훨씬 상회하는 16억 2,200만 달러를 원조하였다. 이와 같은 미국의 경제 원조는 한국의 경제 부흥에 크게 기여했다.

	특히 미국이 제공한 소비재나 원자재는 물가·금융·외환·재정의 안정에 큰 도움을 주었다. 그리하여 1956년에는 전쟁 복구를 거의 완료할 수 있었다.(281)
천재	**원조 경제** 1957년 현재 정부 재정 수입 중 52%를 차지하였던 원조 물자 판매 수입의 상당 부분은 미국으로부터 군수 물자를 수입하는 데 재투자되었기 때문에 국내 산업의 균형 잡힌 발전 기반이 될 수 없었다. 또 필요 이상의 잉여 농산물 도입은 농업 구조의 변화를 가져왔다. 면화 재배 농가와 밀 재배 농가는 대부분 도태될 수밖에 없었다. 쌀 대신 값 싼 보리와 밀의 공급으로 인해 쌀 생산 농가도 직접적인 타격을 받았다.(328)

• 위의 표를 보면 2차의 여러 교과서 및 국정인 5차, 6차 교과서는 '미국' 또는 미국을 비롯한 '우방'의 원조가 있었기에 전후 우리나라의 재건과 복구가 이루어졌다고 서술하고 있다.

• 하지만 7차『한국 근·현대사』교과서부터는 전후 우리나라에 원조를 준 국가를 결코 '우방'이라고 부르지 않는다. 그렇다고 해서 전후 미국의 원조가 한국 경제를 복구하는데 큰 역할을 했다는 서술마저 교과서에서 완전히 사라진 것은 아니다. 2010검정 지학사『한국사』의 이에 관한 서술이 가장 대표적이다.

이와 같은 미국의 경제 원조는 한국의 경제 부흥에 크게 기여했다. 특히 미국이 제공한 소비재나 원자재는 물가·금융·외환·재정의 안정에 큰 도움을 주었다. 그리하여 1956년에는 전쟁 복구를 거의 완료할 수 있었다. (지학사『한국사』)

• 그렇지만 7차 이후의 교과서 가운데 상당수는 전후 미국의 원조가 한국 경제를 회복시키는데 기여했다는 사실에 대해 아무런 서술도

하지 않거나 또는 오히려 미국의 원조가 한국 경제에 부정적인 영향을 끼쳤다고 서술하고 있다. 몇 가지 사례를 보자.

> 1950년대 대한 민국 정부는 전후 복구를 위하여 미국의 원조를 받을 수밖에 없었다. … 1950년대 미국의 원조는 군사 원조를 중심으로 한 소비재 원조였기 때문에 본격적인 경제 복구 사업을 시행하기는 어려웠다. (천재『한국 근·현대사』)

> 당시 소비재 산업이 급속하게 성장한 것은 미국의 원조 정책에 따른 것이었다. 우리 기업은 원료 및 중간재를 해외에 의존하고 기계와 원동기 등 시설재를 미국에서 도입하였으므로 생산재 산업은 발전하지 못하였다. 이 결과 한국 경제는 생산재에서 원료에 이르기까지 수입에 의존하지 않을 수 없는 취약성을 안게 되었다. (법문사『한국사』)

> … 반면 미국의 경제 원조는 일부 기업가, 관료들에게는 막대한 부를 축적하게 하고 부정부패의 풍조를 심화시켰다. 노동자, 농민들은 여전히 빈곤을 벗어나지 못하여 빈부의 격차를 확대하였다. 외래 문화의 무비판적 수용은 낭비적인 소비 문화와 경박한 모방 풍조를 조장하였다. 특히 전통문화에 대한 경시와 서구 문물에 대한 맹목적 숭배 경향도 초래하였다. (삼화『한국사』)

요약하자면 미국의 원조가 전후 한국의 경제를 복구하는데 도움이 되지 않았을 뿐 아니라 오히려 한국 경제, 나아가 한국 문화에까지 부정적인 영향을 끼쳤다는 것이다.

• 그런데 7차 『한국 근·현대사』 및 2010검정 『한국사』 교과서의 반미적 서술은 여기서 그치지 않는다. 몇몇 교과서에서는 미국이 한국에 제공한 모든 원조물자의 판매로 얻은 수입인 대충자금의 상당 부분을 미군의 유지비 및 미국으로부터의 무기 구입 자금으로 썼다고 기술하고 있다.

> 1957년 현재 정부 재정 수입 중 52%를 차지하였던 원조 물자 판매 수입의 상당 부분은 미국으로부터 군수 물자를 수입하는 데 재투자되었기 때문에 국내 산업의 균형 잡힌 발전 기반이 될 수 없었다. (천재 『한국사』)

> 대충자금은 절반 정도가 미군의 유지비와 무기 구입 자금으로도 쓰임으로써 한국군의 국방력이 강화되었지만, 미국의 무기 체계에 의존하는 현상이 나타나기도 하였다. (미래엔 『한국사』)

대충자금이 미군의 유지비와 무기 구입비로 쓰였다는 위의 기술은 그릇된 사실을 바탕으로 해서 쓰인 왜곡된 서술이다. 가장 대표적인 왜곡 사례인 금성교과서의 해당 부분을 보자.

한 걸음 더 다가서기 | 미공법 480호와 대충 자금

미국에서 원조받은 농산물을 판매한 돈은 흔히 '미공법(公法, public law) 480호'라고 불리는 미국의 '농산물 무역 촉진 원조법'에 따라 대충 자금(代充資金)으로 적립되었다. 대충 자금이란 미국의 원조를 받는 나라가 원조액에 해당하는 자기 나라 돈을 별도의 특별계정을 만들어 적립한 것을 말한다. 이 대충 자금은 미국과 협의에 따라 사용되었다. 대충 자금은 국내 미군의 유지에 필요한 비용으로도 사용되었으며, 절반 가까이는 미국의 무기를 사들이는 데 소비되었다. 이에 따라 경제뿐만 아니라 무기 체계도 미국에 종속되어 갔다.

(금성『한국 근·현대사』, 2002, p.324.)

원조 경제의 겉과 속

(생략)

미국의 원조는 주로 식료품과 의복, 의료품과 같은 생활 필수품과 면방직, 설탕, 밀가루와 같은 소비재 산업의 원료에 집중되었다. 원조 물자 중 가장 많은 부분을 차지하는 것은 농산물이었다.

(생략)

미국의 농산물 원조는 생산 과잉으로 자국 내에서 농업 공황이 일어나는 것을 막기 위한 것이었다. 이승만 정부는 부족한 재정을 메우고 정치 자금을 확보하기 위해 미국의 잉여농산물을 필요 이상으로 들여왔다.

(금성『한국 근·현대사』, 2002, p.325.)

위의 금성교과서 서술에서 문제가 되는 것은 크게 두 가지다. 하나는 대충자금이 미군의 유지비와 무기 구입비로 쓰였다는 서술이고, 다른 하나는 미국이 우리나라에 제공한 농산물 원조가 미국의 농업공황 발생을 막기 위한 것이었다는 주장이다.

금성교과서의 이 두 서술에 대해서는 '교과서포럼'에 의해 이미 상세한 비판이 제기된 바 있는데, 그 내용은 다음과 같다. 먼저 대충자금이 미군의 유지비와 무기 구입비로 쓰였다는 서술을 살펴보자. 이 서술은 전반적으로 미국에서 경제원조가 공여되는 경로를 이해하지 못한 비전문적인 서술이며, 부분적으로는 악의적인 서술이다. 대충자금은 한국정부의 재정자금으로 이전되었으며, 1953–1960년 대충자금이 총 재정수입에서 차지하는 비중은 평균 38%에 달하였다. 국내 미군의 유지비는 미국 정부의 책임이며, 국내 미군이 필요로 하는 한화는 한국 정부가 대여하였다. 1950년대 한국정부의 재정에서 미국 무기를 구입할 여유는 없었으며, 한국군이 사용한 무기는 경제원조와는 별도의 경로인 군사원조를 통해 제공되었다.[77] "대충자금은 국내 미군의 유지에 필요한 비용으로도 사용되었으며, 절반 가까이는 미국의 무기를 사들이는 데 소비되었다. 이에 따라 경제뿐만 아니라 무기 체계도 미국에 종속되어 갔다."는 금성교과서의 기술은 미국의 원조를 통해서 우리나라가 경제적, 군사적으로 미국에 종속되었다고 주장하기 위해 서술된 것으로 보인다. 이른바 '종속이론'을 바탕으로 교과서를 서술하고 있는 것이다.

　둘째로, 전후 미국의 농산물 원조가 미국의 농업공황 발생을 막기 위한 것이었다는 서술을 보자. '교과서포럼'에 따르면 미국이 해외에 잉여농산물을 원조의 형태로 제공함으로써 미국 내의 농업공황을 타개했다는 주장은 근거가 불충분한 속설에 불과하다. 미국 정부가 농업공황에 대처한 주요 정책은 생산제한과 보조금 지급이었다. 금성교과서는 〈원조 경제의 겉과 속〉이라는 항 제목 아래, 이승만 정부가 정치자금을 확보하기 위해 미국의 농산물을 필요 이상으로 도입했다고 주장하고 있는데, 이는 근거 없는 비방에 불과하다. 원조 달러의 판대 대금은 미국 정부와의 협의 하에 용도가 결정되었기 때문에 이승만 정부

77 교과서포럼, 앞의 글, p.29-31. '교과서포럼'은 미국에서 경제원조가 공여되는 경로, 대충자금의 정의 등에 대한 매우 상세한 설명을 통해 금성교과서의 서술을 비판하고 있다.

의 정치자금과는 직접적인 연관이 없었다.[78]

전후 미국의 농산물 원조는 우리나라 국민의 생존에 필수적이었다. 전후의 부족한 식량 문제를 해결하는데 큰 도움을 주었기 때문이다. 농산물을 비롯한 미국의 경제 원조는 우리나라 재정을 위해서도 필수적이었다. 전후의 총 재정수입에서 대충자금이 차지하는 비중이 평균 40%에 가까웠기 때문이다. 그럼에도 금성교과서는 이처럼 전후 미국의 원조에 관한 그릇된 사실을 바탕으로 해서 우리나라에 원조를 한 미국, 그리고 미국의 원조를 받은 이승만 정부를 동시에 깎아내리는 반미, 반(反)이승만 서술을 하고 있는 것이다.

참고로 북한의 대표적 역사서인 『조선통사(하)』에서도 6 · 25 전쟁 이후 미국의 경제 원조에 대해 신랄한 비판을 하고 있다. 그 내용을 보면 다음과 같다.

> 그러나 이 미제의 남조선에 대한 소위 '원조'는 그 대부분이 괴뢰군 무장과 군사시설 확장에 충당되었고 나머지는 미국 과잉상품의 반입에 배당되였을 뿐 남조선의 민족경제를 복구 건설하거나 인민생활을 개선하는 부분에는 돌려지지 않았다. (생략)
>
> 또한 이 '원조'에 의하여 미국 독점자본은 남조선에서 막대한 초과이윤을 짜내고 있을 뿐만 아니라 소위 '원조'의 대가로서 남조선 인민들로부터 각종 명목

---

78 교과서포럼, 앞의 글, pp.29-31. '교과서포럼'에 따르면, 미국 원조에서 농산물이 가장 많았다는 금성교과서의 기술도 잘못된 것이다. PL480 등 전체 5종의 원조를 통해 수입된 물품 가운데 농산물이 차지하는 비중은 17% 정도에 불과했으며, 농산물보다는 원료 · 중간재를 포함한 공산품이 더 많았다.

으로 막대한 약탈을 감행하였다. 만일 해방 후부터 1956년말까지의 미국의 남조선에 대한 소위 '경제원조' 총액이 약 15억딸라이였다면 동 기간 군사비 부담, 유엔군 비용의 일부 부담, 토지, 건물, 차량, 물자들의 징발과 전기, 수도, 철도 기타 부동산들의 사용에 의한 것만으로도 남조선 인민들로부터 직접 수탈한 금액은 약 29억딸라 이상에 달하였다. (『조선통사(하)』, pp.522-523.)

　　요약하면, 미국의 원조는 국내 미군의 군사비 및 우리나라 군대의 무장 등의 비용으로 쓰였으며, 미국의 소위 '경제원조'는 미국의 과잉 상품 반입이라는 것이다.

ㄴ. 1960년대의 경제 발전

　　남한의 경제 발전에 대한 서술 가운데 다음으로 살펴볼 것은 1960년대의 경제 발전에 대한 서술이다. 이 시기 경제 발전에 대한 서술이 6차 이전 교과서에서는 거의 다루어지지 않는다. 그러므로 여기서는 7차 『한국 근·현대사』 교과서 가운데 1960년대의 경제성장에 대해 가장 부정적인 기술을 하고 있는 교과서 가운데 하나인 금성교과서를 6차 국사교과서의 기술내용과 비교해보기로 한다.

[표 52] 1960년대의 경제 발전에 대한 서술 비교

6차 『국사』	7차 금성 『한국 근·현대사』
경제 개발 5개년 계획의 추진 　정부의 경제 개발 계획이 처음 수립된 것은 이승만 정부가 작성한 7개년 계획이었다. 이것이 장면 내각에 의해서 5개년 계획안으로 수정되었으며, 5·16 군사 정변 후 재수정되어 1962년부터 본격적으로 실천에 옮겨지게 되었다. 정부	**경제 성장, '한강변의 기적'을 이루었으나…** 　제1차 경제 개발 5개년 계획(1962~1966)과 제2차 경제 개발 5개년 계획(1967~1971)을 거치면서 한국의 경제는 '한강변의 기적'이라는 말을 들을 정도로 외형적으로 눈부시게 발전하였다. 이 기간 동안 연간 경제 성장률은 두

의 주도로 추진된 경제 개발 계획은 그 추진 과정에서 적지 않은 어려움이 있었다. 당시 우리 나라는 자본, 원료, 기술 등을 제대로 구비하지 못하였다. 그러나 이러한 어려움을 딛고서 지속적인 경제 개발 계획을 성공적으로 추진함으로써 우리 경제는 획기적인 발전을 이룰 수 있게 되었다. 특히, 수출 주도형의 성장 전략으로 수출과 국민 소득면에서 괄목할 만한 성장세를 나타내었으며, 우리 나라는 선진국으로의 발돋움이 가능하게 되었다. (p.215)

자릿수에 가까웠으며, 수출은 20배 이상 늘어났다. 1인당 국민 총생산은 2배가 되었으며, 저축률도 높아졌다.

그러나 이 사이 한국의 경제는 더욱 외국에 의존하게 되었다. 수출용 물건을 만들기 위한 원자재나 시설용 기계의 수입으로 무역 적자는 오히려 커졌으며, 곡물 수입액은 7배로 늘어났다. 저축률은 증가했으나 필요한 자본에 미치지 못해 외국 자본을 더 많이 도입해야만 했다. 이에 따라 외채도 급속하게 늘어났다. (p.327)

두 교과서는 우리나라 경제가 제1, 2차 경제 개발 5개년 계획을 거치면서 크게 발전했고, 그 결과 수출과 국민 소득이 증가했다고 공통적으로 기술하고 있다. 하지만 공통된 기술은 여기까지다. 6차 교과서는 "수출 주도형의 성장 전략"으로 "선진국으로의 발돋움이 가능하게 되었다"고 긍정적으로 보는 반면, 금성은 그로 인해 우리나라 경제가 "더욱 외국에 의존하게 되었다"고 평가하고 있다. 〈경제 성장, '한강변의 기적'을 이루었으나 …〉라는 소제목에서 보듯이, 금성교과서의 서술은 1960년대 이후에 우리나라 경제가 발전했다는 데 초점이 있는 것이 아니라 우리나라 경제가 더욱 대외 의존적이 되었다는 데 초점이 있다.

그런데 경제학 사전에 '의존'이라는 용어는 없기에 금성교과서의 집필자들은 이 '의존'이라는 말을 제국주의 체제 하의 '종속'이라는 뜻으로 썼으리라고 추정된다.[79] 이 교과서가 50년대 경제를 서술하면서, 미국의 원조를 통해서 우리나라가 "경제뿐만 아니라 무기 체계도 미국에 종속되어 갔다."고 서술하고 있는 것으로 미루어 여기서의 '의존'은 '종속'의 뜻으로 사용되었다고 추정해도 무리가 없다. 그런데 현대 세계경

---

79 교과서포럼, 앞의 글, p.31.

제에서 무역수지가 적자이고 외채가 증가했다고 해서 한 나라의 경제가 대외적으로 종속된 것은 아니다. 제국주의 세계체제와 달리 자유시장 세계체제에서 기술과 자본을 도입했다 해서 그것이 한 국가경제의 종속 상태를 의미하지는 않는다. 그러므로 금성교과서의 이러한 서술은 시대 착오의 종속이론적 이해의 전형을 보이는 서술이라고 할 수 있다.[80]

ㄷ. 1970년대의 경제 발전

다음으로 살펴볼 것은 1970년대의 경제 발전에 대한 서술이다. 앞서도 설명했듯이, 이 시기의 경제 발전에 대한 서술이 6차 이전의 교과서에서는 거의 다루어지지 않는다. 그러므로 여기서는 7차 『한국 근 · 현대사』 교과서 가운데 1970년대의 경제 발전에 대해 가장 부정적인 서술을 하고 있는 교과서 가운데 하나인 금성교과서를 6차 국사교과서와 비교해보기로 한다. 1970년대에 진행된 3, 4차 경제 개발 계획의 내용, 그리고 그 결과에 대한 두 교과서의 기술을 보면 다음과 같다.

[표 53] 1970년대의 경제 발전에 대한 기술 비교

6차 『국사』	7차 금성 『한국 근 · 현대사』
1960년대에 추진된 1, 2차 경제 개발 5개년 계획에서는 기간 산업의 육성과 경공업의 신장에 주력하였다. 1970년대에 추진된 3, 4차 경제 개발 5개년 계획에서는 중화학 공업의 육성과 농어촌 개발을 위한 새마을 운동의 추진에 힘썼다. 이에 따라 광 · 공업의 비중이 높아졌으며, 공업 구조도 경공업 중심에서 중화학 공업 중심으로 바뀌었다. (p.215) 경제 개발 5개년 계획의 계속적인 추진으로 우리 나라는 고도 성장을 이룩하였고, 세계에서 주	경공업 중심의 경제 발전이 한계에 부딪히자 정부는 제3차 경제 개발 5개년 계획(1972~1976)과 제4차 경제 개발 5개년 계획(1977~1981)에서 중화학 공업 중심으로 경제 발전의 방향을 전환하였다. 그 결과 1970년대 말에는 중화학 공업의 생산이 경공업 생산을 넘어서 제조업이 중심이 되었다. 이에 힘입어 한국 경제는 1970년대에도 높은 성장을 할 수 있었다. 1970년대의 공업화 정책에 따라 농수산업은

목받는 신흥 공업국으로 부상하였으며, 국민의 생활 수준도 괄목할 정도로 향상되었다. 　산업 구조도 *선진국형으로 전환되어* 농림·어업의 비중이 크게 낮아지고 제조업과 서비스업의 비중이 크게 높아졌다. (p.216)	*더욱 침체되었다.* 당시 중화학 공업은 많은 노동력을 필요로 할 뿐 아니라 공해 등의 문제로 선진국에서 쇠퇴하는 분야였다. 또한, 각종 기계나 기술을 일본에서 도입하고, 공장을 일본 자본으로 건설함에 따라 한국 경제는 자본과 기술에서 미국뿐 아니라 일본에도 종속되어 갔다. (p.328)

　　두 교과서는 모두 우리나라 경제가 제3, 4차 경제 개발 5개년 계획을 거치면서 공업 구조가 중화학 공업 중심으로 바뀌었고, 한국 경제는 1970년대에도 고도성장을 이룩했다고 기술하고 있다. 하지만 공통된 기술은 여기서 끝난다.

　　두 교과서는 1970년대 공업화 정책에 대해 전혀 다른 평가를 내리고 있다. 6차 교과서는 공업화의 결과, 농수산업의 비중이 크게 낮아진 것을 두고 산업구조가 "선진국형으로 전환"되었다고 긍정적으로 보는 반면, 금성은 "농수산업은 더욱 침체되었다"고 부정적으로 평가하고 있다.

　　또한 중화학 공업 자체에 대해서 금성은 그것이 많은 노동력을 필요로 할 뿐 아니라 "선진국에서 쇠퇴하는 분야"였다고 부정적으로 기술하고 있다. 하지만 중화학 공업에 대한 금성의 이러한 기술은 잘못된 기술이라는 비판을 받는다. 제3, 4차 경제 개발 5개년 계획에서 적극적 육성의 대상이 된 철강, 비철금속, 기계, 조선, 전자, 화학 공업은 노동 집약적 공업이라기보다 자본, 기술 집약적 공업이었다. 또한 이들 공업 가운데 상당 부분은 선진국에서 쇠퇴하는 산업이 아니라 급속한 기술 혁신으로 선진국에서조차 신(新)산업으로 부상하는 것들이었다.[81]

　　"또한, 각종 기계나 기술을 일본에서 도입하고, 공장을 일본 자본

---

81 교과서포럼, 앞의 글, p.35.

으로 건설함에 따라 한국 경제는 자본과 기술에서 미국뿐 아니라 일본에도 종속되어 갔다.”는 금성교과서의 마지막 문장에서 알 수 있듯이 1970년대의 경제 발전에 대한 금성의 기술은, 1950년대 및 1960년대의 경제 발전에 대한 기술과 마찬가지로, 시대착오적인 종속이론을 바탕으로 하고 있다.

나. 북한 경제

다음으로 국사교과서가 북한의 경제에 대해 어떻게 기술하고 있는지를 살펴보자.

ㄱ. 북한 경제난의 원인

북한 경제에 대한 기술에서 가장 주목할 것은 북한의 경제난에 대한 기술이다. 1980년대부터 본격화되기 시작한 북한 경제난의 원인에 대해 교과서마다 서로 달리 기술하고 있기 때문이다. 여기서는 먼저 7차『한국 근·현대사』교과서와『한국사』교과서가 북한 경제난의 원인에 대해 어떻게 기술하고 있는지를 모아 보면 다음과 같다.

[표 54] 북한 경제난의 원인

교과서		기술내용 (북한 경제난의 원인)
7차 근 현 대 사	금성 (06)	철저한 계획 경제와 지나친 자립 경제 정책은 경제 발전을 더디게 하였다. 더구나 힘겨운 국방비 지출로 경제에 투자할 자본의 확보가 어려웠고, 에너지와 사회 간접 시설의 부족은 경제 발전에 커다란 장애가 되었다.
	대한	-
	두산	외부 원조의 감소, 농업의 부진, 전력과 석유의 부족 등이 경제난의 주요 원인이었지만, 주체 사상·수령 유일 체제의 비합리성도 경제 발전을 저해하는 요인으로 작용하였다. 이것은 북한이 경제의 자립을 외치면서 너무 폐쇄적이었기 때문이었다.

	법문사	그러나 생산 수단의 사회적 소유, 중앙 집권적 계획 경제, 자립 경제 정책 등은 생산력의 저하를 가져와 1980년대 이후에 북한의 경제는 전반적으로 침체되어 갔다. 또한, 과다한 국방비 지출, 에너지 자원과 사회 간접 시설 부족은 경제 발전에 커다란 장애가 되었다.
	중앙	즉, 북한의 경제는 생산 수단의 사회적 소유와 중앙 집권적 계획 경제가 가져온 생산력 저하, 동유럽 사회주의 국가의 몰락으로 인한 교역 상대국 상실, 에너지와 원자재 부족으로 인한 공장 가동률의 저하 등으로 1990년 이래 계속적으로 마이너스 경제 성장을 하였다.
	천재	1984년 합영법을 제정하는 등 경제 활성화를 위한 조치들을 실시하였지만, 사회주의 계획 경제의 고질적인 병폐에서 벗어나지 못하고 폐쇄적인 체제를 계속 고수하였다. 북한 경제는 1990년 이후 결정적인 타격을 받았다. 북한의 무역을 뒷받침해주고 있었던 소련과 동유럽의 공산주의 국가들이 붕괴하였으며, 1995년과 1996년의 대대적인 수해로 인해 북한은 더 이상 폐쇄적인 체제를 고수할 수 없게 되었다.
2010 검정 한국사	미래엔	동유럽 사회주의권의 몰락으로 고립된 상황에서 핵 개발 등 무력 도발에 대한 미국의 경제 제재가 가해져 별 성과를 거두지 못하였다. 더욱이 기상 이변에 따른 가뭄과 홍수로 심각한 식량난까지 겪으면서 북한 경제는 최악의 상황으로 내몰렸다. 1970년대부터 나타난 남과 북의 경제 격차는 1990년대 이후 가속화되어 2007년 현재 1인당 국민 총소득(GNI)은 남한이 북한의 17배에 달하고 있다. 이처럼 격차가 벌어진 이유는 남한 경제가 크게 성장했기 때문이기도 하지만, 과중한 군사비 지출과 주체사상에 따른 폐쇄적 경제 정책으로 북한 경제가 침체의 길을 걸어온 탓이 크다.
	법문사	북한의 경제 체제는 생산 수단을 국가가 소유하는 사회주의적 소유 제도와 모든 경제 활동이 국가 계획에 의해 움직이는 중앙 집권적 계획 경제를 특징으로 하고 있다. 아울러 자립적 민족 경제 건설과 중공업 우선, 군사 · 경제의 병진을 경제 정책의 기조로 삼고 있다.
	비상	계획 경제와 지나친 자립 경제 정책에 의존한 주체화를 내세우다 급격히 변하는 세계 기술을 따라가지 못하고 한계에 부딪혔다. 과도한 국방비 지출, 에너지 시설의 부족 등도 경제 발전을 어렵게 하는 요인으로 작용하였다.
	삼화	철저한 계획 경제와 지나친 자립 경제 정책은 경제 발전을 더디게 하였다. 군사력 증강을 위한 중공업 육성과 농업 · 경공업 부문의 부진으로 산업의 불균형은 갈수록 심화되었다. 더욱이 과다한 국방비 지출과 에너지 · 사회 간접 시설의 부족, 만성적인 외화난 등으로 1980년대 초부터 경제 성장률이 점차 떨어지면서, 북한 경제는 장기적인 침체에 빠지게 되었다.
	지학사	북한은 1978년부터 1984년까지 제2차 7개년 계획을 추진하며 경제의 주체화 현대화 과학화를 추구하였다. 그러나 극단적인 폐쇄 경제 체제, 군수 공업 우선 정책 등으로 목표를 달성하지 못하였다. 1990년대 사회주의 진영의 붕괴 이후 북한 경제는 국제 교류가 급격히 축소되고 자연재해가 연속적으로 겹치면서 식량, 에너지, 생필품, 외화 획득 등에서 심각한 어려움을 겪게 되었다.

천재	자본과 기술의 축적 없이 대중 동원과 노동력에만 의존한 자립 경제 노선은 시간이 갈수록 한계를 드러냈다. 이러한 한계는 폐쇄적 대외 관계와 무역의 침체를 가져왔고, 이로 인해 북한은 만성적인 외화 부족을 피할 수 없었다.

• 학계의 최근 연구에 따르면, 1980년대부터 본격화되기 시작한 북한 경제난의 원인은 북한 경제의 구조적 침체, 심각한 산업불균형, 경공업 생산기반의 미약과 같은 내부적 요인에서 주로 찾을 수 있으며, 1990년대에 가속된 북한의 경제위기는 이와 같은 내부적 요인에다 소련 및 동유럽 공산주의권의 붕괴와 같은 대외적 요인이 겹쳤기 때문이다.[82]

• 먼저 북한 경제난의 내부적 요인에 대해 교과서는 어떻게 기술하고 있는가를 보자. 내부적 요인에 대해 비교적 자세히 기술하고 있는 것이 7차 법문사와 7차 금성인데, 이 두 교과서의 기술은 상당히 비슷하면서도 미묘한 차이를 보인다.

[표 55] 북한 경제난의 내부적 요인 비교

7차 법문사	그러나 생산 수단의 사회적 소유, 중앙 집권적 계획 경제, 자립 경제 정책 등은 생산력의 저하를 가져와 1980년대 이후에 북한의 경제는 전반적으로 침체되어 갔다. 또한, 과다한 국방비 지출, 에너지 자원과 사회 간접 시설 부족은 경제 발전에 커다란 장애가 되었다.
7차 금성	그러나 철저한 계획 경제와 지나친 자립 경제 정책은 경제 발전을 더디게 하였다. 더구나 힘겨운 국방비 지출로 경제에 투자할 자본의 확보가 어려웠고, 에너지와 사회 간접 시설의 부족은 경제 발전에 커다란 장애가 되었다.

• 법문사는 '생산 수단의 사회적 소유', '중앙 집권적 계획 경제',

---

82 김인걸 외 편, 앞의 책, p.470.

'자립 경제 정책'의 세 가지가 "생산력의 저하를 가져"왔다면서, 북한 경제난의 요인으로 꼽는다. 하지만 금성교과서는 이 세 가지 가운데 제일 중요한 요인인 '생산 수단의 사회적 소유'를 제외한 나머지 두 요인만을 꼽고 있다. 그리고 금성교과서에는 이들 요인이 생산력의 저하를 가져왔다는 표현도 찾아볼 수 없다. '생산 수단의 사회적 소유'가 생산력의 저하를 가져온 것이 북한 경제난의 근본 원인인데, 금성은 이에 대해 전혀 기술하지 않고 있다. 이는 '생산 수단의 사회적 소유'야말로 북한 공산주의 경제 체제의 근간이기 때문이다. 금성교과서는 북한 경제난이 체제 자체의 문제에서 비롯되었다는 사실을 차마 지적하지 못하는 것인지도 모른다.

• 또 하나 주목할 것은 법문사가 북한 경제 발전의 장애 요인으로 "과다한 국방비 지출"이라고 기술한 것을 금성은 "힘겨운 국방비 지출"로 기술하고 있다는 점이다. 이러한 차이는 작은 것 같지만 중요한 차이다. 북한의 국방비 지출은 대한민국이라는 객관적 입장에서 볼 때는 "과다한" 지출이고, 북한의 주관적 입장에서 볼 때는 "힘겨운" 지출일 것이다. 이는 금성이 어느 쪽의 입장에서 교과서를 쓰고 있는지를 짐작케 하는 하나의 사례라고 볼 수 있다. 이처럼 금성교과서는 이른바 '내재적 접근법'을 사용하는 듯한 서술행태를 보이고 있다.

• 북한에 이처럼 경제난이 계속된 데에는 공산주의 계획경제의 병폐인 폐쇄적인 체제를 고수한 데에도 그 원인이 있다. 7차 이후의 교과서 가운데 몇몇은 이 점을 지적하고 있다(7차 두산, 7차 천재, 2010검정 미래엔, 2010검정 지학사). 그러나 일부 교과서는 북한 체제의 폐쇄성을 지적하기는커녕 오히려 북한이 경제문제 해결을 위해 대외개방

에 나섰다고 기술하고 있다. 각각의 사례를 하나씩 들어 비교해보자.

[표 56] 북한 경제난의 요인에 대한 기술 비교

7차 두산 『한국 근 · 현대사』	2010검정 삼화 『한국사』
1980년대에 북한은 인민 경제의 주체화 · 현대화 · 과학화를 강력하게 추진하였지만 경제 사정은 한층 악화되었다. 외부 원조의 감소, 농업의 부진, 전력과 석유의 부족 등이 경제난의 주요 원인이었지만, 주체 사상 · 수령 유일 체제의 비합리성도 경제 발전을 저해하는 요인으로 작용하였다. 이것은 *북한이 경제의 자립을 외치면서 너무 폐쇄적이었기 때문이었다.* (p.312)	북한은 이러한 경제적 문제들을 해결하기 위해 군대를 건설 현장에 투입하고 남한에 대해 지속적으로 군비 축소를 제의하였다. 그리고 *'우리 식 사회주의'의 가치를 훼손하지 않은 채 조심스럽게 대외 개방과 시장 도입을 통한 변화를 모색하였다.* 그러나 소련과 동유럽 사회주의 체제의 붕괴로, 교역 상대국을 상실한 북한의 경제는 갈수록 어려운 상황에 직면하게 되었다. (p.380)

북한의 경제 사정이 매우 어려움에도 불구하고, 북한 정권이 이른바 '강성 대국' 건설을 표방하면서 군사력 강화에 힘쓰고 있다는 것은 널리 알려진 사실이다. 심지어 북한은 국제사회로부터 핵무기 및 생화학 무기 등 대량 살상 무기를 개발하고 있다는 의심을 받고 있다. 그럼에도 삼화 『한국사』 교과서는 북한이 남한에 대해 지속적으로 군비 축소를 제의하면서, 진정한 대외 개방 정책을 추구한 것처럼 기술하고 있다. "*'우리 식 사회주의'의 가치를 훼손하지 않은 채*" 대외 개방을 모색했다는 기술에서 보듯이, 이 교과서는 역사적 사실을 기술하고 있다기보다는 북한 측이 제시하는 자료를 그대로 옮겨놓은 듯한 기술을 하고 있다. 북한에 대해 송두율 식 '내재적 접근법'을 사용하는 듯한 기술을 하고 있는 것이다.[83] 그리고 이런 식으로 기술하다 보니까 북한

---

[83] 북한에 대한 이른바 '내재적 접근법'은 1988년 말, 당시 베를린자유대학 강사 송두율에 의해 우리나라에 소개되었다. 이 내재적 접근법은 결과적으로 현재 북한의 3대 세습독재와 정치범수용소의 참상에 침묵하고 있는 '진보'의 퇴보와 무관하지 않다. 김명섭, 앞의 글, pp.20-24.

경제난의 원인을 북한 체제의 폐쇄성과 같은 내부적인 요인에서 찾기
보다는 "소련과 동유럽 사회주의 체제의 붕괴"와 같은 외부적인 요인
에서 찾고 있는 것이다.

• 이 삼화 『한국사』의 기술에서 주목할 또 하나의 사실은 1917년
러시아의 10월 정변 이후 70여년을 역사적으로 실재했던 '공산주의'
를 '공산주의'라 부르지 않고 '사회주의'라 부르고 있다는 것이다. 우선
공산주의 국가인 북한에 대해서, "'우리 식 사회주의'의 가치를 훼손하
지 않은 채 조심스럽게 대외 개방과 시장 도입을 통한 변화를 모색하
였다."고 기술하고 있는 것이다. 이는 공산주의 종주국인 소련과 그 위
성국가인 동유럽 국가에 대해서도 마찬가지다. "소련과 동유럽 사회주
의 체제의 붕괴로, 교역 상대국을 상실한 북한의 경제는 갈수록 어려
운 상황에 직면하게 되었다."고 기술하고 있다.

이처럼 북한, 소련 및 동유럽의 공산주의 국가나 체제를 지칭하면
서 '공산주의'라는 용어를 쓰지 않는 것은 삼화 『한국사』뿐만이 아니
라 최근의 『한국 근·현대사』 및 『한국사』 교과서에서 매우 일반적인
현상이다. 이러한 현상은 두 가지 요인에서 비롯된 것으로 볼 수 있
다. 하나는 위에서 지적했듯이, 북한에 대해 '내재적 접근법'을 사용
하는 듯한 서술을 하고 있어서 북한의 용어(예를 들면, '우리 식 사회주
의')를 주어진 그대로 수용, 사용하고 있기 때문이다. 다른 하나는 우
리나라의 좌파들이 '반(反)반공'주의라는 도그마에 빠져서, '공산주의'
라는 명칭을 '사회주의'라는 명칭으로 대체하고 있기 때문이다. 즉 '공
산주의'라는 용어를 의도적으로 기피하기 때문이다. 우리나라 좌파는
역사적 실재(實在)인 '공산주의'가 사회주의와는 엄연히 다른 것이라는

역사적 사실마저 직시하지 않고 있는 것이다.[84]

우리나라의 이른바 '진보'가 이러한 인식의 오류에 다다르게 된 경로는 다음과 같다. 1985년을 전후하여 강력한 반공 정권에 맞서 투쟁하던 학생운동의 주도권을 북한의 주체사상을 학습한 민족해방(NL)계열의 학생들이 장악하고, 그들이 주도한 "북한 바로알기"운동과 통일운동이 1980년대 후반 북한 관련 문헌의 광범위한 유통으로 이어지면서 반공주의에 대한 '반(反)반공'주의적 역편향 현상이 나타났다. '사상으로서의 반공'이 지녔던 세계사적 의미를 직시하지 못한 좌파는 '내재적 접근법' 등을 통해서 북한을, 특히 북한 현대사를 그릇되게 인식했다. 그리고 이러한 인식의 오류는 오늘날 북한의 3대세습독재와 정치범수용소의 참상에 침묵하는 이른바 "진보의 퇴보"를 가져왔다. 한마디로 우리나라 좌파는 한국 현대사 인식 공간이 한반도로 국한되어 있어, 세계사적 맥락에서 한국 근현대사를 보지 못하고 있는 것이다.[85]

• 1990년대 북한 경제 위기의 원인을 주로 외부적인 요인에서 찾고 있는 교과서의 예를 들어보면 다음과 같다.

1990년대 중반 북한은 극심한 자연재해, 계속되는 경제난으로 인해 커다란 위기에 봉착하였다. 홍수와 가뭄 등으로 식량 생산이 크게 줄어들어 수많은 사람들이 굶어죽는 상황까지 발생하였다. 에

---

84 공산주의자들이 자신들을 사회주의와 구별하기 위해서 스스로를 '공산주의'라고 명명했던 것은 엄연한 역사적 사실이다. 또한 공산주의 출현 직후인 1917년부터 한국인들은 '사상으로서의 반공'을 선택했다. 즉 일제에 항거한 '반공좌파'가 존재했던 것이다. 그러나 우리나라의 좌파는, 소련 등 적색 전체주의에 대해 비판적인 서구 좌파와 달리, '반(反)반공'주의에 빠져 이와 같은 역사적 사실을 직시하지 않는다. 김명섭, 앞의 글, pp.6-14, 24-25.

85 김명섭, 앞의 글, pp.20-25.

너지 부족으로 공장의 가동률도 크게 떨어졌다. 소련 및 동유럽 사
회주의권의 붕괴와 미국의 경제 봉쇄 정책이 에너지와 식량을 수입
할 수 있는 외화 획득을 어렵게 하였기 때문이다. 이와 같은 극심한
식량난과 경제난을 피해 많은 북한 사람들이 중국으로 넘어갔고 일
부는 한국으로 건너왔다. (천재『한국사』, p.400.)

1990년대 이후 북한의 경제 위기는 북한이 추구하는 '자립적 민족
경제' 노선과 '주체농업' 자체의 결함, 경제규모에 비해 과도한 군사비
지출 등 북한 체제 자체의 내부적 요인이 주된 원인이었다. 그럼에도
불구하고 천재『한국사』교과서는 북한의 경제 위기가 마치 "자연재
해", "사회주의권의 붕괴", "미국의 경제 봉쇄 정책" 등 외부적 요인에
의해서만 발생한 것처럼 서술하고 있다.[86] 즉 이 교과서는 한편으로는
북한 체제 자체의 문제점은 건드리지 않으면서, 다른 한편으로는 식량
난 등 북한 경제위기의 책임 일부를 미국의 경제 봉쇄 정책 탓으로 돌
리는 서술을 하고 있다. 은연중에 친북반미 서술을 하고 있는 셈이다.

ㄴ. 북한 식량난 및 탈북

악화일로를 걷던 북한 경제는 1990년대 중반에 극심한 식량난에
봉착했다. 7차 이후의 교과서에서 북한의 식량난 및 그로 인한 탈북에
대해 기술하고 있는 내용을 모아 보면 다음과 같다.

---

[86] 북한의 경제위기와 식량난에 대해서는 그 원인을 사회주의권의 붕괴와 미국의 봉쇄, 자연재해라
는 외부적 요인에서 찾을 것인가, 아니면 북한이 추구하는 '자립적 민족경제' 노선과 '주체농업' 자
체의 결함에서 찾을 것인가가 논점이 되고 있다. 북한 경제의 침체 및 1990년대 경제 위기의 원인
에 대해서는 김인걸 외 편, 앞의 책, pp.457, 470-471 참조.

[표 57] 북한 식량난 및 탈북

교과서		기술내용 (북한 식량난 및 탈북)
7차 근 현 대 사	금성	1970년대 들어서도 북한은 인민 경제 발전 6개년 계획을 세워 현대적인 공업화와 생산력의 발전, 생활의 향상을 모색하였다. 그러나 주로 대중 동원에 의존하였을 뿐, 자본의 축적과 기술 발전이 뒤따르지 않아서 경제의 질적 발전에는 한계가 있었다. 더구나 농업 부문의 부진과 생활 필수품 부족은 북한의 경제를 더욱 어렵게 하였다. 1970년대 후반부터 북한은 제2차 7개년 계획(1978~1984)과 제3차 7개년 계획(1987~1993)을 시행하여 농업과 공업의 종합적 발전과 인민 생활 향상을 모색하였다. 그러나 철저한 계획 경제와 지나친 자립 경제 정책은 경제 발전을 더디게 하였다. 더구나 힘겨운 국방비 지출로 경제에 투자할 자본의 확보가 어려웠고, 에너지와 사회 간접 시설의 부족은 경제 발전에 커다란 장애가 되었다. (305) *만성적인 식량 부족과 공장 가동률의 저하* 등으로 어려움을 겪고 있으며, 통치 조직의 효율성도 떨어지고 있다. 특히, 심각한 *식량난*으로 탈북자가 늘어나고, 김정일에 대한 북한 주민의 신뢰도 낮아지고 있다. (307)
	대한	–
	두산	이 무렵(1992년) 북한 경제는 악화 일로에 있었는데, 3년 동안 계속된 *자연 재해*로 농경지가 침수되고 산업 시설이 파괴되어 *경제 상황은 더욱 악화*되었다. (312) 오늘날 북한의 경제 사정이 매우 어려움에도 불구하고, 북한 정권은 강성 대국의 건설을 표방하면서 군사력 강화에 힘쓰고 있다. 심지어 북한은 핵무기 및 생화학 무기 등 대량 살상 무기를 개발하고 있다는 의심을 받고 있다. 북한의 *식량난*은 심각하여 국제 기구들의 인도적 원조가 지난 3년 동안 계속되었으나 지금도 *식량* 부족 현상은 여전하다. 뿐만 아니라 지난 10년 동안 북한 경제는 성장하지 못하고 *경제난*이 계속되고 있다. (313)
	법문사	–
	중앙	그(1990년 이래 계속적으로 마이너스 경제 성장) 결과 북한 주민은 *식량* 부족으로 심각한 어려움에 처하게 되고, (322)
	천재	1996년의 *대대적인* 수해로 인해 북한은 더 이상 폐쇄적인 체제를 고수할 수 없게 되었다. 1990년 이후 마이너스 성장이 계속되었고, 북한의 주민들은 *기본적인 생활조차 어렵게* 되었다. 이에 많은 북한 주민들이 *생활고*를 견디지 못하고 국경을 넘어 중국으로 탈출하기 시작하였다. (310)
2 0 1 0 검 정 한 국 사	미래엔	북한의 경제 문제 중 가장 심각한 것은 *식량난*이다. 매년 600만 톤이 필요하지만, 생산력 저하와 거듭되는 *자연재해*로 생산량이 400만톤을 밑돌기 때문이다. 여기에 외화 부족과 국제 식량 가격 폭등은 북한의 식량 사정을 더욱 악화시켰다. 남한의 정부와 민간단체를 비롯하여 여러 나라에서 인도적 식량 지원이 이어지고 있지만, 주민들의 *굶주림*은 여전한 실정이다. (생략) 그러나 무엇보다 심각한 인권 문제는 굶주림에 시달리는 사람들과 생존을 위한 *북한 이탈 주민* 문제이다. 한·중 국경을 통한 북한 이탈 주민이 늘어나자, 중국 정부는 이들을 체포하여 북한으로 강제 송환하고 있다. (390)

법문사	–
비상	–
삼화	–
지학사	1990년대 사회주의 진영의 붕괴 이후 북한 경제는 국제 교류가 급격히 축소되고 *자연재해*가 연속적으로 겹치면서 식량, 에너지, 생필품, 외화 획득 등에서 심각한 어려움을 겪게 되었다. 이러한 상황에서 많은 사람들이 *굶주림*에 시달렸고 *탈북자*가 속출하였지만 북한 당국은 뚜렷한 대책을 세우지 못하였다. (323)
천재	1990년대 중반 북한은 극심한 자연재해, 계속되는 경제난으로 인해 커다란 위기에 봉착하였다. 홍수와 가뭄 등으로 식량 생산이 크게 줄어들어 수많은 사람들이 굶어 죽는 상황까지 발생하였다. 에너지 부족으로 공장의 가동률도 크게 떨어졌다. 소련 및 동유럽 사회주의권의 붕괴와 미국의 경제 봉쇄 정책이 에너지와 식량을 수입할 수 있는 외화 획득을 어렵게 하였기 때문이다. 이와 같은 극심한 *식량난*과 경제난을 피해 많은 북한 사람들이 중국으로 넘어갔고 일부는 한국으로 건너왔다. (400)

• 『한국 근·현대사』 6종 및 『한국사』 6종 교과서 가운데 북한의 심각한 식량난에 대해 간단하게나마 언급하고 있는 것은 그 가운데 절반인 6종밖에 되지 않는다(7차 금성, 두산, 중앙 및 2010검정 미래엔, 지학사, 천재).

• 북한에서는 1990년대 중반 이후 극심한 식량난 속에서 많은 사람들이 굶주림에 시달리다 못해 탈북 행렬이 이어졌다. 하지만 7차 이후 교과서 총12종 가운데 탈북에 대해 언급하고 있는 것은 5종뿐이다. 그 서술을 모아보면 다음과 같다.

특히, 심각한 식량난으로 탈북자가 늘어나고, 김정일에 대한 북한 주민의 신뢰도 낮아지고 있다. (7차 금성)

1990년대 이후 마이너스 성장이 계속되었고, 북한의 주민들은 기본적인 생활조차 어렵게 되었다. 이에 많은 북한 주민들이 생활고를 견디지 못하고 국경을 넘어 중국으로 탈출하기 시작했다. (7차 천재)

그러나 무엇보다 심각한 인권 문제는 굶주림에 시달리는 사람들과 생존을 위한 북한 이탈 주민 문제이다. 한·중 국경을 통한 북한 이탈 주민이 늘어나자, 중국 정부는 이들을 체포하여 북한으로 강제 송환하고 있다. (2010검정 미래엔)

이러한 상황에서 많은 사람들이 굶주림에 시달렸고 탈북자가 속출하였지만 북한 당국은 뚜렷한 대책을 세우지 못하였다. (2010검정 지학사)

이와 같은 극심한 식량난과 경제난을 피해 많은 북한 사람들이 중국으로 넘어갔고 일부는 한국으로 건너왔다. (2010검정 천재)

• 위의 5종 가운데서 7차 천재와 2010검정 천재 교과서는 '탈북자' 또는 그와 동일한 '북한 이탈 주민'이라는 용어를 쓰지 않고 있다. '탈북자(North Korean defectors)'는 사전에도 올라있는 용어인데도 천재 교과서는 이를 쓰지 않는다. 여기서 7차 천재 『한국 근·현대사』 교과서의 탈북에 관한 서술을 좀 더 자세히 분석해보자. 우선 북한의 경제난에 대해서는 "1990년대 이후 마이너스 성장이 계속되었고, 북한의 주민들은 기본적인 생활조차 어렵게 되었다."는 한 문장으로 가름하고 있다. 어디에서도 1990년대 중반 이후 북한의 심각한 대기근과 그로 인해 300만 명이 넘는 주민이 굶어죽은 기아(飢餓) 사태를 찾아볼 수 없다. "많은 북한 주민들이 생활고를 견디지 못하고 국경을 넘어 중국

으로 탈출하기 시작했다"고 서술함으로써 탈북의 주요 원인도 "생활
고"라는 단 한 단어로 표현하고 있다. 또한 이 교과서의 서술에는 진정
한 의미의 '탈북'에 관한 표현도 없다. '탈북자'의 사전적 의미는 '국경
선과 제3국을 통해 북한에서 남한으로 귀국해 오는 주민'이다. 북한을
탈출한다는 것과 남한으로 온다는 것이 중요하다. 그런데 이 교과서는
북한 주민들이 "국경을 넘어 중국으로 탈출하기 시작했다"고 쓰고 있
다. 주민들이 북한을 탈출했다는 사실보다 중국으로 넘어갔다는 것을
강조하고 있는 것이다. 이런 서술 의도는 같은 천재 교과서인 2010검
정『한국사』교과서에서도 드러난다. "많은 북한 사람들이 중국으로 넘
어갔고 일부는 한국으로 건너왔다"고 쓰고 있는 것이다. 여기서도 북
한을 탈출했다는 사실보다 많은 사람들이 중국으로 넘어갔다는 데에
방점이 있다.

 • 이처럼 북한의 대기근 및 탈북은 교과서에서 거의 다루어지지 않
든가 다루어진다 하더라도 일부 교과서에서는 편향되게 서술된다. 북
한에 불리한 것은 될 수 있는 대로 서술하지 않거나, 서술한다 하더라
도 가능한 한 북한에 유리하게 서술하려는 성향, 즉 일부 국사교과서
의 친북적 서술 성향은 이 문제에서도 고스란히 드러난다.

 • 북한의 인권 문제에 대한 교과서의 서술은 이보다 훨씬 더 심각
한 상황이다. 북한의 인권 문제에 대해 서술하고 있는 교과서는 7차 및
2010검정 교과서 총12종 가운데 단 하나뿐이다.

 북한의 인권 실태
 국제 사회에서 바라본 북한의 중대한 인권 침해 사례는 개인의

자유와 권리 제약을 비롯하여 공개 처형, 정치범 수용소 운영, 종교의 자유에 대한 탄압, 거주 · 여행의 자유에 대한 제한, 성분 분류에 의한 인민들의 차별 대우 등이다. 그러나 무엇보다 심각한 인권 문제는 굶주림에 시달리는 사람들과 생존을 위한 북한 이탈 주민 문제이다. 한 · 중 국경을 통한 북한 이탈 주민이 늘어나자, 중국 정부는 이들을 체포하여 북한으로 강제 송환하고 있다. (미래엔『한국사』, p.390.)

이것이『한국 근 · 현대사』교과서 및 2010검정『한국사』교과서 전체를 통틀어 북한의 인권 문제에 관한 단 하나의 서술이다. 하지만 이 교과서마저도 북한이라는 인권 사각지대에서 가장 심각하게 인권이 침해당하고 있는 정치범 수용소에 대해서는 정면으로 다루지 못하고, 탈북자의 인권 문제가 주된 인권문제인양 서술하고 있다.

• 이처럼 북한의 인권 문제를 비롯해서 북한 문제 전체가 국사교과서에서 제대로 다루어지지 못하는 이유는 무엇인가? 오늘날 우리 사회에서 이른바 진보좌파는 북한의 인권문제를 마치 다루면 큰일이라도 나는 듯 금기시하고 건드리지 않는다. 마찬가지로 7차『한국 근 · 현대사』교과서 및 2010검정『한국사』교과서 집필자 가운데 상당수가 진보좌파 역사학자인 이른바 '민중사학자'들이거나 전교조(또는 전역모) 가입 교사들로서, 북한의 인권 문제를 터부시한다. 또한 이들은 나머지 북한 문제에 대해서는 아주 교묘한 방법으로 친북적 서술을 하고 있다. 이것이 바로 북한 문제가 최근의 국사교과서에서 제대로 다루어지지 못하는 까닭이다.

IV
현행 한국사교과서의
한국 현대사 서술 실태*

1. 머리말

2009개정 교육과정에 따라 2014학년도부터 고등학교에서 쓰이게 될 한국사교과서 8종이 2013년 8월에 교육부의 검정을 통과했다. 그러자 곧바로 이를 둘러싼 '교과서파동'이 다시금 시작되었다. 지난 2002년에 7차 『한국 근·현대사』 교과서의 검정과정에서 편향성 문제가 불거지면서 시작된, 이른바 '근현대사 교과서파동'이라는 교과서를 둘러싼 이념논쟁이 또 다시 불붙은 것이다.[87]

이처럼 교과서를 둘러싼 논쟁이 되풀이되는 까닭은 교과서의 이념적 편향성이 적절히 해소되지 않고 있기 때문이다. 지난 2004년부터 본격화된 '근현대사 교과서파동'은 교과부가 좌편향 논란이 제기된 『한국

---

* 이 장(章)은 한국사회과교육연구학회에서 발행하는 『사회과교육』 제54권 제1호(2015년 3월), pp.109-128에 수록된 논문, 정경희·강규형, 「2013검정 고등학교 한국사 교과서의 서술 분석: 교육부의 수정 과정을 중심으로」를 학회 및 공저자 강규형 교수의 허락을 얻어 전재(轉載)한 것임.

87 2013년에 새로이 시작된 한국사교과서를 둘러싼 논란이 얼마나 극렬한 대립양상을 보였는지, 주요언론은 '교과서 전쟁', '역사전쟁', 또는 '내전(內戰)' 등, 하나같이 이를 '전쟁'으로 묘사할 정도였다.

근·현대사』 교과서 6종에 대해 대한민국의 정통성 등과 관련한 서술 등 206곳을 수정·보완함으로써 2008년 12월에 마무리되었다. 2009년에는 편향된 교과서를 바로잡겠다는 목적으로 새 교육과정이 만들어졌다. 그리고 이 교육과정에 따라서 2010년에 검정을 거쳐『한국사』 교과서 6 종이 최종 선정되었다. 하지만 이 6종의『한국사』 가운데 일부는『한국 근·현대사』 교과서와 내용면에서 큰 차이를 없다는 평가를 받았다. 이 문제를 해결하기 위해 2013년 8월에 또 다시 검정을 거쳐『한국사』 교 과서 8종이 새롭게 선정됐다.

그런데 이 8종의『한국사』 교과서 가운데 상당수는 여전히 논란으로 부터 자유롭지 못하다. 이들 교과서가 기존의 교과서가 지녔던 주요 문 제점 — 대한민국의 건국을 폄훼하는 등 대한민국의 정통성을 훼손하 고, 북한 체제에 무비판적으로 접근하며, 대한민국의 경제성장을 비롯한 발전과 번영은 과소평가한다 — 을 거의 그대로 지니고 있기 때문이다.

실제로 새로 검정을 통과한 한국사 교과서를 둘러싸고 사회적 논란 이 일자, 교육부는 제기된 논란을 해소하고 오류를 시정하기 위해서 2013년 10월에 8종 교과서에 대해 829건의 수정·보완 권고 사항을 발 표했다. 이에 따라 발행사 및 집필진이 교육부의 권고사항을 반영한 수 정.보완 대조표를 교육부에 제출했고, 교육부는 11월 29일에 학계 전문 가 등으로 구성된 '수정심의회' 심의 결과를 바탕으로 829건 중 788건 의 수정·보완을 승인했다. 그리고 수정권고를 제대로 이행하지 않았 거나 수정을 거부한 총 41건에 대해서는 수정명령을 통보했다(교육부, 보도자료「고교 한국사 교과서 수정명령」). 이러한 교육부의 수정 과정을 종 합적으로 검토해보면, 주로 현대사 서술에 집중되어 있으며, 크게는 북한에 관한 서술과 대한민국의 정통성에 관한 서술의 둘로 나뉨을 알 수 있다.

이 장(章)에서는 교육부의 수정·보완 권고와 수정명령 등 수정 과정에서 드러난 교과서 서술의 문제점들을 중심으로, 현행 한국사 교과서가 구체적으로 어떠한 서술상의 문제점을 지니고 있는가를 규명하려 한다. 현행 교과서의 문제점이 북한에 관한 서술과 대한민국의 정통성에 관한 서술의 둘로 대별(大別)되므로 이 장(章)에서는 이를 차례로 분석할 것이다.

2. 북한에 관한 서술

앞서 설명했듯이, 교육부는 8종의 한국사 교과서에 대해 829건의 수정·보완 권고 사항을 발표했다. 이에 대해 교학사 교과서는 수정 권고를 수용하겠다는 입장을 밝혔지만 나머지 교과서는 교육부의 수정 권고 가운데 일부는 수용하고 일부는 거부했다. 그런데 주목할 것은 그 내용들이 주로 북한과 관련된 서술에 집중돼 있다는 사실이다.

두산동아 한국사 교과서를 예로 들면, 이 교과서가 수정권고를 제대로 이행하지 않거나 수정을 거부하여 교육부로부터 최종적으로 수정명령을 통보받은 것이 모두 5건이다. 그것은 ①보천보 전투 등 항일 유격대 및 동북 항일 연군 활동과 한국광복군 활동 ②북한의 토지개혁 ③북한 천리마 운동 ④주체사상 ⑤천안함 피격 사건·연평도 포격 도발 사건으로, 5건 모두 직간접적으로 북한과 관련된 사항이다. 금성, 미래엔, 비상교육, 천재교육 교과서도 약간씩 차이가 있으나, 북한과 관련된 서술에서 교육부의 수정 권고를 제대로 이행하지 않거나 또는 '원문유지' 입장을 고수하면서 아예 수정을 거부했다. 그러므로 여기에서는 북한관련 문제점을, 보천보 전투, 북한의 토지 개혁, 천리마 운

동, 북한의 3대 세습/독재 체제, 주체사상, 북한 인권 문제/핵 문제,
북한의 군사도발 순으로 분석하기로 한다.

1) 보천보 전투에 관한 서술

먼저 북한이 '김일성의 역사적인 항일 무장 전투'라고 과대 선전하
는 1937년의 보천보 전투에 관한 서술을 보자. 금성, 두산, 미래엔, 비
상교육, 천재교육의 5종은 김일성 우상화 등에 사용된 보천보 전투를
서술했기에 교육부로부터 삭제 권고를 받았으나, 금성, 미래엔, 천재
교육의 3종은 아예 이를 거부했다.[88]

여기서는 삭제 권고를 받은 5종 가운데 두산동아의 사례를 보자.
두산동아는 보천보 전투를 동일한 페이지에서 두 차례에 걸쳐 서술하
였다.

> "조국 광복회는 국내의 민족주의자 및 공산주의자들과 손을 잡
> 고 함경도 일대에도 조직을 확대하고, **보천보 전투** 등 국내 진공 작
> 전을 여러 차례 단행하였다." (p.247)

> [보천보 전투를 별도 박스로 돋보이게 배치한 뒤] **"보천보 전투**
> 는 당시 국내 신문에도 크게 보도되었고, 이 작전을 성공시킨 김일

---

88 이 가운데 미래엔과 비상교육은 보천보 전투를 보도한 신문 호외 기사를 수록하여 교육부로부터
'김일성 우상화 등에 사용된 보천보 전투 자료 삭제 필요'라는 수정 권고를 받았다. 교육부, 「고교
한국사 교과서 수정·보완 사항」, 2013.10.21, pp.39, 47). 이하 본문에서 교육부의 수정 권고와
관련된 내용은 모두 「고교 한국사 교과서 수정·보완 사항」에서 나온 것으로, 대부분의 경우에는 별
도의 출전을 명기하지 않았다.

성의 이름도 국내에 알려지게 되었다." (p.247) (강조는 필자)[89]

　두산동아는 교육부로부터 삭제 권고를 받은 후에도 삭제하지 않고 "한편, 북한은 이 사건을 김일성 우상화에 이용하였다"는 한 문장만 추가했을 뿐이다.

　본디 교육부가 수정을 권고했던 이유는 이 교과서들이 보천보 전투와 같은 사회주의 계열의 독립운동만을 강조하는 서술을 하고 있기 때문이다. 이는 교육부가 두산동아 교과서에 대해, 한국 광복군 활동에 대한 서술이 본문에 거의 없어 항일 유격대 및 동북 항일 연군 활동과 한국 광복군 활동에 대한 서술이 불균형하다고 지적하고,[90] 이를 수정하라고 명령하고 있는 데서 잘 드러난다.[91] 실제로 '보천보 전투를 보도한 신문 호외 기사'를 수록하고 있는 미래엔 교과서의 해당 소제목은 〈사회주의 계열이 항일 유격 전쟁을 전개하다〉(미래엔. p.293)이다.

　사회주의 계열의 독립운동만을 강조하는 천재교육과 미래엔 교과서의 내용을 좀 더 자세히 살펴보자. 이 두 교과서는 일제하 국내에서 전개된 민족 실력양성운동과 미주에서 전개된 외교활동에 대해서는 부정적 의미를 부여하거나 축소하여 서술하고 있는 반면, 국내에서 전개된 사회주의 및 민중 운동에 대해서는 긍정적인 의미를 부여하여 설명한다. 또한 중국을 중심으로 전개된 사회주의 계열의 무장 투쟁에

---

89 이하 교과서 인용문에서 굵은 글씨로 강조한 것은 필자에 의한 것이다.

90 두산동아 교과서는 항일 유격대 및 동북항일 연군(16줄)과 한국광복군(4줄) 서술 분량의 현격한 불균형을 보인다.

91 교육부, 「한국사 교과서 수정 명령 사항」, 2013.11.27, p.7. 교육부는 금성 교과서에 대해서도 두산동아와 유사한 수정 명령을 내렸다. p.2. 이하 본문에서 교육부의 수정 명령과 관련된 내용은 모두 「한국사 교과서 수정 명령 사항」에서 나온 것으로, 별도로 출전을 명기하지 않았다.

대해서도 긍정적으로 평가하며 자세하게 서술한다. 천재교육 교과서의 경우, 보천보 전투를 건국준비활동으로 취급하여 강조·서술하고 있을 정도이다. 말하자면 독립 운동 노선 가운데 사회주의 혹은 공산주의 노선이 더 우월했다고 서술하는 셈이다.[92]

　그러나 교과서의 이러한 서술은 "다양한 민족 운동에 대하여 균형 있게 서술한다."는 교과서 집필기준과도 어긋난다. 뿐만 아니라 광복 이후 민족 실력양성운동 계열이 대한민국을 건국하고, 사회주의 및 공산주의 계열이 북한 정권을 수립하거나 남한에서 저항운동을 펼친 역사적 사실에 비추어볼 때, 이는 대한민국을 폄하할 우려가 있는 서술이다.[93]

　우리의 민족운동이 세계사적으로는 레닌이 제시한 반제국주의의 길과 윌슨이 제시한 민족자결주의의 길을 각기 선택하여 전개되었음에도 불구하고,[94] 이 두 교과서는 그 연관성에 대해서 전혀 서술하지 않는다. 또한 약소민족 해방운동에 대한 레닌의 지원에 대해서는 강조하는 반면, 윌슨의 민족자결주의는 승전국의 식민지에만 적용되었다고 그 의의를 축소한다. 그럼으로써 일제하 민족운동에 대한 세계사적 인식을 방해하여, 광복 이후 남북에서 각기 단독정부가 수립된 데 대한 역사적 이해를 할 수 없도록 하고 있다. 요컨대 천재교육과 미래엔 교과서로 배우는 학생들은 대한민국의 수립에 대하여 부정적인 인식을 형성할 수 있으며, 이후 대한민국의 발전과 성취에 대해서도 부정

---

92 이명희, 「2013검정 한국사 교과서의 '일제시대' 서술의 특징: '천재교육'과 '미래엔' 교과서의 민족 운동 서술을 중심으로」, 한국현대사학회 역사교과서 현안 세미나 자료집 『8종 역사교과서 비교·분석 세미나』, 2013.11.12.

93 이명희, 같은 논문, pp.10, 14.

94 강규형, 『대한민국, 가까운 오늘의 기록』, 이담, 2013, pp.23-25.

적 접근을 할 가능성이 높다.[95]

2) 북한의 토지 개혁에 관한 서술

현행 8종 한국사 교과서 가운데 교학사와 지학사를 제외한 6종(금성, 두산동아, 리베르, 미래엔, 비상교육, 천재교육)은 북한의 토지 개혁에 관해 서술하면서 이를 '무상 몰수 무상 분배'로 설명하여 교육부로부터 수정 권고를 받았다. 그러나 금성, 비상교육, 천재교육 등은 '근로 농민적 토지 소유권' 개념에 의지하여, 교육부의 수정 권고를 거부했다.[96]

그런데 이들 교과서가 수정을 거부하는 근거로 제시한 "근로 농민적 토지 소유권"이라는 개념은 북한의 김한주가 『토지개혁 후 조선 농촌의 토지소유 관계』(평양 : 조선로동당출판사, 1953)에서 주장한 것을 연세대 김성보 교수가 『남북한 경제구조의 기원과 전개: 북한 농업체제의 형성을 중심으로』에서 무비판적으로 소개한 것이다. 즉 북한의 주장을 여과 없이 그대로 받아들인 개념을 근거로 교육부의 수정 권고를 거부한 것이다.[97]

하지만 북한의 토지개혁이란 지주의 토지를 무상 몰수하여 국유화하고, 지주가 부리던 소작인을 국가가 부리는 소작인으로 변경한 것에 불과하다. 따라서 무상 분배라는 것은 애당초 존재할 수 없었다.

---

95 이명희, 앞의 논문, p.15.

96 예를 들어 비상교육은 "연세대 김성보 교수의 '남북한 경제 구조의 기원과 전개' 204p에 따르면 북한의 토지 개혁은 농민의 근로를 전제로 해서만 인정되는 '근로 농민적 토지 소유권'으로 보고 있어 경작권만 준 것이라고 할 수 없다고 봄."이라는 사유를 대며, 교육부의 수정 권고를 거부했다. 권희영, 「좌파의 역사 전쟁: 인민민주주의 혁명 노선과 그 전략-전술」, 한국현대사학회 역사교과서 현안 세미나 자료집 『8종 역사교과서 비교·분석 세미나』, 2013년 11월 12일, p.25.

97 권희영, 같은 논문, p.26.

소작농의 주인이 지주에서 국가(인민위원회)로 바뀐 것뿐이기 때문이다.[98]

　북한의 토지개혁을 '무상 몰수 무상 분배'로 설명한 것에 대한 수정을 거부했던 4종(금성, 두산동아, 비상교육, 천재교육) 교과서는 마침내 교육부로부터 수정명령을 받았다. 수정심의회는 이들 교과서에 대해 북한의 토지개혁 당시 농민이 분배받은 토지의 소유권에 제한이 따랐다는 것을 설명할 필요가 있다며 다시 수정을 명령한 것이다.

　이들 4종 가운데 북한의 토지 개혁이 '무상 몰수, 무상 분배' 방식이었다는 것을 총 세 차례나 서술한 두산동아의 사례를 보자.[99] 두산동아는 교육부의 수정 권고가 해당되는 두 건(pp.273, 276) 가운데, 273쪽만 수정했다. 그나마 본문은 그대로 두고 본문 옆에 주석을 붙이는 방식으로 수정하는 바람에, 문제가 된 '무상 몰수·무상 분배'라는 구절은 수정 이후에도 그대로 존재한다.

　또한 276쪽에 대해서는 교육부의 수정 권고를 거부했는데, 그 서술 내용은 다음과 같다.

　　농지 개혁을 실시하다
　　광복 당시 대다수 농민들은 농사를 짓는 사람들이 땅을 소유하는 원칙이 실현되기를 바라고 있었다. 1946년 3월 북한은 **무상 몰수, 무상 분배** 방식으로 토지 개혁을 단행하였다. 이에 자극을 받은 농민들은 북한과 같은 토지 개혁을 요구하였다. 미군정도 더 이상 토지 개혁 요구를 외면할 수 없게 되었다. … 마침내 1949년 제

---

98 권희영, 같은 논문, p.27.

99 두산동아 교과서는 북한의 토지 개혁이 '무상 몰수, 무상 분배' 방식이었다는 것을 본문에서 두 차례 (273, 276), 탐구활동에서 한 차례(277) 서술하여 모두 세 차례 서술하고 있다.

헌 국회는 '경자유전'을 원칙으로 하는 농지 개혁법을 공포하였다.
농지 개혁 방식은 북한과 달리 **'유상 매수, 유상 분배'**였다. (두산동
아. 검정본. p.276)

이는 북한은 '무상 몰수, 무상 분배' 방식이었고, 남한은 '유상 매
수, 유상 분배'였다고 서술함으로써, 남한의 농지 개혁과 북한의 토지
개혁의 차이를 극명하게 드러내려는 서술이다. 하지만 이러한 서술이
남한의 농지 개혁은 성공했고, 북한의 토지 개혁은 실패로 끝났다는
역사적 사실을 전혀 설명해주지 못한다.

교육부는 이 서술에 대해 북한의 토지개혁 당시 농민이 분배받은
토지의 소유권에 제한이 따랐다는 것, 즉 분배된 토지에 대해서는 매
매 · 소작 · 저당이 금지되었다는 점, 1958년에 집단 농장화가 이루어
졌다는 점 등을 설명할 필요가 있다며 다시 수정을 명령했다.

이 수정 명령을 내리면서 교육부는 참고 자료로 1946년 3월 5일에
공포된 〈북조선 토지개혁에 대한 법령〉을 제시했는데, 이 법령 제10
조는 '본 법령에 의하여 농민에게 분여된 토지는 매매하지 못하며 소
작주지 못하며 저당하지 못한다.'고 되어있다.

이처럼 북한의 토지 개혁이 '무상 분배'가 아니라는 것이 북한의
토지개혁 법령 자체에 명기(明記)되어 있음에도 불구하고, 교학사 교
과서를 제외한 7종 교과서가 하나같이 북한의 토지 개혁을 '무상 몰
수, 무상 분배'방식으로 서술했다는 것은 놀라운 일이다. 그리고 그 가
운데 6종(금성, 두산동아, 리베르, 미래엔, 비상교육, 천재교육)이 교육부로부
터 수정 권고를 받았으며, 그 가운데 4종은 아예 수정 권고마저 거부
하여 수정 명령까지 받았다는 것은 더욱 놀라운 일이다.

두산동아는 276쪽에 대해 수정 명령을 받고서도, 문제가 된 내용

은 그대로 둔 채 "분배된 토지는 법령에 따라 매매나 소작 또는 저당
을 금지하였다."는 문장 하나만을 덧붙였을 뿐이다. 그러므로 수정
후에도 "북한은 무상 몰수, 무상 분배 방식으로 토지 개혁을 단행하
였다."는 본문 내용에는 아무런 변화도 없다.

그러므로 이 '무상 몰수, 무상 분배' 서술의 수정과정에서 드러나
는 것은 두 가지다. 하나는 4종(금성, 두산동아, 비상교육, 천재교육) 교과
서가 북한의 토지개혁에 대해 서술하면서 '무상 몰수, 무상 분배'라
는 표현 — 역사적 사실과는 다른 — 에 매우 집착하고 있다는 사실
이다. 다른 하나는 교육부가 내린 수정 권고나 수정 명령이 실질적인
효과를 거의 거두지 못했다는 것이다.

3) 북한 천리마 운동에 관한 서술

천리마 운동에 관해 교육부로부터 수정 권고를 받은 교과서는 지
학사와 두산동아이다.

먼저 지학사의 사례를 보자. 지학사는 〈북한의 경제 변화〉라는 단
원의 도입 주제 글에서 다음과 같이 서술했다.

1959년 3월 8일 북한은 강선 제강소에서 '하나는 전체를 위하여
전체는 하나를 위하여', '공산주의적으로 일하고 배우며 생활하자'
는 구호 아래, 사회주의적 경쟁 운동 성격의 '천리마 작업반 운동(천
리마 운동)'을 전 북한 지역에 전개하였다. 천리마 운동은 1956년 12
월 당 중앙 위원회 전원 회의에서 있었던 김일성의 '사회주의 건설
에서 혁명적 대고조를 일으키기 위하여'라는 연설에서 비롯되었다.
• 북한에서 천리마 운동을 전개한 까닭은 무엇일까? (지학사. p.388)

교육부는 이에 대해, 학생들이 북한체제에 대해 정확히 이해할 수 있도록 천리마 운동의 실상 및 한계 등에 대한 설명이 필요하다고 지적하면서 수정을 권고했다. 북한자료 인용 시 체제 선전용 자료나 북한 내부 자료를 그대로 설명하는 것은 학생들에게 잘못된 인식을 심어 줄 수 있다는 것이 그 이유였다.

그러나 지학사 교과서 최종본을 보면 이 부분의 수정은 전혀 이루어지지 않았다. 그럼에도 불구하고 교육부는 이에 대해 수정 명령을 내리지 않았다.

다음으로 두산동아의 사례를 보자. 두산동아의 천리마 운동 관련 서술은 다음과 같다.

> 북한, 사회주의 경제를 건설하다
>
> … (생략) …
>
> 북한은 1957년부터는 새롭게 5개년 경제 계획을 실시하였다. 경제 재건을 사상 사업과 연결한 **천리마 운동으로 제1차 5개년 계획은 1년 앞당겨 목표를 달성하였다.** (두산동아. 검정본. p.286)

"1년 앞당겨 목표를 달성하였다"는 구절에서 보듯, 북한의 천리마 운동의 실상이나 한계에 대해 아무런 비판 없이 서술하고 있다. 교육부는 이 서술이 천리마 운동의 주민 생활 향상 실패, 산업 불균형 초래 등 그 한계점에 대한 서술을 하지 않았다고 지적하고, 천리마 운동의 한계에 대한 서술이 필요하다며 수정을 권고했다. 그러나 두산동아는 수정을 거부했고, 교육부는 다시 이에 대해 천리마 운동의 문제점을 제시할 필요가 있다는 수정 명령을 내렸다. 두산동아가 교육부의 수정 명령을 받고서야 수정한 내용은 다음과 같다.

북한, 사회주의 경제를 건설하다

… (생략) …

북한은 1957년부터는 새롭게 5개년 경제 계획을 실시하였다. 경제 재건을 사상 사업과 연결한 천리마 운동으로 제1차 5개년 계획은 1년 앞당겨 목표를 달성하였다. **그러나 천리마 운동은 사상 의식에 호소하여 강제적으로 동원하였고, 주민 생활 향상에 기여하지 못하였다.** (두산동아. 최종본. p.286)

천리마 운동의 문제점으로 "그러나 천리마 운동은 사상 의식에 호소하여 강제적으로 동원하였고, 주민 생활 향상에 기여하지 못하였다."는 한 문장을 넣었을 뿐, "경제 재건을 사상 사업과 연결한 천리마 운동으로 제1차 5개년 계획은 1년 앞당겨 목표를 달성하였다."는 북한의 선전 문구와 다름없는 문장은 그대로 남겨두었다.

천리마 운동에 관한 지학사와 두산동아의 이러한 서술은 한국사 교과서 가운데 일부가 새마을 운동에 대해서는 부정적으로 서술하고 있는 사실과 대비된다. 일부 교과서는 농촌 소득증대 기여, 국민의식 개혁, 농촌 근대화에의 기여, 다른 개발도상국들에 미친 영향 등 새마을 운동의 긍정적 영향 등에 대해서는 전혀 서술하지 않으면서, 새마을 운동의 부정적 측면을 부각시키고 있다.

4) 북한의 3대 세습/독재 체제에 관한 서술

북한의 역사를 관통하는 키워드가 있다면 그것은 다름 아닌 '독재'와 '세습'일 것이다. 먼저 북한의 3대 세습에 관한 현행 8종 교과서의 서술을 보자. 현행 교과서 집필기준에서는 북한의 세습 체제에 대해 서술하도록 하고 있다. 그러나 현행 8종 교과서 가운데 일부는 이를 외면하고 있다.

우선 두산동아 교과서의 북한의 3대 세습에 대한 서술 사례를 보자.

> "1980년에 북한은 김일성의 아들인 김정일 **후계 체제**를 공식화하였다."
>
> "이러한 어려움 속에서 핵무기 개발 등 군사력강화에 온 힘을 쏟던 김정일이 2011년 12월 사망하고 아들 김정은이 **권력을 이어받았다.**" (두산동아. 검정본. p.315)

이처럼 두산동아는 북한 3대 세습 체제에 대한 직접적 언급 없이, '후계 체제', '권력을 이어받았다'로 서술하고 있다. 이는 북한의 세습 체제를 서술하라는 한국사 교과서 집필기준을 어긴 것이다. 이에 대해 교육부는 북한 정치체제에 대한 정확한 이해를 위해 3대 세습체제에 대한 직접 표현이 필요하다고 수정을 권고했다.

교육부 수정 권고를 받고 두산동아는 다음과 같이 수정했다.

> "1980년에 북한은 김일성의 아들인 김정일 **후계 체제**를 공식화하였다."
>
> "이러한 어려움 속에서 핵무기 개발 등 군사력강화에 온 힘을 쏟던 김정일이 2011년 12월 사망하고 아들 김정은이 **3대째 권력을 이어받았다.**" (두산동아. 최종본. p.315)

두산동아는 "김정은이 권력을 이어받았다"를 "김정은이 3대째 권력을 이어받았다"로 고치긴 했으나, '세습'이라는 용어는 끝까지 쓰지 않았다.

다음으로 천재교육 교과서의 관련 서술을 보자

“ … 1994년 김일성이 사망하자 김정일 국방 위원장이 **권력을 이 어받았다.**”

“2011년 김정일이 사망한 후에는 그의 아들인 김정은이 권력을 **세습**하였다.” (천재교육. 검정본. p.356)

천재교육 검정본은 “2011년 김정일이 사망한 후에는 그의 아들인 김정은이 권력을 세습하였다.”고 서술하여 김정일의 아들 김정은이 권력을 ‘세습’한 사실은 서술하고 있다. 하지만 김일성의 아들 김정일이 권력을 세습한 사실은 직접적으로 표현하지 않고, “ … 권력을 이 어받았다.”고만 서술하여, 김일성과 김정일이 부자관계라는 사실은 드러내지 않는다. 북한 3대 세습 체제를 직접적으로 언급하지 않은 것이다. 천재교육의 이러한 서술에 대해서 교육부는 북한 정치체제에 대한 정확한 이해를 위해 3대 세습 체제에 대한 직접 표현이 필요하다고 수정을 권고했다. 이에 천재교육은 다음과 같이 수정하였다.

“ … 1994년 김일성이 사망하자 김정일 국방 위원장이 **권력을 이어받았다.**”

“2011년 김정일이 사망한 후에는 그의 아들인 김정은이 권력을 잡음으로써 **3대 세습 체제**가 이어졌다.” (천재교육. 최종본. p.356)

최종본에서는 “ … 김정은이 권력을 세습하였다.”를 “ … 김정은이 권력을 잡음으로써 3대 세습 체제가 이어졌다.”로 수정함으로써 3대

세습 체제에 대한 표현은 이루어졌다

대조적으로 교학사의 3대 세습에 관한 내용을 보면 다음과 같다.

"김일성은 자기 자신의 절대 권력을 확보한 후에는 이를 **아들 김정일에게 세습하기 위한 작업을 했다.** 김정일로 하여금 사상 혁명, 기술 혁명, 문화 혁명의 3대 혁명 소조 운동, 3대 혁명 붉은기 쟁취 운동을 벌이게 하였다."

"1994년 김일성의 사망 후에는 김정일이 바로 최고 권력자의 자리에 올랐다." "김정일은 2011년 갑자기 사망하였는데, **아들 김정은이 3대 세습을 하였다.**" (교학사, p.342)

이 교과서에서는 김일성과 김정일, 김정일과 김정은이 부자관계라는 사실이 명시적으로 서술되어 있어 3대 세습 체제가 직접적으로 표현된다. 또한 김일성이 "아들 김정일에게 세습하기 위한 작업"을 미리 했다는, 3대 세습 체제 구축 과정에 대한 구체적 설명이 담겨있다.

이번에는 북한 독재 체제에 관한 현행 교과서의 서술을 살펴보자. 북한이 인류 역사상 그 유례를 찾기 힘든 독재 체제임은 누구도 부정하기 어렵다. 그럼에도 현행 한국사 교과서 가운데 일부는 여기에 대해서 제대로 서술하지 않고 있다. 그러나 교과서 검정제가 도입된 7차 『한국 근·현대사』 이후, 일부 교과서는 남한에 대해서는 '독재'라는 표현을 수없이 쓰면서 북한에 대해서는 결코 '독재'라는 표현을 쓰지 않는다. 금성출판사 『한국 근·현대사』의 사례를 보면, 1948년부터 1987년까지의 남한에 대해서 자그마치 13차례나 '독재'라는 표현을 쓰면서도 북한에 대해서는 단 한 차례도 '독재'라는 표현을 쓰지 않는다(김한종 외,

2002).[100]

　현행 두산동아 한국사의 관련 서술을 보자. 두산동아는 장(章)의 제목은 〈북한 유일 체제를 확립하다〉로 해놓고, 바로 아래에 "김정일, 독재 체제를 구축해 가다"라는 소제목을 달았다. 그러나 본문에서는 북한 체제를 "김일성 중심의 유일사상체계", "수령 중심의 강력한 통치 체제"로 서술하고 있을 뿐 "독재"라는 단어는 결코 찾아볼 수 없다 (p.314). 서술내용과 제목이 다소 동떨어진 서술인 것이다.[101]

　두산동아가 소제목에서나마 북한을 "독재 체제"라고 서술한데 비해 현행 한국사 교과서 중 일부는, 금성 『한국 근 · 현대사』 교과서와 마찬가지로, 제목과 본문 어디에서도 북한에 대해 "독재"라는 용어를 쓰지 않는다. 그 중 하나인 천재교육 교과서의 해당 부분(p.318)을 교학사 교과서의 해당 서술(p.342)과 비교해보자. 숙청을 통한 김일성의 권력 장악, 중·소 분쟁 이후 주체사상의 출현이라는 동일한 서술 제재(題材)를 가지고 두 교과서는 매우 다른 서술을 하고 있다. 교학사가 제목 및 본문에서 '독재 체제' '독재 권력' 등 4차례나 '독재'라는 용어를 쓰는 것과 달리, 천재교육은 단 한 차례도 '독재'라는 용어를 쓰지 않는다. 대신에 '1인 체제'라는 모호한 용어를 사용하고 있다. 주체사상에 관한 서술도 마찬가지다. 교학사는 주체사상이 중 · 소 분쟁이 노골화되면서 김일성이 "독재 권력을 합리화하기 위해 고안한 것"이라고 서술함으로써 주체사상의 연원과 본질을 밝히고 있다. 이에 반해 천재교육은 "김일성이

---

100 이 교과서의 경우, 1948년~1987년의 남한에 대해서 13차례나 '독재'라는 표현을 쓴다 (pp.276-297). 1948년~1987년을 총체적으로 '40년 독재'라는 표현까지도 사용했다. 그러나 북한에 대해서는 '독재'라는 표현을 결코 쓰지 않는다(pp.298-319).

101 "김정일, 독재 체제를 구축해 가다"라는 소제목은 단지 교육부의 검정을 통과하기 위한 장치인 것으로 보인다.

북한의 정치권력을 독점하는 과정에서 '주체'를 강조"했다고만 서술하고 있어 주체사상의 연원과 본질을 제대로 설명하지 못한다.

5) 주체사상에 관한 서술

현행 교과서 8종 가운데 4종(금성, 두산동아, 비상, 천재)은 북한의 주체사상을 설명하며 북한의 주장을 그대로 받아들일 수 있도록 서술하여 교육부로부터 수정 권고를 받았다.

북한의 주체사상을 무비판적으로 서술한 사례로 천재교육 교과서를 보자. 천재교육은 교육과정 상에서 지정하고 있는 북한의 실상을 알리는 단원이 아예 설정되어 있지 않은 교과서임에도 불구하고,[102] 주체사상에 관한 서술은 무척 상세하게 두 군데서 이루어진다.

> '주체'의 강조와 김일성 우상화
>
> 조선 혁명이야말로 우리 당 사상 사업의 주체입니다. … 조선 혁명을 하기 위해서는 조선 역사를 알아야 하며, 조선의 지리를 알아야 하며, 조선 인민의 풍속을 알아야 합니다. … 어떤 사람들은 소련식이 좋으니, 중국식이 좋으니 하지만 이제는 우리 식을 만들 때가 되지 않았습니까? − "김일성 전집", 18(1955.4 ~ 1956.2.)
>
> [도움 글] 1955년 김일성이 공식적인 자리에서 '주체'를 처음 언급한 글이다. 이후 권력을 독점한 김일성은 만주 지역에서 자신을 중심으로 한 항일 무장 투쟁 이외에는 어떤 항일 운동도 언급하지 못하도록 하였으며, 자신의 항일 무장 투쟁만이 유일한 혁명 전통임

---

102 정영순, 「2013년 검정본 고등학교 국사 교과서 분석: 북한 관련 내용을 중심으로」, 한국현대사학회 역사교과서 현안 세미나 자료집 『8종 역사교과서 비교·분석 세미나』, 2013년 11월 12일, p.41.

을 내세우고, 이것만이 진정한 주체의 역사라고 주장하였다. 김일성
은 이를 바탕으로 1967년 '주체사상'을 통치 이념으로 확립하였다.
(천재교육. 검정본. p.318)

이 교과서는 또 다른 읽기자료에서 북한의『로동신문』사진까지 실
어가면서 주체사상을 설명하는 자료로 사용하고 있다.

　　자주 노선을 전면에 내세운 북한
　　교조주의를 반대하고 주체를 확립하기 위한 투쟁은 우리 당 력
사에서 중요한 자리를 차지하고 있다. … 우리당은 현대 수정주의와
교조주의 및 종파주의를 반대하며 맑스-레닌주의의 순결성을 고수
하기 위하여 투쟁할 것이다. - 로동신문 (1966. 8. 12.) -
　　[도움 글] 북한은 위의 논설을 계기로 소련의 수정주의와 중국의
교조주의를 모두 비판하며 공개적으로 자주노선을 지향하였다. (천
재교육. 검정본. p.329)

위의『로동신문』내용은 북한에서 주체사상을 선전하기 위해 북한
의 모든 공식문서에서 늘 인용되는 가장 전형적인 글인데, 문제는 이
글을 통해서 학생들이 북한의 주체사상을 자주적인 정권을 만들기 위
한 사상인 것으로 오인할 위험성이 농후하다는 것이다.[103]
　　교육부는 2013년 10월 21일 8종 교과서에 수정 권고를 하면서, 천
재교육의 주체사상과 관련된 이 두 서술에 대해서도 수정을 권고했다.
천재교육은 두 번째 서술(p.329)에 대해서는 수정안을 내놓았으나, 첫

---

103 정영순, 같은 논문, p.42.

번째 서술(p.318)에 대해서는 '원문 유지' 입장을 밝혔다.

교육부는 천재교육이 수정 권고를 제대로 이행하지 않았다고 보고, 두 서술 모두에 대해 수정 명령을 내렸다. '주체'를 북한의 주장 그대로 소개하고 있어 학생들이 잘못 이해할 수 있으므로 수정이 필요하다고 본 것이다. 첫 번째 서술과 관련해서는, "도움 글에 '주체'의 허구성과 주체사상이 김일성 우상화에 정치적으로 이용되었음을 서술"하도록 구체적인 예시까지 제시했다. 그러나 천재교육은 문제가 된 서술의 맨 아래에, "이는 김일성의 권력 독점과 우상화에 이용되었다."는 단 한 문장을 추가하는 데 그쳤다. 두 번째 서술도 마찬가지다. 교육부 수정 명령에 따라 최소한의 수정이 이루어졌지만 주체사상의 허구성을 비판하는 내용은 여전히 찾아볼 수 없다. 결국 천재교육 교과서는 '주체'의 허구성에 대해 서술하라는 교육부의 수정 명령을 최종본에서도 수용하지 않았다.

두산동아 교과서도 북한의 주체사상에 대한 서술 부분에서 교육부 지적을 받았다.

> 우리식 사회주의를 강화하다
> … 이에 북한은 주체사상에 토대를 둔 '우리식 사회주의'를 강조하고 이를 뒷받침해주는 근본적인 힘으로 '조선 민족 제일 주의'를 내세웠다. 이는 세계정세의 변화에 따라 일어날지 모를 사회 동요를 막고, 북한 내부의 단합을 강화하기 위한 것이었다. (두산동아. 검정본. p.315)

이 서술에 대해 교육부는 〈우리식 사회주의를 강화하다〉라는 제목 표현이 북한의 선전용문구를 그대로 인용한 것으로, 학생들에게 잘못된 인식을 심어줄 수 있어 적절한 제목으로 수정할 필요가 있다고 지적했다. 즉 이 서술로 학생들이 민족주의 측면에서 북한과 주체사상을 이해할 소지가 있다는 것이다. 그러나 두산동아는 제목을 〈김정일, '우리식 사회주의'를 강화하다〉로 바꾸는데 그쳤다. 이에 교육부는 다시 수정 명령을 내리면서 제목을 〈김정일, '우리식 사회주의'를 표방하다〉로 수정하도록 예시까지 했다. 하지만 두산동아는 최종본에서도 〈김정일, '우리식 사회주의'를 내세우다〉로 바꾸는 데 그쳤다. 즉 두산동아 교과서는 수정 명령을 제대로 이행하지 않았다.

금성출판사 한국사의 경우, "주체사상은 '사람 중심의 세계관이고 인민 대중의 자주성을 실현하기 위한 혁명 사상'"(p.407)이라는, 북한체제 선전용 자료에 나올 법한 내용이 그대로 교과서에 실려 있다. 즉 북한의 주체사상에 대한 주장과 설명을 그대로 전달하고 있어, 학생들이 북한의 주체사상은 자주성을 지키기 위한 진보적이고 혁명적인 사상으로 오해할 수 있도록 서술하고 있다.[104] 그러므로 북한 전문가에 따르면 이 내용 역시 천재교육과 마찬가지로 북한의 주장을 그대로 전파하여 학생들에게 주체사상을 고취시키는 역기능을 할 소지가 충분하다는 것이다.[105]

금성 한국사 교과서의 이러한 서술에 대해서 교육부는 북한자료 인용 시 체제 선전용 자료나 북한 내부 규정을 그대로 인용하는 것은 자칫 학생들에게 잘못된 판단을 하게 할 수 있는 소지가 있다는 이유를 들어 수정을 권고했다. 그러나 금성은 수정을 거부했고, 그 결과 교

---

104 비상교육 한국사도 "주체사상은 북한의 실정에 맞추어 주체적으로 수립한 사회주의 사상으로, …"라고 서술하여 교육부로부터 수정 권고를 받았다. 북한의 주장을 그대로 전재하여, 주체사상이 정당하다는 오해를 불러일으킬 소지가 있다는 것이다. 교육부, 「고교 한국사 교과서 수정·보완 사항」, p.49.

105 정영순, 앞의 논문, pp.45-46.

육부로부터 수정명령을 받고서야 일부를 수정했다. 그나마 이 최종 수정조차도, 주체사상을 소개하는 내용은 대부분 그대로 둔 채, 교육부가 지적한 내용을 단 한 문장 추가했을 뿐이다.

교육부의 수정 권고나 수정 명령 여부를 떠나서, 교과서 집필자가 북한 주민을 노예화하는데 쓰인 주체사상을 설명하면서 정확한 비판도 없이 서술함으로써 학생들이 자칫하면 북한의 주장을 그대로 받아들일 수 있도록 했다는 것은 큰 문제라 아니할 수 없다.

6) 북한 인권 문제/핵 문제에 관한 서술

오늘날 북한 인권 문제는 비단 우리나라 뿐 아니라 국제사회 공통의 관심사다. 근래 유엔 북한인권조사위원회(COI)는 보고서를 통해 북한에서 자행되는 조직적이고 광범위한 '반인도적(反人道的) 범죄(crimes against humanity)'를 낱낱이 공개한 바 있다.[106]

그럼에도 불구하고 현행 교과서 3종(두산, 비상교육, 천재교육)은 북한 주민의 인권문제에 관한 서술을 누락했다. 이에 교육부는 북한사회에 대한 정확한 이해를 위해 추가 서술이 필요하다면서, 이들 3종에 대해 한국사 교과서 집필기준에 따라 인권 문제를 추가 서술하라고 권고했다.

이에 따라 두산동아 교과서는 "북한의 핵 개발 시도, 장거리 미사일의 개발, 북한 내부의 인권 문제 등이 국제 사회의 쟁점이 되었다."는 검정본의 서술내용을 "사상 통제, 정치범 수용소, 공개 처형 등 인권 문제로 국제 사회로부터 많은 비판을 받고 있다. 핵과 장거리 미사일 개발 등도 국제 사회의 쟁점이 되고 있다."(최종본, p.316)로 바꾸었다. 교

---

106 COI는 공개보고서에서 북한의 반인도적 범죄를 '제노사이드(genocide)'로 규정했다.

육부의 수정 권고를 받아들여, 북한 인권 문제를 일부 보충한 것이다.

그러나 천재교육 교과서는 " … , 심각한 인권문제가 제기되었다."는 단 한 구절을 추가하는데 그쳤다. 이에 교육부는 다시 수정할 것을 명령했다. 북한 주민 인권 문제의 구체적 사례가 제시되어 있지 않으므로 수정이 필요하다는 것이다. 천재교육은 결국 수정 명령을 받고나서야 교육부가 구체적 사례를 적시하라면서 예시한 몇 가지 사례를 보충했다.

이번에는 현행 한국사 교과서의 북한 핵 문제에 관한 서술을 살펴보자. 북한은 21세기 들어 핵실험을 강행한 유일한 국가이다. 북한의 핵과 미사일은 한반도와 동북아의 평화를 위협하는 가장 큰 문제이다.

"북한의 **핵 개발 시도**, 장거리 미사일의 개발, 북한 내부의 인권 문제 등이 국제 사회의 쟁점이 되었다." (두산동아. 검정본. p.316)

북한은 이미 세 차례나 핵실험을 했다. 그러나 두산동아는 북한이 단순히 핵 개발을 "시도"했다고 서술했다. 교육부는 이에 대해 '핵무기의 실험' 혹은 '핵실험'으로 표기하도록 수정을 권고했다. 그러나 수정 후에도 두산동아 교과서에는 북한이 실제로 핵실험을 했다는 내용은 여전히 없다. 교육부의 수정 권고를 수용하지 않은 것이다.

북한이 핵무기를 개발한 이유에 대해서는 어떻게 서술하고 있는가. 두산동아는 "그러나 북한이 **체제 유지를 위해 핵무기 개발을 추진하고,** … "(p.319)라고 서술하여, 북한의 핵무기 개발이 '체제 유지를 위해' 이루어진 것이라고 서술하고 있다. 금성출판사의 서술도 이와 비슷하다. "1990년대 초반에 북한은 경제적 어려움과 국제 정세의 급격한 변화로 인한 **체제 위기를 핵 개발을 통해 극복하려 하였다**"(p.411)

는 것이다. 하지만 북한의 핵무기 개발이 '체제 유지를 위해서'라는 서술은 북한의 변명 그대로를 옮겨놓은 데 불과하다. 또한 금성출판사는 같은 쪽에서 북한 핵을 둘러싼 1993년의 북·미 갈등에 대해 언급하면서 북한의 핵 확산 금지 조약 탈퇴와 복귀 및 재(再)탈퇴에 대해서는 전혀 언급하지 않은 채, "미국이 북한의 핵 개발을 견제"했기 때문이라고 주장한다. 2002년 북한이 핵무기 개발 계획을 발표한 것에 대해서도 금성은 북한에 대해 아무런 비판도 하지 않고, "북한이 체제의 보장과 경제적 지원을 동시에 얻어내고자"했다고 서술한다. 즉 북한에 불리한 사실은 전혀 서술하지 않고 곳곳에서 북한의 주장을 되풀이하고 있다.

7) 북한의 군사도발에 관한 서술

북한은 남한을 상대로 끊임없이 군사적 도발을 자행해왔다. 그 가운데 주요 도발로는 아웅산 테러 사건, KAL기 폭파 사건, 제2연평해전, 천안함 피격(폭침) 사건 등을 꼽을 수 있다.[107] 그러나 최근에 있었던 천안함 피격 사건을 제외한 아웅산 테러 사건, KAL기 폭파 사건, 제2연평해전의 세 사건에 대해 서술하고 있는 교과서는 현행 8종 교과서 가운데 교학사 교과서 하나뿐이다. 나머지 7종은 이들 사건에 대해 아무런 언급도 하지 않는다. 7종의 교과서가 하나같이 북한의 주요 도발을 외면하고 있는 것이다.

천안함 피격 사건에 대해서 서술하고 있는 교과서도 교학사, 두산동아, 지학사의 3종뿐이다. 그나마 두산동아는 " … 금강산 사업 중단,

---

107 이밖에도 북한의 주요 도발로는 1·21청와대침투 사건, 푸에블로호 사건, 삼척·울진 무장간첩 침투 사건, 강릉 무장공비침투 사건, 연평도 포격 도발 등을 꼽을 수 있다.

천안함 사건, 연평도 포격 사건 등이 일어나 남북 관계는 경색되었다."(검정본. p.320)고 서술했다. 지학사도 "더구나 2010년 천안함 침몰 사건과 연평도 포격 사건으로 남북관계는 경색 국면으로 접어들었다"(검정본. p.392)고 서술했다. 두 교과서 모두 도발의 주체를 명시하지 않았다. 남북관계 경색의 책임이 북한의 일방적 도발에 있음에도 불구하고 북한에 책임을 덜 지우기 위해서 이처럼 도발의 주체를 명시하지 않는 서술을 하고 있는 것으로 보인다.

이러한 서술에 대해 교육부는 천안함 등 도발 주체를 구체적으로 명시하라고 수정을 권고했다. 그러나 지학사의 집필진은 수정을 제대로 이행하지 않아 결국 교육부로부터 수정 명령을 받았다. 두산동아 집필진은 수정을 거부하고 '원문유지'를 고집하다가 교육부로부터 수정 명령을 받고서야 다음과 같이 수정했다.

> … **북한에 의해** 금강산 사업 중단, 천안함 피격 사건, 연평도 포격 사건 등이 일어나 남북 관계는 경색되었다. (두산동아. 최종본. p.320)

교학사의 해당 서술을 보자.

> 북한은 … 2010년에는 백령도 해상에서 천안함을 어뢰 공격으로 폭침시켜 46명을 사망케 하였고, 연평도를 포격하여 주민 2명, 국군 2명이 사망하였다. (교학사. p.344)

두산동아와 교학사의 서술은 천안함 피격 사건 등을 서술한 목적에서부터 차이가 난다. 두산동아는 이들 사건 자체보다는 사건의 결과로 남북 관계가 경색되었다는 데 초점을 맞추고 있는 반면, 교학사는 이들 사건 자체에 초점을 두어 서술하고 있다.

또 하나 주목할 것은 천안함 피격 사건을 교과서에서 누락시킨 다른 5종 교과서(금성, 리베르, 미래엔, 비상, 천재)에 대해 교육부가 아무런 조치도 취하지 않았다는 사실이다. 이는 천안함 피격 사건을 비롯한 북한의 주요 군사 도발이 교학사 이외의 교과서에서 거의 다루어지지 않고 있는 이유를 설명해준다. 아웅산 테러 사건, KAL기 폭파 사건, 제2연평해전, 천안함 피격 사건이라는 네 가지 사건을 단 한 건도 다루지 않은 교과서가 자그마치 5종(금성, 리베르스쿨, 미래엔, 비상교육, 천재교육)이나 된다. 이는 해당 교과서 집필자들 가운데 상당수가 북한이 일으킨 군사 도발을 의도적으로 외면하고, 이를 교과서에 서술하지 않았기 때문으로 사료된다.[108]

지금까지 교육부의 수정 과정을 통해서 드러난 북한과 관련된 서술의 문제점을 7개의 항목으로 나누어 분석하였다. 논의를 종합하면, 교학사 교과서를 제외한 다른 교과서, 특히 금성, 두산동아, 미래엔, 비상교육, 천재교육의 5종은 북한에 불리한 사실은 전혀 서술하지 않고 누락시키거나 또는 곳곳에서 북한의 체제 선전용 자료를 무비판적으로 수록하는 등 북한의 주장을 그대로 되풀이하는 서술을 하고 있다. 게다가 이 5종의 교과서는 북한과 관련된 상당수의 서술에서 교육부의 수정 권고를 제대로 이행하지 않거나 '원문유지' 입장을 고수하면서 아예 수정을 거부했다.

왜 이러한 서술이 여전히 교과서에서 계속되는가? 한국 역사학계의 문제점은 민족지상주의와 내재적 발전론의 틀에 갇혀 한국사를 설

---

108 5종 가운데 리베르스쿨은 1·21청와대침투 사건, 푸에블로호 사건, 삼척·울진 무장간첩침투 사건을 다루고 있어 북한의 군사 도발을 외면하는 교과서로 볼 수는 없다.

명하려는 경향이 강하게 나타나고 있다는 것이다. 북한을 연구하거나 서술할 때에도 이런 관점에서 서술하다보니 북한 체제를 비판하거나 또는 극복하여 통일을 이룰 대상으로 바라보는 것이 아니고 민족적 관점에서 또는 내재적(內在的) 관점에서 이해해야 한다는 것이 기본적인 인식이다.[109]

3. 대한민국의 정통성에 대한 서술

이제부터는 현행 한국사교과서 8종이 대한민국의 건국과 관련하여, 그리고 그에 따른 대한민국의 정통성에 관해 어떻게 서술하고 있는가를 살펴보기로 한다. 대한민국 건국과정을 둘러싼 분단정권 수립 시비는 결국은 대한민국의 정통성 시비로 이어져, 오늘날 한국 근현대사를 둘러싼 역사 논쟁의 핵심을 이루고 있다. 여기서는 대한민국의 건국에 관한 서술, 유엔의 대한민국 승인에 관한 서술, 북한 정권 수립에 관한 서술의 셋으로 나누어 구체적으로 분석해보겠다.

1) 대한민국의 건국에 관한 서술

대한민국 건국은 망국이후에 주권을 가지고 독립된 근대국민국가를 이루려는 노력의 결실이었다. 특히 3.1운동과 임시정부 수립이후 선각자들이 꿈꿨던 민주공화체제로서의 대한민국을 수립하려는 희망의 완성이었다. 1945년 해방 후 대한민국의 건국 과정은 유엔 감시하

---

109 정영순, 앞의 논문, p.35; 이명희 강규형, 앞의 논문, pp.1-17.

의 5.10 자유총선거, 국회(제헌의회) 구성, 헌법 제정, 그리고 정부 수립의 4단계로 진행되었다. 그러므로 1948년 8월 15일에 정부 수립이 선포되었다는 것은 4단계의 건국 과정 가운데 마지막 작업이 이루어졌음을 의미한다. 따라서 대한민국 수립은 곧 건국이었다.[110] 1948년 8월 15일 대한민국 건국은 1910년 망국 이래 꿈이었던 자주독립과 국민이 주권자인 민주공화국 건립의 꿈이 달성된 혁명적 사건이라고 할 수 있다.[111] 그럼에도 이를 부정하면서 '정부 수립'으로 격하(格下)시키는 역사학계 일각의 주장이 최근의 국사교과서에 고스란히 반영돼 온 것이 현실이다. 그렇다면 현행 교과서는 건국에 대해 어떻게 서술하고 있는가?

현행 한국사 교과서 8종 가운데 교학사를 제외한 7종은 모두 1948년 8월 15일에 대한민국 정부가 수립되었다고 서술한 반면, 교학사 교과서만 유일하게 대한민국이 '건국'됐다고 서술했다.[112]

> "이로써 대한민국 정부는 미군정으로부터 통치권을 인수하고 유엔으로부터 인정받은 한반도의 유일한 합법정부로 **건국의 출발**을 하게 되었다." (교학사, 검정본. p.307)

---

110 이영훈, 「建國 記憶의 60년간의 行步」, 대한민국사랑회 제1회 학술세미나 자료집 『왜 우리는 건국을 기념하지 않는가』, 2010.11.17, p.33; 양동안, 「대한민국은 언제 건국되었는가」, 대한민국사랑회 제1회 학술세미나 자료집 『왜 우리는 건국을 기념하지 않는가』, 2010.11.17, p.63.

111 이인호 서울대 명예교수는 대한민국의 건국을 프랑스 혁명에 비견되는 혁명적 사건으로 해석한다. 이인호, 「대한민국 건국은 혁명이었다: 거시사적 비교를 통한 건국의 재인식을 위하여」, 『대한민국은 왜 건국을 기념하지 않는가』, 이주영 엮음, 뉴데일리, 2011, pp.108-137.

112 흔히 통용되는 "대한민국 정부 수립"이란 표현은 여러모로 적당치 않은 서술이다. 대다수 한국사 교과서는 북한체제의 수립을 "조선민주주의인민공화국 수립"이라 서술하는 반면 대한민국 체제의 수립은 "대한민국 정부 수립"이라 서술한다. 그러면 북한은 국가의 수립이 되고 대한민국은 행정부의 수립으로만 격하될 여지가 생긴다. 또한 만약 "대한민국 정부"라는 표현에서 정부를 국가라고 해석한다면 이미 대한민국의 "국(國)"에 나라의 의미를 갖고 있기에 불필요한 수식이 중복되는 셈이다. 따라서 헌법학적으로 "대한민국 수립"이라는 표현이 더 정확한 표현일 것이다.

교육부는 교학사 교과서의 '건국' 표현을 문제 삼고, "'건국'이 아닌 '정부 수립' 등으로 수정 필요"하다면서 수정을 권고했다.[113]

교육부가 교학사의 '건국'이라는 용어를 삭제하도록 수정 권고한 것이 국회에서 문제가 되자, 교육부는 국회에 〈"건국" 용어 수정·보완 권고 경위 보고〉를 제출했다. 이 보고서에 따르면 교육부의 수정 지시 는 대한민국 정부 수립과정을 설명하도록 되어있는 고등학교 한국사 교육과정 및 교과서 집필기준(2009 개정교육과정)에 따른 것으로, '정부 수립'이라는 용어가 확정된 2011년의 역사교육과정개발추진위원회에 서는 1948.8.15 건국설이 헌법적 근거가 타당하지 않고, 1948년 당시 에도 '건국'이라는 용어가 사용된 바 없으므로 기존의 '정부 수립'이라 는 용어를 유지하기로 결정했다는 것이다. 그러면서 교육부가 근거로 제시한 자료 가운데 주목할 것은 두 가지다. 하나는 〈기존 국정 교과서 의 서술 및 교육과정별 표현〉이고, 다른 하나는 〈다양한 건국 기점설〉 이다. 먼저 첫 번째 자료를 보면 〈표 58〉과 같다.[114]

[표 58] 기존 국정 교과서의 서술 및 교육과정별 표현

구분	2차	3차	4차	5차	6차	7차	2007 개정	2010 부분개정	2009 개정
고시	1963	1973	1981	1987	1992	1997	2007	2010	2011
시행	1963	1974	1982	1989	1995	2001	2010	2010	2013
내용	대한민국 수립	대한민국 수립	대한민국 성립	대한민국 성립	대한민국 정부수립	대한민국 정부수립	대한민국 정부수립	대한민국 정부수립	대한민국 정부수립

---

113 교학사는 할 수 없이 수정권고를 받아들여 다음과 같이 수정했다.
"이로써 대한민국 정부는 미군정으로부터 통치권을 인수하고 유엔으로부터 인정받은 한반도의 유 일한 합법정부로 **새로운 출발**을 하게 되었다." (교학사 최종본, p.307)

114 이 자료는 교육부 보고서의 붙임 자료인 '국사편찬위원회 자문의견서'에 나와 있다. 교육부, 「"건 국" 용어 수정·보완 권고 경위 보고」, p.3.

이 자료에 따르면 기존 교과서 및 교육과정에서 6차 교육과정부터 지금까지 줄곧 '대한민국 정부 수립'이라고 서술해왔다는 것이다. 하지만 이는 틀린 내용이다. 6차 국사교과서는 대한민국이 1948. 8. 15.에 수립되었다고 명확히 서술하고 있기 때문이다. 1차~6차 국사 교과서 및 7차 한국 근·현대사 교과서의 대한민국 건국 관련 서술을 표로 만들면 다음과 같다.[115]

[표 59]

교과서		항(項) 제목	본문
1차	일조각	일본의 패전과 **대한 민국의 수립**	대한민국 정부의 수립
	정음사	**대한민국의 성립과 우리의 사명**	**대한민국(大韓民國)이 건립**
	탐구당	**대한 민국의 수립**	**대한민국의 독립**
	장왕사	**대한 민국의 수립**	대한 민국 정부 수립
	교우사	**독립**	**대한민국(大韓民國)의 수립**
2차	법문사	**대한 민국의 성립**	**대한 민국(大韓民國)이 성립**
	문호사	**대한 민국의 수립**	대한 민국 정부(大韓民國政府)의 수립
	동아	**독립**	**대한 민국의 성립**
	을유	**대한 민국의 수립**	**대한 민국의 수립**
	일조각	**독립**	**대한 민국을 수립**
	교학사	**대한 민국의 수립**	**대한 민국이 건국**
3차	국정	**대한 민국의 수립**	**대한 민국의 수립**
4차	국정	대한 민국 정부의 수립	**대한 민국의 성립**
5차	국정	대한 민국 정부의 수립	**대한 민국의 성립**
6차	국정	대한 민국 정부 수립	**대한 민국의 수립**

115 검정 교과서인 1, 2차 교과서 가운데 1차 교과서는 5종, 2차 교과서는 6종을 입수, 분석하였다.

7차 한국 근 · 현 대 사	금성	대한 민국 정부의 수립	대한 민국 정부가 닻을 올렸다.
	대한	대한 민국 정부의 수립	**대한 민국의 수립**
	두산	대한 민국 정부의 수립	**대한 민국의 수립**
	법문사	대한 민국 정부 수립	대한 민국 정부의 수립
	중앙교육	대한 민국 정부의 수립	**대한 민국의 수립**
	천재교육	분단 정부의 수립	대한 민국 정부 수립
2007 개정 한국사	미래엔	헌법을 제정하고, 정부를 수립하다	대한민국 정부 수립
	법문사	5·10 총선거와 정부 수립	대한민국 정부 수립
	비상교육	대한민국 정부의 수립	**대한민국 수립**
	삼화	대한민국 정부가 수립되다	대한민국 정부가 출범
	지학사	**대한민국의 수립**과 국제 사회의 승인	**대한민국의 수립**
	천재교육	대한민국 정부 수립	**대한민국의 수립**

〈표 59〉를 보면 1차부터 6차까지의 국사교과서는 모두 항 제목이나 본문에서 대한민국의 '수립'이나 '성립'(또는 '건립', '건국')이라는 용어를 사용한다. 문제가 된 6차 국사 교과서의 관련 내용을 보자.

" … 남한에는 민족의 정통성을 계승한 **대한 민국이 수립**되었고 북한에는 공산 정권이 들어섰다." (6차 『국사』, p.194)

"유엔의 결의와 대다수국민의 열망에 따라 마침내 남한에서 5·10 총선거가 실시되었다(1948). 이 선거에 의하여 구성된 제헌 국회는 대한 민국 임시 정부의 법통을 계승한 민주 공화국체제의 헌법을 제정하였다.

제헌 국회는 이승만을 대통령으로, 이시영을 부통령으로 선출하였다. 이어서 이승만 대통령은 정부를 구성하고 **대한 민국의 수립**을 국내외에 선포하였다(1948. 8. 15.)." (6차 『국사』, p.196)

6차 국사교과서는 자유총선거, 국회 구성, 헌법 제정, 그리고 정부 수립의 4단계를 거쳐 대한민국이 "1948. 8. 15."에 수립되었다고 명확히 서술하고 있다. 즉 1차부터 6차까지의 교과서는 1948년 8월 15일에 대한민국이 건국되었다고 서술하고 있는 것이다.

그러나 검정인 7차『한국 근·현대사』6종이 나오면서 상황이 바뀌었다. 6종 가운데 절반은 대한민국이 수립되었다고 서술하고 있으나 나머지 3종(금성, 법문사, 천재교육)은 항 제목과 본문 모두에서 '대한민국 정부'의 수립으로 서술하고 있다.

즉 교육부가 제시한 근거 자료와 달리, '대한민국 정부 수립' 표현은 7차『한국 근·현대사』일부 교과서에서 시작되어, 2007개정『한국사』일부 교과서로 이어진 것이다. 다시 말해 1차부터 6차 국사 교과서(1~2차: 검정 교과서, 3~6차: 국정교과서)까지는 대한민국의 건국을 부정한 교과서가 없으며, 검정인 7차『한국 근·현대사』교과서에서 대한민국의 건국을 격하하는 서술이 본격적으로 시작되었다.

그런데 7차『한국 근·현대사』교과서는 서술의 편향성이 문제가 되어 '교과서파동'을 불러왔던 바로 그 교과서이다. 그 가운데 가장 편향성이 심각한 금성출판사『한국 근·현대사』교과서의 건국 관련 서술을 보자.

> … 마침내 1948년 8월 15일 대한민국 정부가 닻을 올렸다. 대한민국 정부는 곧바로 유엔 총회에서 승인을 받았다. 그러나 **남한만의 정부가 세워진 것은 통일 민족 국가의 수립이 실패로 돌아갔음을 뜻하였다.** (금성 한국 근·현대사. 2002. p.264)

1948년 8월 15일에 세워진 것이 "남한만의 정부"이기에 "실패"했다는 것이 그 요지다. 건국을 정부수립으로 격하시키는 것도 모자라,

출발부터 "실패"로 규정하고 있다.

이처럼 대한민국의 건국을 부정하고 정통성을 폄훼하는 서술로 인해 교과부는 금성 한국 근현대사 교과서 등 좌편향 교과서에 대해 대한민국의 정통성을 비롯한 55개 항목의 수정을 권고했다. 당시 수정을 권고한 기본 방침은 교과서에 대한민국의 정통성을 저해하는 내용이 담겨서는 안 된다는 것이다. 금성교과서 집필진이 법원에 수정 금지 가처분 신청을 내는 등 반발했으나 법원은 교과부의 '좌편향 역사 교과서 수정 명령은 적법하다'고 판결했다.[116]

그러므로 7차 한국 근현대사에서 시작된 '대한민국 정부'의 수립이라는 서술이 '기존 교과서의 서술'이니까 앞으로도 계속 정부 수립으로 서술해야 한다는 교육부의 주장은 근거가 없다.[117]

2) 유엔의 대한민국 승인에 관한 서술

1948년 12월 12일 신생 대한민국은 파리에서 열린 제3차 유엔총회에서 58개국 중 48개국의 찬성(찬성 48, 반대 6, 기권 1, 결석 3)을 얻어 한반도 내 유일한 합법정부로 승인을 받았다. 대한민국에 대한 유엔의 승인은 대한민국의 정통성을 상징한다. 이에 대해 현행 8종 한국사 교과서는 어떻게 서술하고 있는가?

---

116 한국 근·현대사 교과서의 편향성으로 인해 생겨난 교과서파동에 대한 보다 자세한 내용은 정경희, 『한국사 교과서 어떻게 편향되었나: 고등학교 한국사 교과서 편향 과정 분석』, 비봉출판사, 2013, pp.129-134 참조.

117 교육부가 교학사 교과서의 '건국' 표현을 '정부 수립' 등으로 수정하라면서 제시한 또 하나의 근거자료는 〈다양한 건국 기점설〉이다. 교육부는 대한민국 건국의 기원이, 대한민국 임시정부 건국 기점설(1919년) / 대한제국 건국 기점설(1897년) / 고조선 건국(개천)설 등으로 다양하다며, '건국'은 "아직 더 논의해야 할 사안"이라는 국사편찬위원회의 자문의견서를 첨부했다. 그러나 이와는 달리 김대중 정부는 1998년에 건국50주년을 기념했고 이명박 정부는 2008년에 건국60주년을 기념했다.

현행 한국사 가운데 3종(두산동아, 미래엔, 천재)은 유엔 총회가 대한 민국을 '한반도의 유일한 합법 정부'로 승인했다는 사실을 제대로 서술 하지 않아 교육부로부터 수정권고를 받았다. 3종의 해당 서술을 보자.

"같은 해 12월 12일 국제 연합 총회에서는 대한민국 정부를 **선거가 가능하였던** 한반도 내에서 유일한 합법 정부로 승인하였다." (두산동아. 검정본. p.273)

"유엔 총회에서는 **선거가 가능했던** 한반도 내에서 대한민국 정부가 유일한 합법 정부임을 승인하였다(1948.12.)." (미래엔. 검정본. p.313)

" … **38도선 이남 지역에서 정통성을 가진** 유일한 합법 정부로 승인하였다." (천재교육. 검정본. p.308)

이러한 서술은 일단 '대한민국의 영토는 한반도와 그 부속도서로 한다.'는 헌법 제3조와도 배치된다. 헌법상 한반도에서 합법적 국가는 대한민국뿐이다.

교육부는 이 3종의 서술에 대해, 당시 유엔결의문에서는 합법적인 정부로 한반도에서는 유일하게 대한민국뿐임을 명기하고 있다면서 수정을 권고했다. 또한 이러한 서술은 1948년 12월의 유엔 총회가 대한민국을 '한반도의 유일한 합법 정부'로 승인했다는 사실을 유의하라는 '고등학교 역사 교과서 집필기준'을 위반한 것이므로 이를 준수하라고 명기했다.[118]

---

118 수정 권고를 받은 교과서 3종은 자체수정안에서 교육부 권고대로 수정했다. 예를 들어 두산동아는 "같은 해 12월 12일 국제 연합 총회에서는 대한민국 정부를 유엔 감시 아래 실시된 선거로 한반도 내에서 유일한 합법 정부로 승인하였다."로 수정했다(p.273).

　이처럼 유엔 총회의 결의를 왜곡하여 대한민국의 정통성을 훼손하는 서술은 언제부터 시작되었는가? 최근의 연구에 의하면, 이러한 역사적 사실 왜곡은 좌파진영의 대부인 리영희가 유엔 결의문 해당부분 영어원문(유엔 총회 결의 제195(Ⅲ)호 제2항) 가운데 "… and that this is the only such government in Korea"를 "이 정부가 Korea의 **그 지역에서의** 그와 같은 유일한 정부임을 선언한다"로 번역하면서 시작되었다. 즉 원문에 있지도 않은 "그 지역에서의"를 넣어 혼란을 야기한 것이다.[119] 특히 천재교육 검정본은 이런 리영희의 의도적 오역에 따라 대한민국을 38도선 이남 지역에서만 정통성을 가진 정부로 잘못 묘사했다.

　그렇다면 유엔 총회의 결의를 왜곡하여 대한민국의 정통성을 부정하는 서술이 국사 교과서에서 시작된 것은 언제부터인가? 2차~7차 교과서가 유엔 총회의 대한민국 승인에 대해 어떻게 서술하고 있는가를 간략하게 표로 만들면 〈표 60〉과 같다.

[표 60]

교과서		서술내용
2차	법문사	한반도를 대표하는 유일한 합법적 정부
	문호사	한국을 대표하는 유일한 합법 정부
	동아	유엔의 승인을 받게 되었고, …… 당당한 독립 국가로서 국제 무대에 진출
	을유	한반도에서의 유일한 합법적 정부
	일조각	한반도의 유일한 합법 정부
	교학사	한국에서의 유일한 합법 정부
3차	국정	한국에 있어서의 유일한 합법 정부

---

119 리영희의 해당 글은 「국가보안법 논리의 위대한 허구」, 『한국논단』(1991. 6)이다. 서옥식은 리영희가 대한민국이 한반도의 유일한 합법정부라는 것을 부정한 것을 좌파 진영이 역사적 사실을 왜곡 오역한 대표적 사례로 지목한다. 서옥식, 『오역의 제국: 그 거짓과 왜곡의 세계』, 도리, 2013, pp.200-203.

4차	국정	한반도에 있어서의 유일한 합법 정부
5차	국정	한반도에 있어서의 유일한 합법 정부
6차	국정	한반도에서 유일한 합법 정부로서의 정통성
7차 한국 근현 대사	금성	유엔 총회에서 승인을 받았다. 그러나 남한만의 정부가 세워진 것은 통일 민족 국가의 수립이 실패로 돌아갔음을 뜻하였다
	대한	선거가 가능하였던 한반도 내에서 유일한 합법 정부
	두산	한반도에서 유일한 합법 정부
	법문사	한반도 내의 유일한 합법 정부
	중앙교육	민주적인 절차에 의하여 수립된 합법 정부
	천재교육	유엔의 대한 민국 정부 승인안은……, 즉 38도선 이남 지역에 한정되도록 결의되었다

대한민국은 유엔총회의 승인을 얻어 한반도(또는 한국)에서 "유일한 합법 정부"로서의 정통성을 지닌다는 서술이 검정교과서인 2차 교과서부터 확고하게 자리매김했다. 이러한 서술은 국정인 3차~6차 교과서까지 줄곧 견지되었다.

특히 6차에서는 대한민국의 정통성을 강조하는 서술이 늘어났다. 이 교과서는 2장 〈대한민국의 수립〉 '개요'에서, "1948년에 우리 국민의 총의에 의한 선거로 수립된 대한 민국은 역사적으로 대한 민국 임시 정부의 법통을 계승하였으며, 정치적으로는 자유 민주주의를, 경제적으로는 자본주의를 기본으로 삼았다."고 서술하고 있다(p.194). 이어 본문에서 " … 유엔 총회에서도 승인을 받았다. 그리하여 대한 민국은 한반도에서 유일한 합법 정부로서의 정통성을 가질 수 있게 되었다."고 하여 재차 대한민국의 정통성을 강조하고 있다(p.196).

그러나 7차 『한국 근·현대사』 6종 가운데 대한민국 정부가 유일한 합법 정부라고 서술하는 교과서는 2종뿐이다. 검정인 7차 교과서부터 대한민국의 정통성을 부정하는 서술이 시작된 것이다. 대표적인 것이 금성『한국 근 · 현대사』교과서이다.

금성에 따르면, 대한민국은 유엔의 승인을 얻었어도 한국을 대표하는 유일한 합법적 정부가 된 것이 아니다. "남한만의 정부"를 세웠기에 국가 수립에 "실패"했다는 것이다.

금성교과서는 〈대한 민국 정부의 수립〉이라는 소제목에 이어 〈북한에 또 다른 정부가 들어서다〉라는 소제목이 있다. 이 부분의 관련 내용을 보자.

> 남한에서 **단독 정부 수립의 움직임**이 표면화되자, 북한도 정부수립을 위한 준비에 박차를 가하였다.
> 남과 북에 **별개의 정부가 수립**됨으로써 분단은 현실화되었다. **통일 국가의 수립은 좌절**된 채, 민족적 과제로 남겨지게 되었다.
> (금성『한국 근 · 현대사』. 2002. p.265)

금성은 남한이 먼저 "단독 정부 수립의 움직임"을 보였기 때문에 북한도 정부를 수립했다고 서술하고 있다. 남북 분단의 책임을 전적으로 남한에 지우고 있는 것이다. 또한 이 교과서는 대한민국과 북한 정권을 둘 다 "정부"라 칭함으로써 남한과 북한을 동격(同格)으로 간주하고 있다.

유엔결의문은 대한민국의 관할권을 유엔감시하의 자유선거가 이루어진 38선 이남임을 명시하고 있다. 그런데 이 결의문은 아울러 한반도에 이미 존재하던 '두 체제' 중에 대한민국만이 유일한 합법정부라는 점도 명확하게 적시하고 있다.[120]

---

120 일부 국사학계의 "한반도 유일합법정부"에 대한 잘못된 견해의 좋은 예는 박태균, 「유엔의 48년 '유일 합법정부' 승인, 38도선 이남인가, 한반도 전체인가」, 『한겨레신문』, 2013.10.31. 이 글에

그런데 왜 교과서들은 잘못된 서술을 하고 있는 것인가? 이 서술에는 대한민국은 한반도에 세워진 두 개의 "정부" 가운데 하나일 뿐 국가가 아니라는 것, 그리고 앞으로 수립될 "통일 국가"만이 유일한 국가라는 교과서 집필진의 인식이 드러나 있다. 대한민국은 분단의 단초를 제공했기에 세워지지 말았어야 한다는 인식도 존재한다. 민족지상주의 또는 통일지상주의에 매몰된 '민중사관'에 입각해서 교과서를 서술함으로써[121] 대한민국의 건국을 폄하하고 대한민국의 정통성을 훼손하는 것이다.

3) 북한 정권 수립에 관한 서술

앞에서 대한민국이 한반도의 유일 합법정부임을 부정하는 서술이 7차 『한국 근·현대사』 교과서에서 처음으로 시작되었음을 살펴보았다. 현행 한국사 교과서는 북한 정권 수립에 관해 어떻게 서술하고 있는가? 북한 정권 수립에 관한 별도의 서술 항목을 마련하지 않은 지학사와 리베르스쿨을 제외한 나머지 6종 교과서의 해당 서술을 모아보면 다음과 같다.[122]

먼저 해당 소주제의 제목을 보면, 교학사 교과서만 〈북한에서의 정권 수립 과정〉이라고 서술하여 북한 '정권'이 수립되었다고 보고 있는

대한 재반박은 강규형, 「'한반도 유일 합법정부'는 누가 뭐래도 대한민국뿐이다, 〈칼럼〉 박태균 서울대 교수의 반론에 대한 재반론, 1948년 유엔총회 결의문을 왜곡 오도하지 말아야」, 『데일리안』, 2013.11.4. 강규형, 「歪曲 국사 교과서 修正 거부해선 안돼」, 『문화일보』, 2013.10.23. 도 참고.

121 민중사학의 성격과 문제점에 대해서는 정경희, 앞의 책, 6장 참고.

122 지학사와 리베르스쿨은 북한 정권 수립을 별도의 소주제로 다루지 않고, 다른 단원에서 소략하게 다룬다.

데 반해, 다른 5종(금성, 두산동아, 미래엔, 비상교육, 천재교육)은 모두 북한
이 '정부'를 수립했다고 서술하고 있다. 더군다나 6종의 교과서(금성, 두
산동아, 미래엔, 비상교육, 교학사, 지학사)는 본문에서 "조선 민주주의 인민
공화국 수립"이란 표현을 써서 북한에선 국가가 수립되고 남한에서는
정부가 수립됐다는 오해를 불러일으키기 쉬운 오류를 범하고 있다.

이러한 소주제 제목은 본문에서 자연스레 한반도에 두 개의 정부가
수립되었다는 서술로 이어진다. 그리하여 5종 중 금성, 미래엔, 천재교
육의 3종은 남과 북에 "두 개의 정부"가 수립되었다고 명시적으로 서
술하고 있다. 그 중에서도 금성은 절 제목을 아예 〈한반도에 두 개의
정부가 수립되다〉로 서술했다가 교육부로부터 수정 권고를 받았다.[123]
북한정권에 대한 서술에서 또 하나 주목할 것은 교학사 교과서만 북한
정권이 공산당에 의해 수립되었음을 정확히 명시하고 있을 뿐, 나머지
교과서는 북한 정권을 정당한 절차에 의해 수립된 정권으로 묘사하고
있다는 것이다.[124]

교학사는 소련의 지시로 공산당 조직이 만들어지면서 북한 정권이
수립되는 과정을 서술하고 있을 뿐 아니라 분단의 책임이 북한에 있으
며, 북한 정권이 유엔의 승인을 받지 못해 정통성이 없는 정권임을 분
명히 하고 있다.

---

123 금성의 이러한 서술에 대해 교육부는, 단원 제목에 남·북한을 동격으로 서술함으로써 대한민국
  정부 수립의 의미를 약화시킬 수 있다면서, 당시 UN이 승인한 한반도의 유일한 합법정부는 대한민
  국이 유일한 점에 유의하여 제목을 수정하라고 권고했다. 교육부, 「고교 한국사 교과서 수정·보완
  사항」, p.19. 이후 금성은 이를 〈대한민국 정부가 수립되다〉로 수정했다.

124 정영순, 앞의 논문, pp.35-40.

[표 61]

2009개정 한국사	북한 정권에 관한 서술
교학사	소제목: 〈북한에서의 정권 수립 과정〉 … 9월에 스탈린은 북한에 부르주아 민주 정권의 수립을 지시하였다. 지시의 요점은 인민민주주의운동을 통하여 공산화의 길을 밟아야 한다는 것이다. … 이와 동시에 공산당의 조직이 만들어졌다. 1945년 10월 조선공산당 북조선분국이 설치되었고, 12월에는 분국의 책임자로 김일성이 책임비서로 선출되었다. … 북한은 1948년 9월 9일에 조선 민주주의 인민 공화국을 수립하여 김일성을 수상으로 선출하였다. **분단의 책임이 남한에 있는 것처럼 하려고 남한 정부보다 20여 일 늦게 정권 수립을 발표하였다. 하지만 북한 정권은 유엔의 승인을 받을 수 없었다.** (p.307)
금 성	절 제목: 한반도에 **두 개의 정부**가 수립되다 소제목: 〈북한 정부의 수립〉 1948년 2월에는 군대를 창설하였으며, 8월에는 **총선거를 통해 구성된 최고 인민 회의에서 헌법을 확정**하였다. … 1948년 8월에 **대한민국 정부가 수립**되자, 북한은 9월 초에 김일성을 중심으로 내각을 구성하고 조선 민주주의 인민 공화국의 수립을 선포하였다(1948.9.9.). 이로써 광복 이후 3년 동안에 걸친 신국가 건설 운동은 결국 남한과 북한에 체제와 이념이 다른 **두 개의 정부**가 수립되는 것으로 결말이 났다.(p.371)
두산동아	소제목: 〈**북한, 정부를 수립하다**〉 … 북한은 남한에서 총선거가 실시되자 곧바로 정부 수립에 나섰다. 8월 25일에는 남북 인구 비례에 따라 최고 인민 회의 대의원을 뽑는 선거를 실시하였다. **북한과 남한에서 선거로 뽑힌 대의원들은 1948년 9월 최고 인민 회의를 열어** 헌법을 만들고, 김일성을 수상으로 선출하였다. 9월 9일에는 내각을 구성하고, 조선 민주주의 인민 공화국 수립을 선포하였다. **소련을 비롯한 사회주의 국가들이 이를 승인하였다.** (p.273)
미래엔	소제목: 〈**북한에도 정부가 수립되다**〉 대한민국 정부 수립 후, 북한에서는 **최고 인민 회의 대의원을 선출하는 총선거**를 실시하였다(1948. 8. 25.). 최고 인민 회의는 헌법을 제정하고 김일성을 초대 수상으로 선출하여 조선 민주주의 인민 공화국을 수립하였다(1948.9.9.). 이로써 남과 북에 이념과 체제가 다른 **두 개의 정부가 수립**되어 서로 대립하게 되었다. (p.315)
비상교육	소제목: 〈**북한 정부의 수립**〉 1947년 북조선 임시 인민 위원회를 북조선 인민 위원회로 개편하고……단독 정부 수립 준비를 마쳤다. 북한은 표면상 남한의 단독 정부 수립론을 비판하며 남북 협상에 참여하였으나, 남한에 대한민국 정부가 세워지자 곧바로 국회에 해당하는 **최고 인민 회의를 구성할 대의원 선거를 실시**하였다. 이후 헌법을 공포하고 조선 민주주의 인민 공화국의 수립을 선포하였다(1948.9.9.). (p.353)

천재교육	소제목: **북한 정부의 수립** 1947년 조직된 북조선 인민 위원회는 1948년 2월 조선 인민군을 창설하고, 이어 단독 정부 수립을 위한 준비를 진행하였다. 대한민국 정부가 수립된 후인 8월 25일 이북지역에서 최고 인민 회의 선거가 진행되었다. 이를 바탕으로 1948년 9월 제1차 최고 인민 회의가 개최되어 헌법이 제정되고, 김일성이 수상으로 선출되었다. 곧이어 9월 9일 내각이 구성되고, 조선 민주주의 인민 공화국 정부 수립이 선포되었다. **이로써 남과 북에는 체제를 달리하는 두 개의 정부가 수립되었고**, 미국과 소련이 그어 놓은 38도선은 분단선이 되어, 남북 간의 대립과 갈등은 더욱 고조되었다. (p.311)

　　이에 반해 금성, 두산동아, 미래엔, 비상교육, 천재교육의 5종 교과서는 북한 정권 수립에 대해 서술하면서 공산당에 대해 일절 언급하지 않는다. 대신에 5종은 모두 최고인민회의 대의원 선거에 대해 언급함으로써, 북한이 마치 제대로 된 선거를 통해 수립된 민주적인 정권인 것처럼 서술하고 있다.

　　이러한 서술을 하고 있는 5종 가운데 특히 문제가 많은 것은 두산동아 교과서이다. 해당 서술을 보자.

　　북한, 정부를 수립하다

　　" … 북한은 남한에서 총선거가 실시되자 곧바로 정부 수립에 나섰다. **8월 25일에는 남북 인구 비례에 따라 ▣최고 인민 회의 대의원을 뽑는 선거를 실시하였다.** 북한과 남한에서 선거로 뽑힌 대의원들은 1948년 9월 최고 인민 회의를 열어 헌법을 만들고, 김일성을 수상으로 선출하였다. 9월 9일에는 내각을 구성하고, 조선 민주주의 인민 공화국 수립을 선포하였다. **소련을 비롯한 사회주의 국가들이 이를 승인하였다.**

　　▣남한에서의 최고 인민 회의 대의원 선거 남한에서는 공개적으로 선출할 수 없었기 때문에 비밀리에 실시되었다." (두산동아. p.273)

　이 교과서는 북한이 남북한 인구비례에 따른 정상적인 선거를 통해 합법적으로 수립된 국가인 것처럼 서술하고 있다. 그러나 북한의 선거는 노동당이 지명한 단일후보에 대한 찬반투표로 진행되므로, 보통 · 평등 · 직접 · 비밀 투표인 민주주의 선거와는 거리가 멀다. 두산동아를 비롯한 5종은 모두 8월 25일의 최고인민회의 대의원 선거에 관해 서술하고 있지만 5종 가운데 어느 것도 이 선거가 이른바 '흑백 투표함'에 의한 찬반 공개 투표라는 사실은 언급하지 않는다.

　정리하면, 두산동아 교과서는 대한민국의 제헌의회 의원을 선출하기 위해 실시된 5 · 10 총선거에 대해서는 "남한만의 총선거"라고 두 차례나 폄훼하면서(p.269, p.270), 북한의 최고 인민 회의 대의원 선거는 남북한 전체에서 이루어진 선거로 서술하고 있다. 즉 대한민국 "정부"는 "남한만의 총선거"를 통해서 수립되었고, "조선 민주주의 인민 공화국"은 남북한 전체에서 이루어진 선거로 수립되었다는 것이다. 다시 말해 남한만의 선거를 통해 남한에는 '정부'가 수립되고, 북한에는 남북한 전체의 선거를 통해 '국가'가 수립되었다는 것이다. 이는 남한이 아닌 북한에 우리 민족 국가의 정통성이 있다고 해석될 소지가 있는 서술이다. 즉 대한민국의 정통성을 극도로 부정하는 것으로 해석될 수 있는 서술인 것이다.

　또한 "소련을 비롯한 사회주의 국가들이 이를 승인하였다."는 두산동아의 마지막 구절은 "하지만 북한 정권은 유엔의 승인을 받을 수 없었다."는 교학사 교과서의 관련 서술과 확연히 대비된다(p.307).

4. 맺음말

본 논문에서는 2013년 8월 검정을 통과한 한국사 교과서 8종을 대상으로 한 교육부의 수정 과정에서 드러난 교과서 서술의 문제점들을 중심으로, 현행 한국사 교과서가 어떠한 서술상의 문제점을 지니고 있는가를 구체적으로 분석하였다.

2013년 10월부터 11월까지 이루어진 교육부의 수정 과정에서 드러난 현행 교과서 서술의 문제점 가운데 가장 핵심적인 것은, 교과서 중 일부가 대한민국의 건국을 부정하고 나아가 대한민국의 정통성마저 경시하고 있다는 사실이다.

검정을 통과한 한국사 교과서 8종 가운데 대한민국이 '건국'되었다고 서술한 교과서는 교학사 교과서 하나뿐이었다. 이에 대해 교육부는 '정부 수립' 등으로 수정할 것을 권고했다. 사실 대한민국의 건국을 부정하고 정통성을 폄훼하는 역사학계 일각의 주장이 국사 교과서에 반영되기 시작한 것은 7차 『한국 근·현대사』 교과서에서였다. 6차까지의 국사교과서는 대한민국이 1948년 8월 15일에 건국되었다고 서술하고 있다. 하지만 2002년에 7차 『한국 근·현대사』 교과서 6종이 검정을 통과하면서 대한민국의 건국을 부정하고 이를 '정부 수립'으로 격하시키는 서술이 시작되었다. 그 결과, 7차 『한국 근·현대사』 교과서 6종 및 2007개정 『한국사』 교과서 6종 중 절반가량에는 대한민국이 건국되었다는 내용이 없다. 7차 이후, '정부 수립'으로 격하시키는 해석이 마치 정통 해석인 양 교과서에 버젓이 자리를 잡은 것이다.

대한민국의 건국을 부정하는 교과서의 서술은 대한민국의 정통성을 부정하는 서술로 이어진다. 대한민국은 1948년 제 3차 유엔총회에서 한반도 내 유일한 합법정부로 승인을 받았다. 하지만 현행 한국사 가운데 3종(두산동아, 미래엔, 천재)은 유엔총회가 대한민국을 "한반도 내의 유일한 합법 정부"로 승인한 역사적 사실과 다르게, 대한민국이 "선거가 가능했던 한반도내에서" 또는 "38도선 이남 지역에서" 유일한 합법정부라고 서술했다가 교육부로부터 수정 권고를 받았다. 이처럼 유엔 총회의 결의를 왜곡하여 대한민국의 정통성을 훼손하는 서술도 대한민국의 건국을 부정하는 서술과 마찬가지로 7차 『한국 근·현대사』 교과서에서부터 시작되었다. 이들 교과서에 따르면, 대한민국은 유엔의 승인을 얻었어도 한국을 대표하는 유일한 합법적 정부가 아니라 한반도에 세워진 두 개의 "정부" 가운데 하나일 뿐이다.

한반도에 두 개의 정부가 수립되었다고 보는 서술, 즉 대한민국과 북한 정권을 대등한 "정부"로 서술함으로써 결과적으로 대한민국이 한반도의 유일 합법정부임을 부정하는 서술은 현행 한국사 교과서에서도 계속된다. 8종 가운데 금성, 두산동아, 미래엔, 비상교육, 천재교육의 5종은 모두 최고인민회의 대의원 선거를 거론하면서 북한이 마치 제대로 된 선거를 통해 수립된 민주적인 정권인 것처럼 서술하고 있다.

그런데 대한민국의 정통성을 폄훼하는 서술을 하고 있는 이 5종의 교과서는, 북한에 불리한 사실은 누락시키거나 북한의 주장을 그대로 되풀이하는 서술을 하고 있다는 평가를 받는 바로 그 5종 교과서이다. 한국 근·현대사 서술에서 보이는 친북 성향과 반(反)대한민국 성향은 동전의 양면과 같은 것이기 때문이다. 이들 5종의 교과서는 북한 정권을 옹호하는 서술을 하는 바람에 북한과 관련된 상당수의 서술에서 교육부로부터 수정 권고를 받았다. 하지만 수정 권고를 제대로 이행하지 않거나 또는 '원문유지' 입장을 고수하면서 수정을 거부했고, 그 결과

오늘날의 북한 현실을 제대로 설명하지 못하는 교과서라는 한계를 드
러내고 있다.

V
맺음말: 국사교과서
서술의 편향성

　본 연구에서는 우리나라 국사교과서가 언제부터, 어떠한 편향적 서술을 해왔는가를 구체적으로 규명하기 위해서 한국 근현대사의 주요 주제 18개를 선정해서, 1차부터 2009개정 교육과정까지의 역대 고등학교 국사교과서가 각각의 주제에 대해 어떻게 서술하고 있는가를 비교·분석하였다. 또한 국사교과서의 편향된 정도를 가늠하기 위해서 국사교과서의 주요 주제별 서술을 우리나라의 국사개설서 및 북한 역사서의 서술과 비교하였다. 연구의 결과를 종합하면 다음과 같은 다섯 가지 결론으로 요약된다.

1. 북한 역사서와의 유사성

　국사교과서는 최근의 교과서로 올수록 역사 용어, 역사 해석 및 기술 방식에 있어 『한국사신론』 등 우리나라의 대표적 개설서와는 점점 더 상이(相異)해지고 있으며, 오히려 북한의 대표적 역사서인 『조선통사(하)』 및 『현대조선력사』와 점점 더 유사해지고 있다.

1) 역사 용어의 유사성

우선 최근의 교과서로 올수록 북한의 역사용어와 유사한 용어를 사용하고 있음을 알 수 있다. 이를 가장 잘 보여주는 예가 '일제 강점기'라는 용어다. 7차 『한국 근・현대사』 교과서 6종 및 2010검정 『한국사』 교과서 6종은 6차까지의 국사교과서에서 전혀 사용된 적이 없는 '일제 강점기'라는 용어를 사용하고 있다. 앞에서 설명했듯이, '일제 강점기'라는 용어는 북한의 한국 근현대사 인식을 대변해주는 북한의 조어(造語)로서, 해방 이후의 시기를 가리키는 '미제 강점기'와 짝을 이루는 용어이다. 미제의 남조선 강점으로 남반부는 미제의 식민지로 전락했고, 6・25 전쟁은 남조선을 해방시키기 위한 '조국해방전쟁'이라는 것이 북한의 역사 인식이다. 우리나라의 대표적 개설서 『한국사신론』은 '일제강점기'라는 용어를 일절 사용하지 않는데 반해, 7차 이후의 교과서 12종 전체가 이 용어를 일제히 사용하고 있다는 사실은 최근의 국사교과서의 근현대사 역사 인식이 북한의 역사 인식과 그 궤를 같이 하고 있다는 추정을 가능하게 한다.

신탁통치 문제에 대한 국사교과서의 기술도 교과서가 최근으로 올수록 북한의 역사용어와 유사한 용어를 사용한다는 것을 보여주는 예이다. 5차까지의 교과서에서는 모스크바 3상회의의 결정사항인 신탁통치안에 대해 "우리 민족" 전체가 "반탁"을, 일부 "공산주의자들"이 "찬탁"을 했다는 구도가 보편적이었다. 하지만 6차 교과서부터는 '찬탁'이라는 용어 대신에 "모스크바 3국 외상 회의의 결정을 받아들이기로" 하였다는 생경한 표현이 사용되기 시작했고, 이 표현은 7차 이후의 교과서 거의 전체에서 그대로 사용되고 있다. 여기서 주목할 것은 두 가지

다. 하나는 "공산주의자들"이 찬탁으로 선회한 것은 소련의 지시 때문
인데 최근의 교과서에는 그에 관한 언급이 없다는 사실이다. 다른 하나
는 '찬탁'이라는 표현 대신에 6차부터 사용되고 있는 "모스크바 3국 외
상 회의의 결정을 받아들이기로" 하였다는 표현은 "모스크바 3국외상
회의 결정을 열렬히 지지 환영"한다는 북한 역사서의 표현과 별 차이가
없다는 것이다.

6·25 전쟁을 서술하는 용어도 마찬가지다. '교과서 파동'을 불러왔
던 7차『한국 근·현대사』교과서에서는 유엔군의 참전을 "개입"으로
서술하고 중공군의 개입을 '참전'으로 서술하는 교과서가 나타났다.
2010검정『한국사』교과서에서는 '중국 공산군' 또는 '중공군'이라는
용어가 완전히 사라지고, 심지어 '중국 인민 지원군'이라는 용어를 쓰
기도 한다. 이처럼 7차 이후의 교과서 가운데 일부는 유엔군을 마치 적
군인 양 표현하고 중공군이 우군인 양 표현하고 있다는 점에서 북한
역사서의 서술과 흡사하다.

2) 역사 해석의 유사성

최근의 교과서로 올수록 역사 해석도 북한 역사서와 점점 더 유사
해진다. 동학농민운동에 관한 교과서의 서술을 보자. 학계 일각에서
는 일찍부터 동학농민운동을 북한의 명칭 그대로 '갑오농민전쟁'이
라고 부르고 있으며, 동학농민운동의 성격에 대해 학계에서 아직 합
의가 이루어지지 않았음에도 불구하고 이를 한사코 '농민전쟁'으로
파악하려고 애썼다. 최근의 몇몇 교과서도 동학농민운동의 항일전쟁
으로서의 성격을 지나치리만큼 강조하는데, 이는 한국사를 '지배/저
항'이라는 이분법적 틀로써 해석하는 이른바 '민중사학'의 역사해석

에서 비롯된 것이다. 이처럼 동학농민운동에 대한 역사해석이 점점 북한의 해석과 가까워져 가는 까닭은 1970년대 중반부터 우리나라 소장학자들이 유물사관에 입각한 북한의 동학농민운동 해석을 전폭 수용·인용하면서 그것이 이후 우리나라 학계의 지배적인 해석이 되었기 때문이다.

그런데 북한 역사학의 연구 성과가 남한 학계에 유입·정착된 것은 비단 동학농민운동이라는 한 사건의 해석에만 국한된 것이 아니라 우리나라 근현대사 전반에 걸친 것으로 보인다. 국사학계 일각에서는 일본을 비롯한 제3국을 통해서 북한 역사서 및 역사해석을 접하면서 북한 학자들의 유물론적 역사해석을 상당 부분 수용해 왔다. 나아가 이를 자신들의 책이나 논문을 통해서 확대 재생산했다. 그 결과 북한 학계의 근현대사 역사 해석이 어느덧 우리나라 국사학계에서 큰 영향력을 행사하게 된 것이다.

독립운동에 대한 교과서의 서술도 최근의 교과서로 올수록 북한 역사서와 점점 더 유사해진다. 5차 교육과정부터 여러 형태의 독립운동 가운데서 무장독립전쟁을 강조하기 시작했으며, 이러한 경향은 6차 교육과정에서 '외교적 노력'을 독립운동의 범주에서 빼면서 더욱 심화되었고, 7차 준거안부터는 무장독립전쟁에만 초점을 맞추고 있다. 이처럼 서술 지침에서 무장독립전쟁이 강조되면서, 이와 맞물려 사회주의 계열의 항일운동에 대해서 서술하라는 구체적인 서술지침도 나타났다. 그 결과 7차 이후의 교과서는 사회주의자 및 공산주의자의 항일투쟁에 많은 분량을 할애하여 상세히 기술하는 반면, 미주 지역의 독립운동 및 외교 운동에 대해서는 서너 줄로 매우 소략하게 기술하고 있다. 2010검정 『한국사』 교과서 대부분은 일제시기 해외 각지에서 있었던 다양한 세력의 독립운동에 대해 서술하면서도 같은 시기에 이승만이 펼친 독립운동에 대해서는 제대로 서술하지 않는다. 동시에 김원봉을 비롯한 공산주의자들의 활동을 상대적으로 과대하게 서술하고 있으며, 김일성이 관련된 조직의 활동에 대해서도 북한 측 주장대로 과대하게 서술하고 있다. 독립운동 가운데서도 오로지 무장 투쟁만을 강조하는 2010검정 『한국사』 교과서의 이러한 경향은 무장투쟁만이 "조국의 해방과 독립을 달성할 수 있는 길이었다."는 북한의 역사해석과 별 차이가 없다.

3) 기술 방식의 유사성

역대 국사교과서 분석을 통해 발견한 또 하나의 사실은 최근의 교과서 가운데 일부는 역사 용어와 해석뿐만 아니라 기술 방식까지도 북한 역사서와 유사하다는 것이다. 7차 금성 『한국 근 · 현대사』 교과서의 미국 군정과 소련 군정을 대비시키고 있는 대목이 바로 그 좋은 사례다. 7차 『한국 근 · 현대사』 교과서와 2010검정 『한국사』 교과서 등 최근의 교과서는 미군정에 대해서 대체적으로 부정적 평가를 내리는 반면, 북한에 진주한 소련군에 대해서는 우호적 평가를 내린다. 금성 교과서는 여기서 한 발 더 나아가 미군과 소련군에 대한 평면적 비교를 시도한다. 금성은 미국 육군총사령관 맥아더의 포고령과 소련군 사령관 치스차코프의 포고문이라는 성격이 다른 두 문건을 나란히 수록함으로써 극적인 대비 효과를 내는 서술을 하고 있는 것이다. 이처럼 두 군정의 차이를 포고령 수준에서 비교하는 것은 미군정을 폄훼하려는 정치적 의도에서 비롯된 것으로 보인다. 그런데 일찍이 1958년도에 출간된 북한 역사서 『조선통사(하)』도 맥아더의 포고령과 치스차코프의 포고문을 나란히 수록해 놓고 이 문건을 근거로 소련군은 해방군이요 미군은 점령군이라고 강변한 바 있다. 단지 두 문건의 수록 순서만 다를 뿐이다. 금성의 이와 같은 서술은 최근의 국사교과서 가운데 일부가 역사 용어나 해석뿐 아니라 기술 방식까지도 북한과 유사하다는 것을 보여준다.

2. 대한민국의 정통성 부정

앞에서 설명했듯이 최근의 일부 교과서는 우리나라 근대사 및 광복, 분단 등 초기 현대사에 대해 북한의 역사 해석과 유사한 해석을 내리고 있다. 그 결과, 이들 교과서는 대한민국의 건국에 대해 부정적 서술로 일관하고 나아가 대한민국의 정통성마저 부정하고 있다.

건국으로 가는 관문이었던 5·10총선거에 대한 서술을 보면, 대부분의 교과서는 5·10총선거가 우리나라 역사상 최초의 민주보통선거였다고 긍정적으로 서술하고 있다. 하지만 7차 이후의 일부 교과서는 5·10총선거가 남한만의 총선거였다면서 그 의의를 폄훼한다.

대한민국의 건국에 대한 교과서의 내용도 시간이 갈수록 대한민국의 정통성을 부정하는 방향으로 서술이 이루어진다. 1차~6차까지의 교과서는 모두 항 제목에서든 본문에서든 대한민국의 '수립', '성립', '국가 건설' 등의 용어를 사용하여 대한민국의 건국을 인정하고 있다. 그러나 2002년, 7차 『한국 근·현대사』 교과서 6종이 검정을 통과하면서 대한민국의 건국을 '정부 수립'으로 격하시키는 서술이 시작되었다. 그 결과, 7차 『한국 근·현대사』 교과서 6종과 2007개정 『한국사』 교과서 6종 가운데 절반가량에서는 대한민국의 건국과 관련된 내용을 전혀 찾아볼 수 없다. 이는 남북한에 두 개의 정부가 들어섰다는 인식 아래 쓰인 것으로, 대한민국의 건국에 대해 부정적인 서술에 다름 아니다.

　대한민국의 정통성에 관한 교과서의 서술도 시간이 갈수록 이를 부정하는 방향으로 이루어진다. 대한민국은 유엔총회의 승인을 얻어 한국 또는 한반도에서 "유일한 합법 정부"로서의 정통성을 지닌다는 서술이 국정인 6차 교과서까지 줄곧 견지되었다. 그러나 검정 교과서인 7차 교과서부터는 오히려 대한민국의 정통성을 부정하는 방향으로 서술이 이루어진다. 7차 이후의 교과서 대부분은 대한민국이 '선거가 가능했던(또는 실시된) 지역에서 유일한 합법정부'라고 서술하고 있다. 이는 대한민국이 38도선 이남에서만 정통성을 지닌다는 뜻이다. 대한민국의 국사교과서가 대한민국의 정통성을 부정하는 것으로 해석될 소지가 있는 서술을 하고 있는 셈이다.

　대한민국의 건국에 관해 가장 부정적인 기술을 하고 있는 7차 금성 『한국 근·현대사』 교과서의 사례를 보자.

　① 통일 정부의 건설을 바라는 국민적 열망과 여러 정치 세력들의 반대 속에 1948년 5월 남한만의 단독 정부를 세우기 위한 총선거가 실시되었다(5·10총선거).

　② 대한 민국 정부는 곧바로 유엔 총회에서 승인을 받았다. 그러나 남한만의 정부가 세워진 것은 통일 민족 국가의 수립이 실패로 돌아갔음을 뜻하였다.

　③ 남한에서 단독 정부 수립의 움직임이 표면화되자, 북한도 정부 수립을 위한 준비에 박차를 가하였다. 남과 북에 별개의 정부가 수립됨으로써 분단은 현실화되었다. 통일 국가의 수립은 좌절된 채,

민족적 과제로 남겨지게 되었다.

①에서 금성교과서는 5·10총선거를 "남한만의 단독 정부를 세우기 위한 총선거"로 폄훼한다. 이 교과서는 "통일정부의 건설을 바라는 국민적 열망과 여러 정치세력들의 반대 속에" 총선거가 실시되었기 때문이라며 대한민국의 건국에 다수 한국인이 반대한 것처럼 잘못된 인상을 주고 있지만 대한민국 정부수립에 대한 국민의 지지는 거국적인 것이었다. 또한 ③에서 남한이 먼저 "단독 정부 수립의 움직임"을 보였기 때문에 북한도 정부를 수립했다고 서술하고 있다. 이는 역사적 사실과 완전히 배치되는 것으로, 남북 분단의 책임을 전적으로 남한에 지우기 위한 서술일 뿐이다. 위의 ①~③ 서술에는 대한민국은 한반도에 세워진 두 개의 정부 가운데 하나일 뿐 국가가 아니라는 것, 그리고 앞으로 수립될 통일 국가만이 유일한 국가라는 교과서 집필진의 인식이 저변에 깔려 있다. 대한민국은 분단의 단초를 제공했기에 차라리 세워지지 말았어야 하며, 통일 국가의 수립이 우리 민족의 과제라는 것이다. 이는 금성교과서에만 국한된 현상이 아니다. 7차 『한국 근·현대사』 및 2010검정 『한국사』 교과서 가운데 일부는 통일 지상주의에 기초하고 있는 이른바 '민중사관'에 입각해서 서술됨으로써 이처럼 대한민국의 건국을 폄훼하고 대한민국의 정통성을 철저히 부정하기에 이르렀다.

3. 이승만 대통령 폄훼

최근의 일부 국사교과서에서 이루어지고 있는 대한민국의 건국에 대한 부정적 서술은 대한민국을 건설한 세력에 대한 조직적 폄훼로 이어진다. 폄훼의 가장 주된 대상은 건국 대통령인 이승만이다.

먼저 건국을 전후한 교과서의 서술을 보자. 7차 금성교과서의 경우, 이승만의 정읍 연설의 내용을 내세워 남북한 통일정부가 수립되지 못한 책임을 전적으로 이승만에게 지우고 있다. 북한에 독자 정권을 수립한다는 소련의 결정(1945년 9월)은 남한만이라도 임시정부를 조직하자는 이승만의 정읍 연설(1946년 6월)보다 훨씬 앞선 것임에도 일부 교과서는 이승만이 마치 고의로 분단을 획책한 것처럼 묘사하고 있다. 초대 대통령 이승만은 건국을 주도했으나, 건국은 분단 때문에 미완의 건국으로 봐야 한다는 것이 좌파의 기본 입장이기 때문이다.

다음으로 교과서에서 이승만 정부에 대한 평가의 두 축을 이루고 있는 친일파 처리와 농지 개혁 문제에 관한 기술을 보자. 1970년대 초까지 사용되던 2차 교과서에서 반일주의자요 반공주의자로 묘사되던 이승만 대통령이 최근의 교과서에서는 마치 친일 정부의 수반인양 묘사되고 있다. 금성교과서의 경우, 북한에서는 친일파가 철저하게 숙청된 반면에 남한에서는 친일파 처벌이 거의 이루어지지 못했다고 하면서 남북한의 친일파 처리 문제를 평면적으로 대비시키고 있다. 이러한 서술은 북한은 대한민국과는 달리 철저하게 친일청산을 이룩함으로써 민족의 정통성을 가지고 있다는, 우리 사회에 널리 퍼진 그릇된 생각을 반영하고 있다. 이처럼 최근의 교과서로 올수록 이승만 정부가 친일파 처리에 소극적이었다는 점을 강조하는 까닭은 친일파 처리가 미진하다는 이유를 들어 이승만 정부를 폄훼하고 나아가 대한민국의 건국을 폄훼하려는 것이다. 또한 이들 교과서는 이승만 대통령의 재임 시 최대 업적 중 하나인 농지개혁에 대해서도 상당히 부정적으로 서술하고 있다. 농지개혁이 지주제를 해체하고 자작농 체제를 성립시킴으로써 지배계급의 교체를 이룩했다는 것이 학계의 평가임에도 불구하고, 7차『한국 근·현대사』교과서 대부분은 북한의 토지개혁이 완전한 개혁이었다는 전제 아래, 남한의 농지 개혁을 제한적인 개혁으로 평가하고 있다.

　재임 초기의 이승만 대통령에 대한 최근 교과서의 부정적 평가는 이승만 대통령의 집권 기간 전체로 이어진다. 이승만은 한·미 상호방위조약의 체결을 통해 한반도뿐 아니라 동아시아 전체의 안보질서를 안정시켰다고 평가받는다. 반공포로 석방과 뒤이은 한·미 상호방위조약의 체결은 이승만 대통령의 대표적인 업적이다. 하지만 최근의 교과서에서 반공포로 석방과 한·미 상호방위조약의 체결은 제대로 된 평가를 받지 못할 뿐 아니라 왜곡·굴절되어 서술된다. 한·미 상호방위조약은 아예 서술되지 않거나 서술된다 해도 부정적인 평가만을 받는다.

　이상에서 지적한 것 외에도 최근의 교과서에는 이승만에 대한 부정적 서술이 상당히 많다. 독립운동에 관한 기술만 하더라도 이승만이 중심이 된 미주지역의 외교독립운동의 성과는 무시되거나 폄훼된다. 오로지 무장투쟁, 특히 사회주의자의 무장투쟁에 초점이 맞추어지기 때문이다. 나아가 금성『한국 근·현대사』와 2010검정 삼화『한국사』교과서는 독립운동 노선 중 이승만의 외교적 노선을 "미련한 꿈"으로 일축하고 폭력혁명만이 유일한 길이라고 주장하는 문건을 수록하는 등, 이승만 깎아내리기에 몰두한다. 교과서에서 이러한 서술이 이루어지는 까닭은 최근의 교과서 집필자 가운데 대한민국을 태어나지 말았어야 할 나라로 여기는 이른바 '민중사학자'가 포함되어 있기 때문이다. 그들에게 대한민국의 건국을 비방할 가장 좋은 방법은 대한민국을 건국한 초대 대통령을 비방하는 것이다. 그리하여 그들은 교과서에서 이승만의 부정적 측면만을 부각시키려고 노력한다. 이처럼 이승만의 공과(功過)를 전혀 구분하지 않은 채 이승만 깎아내리기가 거의 전(全)방위적으로 이루어진 결과, 일찍이 '독립 운동가'이며 '초대 대통령'으로 묘사되던 이승만은 최근의 교과서에는 '독재자'로 묘사된다. 이들 교과서는 이승만 대통령의 집권 기간 12년 전체를 '독재'라는 한 단어로 포괄해버림으로써 이승만 대통령에게 '독재자'라는 낙인을 찍어놓았다.

4. 반미 성향의 증대

역대 국사교과서를 분석한 결과, 최근의 국사교과서로 올수록 반미 성향이 커져 가고 있음을 알 수 있다.

최근 교과서의 반미 성향은 한반도 분단에 관한 서술에서 잘 드러난다. 7차 교과서 및 2010검정 『한국사』 교과서 가운데 일부는 한반도 분단에 대해 미·소 공동으로 책임이 있다고 보는 기존의 교과서와는 달리, 분단을 미국의 책임으로 돌리고 있다. 분단의 요인에 관한 국사교과서의 서술은 소련 책임론에서 시작해서 미·소가 공동으로 책임이 있다고 보는 미·소양국의 책임론으로 옮겨갔는데, 7차 이후 최근의 교과서는 한반도 분할 점령을 제안한 당사자가 미국이라는 내용을 강조함으로써 미국의 책임론으로 옮겨갔다. 하지만 이러한 서술의 문제점은 소련군이 북한에 진주하자마자 일방적으로 38선을 봉쇄하여 한반도를 분단의 길로 몰아넣은 데 대해 언급하지 않는다는 것이다. 군사분계선을 설정한 것은 미국이지만 그 선을 통치분단선으로 전화(轉化)시킨 것은 소련이었다. 한반도는 미군이 서울에 들어오기 이전에 이미 소련군에 의해 실질적인 분단 상태에 들어가 있었다.

국사교과서는 또한 근래로 오면서 미군정기의 정치적 무질서와 경제적 혼란을 강조하면서 미군정 전반에 대해 대체로 부정적인 평가를 내린다. 예를 들면 5차 교과서에서는 미군정의 잘못으로 광복 후 경제가 혼란에 빠졌다는 식의 기술이 이루어진다. 물가 상승 등의 경제적 어려움을 오롯이 미군정의 탓으로 돌리는 서술은 7차『한국 근 · 현대사』 교과서에서 다시 등장한다. 하지만 이러한 서술은 역사적 사실과 합치하지 않는 부분이 많다. 물가 상승을 불러온 광복 직후의 통화량 증가는 일제의 화폐 남발에 그 근본 원인이 있기 때문이다. 그럼에도 광복 이후의 모든 경제적 어려움을 미군정의 탓으로 돌리는 7차 교과서 일부의 편향된 서술은 이후 2010검정『한국사』 교과서의 일부로 고스란히 이어진다.

전후 미국의 원조에 대한 서술도 마찬가지다. 국정인 5차와 6차 교과서는 '미국' 또는 미국을 비롯한 '우방'의 원조가 있었기에 전후 우리나라의 재건과 복구가 이루어졌다고 서술하고 있다. 그렇지만 7차『한국 근 · 현대사』 이후의 교과서 가운데 상당수는 전후 미국의 원조가 한국 경제를 회복시키는 데 기여했다는 사실에 대해 아무런 서술도 하지 않거나 또는 미국의 원조가 오히려 한국 경제에 부정적인 영향을 끼쳤다고 서술한다. 전후 미국의 농산물 원조는 우리나라 국민의 생존에 필수적이었다. 전후의 부족한 식량 문제를 해결하는 데 큰 도움을 주었기 때문이다. 농산물을 비롯한 미국의 경제원조는 우리나라 재정을 위해서도 필수적이었다. 전후의 총 재정수입에서 원조물자의 판매로 얻은 수입, 즉 대충자금(對充資金)의 비중이 평균 40%에 가까웠기 때문이다. 그런데도 금성『한국 근 · 현대사』 교과서의 경우, 전후 미국의 원조에 관한 그릇된 사실을 바탕으로 해서 우리나라에 원조를 한 미국, 그리고 미국의 원조를 받은 이승만 정부를 동시에 깎아내리는 반미, 반(反)이승만 서술을 하고 있다. 2010검정 『한국사』 교과서에서도 이 기조는 달라지지 않았다. 2010검정 삼화 『한국사』는 미국의 원조가 전후 한국의 경제를 복구하는 데 도움이 되지 않았을 뿐만 아니라 오히려 한국 경제, 나아가 한국 문화에까지 매우 부정적인 영향을 끼쳤다고 서술하고 있다.

5. 친북 성향의 증대

역대 국사교과서의 분석을 통해서 알 수 있는 또 다른 사실은 최근의 교과서로 올수록 현대사 서술에서 친북 성향이 커지고 있다는 것이다. 다시 말해, 7차 『한국 근·현대사』 교과서부터는 남북한의 역사에 대해 이중의 잣대를 들이대, 남한의 역사에 대해서는 폄훼하거나 무조건 비판하면서 북한의 역사에 대해서는 우호적으로 서술하는 경향이 본격화되었다.

최근의 교과서의 친북적 서술은 6·25전쟁 이후의 현대사에 관한 서술에서 두드러진다. 먼저 6·25전쟁에 관한 서술을 보자. 7차 이후의 일부 교과서는 전쟁 수행 중 국군에 의해 이루어진 민간인 희생을 '학살'이라는 용어를 써가며 부각시킨다. 이들 교과서는 국군과 미군이 민간인을 학살했다는 거창 사건과 노근리 사건에 대해서는 상세히 서술하고 있지만 6·25 전쟁 중 적의 만행 - 인민재판을 통한 처형과 납북 - 에 대한 내용은 거의 찾아볼 수 없다. 7차 교과서 6종 가운데 납북을 다루고 있는 교과서는 단 하나도 없다. 7차 이후의 교과서 대부분은 이처럼 '인민재판', '납북'과 같이 대한민국의 전쟁 피해를 나타내는 용어의 사용을 꺼리고 있다. 대신에 남한과 북한 중 누가 피해자이고 누가 가해자인지를 알 수 없는 용어인 '학살', '처형' 등의 표현을 쓰고 있다. 이는 남한이 북한의 남침에 의한 전쟁 피해자라는 사실을 희석시키기 위한 것이다.

남북한의 정치체제에 대한 서술에서도 친북 성향이 드러난다. 국정인 5차와 6차 교과서는 김일성 체제가 "독재 체제"라고 명확히 규정하고 있다. 하지만 검정인 7차 이후의 교과서에서 김일성 체제가 "독재 체제"라고 서술하는 교과서는 몇 종 안 된다. 상당수의 교과서가 "김일성 중심의 통치 체제", "김일성 유일 체제" 등, 전혀 체제명이라고 볼 수 없는 명칭으로 김일성 체제를 부르고 있다. 금성『한국 근·현대사』교과서의 경우, 건국 후 1987년 6월 항쟁에 이르는 약 40년간의 우리나라 정부에 대해서 "독재"라는 표현을 모두 13회 사용하고 있다. 그런데 북한에 대해서는 "독재"라는 표현을 단 한 번도 사용하지 않는다. 나아가 이 교과서는 김일성이 권력을 강화할 수 있었던 이유가 김일성측이 "이념적 명분을 가지고 있었으며 대중의 지지를 받고" 있었기 때문이었다고 서술하고 있다. 김일성 지배체제가 피로 얼룩진 숙청을 통해서 이룩된 전체주의 지배체제라는 사실을 도외시하고 북한의 체제 선전물에 나와 있을 법한 내용을 그대로 베낀 것 같은 서술을 하고 있는 것이다.

김일성을 승계한 김정일 체제에 대해서도 마찬가지다. 국정인 5차와 6차 교과서는 김정일의 권력 승계를 "세습" 또는 "부자 세습"으로 명확히 규정하고 있다. 하지만 검정인 7차 이후의 교과서 대부분은 김정일 체제에 대해서 "독재"나 "세습" 체제라는 표현은커녕, 김정일의 권력 세습을 정당화하기 위해서 북한이 내놓은 주장 그대로 "후계 체제"라 부르고 있다. 2010검정『한국사』교과서 가운데 "부자 세습"이라고 서술하는 교과서는 단 하나뿐이고, 나머지 5종은 모두 "후계 체제"

가 확립되었다는 식으로 기술하고 있다.

　일부 국사교과서의 친북적 서술 성향, 즉 북한에 불리한 것은 될 수 있는 대로 서술하지 않거나 서술하더라도 가능한 한 북한에 유리하게 서술하려는 성향은 북한의 경제에 관한 서술에서도 드러난다. 1990년대 북한 경제 위기의 원인에 관해 서술하면서 천재『한국사』는 북한 체제 자체의 문제점은 건드리지 않고 식량난 등 북한 경제위기의 책임을 미국의 경제 봉쇄 정책 탓으로 돌리고 있다. 은연중에 친북반미 서술을 하고 있는 셈이다. 삼화『한국사』는 북한이 "우리 식 사회주의'의 가치를 훼손하지 않은 채 조심스럽게 대외 개방과 시장 도입을 통한 변화를 모색하였다."고 하여, 역사적 사실을 기술하고 있다기보다는 북한 측이 제시하는 자료를 그대로 옮겨놓은 것 같은 기술을 하고 있다. 북한에 대해 '내재적 접근법'을 사용하고 있는 듯한 기술이다. 또한 이 인용문에서 보듯이, 삼화교과서는 1917년 러시아의 10월 정변 이후 70여 년을 역사적으로 실재했던 '공산주의'를 '공산주의'라 부르지 않고 '사회주의'라 부르고 있다. 북한과 구소련 및 동유럽의 공산주의 국가나 체제를 지칭하면서 '공산주의'라는 용어를 쓰지 않는 것은 이 교과서뿐만 아니라 7차『한국 근·현대사』이후의 교과서에서 매우 일반적인 현상이다. 이러한 현상은 우리나라의 좌파들이 '반(反)반공'주의라는 도그마에 빠져서, '공산주의'라는 용어를 의도적으로 기피하기 때문이다. 즉, 우리나라 좌파는 역사적 실재(實在)인 '공산주의'가 사회주의와는 엄연히 다른 것이라는 역사적 사실마저 직시하지 않고 있는 것이다. '사상으로서의 반공'이 지녔던 세계사적 의미를 직시하지 못한 좌파는 '내재적 접근법' 등을 통해서 북한을, 특히 북한 현대사를 그릇되게 인식했다. 그리고 이러한 인식의 오류는 오늘날 북한의 3대 세습독재와 정치범수용소의 참상(慘狀)에 침묵하는 이른바 "진보의 퇴보"를 가져왔다. 우리나라 좌파는 한국 현대사 인식 공간이 한반도로 국한되어 있어, 세계사적 맥락에서 한국 근현대사를 보지 못하고 있는 것이다.

　이상에서 살펴본 것처럼, 국사교과서는 최근으로 올수록 편향된 이념 성향을 보인다. 이는 최근의 국사교과서 가운데 일부가 이른바 '민중사관'에 입각해서 기술되었기 때문이다. 1980년대 중반 이후 한국사회에 불어 닥친 민주화 바람에 편승해 '민중사학'이라 불리는 좌편향 역사학이 대두했는데, 그 파급효과가 1990년에 발행된 5차 국정 국사교과서부터 조금씩 나타나다가 7차 교육과정인『한국 근·현대사』교과서에 이르러서는 아예 폭발적으로 드러났다. 7차 교육과정에서 신설된『한국 근·현대사』과목은 6차까지의 고등학교『국사』와 달리 교과서 검정제가 도입되었기 때문이다. 국정의 제약이 사라지면서 그동안 누적된 국사학계 일각의 좌편향 성향이 한꺼번에 분출된 결과, 2002년에는 지극히 좌편향된 내용의『한국 근·현대사』교과서가 출현했다. 그 가운데서도 금성출판사의『한국 근·현대사』교과서는 우리나라에서 널리 읽히는『한국사신론』과 같은 국사 개설서와 비교해 보면 그 이념 성향이 극도로 좌편향되어 있다. 금성교과서는 통일지상주의에 사로잡혀 대한민국을 건설한 세력을 조직적으로 폄훼한다. 대한민국의 정통성을 부정하고 1987년 이전의 모든 정권을 '독재'라고 비판하면서도 금성교과서는 북한의 독재체제에 대해서는 전혀 아무런 비판도 하지 않는다.

　친북반미 서술로 일관하면서 국가의 정통성마저 부정하는 금성교과서를 필두로 7차『한국 근·현대사』교과서의 문제가 본격적으로 드러나면서 2009년에 교육과정이 개정되었고, 2010년에는 새로이『한국사』6종이 교과서로 채택되었다. 하지만 일부『한국사』교과서에서도 반(反)대한민국, 친(親)북한이라는 서술 기조는 크게 달라지지 않았다. 대한민국의 건국에 관한『한국사』교과서의 서술을 보면, 5 · 10총선거가 남한만의 총선거였다면서 그 의의를 폄훼하는 교과서가 7차만큼 많지는 않으나 여전히 존재한다. 항 제목을 아예 "분단 정부의 수립"으로 잡아서 대한민국의 건국을 폄훼하던 7차 천재 교과서와 같은 서술은 2010검정『한국사』교과서에서는 사라졌다. 하지만 6종의『한국사』교과서 가운데 항 제목을 '대한민국의 수립'으로 쓰고 있는 것은 지학사『한국사』하나뿐이고 나머지는 모두 '대한 민국 정부의 수립'으로 쓰고 있다. 6종 가운데 3종은 대한민국이 수립되었다는 내용을 본문에서조차 찾아볼 수 없기에 대한민국의 건국을 부정하는 서술로 비추어질 소지가 있다.

현행 교과서인 2013검정 한국사 교과서에서는 이 문제가 더욱 악화되었다. 2013년에 교육부 검정을 통과한 교과서 8종 가운데 대한민국이 '건국'되었다고 서술한 교과서는 교학사 교과서 하나뿐이었다. 그런데 교육부는 대한민국의 건국을 '정부 수립'으로 격하시키는 해석이 마치 정통 해석인 양, 교학사 교과서로 하여금 '건국'이라는 용어 대신에 '정부 수립' 등으로 수정할 것을 권고했다. 검정교과서인 7차『한국 근 · 현대사』교과서에서 시작된, 대한민국의 건국을 부정하고 이를 '정부 수립'으로 격하시키는 해석이 마치 정통 해석인 것처럼 교과서에 버젓이 자리를 잡은 것이다. 더욱 큰 문제는 이들 교과서 가운데 상당수가 남한에 대해서는 "정부"가 수립되었다고 서술하면서, 북한에 대해서는 "조선 민주주의 인민 공화국"이 수립되었다고 서술하고 있다는 사실이다.[125] 이는 남한이 아닌 북한에 우리 민족 국가의 정통성

---

125 2013검정 금성, p.371; 2013검정 두산동아, p.273; 2013검정 미래엔, p.315; 2013검정 비상교육, p.353 등.

이 있는 것으로 해석될 소지가 있는 서술이다. 즉, 대한민국의 정통성을 극도로 부정하는 것으로 해석될 수 있는 서술인 것이다.

교과서의 친북반미 기조도 여전하다. 2010검정『한국사』교과서 중 일부는 피카소의 '한국에서의 학살'이라는 그림을 싣고 있다. 이 그림은 프랑스 공산당의 주문을 받은 피카소가 신천 학살의 주범이 미군이라는 북한의 선전을 액면 그대로 믿고 제작한 것으로, 결과적으로 북한의 선전선동의 산물인 셈이다. 이처럼 미군이 양민을 학살했다는 그릇된 정보를 바탕으로 해서 그려진 그림을 교과서에 수록한 것은 일부 교과서의 친북반미라는 서술 기조가 바뀌지 않았음을 보여준다. 김정일의 권력 승계에 관한 서술도 마찬가지다. 2010검정『한국사』교과서 6종 가운데 "부자 세습"임을 명기한 교과서는 단 하나뿐이고, 나머지 5종은 모두 "후계 체제"가 확립되었다는 식으로 '내재적 접근법'을 사용한 듯한 서술을 하고 있다.

문제는 이러한 편향성에서 금성교과서에 버금가는 일부『한국사』교과서가 고등학교에서 수년간 국사교과서로 사용되었으며, 현행『한국사』교과서 8종 가운데 일부도 이 편향성 문제에서 자유롭지 못하다는 사실이다. 우리나라 현대사는 제2차 세계대전 이후 불과 반세기만에 민주화와 경제발전을 이룩했기에 세계사에서 그 유례가 없는 성공한 역사라는 평가를 받는다. 그러나 1980년대 중후반 이후, 해외의 수정주의 해석 및 북한 역사학의 유물론적 해석을 추종하는 좌파 민중사학자가 등장하면서 우리나라의 근현대사를 수치와 죄(罪)의 역사라고 폄훼하는 '부정(否定)의 역사관'이 힘을 얻기 시작했다. 그 결과 근현대사를 해석하되 투쟁과 갈등만을 강조하여 종국에는 대한민국의 정통성마저 부정하는 교과서가 나오게 되었다. 하지만 국사교과서는 일반 개설서와 달리 국민교육, 후세교육을 위해 만들어지므로 투쟁과 갈등

보다는 단결과 통합의 측면에서 서술되어야 하며, 그 나라의 정통성을 긍정적으로 부각시켜야 한다. 특히 대한민국 건국 전후의 역사인 한국 근현대사는 자라나는 미래세대의 국가에 대한 올바른 가치관을 형성하는 요인이 되므로 대한민국 국민으로서의 자긍심이 훼손되지 않도록 서술되어야 한다. 이것이 최근에 일부 한국사교과서에서 드러나는 편향성을 바로잡는 동시에 국민 대다수가 공감할 수 있는 내용을 담은 제대로 된 한국사교과서가 만들어져야 하는 까닭이다.

/ 참고문헌 /

[교육부 문건 등]

(1차) 고등학교 교육과정, 문교부, 1955. 8. 1.

(2차) 고등학교 교육과정, 문교부, 1963. 2. 15.

「중·고등학교 국사교육 개선을 위한 기본방향」, 한우근, 이기백, 이우성, 김용섭, 1969.

「학교 교육을 중심으로 한 국사의 중심개념」, 국사교육강화위원회, 1973. 5.

(3차) 고등학교 교육과정, 문교부, 1974. 12. 30.

(4차) 고등학교 교육과정, 문교부, 1981. 12. 31.

(5차) 「국사교육 내용 전개의 준거안」, 문교부, 1987.

(5차) 고등학교 교육과정, 문교부, 1988. 3. 31.

(6차) 고등학교 교육과정, 교육부, 1992. 10. 30.

(6차) 「국사교육 내용 전개의 준거안」, 교육부, 1994. 11.

(7차) 고등학교 교육과정, 교육부, 1997. 12. 30.

(7차) 「국사교육 내용 전개의 준거안」, 교육부, 2000. 2.

(2007 개정) 고등학교 교육과정, 교육인적자원부, 2007. 2. 28.

(2007 개정) 「역사 교과서 집필 기준」, 교육과학기술부, 2009. 8. 4.

(2009 개정) 고등학교 교육과정, 교육과학기술부, 2009. 12. 23.

(2009 개정) [개정] 사회과 교육과정, 교육과학기술부, 2010. 5. 12.

(2009 개정) [개정] 사회과 교육과정, 교육과학기술부, 2011. 8. 9.

(2009 개정) 「고등학교 한국사교과서 집필 기준」, 교육과학기술부, 2011. 12. 30.

「고교 한국사 교과서 수정·보완 사항」, 교육부, 2013.10.21.

「한국사 교과서 수정 명령 사항」, 교육부, 2013.11.29.

「보도자료: 고교 한국사 교과서 수정명령」, 교육부, 2013.11.29.

「"건국" 용어 수정·보완 권고 경위 보고」, 교육부, 2014. [일자 미상]

[교과서]

(1차) 이병도, 고등학교『국사』, 일조각, 1956 검정, 1960.

(1차) 홍이섭, 고등학교『우리나라문화사』, 정음사, 1956 검정, 1959.

(1차) 유홍렬, 고등학교『한국사』, 탐구당, 1956 검정, 1959.

(1차) 김상기, 『고등국사』, 장왕사, 1957 검정, 1960.

(1차) 역사교육연구회, 『고등국사』, 교우사, 1957 검정, 1964.

(2차) 변태섭, 고등학교『국사』, 법문사, 1968 검정, 1968.

(2차) 이상옥·차문섭, 고등학교『국사』, 문호사, 1968 검정, 1969.

(2차) 이홍직, 고등학교『국사』, 동아출판사, 1968 검정, 1970.

(2차) 한우근, 고등학교『국사』, 을유문화사, 1968 검정, 1970.

(2차) 이병도, 고등학교『국사』, 일조각, 1968 검정, 1971.

(2차) 이원순, 고등학교『국사』, 교학사, 1968 검정, 1971.

(3차) 고등학교『국사』, 문교부, 1974 발행, 1974.

(3차) 고등학교『국사』, 문교부, 1979 발행, 1979.

(4차) 고등학교『국사』(하), 문교부, 1982 발행, 1982.

(5차) 고등학교『국사』(하), 교육부, 1990 발행, 1995.

(6차) 고등학교『국사』(하), 교육부, 1996 발행, 2001.

(7차) 김한종 외, 고등학교『한국 근·현대사』, 금성출판사, 2002 검정, 2002, 2006.

(7차) 한철호 외, 고등학교『한국 근·현대사』, 대한교과서, 2002 검정, 2006.

(7차) 김광남 외, 고등학교『한국 근·현대사』, 두산, 2002 검정, 2006.

(7차) 김종수 외, 고등학교『한국 근·현대사』, 법문사, 2002 검정, 2006.

(7차) 주진오 외, 고등학교『한국 근·현대사』, 중앙교육진흥연구소, 2002 검정, 2006.

(7차) 김흥수 외, 고등학교『한국 근·현대사』, 천재교육, 2002 검정, 2006.

(2010 검정) 한철호 외, 고등학교『한국사』, 미래엔컬처, 2010 검정, 2011.

(2010 검정) 최준채 외, 고등학교『한국사』, 법문사, 2010 검정, 2011.

(2010 검정) 도면회 외, 고등학교『한국사』, 비상교육, 2010 검정, 2011.

(2010 검정) 이인석 외, 고등학교『한국사』, 삼화출판사, 2010 검정, 2011.

(2010 검정) 정재정 외, 고등학교『한국사』, 지학사, 2010 검정, 2011.

(2010 검정) 주진오 외, 고등학교『한국사』, 천재교육, 2010 검정, 2011.

(2013 검정) 권희영 외. 고등학교『한국사』. 교학사. 2013 검정본, 2013.

(2013 검정) 김종수 외. 고등학교『한국사』. 금성출판사. 2013 검정본, 2013.

(2013 검정) 왕현종 외. 고등학교『한국사』. 두산동아. 2013 검정본, 2013.

(2013 검정) 최준채 외. 고등학교『한국사』. 리베르스쿨. 2013 검정본, 2013.

(2013 검정) 한철호 외. 고등학교『한국사』. 미래엔. 2013 검정본, 2013.

(2013 검정) 도면회 외. 고등학교『한국사』. 비상교육. 2013 검정본, 2013.

(2013 검정) 정재정 외. 고등학교『한국사』. 지학사. 2013 검정본, 2013.

(2013 검정) 주진오 외. 고등학교『한국사』. 천재교육, 2013 검정본, 2013.

(2013 검정) 권희영 외. 고등학교『한국사』. 교학사. 2014 수정본, 2014.

(2013 검정) 김종수 외. 고등학교『한국사』. 금성출판사. 2014 수정본, 2014.

(2013 검정) 왕현종 외. 고등학교『한국사』. 두산동아. 2014 수정본, 2014.

(2013 검정) 최준채 외. 고등학교『한국사』. 리베르스쿨. 2014 수정본, 2014.

(2013 검정) 한철호 외. 고등학교『한국사』. 미래엔. 2014 수정본, 2014.

(2013 검정) 도면회 외. 고등학교『한국사』. 비상교육. 2014 수정본, 2014.

(2013 검정) 정재정 외. 고등학교『한국사』. 지학사. 2014 수정본, 2014.

(2013 검정) 주진오 외. 고등학교『한국사』. 천재교육. 2014 수정본, 2014.

[논문, 저서 등]

강규형,『대한민국, 가까운 오늘의 기록』, 이담, 2013.

강규형,「歪曲 국사 교과서 修正 거부해선 안돼」,『문화일보』, 2013.10.23.

강규형,「'한반도 유일 합법정부'는 누가 뭐래도 대한민국뿐이다. 〈칼럼〉박태균 서
    울대 교수의 반론에 대한 재반론, 1948년 유엔총회 결의문을 왜곡 오도하지 말
    아야」,『데일리안』, 2013.11.04.

권희영,「좌파의 역사 전쟁: 인민민주주의 혁명 노선과 그 전략-전술」, 한국현대사

학회 역사교과서 현안 세미나 자료집 『8종 역사교과서 비교 · 분석 세미나』, 2013.11.12.

김광동, 「『한국 근 · 현대사』 교과서를 지배한 김일성 전체주의 사관」, 『한국논단』 201권, 2006.

김명섭, 「한국 현대사 인식의 새로운 '진보'를 위한 성찰: 세계사적 맥락화와 '반반공' 주의의 극복」, 한국현대사학회 창립학술회의 자료집, 2011.05.20.

김성동, 「국가 작성 6 · 25 拉北者 8만 명 名簿 발견!」, 『월간조선』23권 2호, 2002.02.

김성동, 「6 · 25때 좌익이 학살한 5만9964명 名簿 발견」, 『월간조선』23권 4호, 2002.04.

김인걸 외 편, 『한국현대사 강의』, 돌베개, 2012.

김태웅, 「1920 · 30년대 吳知泳의 활동과 『東學史』 간행」, 『역사연구』2, 1993.

노용필, 「오지영의 인물과 저작물」, 『동아연구』19, 1989.

류근일, 「대한민국은 어떤 나라로 탄생했나」 『조선일보』, 2013.09.24.

류석춘, 「북한 친일 청산론의 허구와 진실」, 제23회 이승만포럼 발제문, 2013.01.10.

박명림, 『한국 1950 : 전쟁과 평화』, 나남출판, 2002.

박찬승, 「한국 근대 민중운동 연구의 동향과 『국사』 교과서의 서술」, 『역사교육』47, 1990.

박태균, 「유엔의 48년 '유일 합법정부' 승인, 38도선 이남인가, 한반도 전체인가」, 『한겨레신문』, 2013.10.31.

배수강 · 한상진, 「누구를 위한 역사전쟁인가」 『주간동아』906호, 2013.10.08.

배진영, 「경고! 귀하의 자녀들은 위험한 교과서에 노출되어 있다」, 『월간조선』, 2004.04.

서옥식, 『오역의 제국: 그 거짓과 왜곡의 세계』, 도리, 2013.

서화동, 「보혁 인식갈등의 파장/국사교과서 개편안 누가 냈나」, 『경향신문』, 1994.03.23.

양동안, 『대한민국 건국사: 해방 3년의 정치사』, 현음사, 2001.

양동안, 「대한민국은 언제 건국되었는가」, 대한민국사랑회 제1회 학술세미나 자료집 『왜 우리는 건국을 기념하지 않는가』, 2010.11.17.

양동안, 「고교 한국사교과서의 문제점과 대책」, 고영주, 유동열 편, 『역사왜곡을 통한 대한민국 허물기 공작, 좌편향화 된 한국사 이대로 방치할 것인가?』, 북앤피플, 2011.

오영섭, 「1940년대 후반 유물사가들의 동학농민운동 인식의 특징」, 『동학학보』제9권 2호, 2005.

오영섭, 「대한민국임시정부 초기 위임통치 청원논쟁」, 이주영 외, 『이승만 연구의 흐름과 쟁점』, 연세대학교 대학출판문화원, 2012.

유영익, 「갑오농민봉기의 보수성」, 『동학농민봉기와 갑오경장』, 일조각, 1998.

유영익, 『건국 대통령 이승만: 생애 · 업적 · 사상의 새로운 조명』, 일조각, 2013.

이기백, 『한국사신론』, 일조각, 2012.

이명희, 「2013검정 한국사 교과서의 '일제시대' 서술의 특징: '천재교육'과 '미래엔' 교과서의 민족 운동 서술을 중심으로」, 한국현대사학회 역사교과서 현안 세미나 자료집 『8종 역사교과서 비교 · 분석 세미나』, 2013.11.12.

이명희 · 강규형, 「한국근 · 현대사 교과서의 문제점과 개선 방향」, 『사회과교육』 48(1), 2009.

이영호, 「한국 근대 민중운동 연구의 동향과 『국사』 교과서의 서술」, 『역사교육』47, 1990.

이영훈, 「건국 기억의 60년간의 행보」, 대한민국사랑회 제1회 학술세미나 자료집 『왜 우리는 건국을 기념하지 않는가』, 2010.11.17.

이영훈, 『대한민국 역사: 나라만들기 발자취 1945~1987』, 기파랑, 2013.

이완범, 「분단국가의 형성 1: 미군정과 대한민국의 수립」, 한국역사정치연구회 · 김용직 편, 『사료로 본 한국의 정치와 외교: 1945~1979』, 성신여자대학교 출판부, 2005.

이인호, 「대한민국 건국은 혁명이었다: 거시사적 비교를 통한 건국의 재인식을 위하여」, 『대한민국은 왜 건국을 기념하지 않는가』, 이주영 엮음, 뉴데일리, 2011.

이정식, 『대한민국의 기원』, 일조각, 2006.

이주영, 「1948년 건국의 의미가 축소된 한국사교과서」, 한국예비역 기독군인연합회 서울지회 특별세미나 자료집 『고등학교 「한국사」 교과서 무엇이 문제인가』,

2011.

정경희, 『한국사 교과서 어떻게 편향되었나: 고등학교 한국사 교과서 편향 과정 분석』, 비봉출판사, 2013

정두희, 『하나의 역사, 두 개의 역사학』, 소나무, 2001.

정영순, 「2013년 검정본 고등학교 국사 교과서 분석: 북한 관련 내용을 중심으로」, 한국현대사학회 역사교과서 현안 세미나 자료집『8종 역사교과서 비교·분석 세미나』, 2013.11.12.

정영순·강규형, 「교학사 한국사 교과서 파동과 한국좌파의 퇴행성」, 『시대정신』 60, 2013.

정일화, 『대한민국 독립의 문, 카이로선언』, 선한약속, 2010.

정재정, 「일제 통치기 사회경제연구의 동향과 국사교과서의 서술」, 제33회 전국 역사학대회 발표문, 1990.

제성호, 「전시 민간인 납치의 국제인도법적 고찰: 6·25 전쟁시 북한의 민간인 납북 행위를 중심으로」, 『서울국제법연구』제18권 제1호, 2011.06.

차미희, 「중등 국사교육의 내용 변천에 대한 연구: 국사과 독립 시기를 중심으로」, 고려대학교 일반대학원 박사학위논문, 2005.

한영우, 『다시 찾는 우리 역사』, 경세원, 2006.

허동현, 「2009년 교육과정에 따른『고등학교 한국사』교과서 서술의 문제점: "수정주의(修正主義, revisionism)"사관과 통일지상주의 사관에 입각한 한국현대사 인식의 문제점을 중심으로」, 한국현대사학회 학술회의 자료집『교과서문제를 생각한다 : 중·고등 한국사교과서 분석과 제언』, 2013.05.31.

(북한)과학원 력사연구소, 『조선통사(하)』(1958년 판), 오월, 1988.

(북한)사회과학원 력사연구소 박사 김한길, 『현대조선력사』(1983년 판), 일송정, 1988.

[인터넷 검색]

교과서포럼 홈페이지

[부록 1] 국사교과서 집필자 명단

교육과정	교과서 (년도)	저자	직책	학력	주요 경력
1차	① 이병도 (56)	이병도	서울대 교수	일본 와세다대 사학과, 서울대 대학원 문학 박사	서울대 대학원장, 문교부 장관, 국사편찬위원, 진단학회장, 학술원 회원
	② 홍이섭 (56)	홍이섭	연세대 문과대 교수	연희전문학교 문과, 연세대 대학원 문학 박사	고려대 문과대 교수, 역사학회회장, 문교부 국사편찬위원회위원 · UNESCO 한국위원회위원
	③ 유홍렬 (56)	유홍렬	서울대 교수	경성제국대 사학과	동성상고 교사, 서울대 총장서리, 대구대학장, 성균관대 교수, 성균관대 대학원장, 진단학회 이사, 한국사학회 회장
	④ 김상기 (57)	김상기	서울대 문리과대 교수	일본 와세다대 사학과	경성대학 법문학부 교수, 서울대 문리과대 학장, 동아대 초빙교수, 백산학회 회장, 한국고고학협회 회장
	⑤ 역사교육 연구회 (57)	역사교육 연구회 (김성근 외)	김성근: 서울대 역사교육과 교수	일본 와세다대 사학과, 미국 조지피바디대 사회과학연구, 단국대 명예문학박사	서울대 사범대 학장, 서울대 교육대학원장, 단국대 교수, 단국대 대학원장
2차	① 변태섭 (68)	변태섭	서울대 역사교육과 교수	서울대 역사교육과, 서울대 대학원 박사	역사교육연구회 회원, 국사편찬위원, 한국사연구회 대표간사, 국사교육심의위원회 위원장
	② 이상옥 · 차문섭 (68)	이상옥	국학대학 학장	도요대학 문학부, 경성제대 대학원 동양철학, 우석대 대학원 문학박사	동성상고, 경기여고 교사
		차문섭	단국대 사학과 교수	국학대학, 고려대학교 사학과, 고려대 대학원 한국사 석사, 단국대 대학원 한국사 박사	용암중, 중앙중 교사, 단국대 문리대 학장, 한국사연구회 대표간사, 국사편찬위원회 위원, 단국대 중앙박물관장, 단국대 대학원 원장, 서울시 시사편찬위원회 위원장
	③ 이홍직 (68)	이홍직	고려대 사학과 교수	동경제대 국사학과, 고려대 대학원 문학박사	연희대 사학과 교수, 고려대 중앙도서관장, 박물관장
	④ 한우근 (68)	한우근	서울대 문리대 교수	동경제대 서양사학과 입학, 서울대 사학과, 서울대 대학원 문학박사	동성중고, 보성고 교사, 홍익대 교수, 서울대 대학원장, 국사편찬위원
	⑤ 이병도 (68)	이병도	서울대 교수	일본 와세다대 사학과, 서울대 대학원 문학 박사	서울대 대학원장, 문교부 장관, 국사편찬위원, 진단학회장, 학술원 회원

교육 과정	교과서 (년도)	저자	직책	학력	주요 경력
2차	⑥ 이원순 (68)	이원순	서울대 역사 교육과 교수	서울대 역사교육과, 조지 피바디대 역사교육 연구	성신중고 교사, 교감, 한양대 문리 대 교수, 서울대 사범대 학장, 전 국국립사범대 학장협의회장, 민 족문화추진회 회장, 한국국가기 록관리학교육원 초빙교수
3차	국정 (74)	문교부			
	국정 (79)	한영우 (조선편)	서울대 국사학과 교수	서울대, 서울대 대학원 석사, 박사	국사편찬위원회 위원, 서울대 규 장각 관장, 서울대 인문대 학장, 이화여대 이화학술원장, 이화여 대 석좌교수
		윤병석 (근대, 현대 편)	인하대 사학과 교수	서울대 한국사, 숭실대 명예문학박사	정신문화연구원 사학연구실 실 장, 인하대 박물관 관장, 인하대 문과대 학장, 독립유공자 심의위 원, 독립운동사연구소 운영위원, 의병정신선양회 회장, 진단학회 평회원
4차	국정 (82)	차문섭 (근세, 근대 태동편)	단국대 사학과 교수	국학대학, 고려대학교 사 학과, 고려대 대학원 한 국사 석사, 단국대 대학 원 한국사 박사	용암중, 중앙중 교사, 단국대 문리 대 학장, 한국사연구회 대표간사, 국사편찬위원회 위원, 단국대 중 앙박물관장, 단국대 대학원 원장, 서울시 시사편찬위원회 위원장
		박용옥 (근대 성장 편)	성신여대 사학과 교수	서울대 사학과, 고려대 대학원 문학 석사, 고려 대 대학원 사학 박사	3.1여성동지회 회장, 성신여대 한 국여성연구소 소장,한국여성학회 회장, 국사편찬위원회 편사관
		이현희 (근대 성장, 현대편)	성신여대 교수	고려대 사학과, 고려대 대학원 사학 석사, 동국 대 대학원 문학 박사	성신여대 인문과학대학 학장, 성 신여대 인문과학연구소 소장, 국 사교육강화위원회 위원, 국사편 찬위원회 편사연구관, 한국민족 운동사연구회 회장, 동학학회 회 장
5차	국정 (90)	최완기 (근대편)	서울시립대 국사학과 교수	서울대 역사교육과, 고려 대 대학원 사학과, 고려 대 대학원 문학박사	국사편찬위원회 교육연구관, 서 울시립대 박물관장, 역사교육연 구회 회장
		유영렬 (근대편)	숭실대 사학과 교수	숭실대, 고려대 대학원 석사, 고려대 대학원 박 사	숭실대 인문대 학장, 국사편찬위 원회 위원장, 한국사학회 감사, 한 국민족운동사학회 회장
		신재홍 (근대, 현대 편)	국사편찬 위원회 편사부 부장	고려대 사학과, 건국대 대학원 석사, 경희대 대 학원 박사	한국사학회 회장, 국사편찬위원 회 사료조사위원, 한국사학회 고 문

교육 과정	교과서 (년도)	저자	직책	학력	주요 경력
6차	국정 (96)	신재홍	국사편찬 위원회 편사부 부장	고려대 사학과, 건국대 대학원 석사, 경희대 대 학원 박사	한국사학회 회장, 국사편찬위원회 사료조사위원, 한국사학회 고문
		유영렬	숭실대 사학과 교수	숭실대, 고려대 대학원 석 사, 고려대 대학원 박사	숭실대 인문대 학장, 국사편찬위 원회 위원장, 한국사학회 감사, 한 국민족운동사학회 회장,
		이범직	건국대 교수	서울대 역사교육과, 서울 대 대학원 한국사 석사, 서 울대 대학원 한국사 박사	명지대 사학과 교수, 건국대 박물 관 관장, 역사교육연구회 회장
		진덕규	이화여대 정치외교학 과 교수	연세대 정치외교학과, 연세 대 대학원 정치학 석사, 연 세대 대학원 정치학 박사	이화여대 이화학술원 원장, 이화 여대 대학원 원장
		최규성	상명대 사학 교수	단국대 대학원 사학 박사	
		최완기	서울시립대 국사학과 교수	서울대 역사교육과, 고려 대 대학원 사학과, 고려 대 대학원 문학박사	이화여대 사회생활과 교수, 국사편 찬위원회 교육연구관, 서울시립대 박물관장, 역사교육연구회 회장
		최용규	한국교원대 초등교육과 교수	서울대 역사교육과, 서울 대 대학원 역사교육 석사, 교원대 사회교육 박사	한국교육개발원 연구원, 국사편 찬위원회 교육연구사, 한국사회 교과교육학회 이사
7차 근 현 대 사	금성	김한종	한국교원대 역사교육과 교수	서울대 역사교육과, 서울 대 대학원 교육학 박사	역사문제연구소 연구위원, 한국 근현대사교과서 집필진 협의회
		홍순권	동아대 사학과 교수	서울대 영문과, 서울대 대학원 국사학과 박사	민족문제연구소 친일인명사전편찬 부위원장, 구로역사연구소(현 역사 학연구소) 소장, 한국제노사이드연 구회 회장, 진실화해를위한과거사 정리위원회 위원, 남북역사학자협 의회 남측위원회 운영위원(부위원 장), 민족운동사학회 편집위원, 한 국근현대사교과서 집필진 협의회
		김태웅	서울대 역사 교육과 교수	서울대 역사교육과, 서울 대 대학원 국사학과 박사	구로역사연구소(현 역사학연구 소) 소장/부소장/연구실장/사무 국장/편집위원장, 한국근현대사교 과서 집필진 협의회
		이인석	문정고 교사	서울대 역사교육과, 성균 관대 유학대학원 유교경 전학 석사	전국역사교사모임
		남궁원	서울고 교사	서울대 역사교육과	

교육과정	교과서(년도)	저자	직책	학력	주요 경력
7차 근현대사	금성	남정란	노원고 교사	교원대 역사교육과, 교원대 대학원 역사교육 석사	
	대한	한철호	동국대 역사교육과 교수	고려대 사학과, 한림대 문학박사 한국사 전공	민족문제연구소 친일인명사전편찬위원, 한국근현대사학회 회장, 한국근현대사교과서 집필진 협의회
		강석민	경기기계공고 교사	동국대 역사교육과, 동국대 대학원사학과박사 수료	
		김기승	순천향대 국제문화학과 교수	고려대 사학과, 고려대 대학원 문학박사 한국사 전공	민족문제연구소 친일인명사전편찬위원, 한국근현대사학회 이사, 한국근현대사교과서 집필진 협의회
		김인기	홍익사대부속여고 교사	고려대 사학과	『청소년을 위한 한국 근현대사』집필
		조왕호	대일고 교사	고려대 사학과	『청소년을 위한 한국 근현대사』집필
		채헌철	서문여고 교사	동국대 역사교육과	
	두산	김광남	전 거원중 교장	서울대 역사교육과, 단국대 대학원 교육학 석사	국사편찬위원회 통사실장
		김동운	전 서울고 교감	서울대 역사교육과, 고려대 대학원 문학 석사	국사편찬위원회 교육연구관
		유영렬	전 국사편찬위원회 위원장	숭실대, 고려대 대학원 석사, 고려대 대학원 박사	숭실대 인문대 학장, 국사편찬위원회 위원장, 한국사학회 감사, 한국민족운동사학회 회장
		최병도	전 경기고 교사	서울대 역사교육과	국사교육심의위원, 경복, 서울고 교사
		신재홍	전 한국사학회 회장	고려대 사학과, 경희대 문학 박사	국사편찬위원회 편사부장
	법문사	김종수	군산대 사학과 교수	서울대 역사교육과, 서울대 국사학과 석사, 박사	한국근현대사교과서 집필진 협의회
		허홍구	강남대성학원 강사	서울대 역사교육과	전 자양고 교사
		김우경	전서울교육청 교육정책국 중등교육정책과 장학사	서울대 역사교육과, 고려대 교육대학원 역사교육과 석사	
		김태진	수락고 교사	서울대 역사교육과	

교육 과정	교과서 (년도)	저자	직책	학력	주요 경력
	중앙	주진오	상명대 역사콘텐츠 학과 교수	연세대 사학과, 연세대 대 학원 사학 석사, 연세대 대학원 사학과 박사과정	민족문제연구소 친일인명사전편 찬 위원, 역사문제연구소 연구위 원, 한국근현대사교과서 집필진 협의회
		민병관	청량고 교장	서울대, 서울대 대학원 교 육학 석사	
		조동근	혜화여고 교사	서울대, 서울대 대학원 교 육학 석사	
		신영범	전 교육부 장학관, 온곡중 교장	서울대 역사교육과, 연세 대 교육대학원 석사	
		김진규	수락고 교사	서울대, 서울대 대학원 교 육학 석사	
	천재	김흥수	(전)춘천 교대 사회과 교수	서울대 역사교육과, 서울 대 대학원, 단국대 대학 원 문학 박사	
		박태균	서울대 국제대학원 교수	서울대 국사학과, 서울대 대학원 국사학과 문학박 사	민족문제연구소 친일인명사전편 찬 위원, 한국역사연구회 편집위 원, 한국근현대사교과서 집필진 협의회
		최창희	한림대 사학과 교수	고려대 사학과, 서울대 대학원 사학과 박사수료,	육사 교수
		김시억	춘천고 교사	강원대 역사교육과	
		한시준	단국대 역사학 교수	단국대 사학과, 단국대 대학원, 인하대 대학원 문학 박사	민족문제연구소 친일인명사전편 찬 위원, 한국근현대사학회 회장/ 편집위원, 한국근현대사교과서 집필진 협의회
		이진기	철원고 교사	강원대 역사교육과	
2 0 1 0 검 정 한 국 사	미래엔 (구 대한)	한철호	동국대 역사 교육과 교수	고려대 사학과, 한림대 문학 박사 한국사 전공	민족문제연구소 친일인명사전편찬 위원, 한국근현대사학회 회장, 한국 근현대사교과서 집필진 협의회
		김기승	순천향대 국제문화학 과교수	고려대 사학과, 고려대 대학원 문학박사 한국사 전공,	민족문제연구소 친일인명사전편찬 위원, 한국근현대사학회 이사, 한국 근현대사교과서 집필진 협의회
		김인기	등촌고 교사	고려대 사학과	『청소년을 위한 한국 근현대사』 집 필
		조왕호	대일고 교사	고려대 사학과	『청소년을 위한 한국 근현대사』 집 필

교육과정	교과서(년도)	저자	직책	학력	주요 경력
2010 검정 한국사	미래엔 (구 대한)	권나리	동국사대부 속여고 교사	동국대 역사교육과, 동국대 대학원 사학과 박사수료	
		박지숙	도봉고 교사	동국대 역사교육과	
	법문사	최준채	잠신고 교사	서울대 역사교육과, 서울대 대학원 역사교육 석사 수료	전교조
		서각수	서울예고 교사	서울대 역사교육과, 일본 교토대 일본사 석사	
		윤영호	한성과학고 교사	서울대 역사교육과, 서울대 대학원 국사학과 석사 수료	전교조
		안정희	서울고 교사	서울대 역사교육과, 서울대 대학원 역사교육 석사	
		남궁원	서울고 교사	서울대 역사교육과	7차 교육과정 고등학교 『한국 근·현대사』 교과서(금성출판사) 집필
	비상	도면회	대전대 역사문화학과 교수	서울대 국사학과, 서울대 대학원 한국근대사 전공	역사문제연구소 연구위원, 한국 역사연구회 회장
		이건홍	백영고 교사	성균관대 역사교육과, 성균관대 대학원 한국사 전공	
		김향미	창현고 교사	서울대 국사학과, 한신대 교육대학원 역사교육 전공	
		김동린	보성고 교사	고려대 역사교육과	
		조한준	창현고 교사	성균관대 역사교육과, 한신대 교육대학원 역사교육 전공	
		최태성	대광고 교사	성균관대 사학과	
		이희명	경화여고 교사	단국대 사학과	
	삼화	이인석	문정고 교사	서울대 역사교육과, 성균관대 유학대학원	전국역사교사모임. 7차 교육과정 고등학교 『한국 근·현대사』 교과서(금성출판사) 집필
		정행렬	도봉고 교사	동국대 역사교육과, 성균관대 유학대학원	전교조

교육 과정	교과서 (년도)	저 자	직 책	학 력	주요 경력
2 0 1 0 검 정 한 국 사	삼화	박중현	양재고 교사	공주사대 역사교육과, 공주사대 대학원	전교조, 전국역사교사모임
		박범희	중앙고 교사	서울대 동양사학과, 교원대 대학원	전교조, 전국역사교사모임
		김쌍규	잠실고 교사	서울대 역사교육과, 서울대 대학원	전교조, 전국역사교사모임
		임행만	세종고 교사	고려대 역사교육과, 고려대 대학원	
	지학사	정재정	서울시립대 국사학과 교수	서울대 역사교육과, 도쿄대 동양사학과 한국사 석사, 서울대 대학원 국사학과 박사	민족문제연구소 친일인명사전편찬 위원, 역사문제연구소 연구위원/운영위원, 동북아역사재단 이사장, 역사교육연구회 회장
		장종근	경기고 교사	서울대 역사교육과	전교조. 7차 교육과정 중등『사회』,『사회과부도』, 고등『세계사』 교과서 집필
		오창훈	반포고 교사	서울대 역사교육과	교총. 7차 교육과정 고등학교 『세계사』,『인간사회와 환경』 교과서 집필
		박찬석	광남고 교사	서울대 역사교육과	7차 교육과정 고등학교 『사회』,『세계사』 집필
		김태진	수락고 교사	서울대 역사교육과	7차 교육과정 고등학교 『한국 근·현대사』 교과서(법문사) 집필
	천재	주진오	상명대 역사콘텐츠학과 교수	연세대 사학과, 연세대 대학원 한국근대사 전공	민족문제연구소 친일인명사전편찬 위원, 역사문제연구소 연구위원, 한국근현대사교과서 집필진 협의회
		이신철	성균관대 동아시아 학술원 연구교수	성균관대 사학과, 성균관대 대학원 한국사 전공	역사문제연구소 연구위원/부소장, 한일역사공동연구위원회 전문위원
		임성모	연세대 사학과 교수	연세대 사학과, 연세대 대학원 일본근대사 전공	민족문제연구소 친일인명사전편찬 위원, 역사문제연구소 연구위원, 한국동양사학회 연구이사
		송옥란	신현고 교사	교원대 역사교육과	전교조
		박찬승	한양대 사학과 교수	서울대 국사학과, 서울대 대학원 한국근대사 전공	민족문제연구소 친일인명사전편찬 부위원장, 역사문제연구소 연구위원, 한국제노사이드연구회 운영위원, 한국역사연구회 회원, 목포대 교수

교육과정	교과서 (년도)	저자	직책	학력	주요 경력
2010 검정 한국사	천재	나인호	대구대 역사교육과 교수	연세대 사학과, 연세대 대학원 서양사 전공	독일 보훔대 역사학 근현대사 전공, 한국서양사학회 연구발표이사
		경규칠	세화여고 교사	연세대 사학과	전교조
		오정현	휘경여고 교사	이화여대 사회생활학과, 이화여대 대학원 역사교육 전공	

[부록 2] 국사교과서 관련 문서(준거안 외) 관계자 명단

서술 일반원칙/교육과정	담당 기관	담당자	직위	학력	주요 경력
중고등 학교 국사교육 개선을 위한 기본방향 (1969)		한우근	서울대 문리대 교수	동경제대 서양사학과 입학, 서울대 사학과, 서울대 대학원 문학박사	동성중고, 보성고 교사, 홍익대 교수, 서울대 대학원장, 국사편찬위원
		이우성	성균관대 문과대 교수	성균관대 국문과, 성균관대 대학원 국문학 석사, 성균관대 대학원 국문학 박사	민족문제연구소 지도위원 겸 친일인명사전편찬 지도위원, 동아대 문과대 교수, 역사학회 회장, 한국한문학연구회 회장, 성균관대 대학원장, 학술원 회원, 민족문화추진위원회 회장, 퇴계학연구원 원장
		김용섭	서울대 교수	서울대 사학과, 고려대 대학원 사학석사, 연세대 대학원 한국사 박사	연세대 교수, 학술원 회원
		이기백	서강대 사학과 교수	일본 와세다대 사학과 입학, 서울대 사학과, 서강대 명예문학박사, 일본 와세다대 명예박사	이화여대 교수, 역사학회 대표간사, 진단학회 대표간사, 학술원 회원, 한림대 사학과 교수, 이화여대 석좌교수
학교 교육을 중심으로 한 국사의 중심개념 (1973)	국사교육강화위원회	박종홍	대통령 교육 문화담당 특별보좌관	경성제국대 철학과, 경성제국대 대학원 수료	이화여전 교수, 경성대 교수, 서울대 문리대 교수, 학술원 회원, 철학회 회장, 서울대 대학원장, 성균관대 유학대학장, 성균관대 대학원장, 한양대 문리대학장
		장동환	청와대 사회담당 특별보좌관	대구대 인문학, 일본 게이오의숙 심리학, 일본 게이오의숙대학원 박사과정, 대구대 명예철학박사	성균관대 교수, 성균관대 산업심리과 교수, 성균관대 도서관장
		한기욱	대통령 정무비서관	서울대 정치학과, 서울대 행정대학원 수료, 미국 하와이대 영미학, 미국 뉴욕대 박사	명지대 교수, 서울대 교수, 대통령 공보비서관, 대통령 경제비서관, 한양대 법대 교수, 아시아 사격연맹 사무총장, 사격연맹 회장, KOC 상임위원
		박승복	국무총리 행정조정실 실장	함흥공립상업학교	재무부 기획관리실장, 국무총리 정무비서관, 한국생산성본부 이사, 샘표식품 대표이사
		이선근	영남대 총장	일본 와세다대 사학과	문교부 장관, 육군 준장, 성균관대 총장, 경희대 총장, 동국대 총장, 한국정신문화연구원 초대원장, 한성일보 주필
		김성근	서울대 역사교육과 교수	일본 와세다대 사학과, 미국 조지피바디대 사회과학연구, 단국대 명예문학박사	서울대 사범대 학장, 서울대 교육대학원장, 단국대 교수, 단국대 대학원장

서술 일반원칙 /교육과정	담당 기관	담당자	직위	학력	주요 경력
학교 교육을 중심으로 한 국사의 중심개념 (1973)	국 사 교 육 강 화 위 원 회	고병익	서울대 교수	일본 동경제국대 동양사학, 서울대 사학과, 서울대 대학원 동양사 석사, 독일 뮌헨대 철학 박사	연세대 교수, 동국대 교수, 동양사학회장, 국사편찬위원회 위원, 서울대 총장, 한국정신문화연구원장, 한림대 교수
		이기백	서강대 사학과 교수	일본 와세다대 사학과 입학, 서울대 사학과, 서강대 명예문학박사, 일본 와세다대 명예박사	이화여대 교수, 역사학회 대표간사, 진단학회 대표간사, 학술원 회원, 한림대 사학과 교수, 이화여대 석좌교수
		한우근	서울대 문리대 교수	동경제대 서양사학과 입학, 서울대 사학과, 서울대 대학원 문학박사	동성중고, 보성고 교사, 홍익대 교수, 서울대 대학원장, 국사편찬위원
		이우성	성균관대 문과대 교수	성균관대 국문과, 성균관대 대학원 국문학 석사, 성균관대 대학원 국문학 박사	민족문제연구소 지도위원 겸 친일인명사전편찬 지도위원, 동아대 문과대 교수, 역사학회 회장, 한국한문학연구회 회장, 성균관대 대학원장, 학술원 회원, 민족문화추진위원회 회장, 퇴계학연구원 원장
		김철준	서울대 인문대 교수	서울대 사학, 서울대 대학원 박사	단국대 교수, 연세대 교수, 국사편찬위원, 서울대 인문대 학장, 한국정신문화연구원장
		강우철	이화여대 사회생활학과 교수	경성사범학교, 서울대 역사학, 미국 조지피바디대 대학원 석사, 이화여대 대학원 박사	상명여고 교사, 문교부 편수관, 이화여대 교육대학원장, 이화여대 대학원장, 이화여대 명예교수
		김용섭	서울대 교수	서울대 사학과, 고려대 대학원 사학 석사, 연세대 대학원 한국사 박사	연세대 교수, 학술원 회원
		이원순	서울대 역사교육과 교수	서울대 역사교육과, 조지피바디대 역사교육 연구	성신중고 교사, 교감, 한양대 문리대 교수, 서울대 사범대 학장, 국사편찬위원장, 민족문화추진회 회장, 한국국가기록관리학교육원 초빙교수
		이광린	서강대 사학과 교수	연희전문 영문과 입학, 연세대 사학과, 연세대 대학원 석사, 연세대 명예문학박사	연세대 교수, 국사편찬위원회 위원, 서강대 부총장, 한서대 교수, 중부대 총장
		최창규	서울대 교양과정부 교수	서울대 정치학, 서울대 대학원 정치학 석사, 서울대 대학원 정치학 박사 수료	육사 대우교수, 순국선열유족회 회장, 서울대 정치학과 교수, 민족문화추진회 이사, 독립기념관장, 성균관 관장

서술 일반원칙 /교육과정	담당 기관	담당자	직위	학력	주요 경력
학교 교육을 중심으로 한 국사의 중심개념 (1973)	국사교육강화위원회	이현종	국사편찬 위원회 실장	서울대 사학과, 성균관대 대학원 석사, 동국대 박사	홍익대학 전임강사, 국사편찬위 원회 조사실장 · 편사실장, 국사 편찬위원장
		김상기	서울대 문리과대 교수	일본 와세다대 사학과	경성대학 법문학부 교수, 서울대 문리과대 학장, 동아대 초빙교수, 백산학회 회장, 한국고고학협회 회장
		이홍직	고려대 사학과 교수	동경제대 국사학과, 고려대 대학 원 문학박사	연희대 사학과 교수, 고려대 중앙 도서관장, 박물관장
		변태섭	서울대 역사 교육과 교수	서울대 역사교육과, 서울대 대학 원 박사	역사교육연구회 회원, 국사편찬 위원, 한국사연구회 대표간사, 국 사교육심의위원회 위원장
국사교육 내용 전개의 준거안 (5차) (1987)	국사교육심의회 (1986)	강우철 (역사 교육 위원장/ 역사 교육)	이화여대 대학원장	경성사범학교, 서울대 역사학, 미 국 조지피바디대 대학원 석사, 이 화여대 대학원 박사	상명여고 교사, 문교부 편수관, 이화여대 교육대학원장, 이화여 대 사회생활학과 교수, 이화여대 명예교수
		이원순 (역사 교육)	서울대 역사 교육과 교수	서울대 역사교육과, 조지피바디 대 역사교육 연구	성신중고 교사, 교감, 한양대 문 리대 교수, 서울대 사범대 학장, 국사편찬위원장, 민족문화추진회 회장, 한국국가기록관리학교육원 초빙교수
		윤세철 (역사 교육)	서울대 역사 교육과 교수	서울대 역사학, 서울대 대학원 석 사, 미국 노스웨스턴대 대학원 역 사교육 박사	서울대 명예교수
		김흥수 (역사 교육)	춘천교대 사회과 교육과 교수	서울대 문학, 서울대 대학원 역사 석사, 서울대 대학원 역사 박사	경기여고 교사, 국사편찬위원회 교육연구관
		김정배 (고대 사)	고려대 한국사학과 교수	고려대 사학, 고려대 대학원 사학 석사, 고려대 대학원 한국고대사 박사, 연세대 명예박사, 일본 와 세다대 명예박사	국사편찬위원회 위원, 고려대 총 장, 한국고대사학회 회장, 한국사 연구회 회장, 고구려연구재단 이 사장, 한국학중앙연구원 원장
		문경현 (고대 사)	경북대 사학과 교수	경북대 대학원 사학 박사	경북대 인문대 학장, 경북대 사학 과 명예교수
		이기동 (고대 사)	동국대 사학과 교수	서울대 한국사, 서울대 대학원 한 국사 석사	경북대 교수, 동국대 석좌교수, 국 사편찬위원회 위원, 진단학회 회 장

서술 일반원칙 /교육과정	담당 기관	담당자	직위	학력	주요 경력
국사교육 내용 전개의 준거안 (5차) (1987)	국사교육심의회 (1986)	신형식 (고대 사)	이화여대 사학과 교수	서울대 역사학, 서울대 대학원 한 국사 석사, 단국대 대학원 한국고 대사 박사	한국외대 교수, 성신여대 교수, 역사교육연구회 회장, 국사편찬 위원회 위원, 한국고대학회 회장, 상명대 초빙교수
		윤내현 (고대 사)	단국대 사학과 교수	단국대 사학과, 단국대 대학원 사 학과 석사, 단국대 대학원 사학과 박사, 미국 하버드대 대학원 동아 시아역사언어학과 수학	단국대 부총장, 대학원장, 단군학 회 회장, 고조선연구회 회장, 남북역사학자 공동학술회의 남측 단장
		윤무병 (고고 학)	충남대 사학과 교수	만주 신경법정대 정치학과	국립중앙박물관 보급과장, 고고 과장, 학예관, 문화재위원회 위원
		박성수 (근현대 사 위원 장/ 독립운 동사 · 고대사)	한국정신 문화연구원 한국학 교수	서울대 역사과, 고려대 대학원	성균관대 교수, 국사편찬위원회 편사실장, 민족사연구원 원장, 대 한상고사학회 공동대표, 국제평 화대학원대학교 총장
		김원룡 (고고 학)	서울대 고고 미술사학과	경성제대 사학과, 미국 뉴욕대 대 학원 철학 박사, 런던대학교 대학 원 고고학	한국 고고학연구회 회장, 국사편 찬위원회 위원, 역사학회 회장, 서울대 대학원장, 한림대 한림과 학원장
		손보기 (고고 학)	연세대 사학과 교수	연희전문 문과, 서울대 사학과, 서울대 대학원 국사학 석사, 미국 버클리대 대학원 박사	서울대 역사교육과 교수, 단국대 석좌교수
		정영호 (고대사 위원장/ 미술사)	교원대 역사교육과 교수	서울대 한국사, 단국대 대학원 석 사, 단국대 대학원 문학 박사	단국대 사학과 교수, 단국대 박물 관 관장, 교원대 박물관 관장, 국 사편찬위원회 위원, 문화관광부 문화재위원회 위원, 문공부 문화 재위원회 전문위원
		안휘준 (회화 사)	서울대 고고 미술사학과 교수	서울대 고고인류학과, 미국 하버 드대 대학원 미술사학과 석사, 미 국 하버드대 대학원 철학 박사, 미 국 프린스턴대 대학원 고고미술 사학과	홍익대 미대 교수, 홍익대 박물관 관장, 한국대학박물관협회 회장, 한국미술사학회 회장, 서울대 박 물관 관장, 명지대 미술사학과 석 좌교수, 국사편찬위원회 위원, 서 울대 고고미술사학과 명예교수
		변태섭 (고대사 위원장/ 고려사)	서울대 역사 교육과 교수	서울대 역사교육과, 서울대 대학 원 박사	역사교육연구회 회원, 국사편찬위 원회 위원, 한국사연구회 대표간 사, 국사교육심의위원회 위원장

서술 일반원칙 /교육과정	담당 기관	담당자	직위	학력	주요 경력
국사교육 내용 전개의 준거안 (5차) (1987)	국사교육심의회(1986)	하현강 (고려 사)	연세대 사학과 교수	연세대 사학과, 연세대 대학원 문 학박사	이화여대 사학과 교수, 국사편찬 위원회 위원
		박용운 (고려 사)	고려대 한국사학과 교수	서울대 역사교육과, 고려대 대학 원 사학과 석사, 고려대 대학원 문 학 박사	성신여대 사학과 교수, 한국사연 구회 회장
		한영우 (근세 사)	서울대 국사학과 교수	서울대, 서울대 대학원 석사, 박 사	국사편찬위원회 위원, 서울대 규 장각 관장, 서울대 인문대 학장, 이화여대 이화학술원장, 이화여 대 석좌교수
		원유한 (중근 세사 위원장/ 근세사)	동국대 역사교육과 교수	연세대 사학, 연세대 대학원 석 사, 연세대 대학원 박사	수도여사대 교수, 홍익대 교수, 동국대 명예교수, 국사편찬위원 회 편사연구관
		송준호 (근세 사)	전북대 사학과 교수	동국대 사학과	전주북중, 성신여고 교사, 전북대 문리과대 학장, 원광대 교수
		이광린 (근대 사)	서강대 사학과 교수	연희전문 영문과 입학, 연세대 사 학과, 연세대 대학원 석사, 연세 대 명예문학박사	연세대 교수, 국사편찬위원회 위 원, 서강대 부총장, 한서대 교수, 중부대 총장
		유영익 (근·현 대사)	한림대 사학과 교수	서울대 정치학, 미국 브랜다이스 대 서양지성사학, 미국 하버드대 대학원 동아시아지역학 석사, 미 국 하버드대 대학원 동양사 박사	고려대 사학과 교수, 한림대 부총 장, 연세대 국제대학원 한국학 석 좌교수, 국사편찬위원회 위원
		이현희 (근·현 대사)	성신여대 교수	고려대 사학과, 고려대 대학원 사 학 석사, 동국대 대학원 문학 박사	성신여대 인문과학대학 학장, 성 신여대 인문과학연구소 소장, 국 사교육강화위원회 위원, 국사편찬 위원회 편사연구관, 한국민족운동 사연구회 회장, 동학학회 회장
		박영석 (독립 운동사)	국사편찬 위원회	고려대 한국사, 고려대 대학원 한 국사 석사, 경희대 대학원 한국사 박사	건국대 교수, 중국 연변대 명예교 수, 한국사학회 회장, 한국사연구 협의회 회장, 하성학술재단 이사, 한국민족운동사연구회 회장
		조동걸 (독립 운동사)	국민대 국사학과	경북대학교 명예문학박사	민족문제연구소 지도위원 겸 친 일인명사전편찬 지도위원, 국민 대 국사학과 교수
		김광남 (역사 교육)	국사편찬 위원회		

서술 일반원칙 /교육과정	담당 기관	담당자	직위	학력	주요 경력
국사교육 내용 전개의 준거안 (5차) (1987)	국사교육심의회 (1986)	김정의 (역사교육)	한양여대	연세대 사학, 연세대 대학원 역사교육 석사, 성신여대 사학 박사	초대 한국문명학회 회장, 한국민족사상학회 이사
		박용진 (역사교육)	혜화여고		
		최병도 (역사교육)	서울기계공고		
6차 교육과정 (1991-1993)	교육과정 심의위원	김정의	한양여대 교수	연세대 사학, 연세대 대학원 역사교육 석사, 성신여대 사학 박사	초대 한국문명학회 회장, 한국민족사상학회 이사
		김흥수	춘천교대 사회과교육과 교수	서울대 문학, 서울대 대학원 역사 석사, 서울대 대학원 역사 박사	경기여고 교사, 국사편찬위원회 교육연구관
		박희현	서울시립대 교수	연세대 사학, 연세대 대학원 한국사 석사, 연세대 대학원 한국사 박사	한국사연구회 이사, 한국고대학회 회장, 서울시립대 박물관장, 한국고대학회 고문
		신형식	이화여대 교수	서울대 역사학, 서울대 대학원 한국사 석사, 단국대 대학원 한국고대사 박사	역사교육연구회 회장, 국사편찬위원회 위원, 한국사학회 부회장, 현 서울시사편찬위원회 위원장, 현 서울특별시 역사자문관직
		김광수	서울대 역사교육과 교수	서울대 사학, 서울대 대학원 사학 석사, 연세대 대학원 사학 박사	서울대 명예교수, 한국사연구회 평의원
		원유한	동국대 역사교육과 교수	연세대 사학, 연세대 대학원 석사, 연세대 대학원 박사	세종대 교수, 홍익대 교수, 동국대 명예교수, 국사편찬위원회 편사연구관
		이범직	건국대 사학 교수	서울대 역사교육과, 서울대 대학원 한국사 석사, 서울대 대학원 한국사 박사	명지대 사학과 교수, 건국대 박물관 관장, 역사교육연구회 회장
		이존희	서울시립대 국사학과 교수	서울대 역사학, 서울대 대학원, 단국대 대학원 사학 박사	서울시립대 대학원장, 서울역사박물관 관장, 국사편찬위원회 위원, 서울시립대 문리대 학장, 서울시사편찬위원회 위원장, 서울시립대 명예교수
		신재홍	국사편찬위원회 편사부장	고려대 사학과, 건국대 대학원 석사, 경희대 대학원 박사	한국사학회 회장, 국사편찬위원회 사료조사위원, 한국사학회 고문

서술 일반원칙 /교육과정	담당 기관	담당자	직위	학력	주요 경력
6차 교육과정 (1991- 1993)	교육 과정 심의 위원	박용운	고려대 한국사학과 교수	서울대 역사교육과, 고려대 대학원 사학과 석사, 고려대 대학원 문학 박사	성신여대 사학과 교수, 한국사연구회 회장
		윤세철	서울대 역사교육과 교수	서울대 역사학, 서울대 대학원 석사, 미국 노스웨스턴대 역사교육 박사	서울대 명예교수
		이찬희	한국교육 개발원 주임연구원	동국대 역사교육과, 성신여대 대학원 졸업, 문학박사	한국교육개발원 본부장, 동국대 역사교육과 겸임교수
		김성일	안산원곡고 교사		
		최병도	경동고 교사		
		유재택	한국교육개발원 연구원	단국대 대학원 한국사 박사	한국교육과정평가원
		박인자	잠실고 교사		
		최문선	대건고 교사		
국사교육 내용 전개의 준거안 (6차) (1994)	교 육 부	박용진	장학 편수실장	전북대 사학과, 전북대 대학원 사학 석사	전주북중 교사, 공주교대 학장, 교육진흥연구회 이사장
		함수곤	편수관리 담당관	전주사범대, 일본 도쿄제경대 교육학, 일본 도쿄학예대 대학원 교육학 석사	전북교육위원회 장학사, 교육행정연수원 교수, 한국교원대 교수
		한명희	사회과학 편수관	성균관대 교육학과, 경희대 교육대학원	문교부 교육연구사, 문교부 교육과정 심의위원, 교육부 장학관, 교육부 편수국장, 서울시 교육청 학생교육원 원장, 가원중, 영등포고 교장
		김용만	교육과정담당관		
		김성환	사회과학편수관		
	준 거 안 연 구 진	이존희 (연구책임자)	서울시립대 국사학과 교수	서울대 역사학, 서울대 대학원, 단국대 대학원 사학 박사	서울시립대 대학원장, 서울역사박물관 관장, 국사편찬위원회 위원, 서울시립대 문리대 학장, 서울시사편찬위원회 위원장, 서울시립대 명예교수

서술 일반원칙/교육과정	담당 기관	담당자	직위	학력	주요 경력
국사교육 내용 전개의 준거안 (6차) (1994)	준거안 연구진	이현희 (독립 운동사)	성신여대 교수	고려대 사학과, 고려대 대학원 사학 석사, 동국대 대학원 문학 박사	성신여대 인문과학대학 학장, 성신여대 인문과학연구소 소장, 국사교육강화위원회 위원, 국사편찬위원회 편사연구관, 한국민족운동사연구회 회장, 동학학회 회장
		정재정 (근현대사)	방송통신대 교수	서울대 역사교육과, 일본 도쿄대 동양사학과 한국사 석사, 서울대 대학원 국사학과 한국사 박사	민족문제연구소 친일인명사전편찬 위원, 역사문제연구소 연구위원/운영위원, 서울시립대 교수, 동북아역사재단 이사장, 역사교육연구회 회장
		서중석 (근현대사)	성균관대 사학과 교수	서울대 국사학과, 연세대 대학원 석사, 서울대 대학원 박사	민족문제연구소 지도위원 겸 친일인명사전편찬 지도위원, 역사문제연구소 이사장, 동아일보 기자
	교육부	조상제	장학관		
		이경환	교육과정 정책 과장		
		이수일	교육과정 정책 심의관		
국사교육 내용 전개의 준거안 (7차) (2000)	준거안 연구진	이범직 (연구 책임자)	건국대 사학과 교수	서울대 역사교육과, 서울대 대학원 한국사 석사, 서울대 대학원 한국사 박사	명지대 사학과 교수, 건국대 박물관 관장, 역사교육연구회 회장
		정선영	충북대 교수	서울대 역사교육과, 서울대 대학원 역사교육 석사, 서울대 대학원 역사교육 박사	관동대 교수, 충북대 사범대 학장, 충북대 명예교수
		김기흥	건국대 교수	서울대 국사학과, 서울대 대학원 문학 박사	건국대 박물관장, 한국사연구회 간사
		최완기	이화여대 사회생활과 교수	서울대 역사교육과, 고려대 대학원 사학과, 고려대 대학원 문학박사	서울시립대 국사학과 교수, 국사편찬위원회 교육연구관, 서울시립대 박물관장, 역사교육연구회 회장
		박찬승	목포대 사학과 교수	서울대 국사학과, 서울대 대학원 한국근대사 전공	민족문제연구소 친일인명사전편찬 부위원장, 역사문제연구소 연구위원, 한국제노사이드연구회 운영위원, 한국역사연구회 회원, 한국근현대사학회 회원, 민족운동사학회 회원, 한양대 교수
		최성락	목포대 고고학과 교수	서울대 대학원 문학 박사	목포대 박물관장, 한국상고사학회 회장, 국립대학교 박물관학회 회장

서술 일반원칙 /교육과정	담당 기관	담당자	직위	학력	주요 경력
국사교육 내용 전개의 준거안 (7차) (2000)	준거안연구진	김영미	이화여대 사학과 교수	이화여대 사학과, 이화여대 대학 원 사학 박사	국사편찬위원회 편사연구사, 한 국문화연구원 부원장
		최덕수	고려대 한국 사학과 교수	고려대 사학과, 고려대 대학원 사 학과 석사, 고려대 대학원 사학과 박사	공주대 역사교육과 교수, 한국사 연구회 연구이사
		방기중	연세대 사학 과 교수	연세대 대학원 사학과 박사	역사문제연구소 소장, 한국역사 연구회 회장
	국사편찬위원회	이해준	편사부장	공주대 역사교육과, 서울대 대학 원 국사학과 석사, 국민대 대학원 국사학과 박사	목포대 사학과 교수, 한국정신문 화연구원 교수, 공주대 사학과 교 수, 공주대 박물관장, 공주대 문 화유산대학원장, 문화재청 문화 재위원, 한국역사민속학회 회장,
		강영철	통사실장	고려대 사학과, 중앙대 대학원 사 학 석사	국사편찬위원회 자료관리실 실 장, 국사편찬위원회 편사부장
		김동운	연구관		
7차 초중등학교 교육과정에 따른 교과용 도서 심의 회 심의 위원 (2000년 구성)		박용운	고려대 교수	서울대 역사교육과, 고려대 대학 원 사학과 석사, 서울대 대학원 문 학 박사	고려대 한국사학과 교수, 한국사 연구회 총무이사
		노태돈	서울대 교수	서울대 사학, 서울대 대학원 사학 과 석사, 서울대 대학원 국사학 박 사	서울대 규장각 한국학연구원 원 장, 한국사연구회 회장, 한국고대 사학회 회장
		박희현	서울시립대 교수	연세대 사학, 연세대 대학원 한국 사 석사, 연세대 대학원 한국사 박 사	한국사연구회 이사, 한국고대학 회 회장, 서울시립대 박물관장, 한국고대학회 고문
		이범직	건국대 사학과 교수	서울대 역사교육과, 서울대 대학 원 한국사 석사, 서울대 대학원 한 국사 박사	명지대 사학과 교수, 건국대 박물 관 관장, 역사교육연구회 회장
		한영국	인하대 사학과 교수	서울대 사학, 서울대 대학원 석 사, 서울대 대학원 박사	경북대 교수, 역사학회 회장
		김봉렬	경남대 역사 학 교수	경희대 사학, 경희대 대학원 사학 석사, 경희대 대학원 사학 박사	경남대 중앙도서관 관장
		이해준	국사편찬위 원회 부장	공주대 역사교육과, 서울대 대학 원 국사학과 석사, 국민대 대학원 국사학과 박사	목포대 사학과 교수, 한국정신문 화연구원 교수, 공주대 사학과 교 수, 공주대 박물관장, 공주대 문 화유산대학원장, 문화재청 문화 재위원, 한국역사민속학회 회장,

서술 일반원칙 /교육과정	담당 기관	담당자	직 위	학 력	주요 경력
7차 초 중등 학교 교육 과정 에 따른 교과 용 도서 심의 회 심의 위원 (20 00 년 구 성)		김동운	국사편찬위 원회 연구관		
		유재택	한국교육 과정평가원 연구위원	단국대 대학원 한국사 박사	한국교육과정평가원
		김환길	서울교육연 수원 연구사		
		신영범	온곡중 교장		
		최대균	인천여상 교감		
		주경식	한성과학고 교사		
		안정애	신림고 교사		
		김영훈	경기고 교사		
		조상제	교육부 장학관		
2009 개정 교육과정	역사 교육 과정 개발 추진 위원 회	이배용 (추진위 원장)	국가브랜드 위원회 위원장	이화여대 사학과, 이화여대 대학 원 사학과 석사, 서강대 대학원 한국사학 박사	이화여대 총장, 국사편찬위원회 위원, 한국대학교육협의회 부회 장
		최광식	문화재청 청장	고려대 사학과, 고려대 대학원 한 국고대사 석사, 고려대 대학원 한국고대사 박사	현 문화체육관광부 장관, 국립중 앙박물관 관장, 한국고대사학회 회장
		이익주	서울시립대 국사학과 교수	서울대 국사학과, 서울대 대학원 국사학과 석사, 서울대 대학원 국사학과 박사	교육과학기술부 역사교육과정 개 발추진위원회 위원, 국사편찬위원회 역사교과서 집필 기준개발위원회 위원장
		오성	세종대 역사 학과 교수	서강대 사학, 서강대 문학 박사	
		오수창	서울대 국사학과 교수	서울대 문학, 서울대 대학원 문학 석사, 서울대 대학원 문학 박사	서울대학교 규장각 학예연구사, 역사교육과정 개발정책 연구위원 회 위원장
		김상기	충남대 국사 학과 교수	한국정신문화연구원대학원 한국 사 박사	
		이영호	인하대 사학 과 교수	서울대학교대학원 국사학 박사	

서술 일반원칙 /교육과정	담당 기관	담당자	직위	학력	주요 경력
2009 개정 교육과정	역사 교육 과정 개발 추진 위원 회	김점숙	국사편찬 위원회 편사연구사	이화여대 박사	
		전인영	이화여대 사회생활과 교수	국립대만사범대학교대학원 박사	이화여대 사범대학장 겸 중등교 육연수원장
		박근칠	한성대 역사 문화학부 교수	서울대 동양사학과, 서울대 대학 원 동양사학과 중국중세사 석사, 서울대 대학원 박사	역사학회 편집이사, 위진수당사 학회 편집이사
		박단	서강대 사학과 교수	서강대 사학과, 서강대 대학원 사 학과 석사, 프랑스 파리1대학 박 사	한성대 역사문화학부 교수, 프랑 스 파리1대학 초빙교수, 이민인 종연구회 회장, 문화사학회 편집 위원장
		김경현	고려대 사학과 교수	단국대 사학과, 서울대 대학원 사 학과 석사, 고려대 대학원 사학과 박사	
		양호환	서울대 역사 교육과 교수	서울대 역사교육과, 미국 스탠포 드대 역사 석사, 미국 스탠포드대 역사교육 박사	
		방지원	신라대 역사 교육과 교수	교원대 역사교육과, 교원대 대학 원 역사교육과 석사, 교원대 대학 원 역사교육과 박사	
		최병택	공주교대 사회교육과 교수	서울대 역사교육과, 서울대 대학 원 역사교육과 석사, 서울대 대학 원 역사교육과 박사	한국교육과정평가원
		김현목	인천 연화중 교감		
		민윤	경기 도일초 교사		
		하지연	서울 마포고 교사		
		김숙정	교육과학기 술부 교육과 정기획과장		
		박홍갑	국사편찬 위원회 편사부장	영남대 국사학과, 영남대 대학원 국사학과 박사	국사편찬위원회 편사연구관, 경 희대 겸임교수

한국사 교과서, 무엇이 문제인가
− 고등학교 한국사 교과서 근현대사 서술 분석 −

초판 인쇄 _ 2015년 10월 20일
초판 발행 _ 2015년 10월 26일

저 자 _ 정경희
펴낸이 _ 박기봉
펴낸곳 _ 비봉출판사
주 소 _ 서울 금천구 가산디지털2로 98. 2동 808호 (롯데IT캐슬)
전 화 _ (02) 2082-7444
팩 스 _ (02) 2082-7449
E-mail _ bbongbooks@hanmail.net
등록번호 _ 2007-43 (1980년 5월 23일)
ISBN _ 978-89-376-0430-0 03910

값 18,000원